中国社会科学院创新工程学术出版资助项目

当代中国文化建设史论丛

当代中国文化建设史论
（1949—1956）

Dangdai Zhongguo Wenhua Jianshe Shilun(1949—1956)

储著武 著

中国社会科学出版社

图书在版编目(CIP)数据

当代中国文化建设史论.1949—1956/储著武著.—北京:中国社会科学出版社,2018.3
(当代中国文化建设史论丛)
ISBN 978-7-5203-2106-8

Ⅰ.①当… Ⅱ.①储… Ⅲ.①文化事业—文化史—中国—现代 Ⅳ.①G129

中国版本图书馆 CIP 数据核字(2018)第 033682 号

出 版 人	赵剑英
责任编辑	田 文
责任校对	张爱华
责任印制	王 超

出　　版	中国社会科学出版社
社　　址	北京鼓楼西大街甲 158 号
邮　　编	100720
网　　址	http://www.csspw.cn
发 行 部	010-84083685
门 市 部	010-84029450
经　　销	新华书店及其他书店
印　　刷	北京君升印刷有限公司
装　　订	廊坊市广阳区广增装订厂
版　　次	2018 年 3 月第 1 版
印　　次	2018 年 3 月第 1 次印刷
开　　本	710×1000　1/16
印　　张	23.25
插　　页	2
字　　数	369 千字
定　　价	98.00 元

凡购买中国社会科学出版社图书,如有质量问题请与本社营销中心联系调换
电话:010-84083683
版权所有　侵权必究

目 录

绪 论 ……………………………………………………………（1）
 一 历史视阈中的文化与文化建设 ……………………………（1）
 二 当代中国文化建设史研究的意义 …………………………（4）
 三 1949—1956年文化建设的转型发展与阶段划分 ………（5）
 四 深入开展社会主义过渡时期文化建设的历史研究 ……（10）

第一章 文化来源：新民主主义文化的探求 ……………………（15）
 第一节 新文化运动以来中国文化走向 ………………………（15）
  一 新文化运动兴起及其衍化 ………………………………（15）
  二 1927—1937年中国文化发展 ……………………………（17）
  三 抗战救国文化热潮 ………………………………………（24）
 第二节 新民主主义文化理论及其实践 ………………………（30）
  一 新民主主义文化理论的形成 ……………………………（30）
  二 新民主主义文化理论的内容 ……………………………（39）
  三 新民主主义文化建设的实践 ……………………………（45）

第二章 文化建国：文化建设方向的抉择 ………………………（55）
 第一节 解放战争后期文化发展态势 …………………………（55）
  一 文化战线的最后较量 ……………………………………（55）
  二 知识分子力量的分化 ……………………………………（59）
  三 中国文化出路的讨论 ……………………………………（62）
 第二节 文化界参加协商建国的历程 …………………………（64）
  一 响应阶段：1948年5月—1949年6月14日 ………（65）

二　筹备阶段：1949年6月15日—9月20日 …………（71）
　　三　召开阶段：1949年9月21—30日 …………………（92）
　第三节　文化建设方向与政策的确立 ……………………（95）
　　一　新民主主义文化政策的宣传 …………………………（96）
　　二　新民主主义文化建设的共同心声 …………………（100）
　　三　新民主主义文化政策的明确 …………………………（101）

第三章　文化建制：文化管理体制的构建 …………………（109）
　第一节　华北人民政府文化机构的设立 …………………（109）
　　一　文化艺术机构的设立 …………………………………（110）
　　二　教育机构的设立 ………………………………………（110）
　第二节　新中国文化行政机构的组建 ……………………（112）
　　一　中共中央宣传部的健全 ………………………………（112）
　　二　政务院文化教育委员会的设立 ………………………（117）
　　三　各大区及省、市、县文化机构的设立 ………………（123）
　第三节　计划经济建设时期文化行政机构的调整 ………（129）
　　一　一届全国人大会议之前文化行政机构的调整 ………（130）
　　二　一届全国人大会议之后文化行政机构的调整 ………（136）

第四章　文化方针：走向"百花齐放，百家争鸣" ……………（142）
　第一节　新民主主义文化总方针的倡导与宣传 …………（142）
　　一　新民主主义文化方针的倡导（新中国成立以前）…（142）
　　二　新民主主义文化方针的宣传学习
　　　　（新中国成立以后）……………………………………（144）
　第二节　文教委统一领导下文化工作方针的变化 ………（148）
　　一　国民经济恢复时期文化工作方针 ……………………（148）
　　二　计划经济建设时期文化工作方针 ……………………（157）
　第三节　"百花齐放，百家争鸣"方针的确立 ………………（167）
　　一　探索中国社会主义建设的道路及其方针 ……………（167）
　　二　"双百"方针：社会主义文化科学事业
　　　　发展的方针 ……………………………………………（175）

第五章 文化治理：文化建设中的知识分子与旧文化事业……（195）

第一节 批判地继承旧文化………………………（195）
一 "旧文化"的内容……………………………（195）
二 对待旧文化的科学态度……………………（197）

第二节 思想改造：知识分子问题的发展历程…………（199）
一 "团结、教育、改造"知识分子的方针……………（199）
二 思想改造：解决知识分子问题的关键…………（201）
三 知识分子思想改造运动——以文艺界为中心……（203）
四 思想文化领域的批判………………………（206）
五 宣传唯物主义批判资产阶级唯心主义思想运动……（210）
六 知识分子问题的新认识……………………（213）

第三节 文化改造：文化建设中的旧文化事业…………（216）
一 对旧文化事业的接收、改造与利用……………（216）
二 改造旧文化事业的具体展开…………………（221）

第六章 文化范例：学习苏联先进文化及文化建设经验………（226）

第一节 学习苏联文化及文化建设经验的提出…………（226）
一 正确对待外国文化的方针与原则………………（226）
二 学习苏联及苏联文化建设的经验………………（227）

第二节 学习苏联文化及文化建设经验的历程…………（233）
一 国民经济恢复时期学习苏联文化及文化
建设的经验…………………………………（233）
二 计划经济建设时期全面学习苏联文化及文化
建设的经验…………………………………（244）
三 苏共二十大后反思学习苏联文化及文化
建设的经验…………………………………（253）

第三节 学习苏联文化及文化建设经验的表现…………（256）
一 关于文艺方面………………………………（256）
二 关于电影事业方面…………………………（258）
三 关于出版方面………………………………（260）

四　关于教育方面 ……………………………………… (261)
　　五　关于科学方面 ……………………………………… (262)

第七章　文化高潮：文化事业的发展与成效 ……………… (264)
　第一节　国民经济恢复时期文化事业的发展 ……………… (264)
　　一　新民主主义文化事业的发展 ……………………… (264)
　　二　文化事业发展的初步成就 ………………………… (280)
　第二节　计划经济建设时期文化事业的发展 ……………… (285)
　　一　文化事业的进一步发展 …………………………… (285)
　　二　文化事业发展的重要成就 ………………………… (299)
　第三节　文化建设高潮的预期与实际 ……………………… (307)
　　一　新民主主义文化及社会主义文化的高度自信 …… (308)
　　二　文化建设高潮实际并未到来 ……………………… (309)

结语　社会主义文化建设道路的开辟 ……………………… (313)
　　一　文化建设的发展特点 ……………………………… (314)
　　二　文化建设的历史评价 ……………………………… (319)

参考文献 ……………………………………………………… (325)

附录　新中国成立初期文化史：史料、研究及趋势 ……… (346)
　　一　史料情况 …………………………………………… (346)
　　二　研究概况 …………………………………………… (352)
　　三　加强新中国成立初期文化史研究 ………………… (362)

后　记 ………………………………………………………… (366)

绪　论

自1949年10月1日中华人民共和国成立到1956年9月中共八大召开之前，中国正处于新民主主义社会向社会主义社会过渡的时期。这个时期，我国文化建设实现由新民主主义文化向社会主义文化的转变，开辟出社会主义文化发展道路，奠定了此后中国文化发展的基础，是当代中国文化建设史上的开创与奠基时期。从新中国国家建设的视角探讨1949—1956年间文化建设情况，总结文化建设的特点与经验教训，有利于深化当代中国文化建设史的研究。现将与本书紧密相关的几个问题作简要说明。

一　历史视阈中的文化与文化建设

文化与文化建设的概念，是当代中国文化建设史研究必须搞清楚的问题。

（一）"文化"的概念

当代中国，"文化"概念泛滥严重。大凡能够列举出来的事物都能同文化连到一起。当然，这与"文化"概念本身多歧性有关。有学者对"文化"概念做过统计，其定义有两百多种。[①] 现实生活中，文化也很难进行量化。文化主要侧重于精神与思想层面，其外化形式——文化产品尚可知可触，其内化观念与内容确实没法量化。因此，人们谈到文化时总会觉得"虚"而不实。

[①] 李荣善提到文化定义有250种（李荣善：《文化学引论》，西北大学出版社1996年版，第8页）；而金元浦提到文化定义有260多种（金元浦：《定义大众文化》，《中华读书报》2001年7月25日）等。

一般情况下，研究者在开始文化研究或文化史研究时总会对文化概念作一界定，以避免不必要的烦扰。但即便如此，还是会招致一些问题。那么，是不是文化研究或者文化史研究就没法进行呢？非也！通过对各种文化概念的梳理，学界基本上达成共识，认为可从广义和狭义两个层面去理解。广义文化指人类社会实践中所获得的物质、精神的生产能力和创造的物质、精神财富的总和；狭义文化指精神生产能力和精神产品，包括一切社会意识形态形式：自然科学、技术科学、社会意识形态，有时又专指教育、科学、文学、艺术、卫生、体育等方面知识与设施。① 在我看来，文化研究或文化史研究，不仅可以开展，而且随着社会发展还会加强。

与文化不可知论以及文化虚无主义不同的是，马克思主义对文化作了唯物主义的理解与认识。马克思主义文化观认为，文化是一定社会的政治和经济的反映，又反作用于一定社会的政治和经济。② 在中国革命、建设和改革的不同阶段，中国共产党同样也是从经济、政治与文化的辩证关系来理解和认识文化，强调文化是相对于经济、政治而存在以及文化在国家、社会发展中具有的重要作用。这种对文化的唯物主义理解与认知，是当代中国文化建设史研究的理论出发点。

（二）"文化建设"的内涵

在现实生活中，人们经常见到"文化建设"一词。可是，到底什么是"文化建设"？"文化建设"包括哪些内容？此类问题，真要细究起来恐怕不易作答。

新中国成立以前，毛泽东、周恩来等党的领导人在谈到新中国国家建设时就广泛使用"文化建设"一词。如毛泽东表示"随着经济建设的高潮的到来，不可避免地将要出现一个文化建设的高潮"③。周恩来强调文化建设要靠工业发展，工业发展是一切工作的基础。④ 新中国成立以后，党和国家重大文件文献、党和国家领导人重要讲话

---

① 参见《辞海》（第6版）（上海辞书出版社2009年版）和《中国大百科全书》（第2版）（中国大百科全书出版社2009年版）对"文化"词条的解释。
② 参见《毛泽东选集》第2卷，人民出版社1991年版，第663—664页。
③ 《毛泽东文集》第5卷，人民出版社1999年版，第345页。
④ 参见《周恩来文化文选》，中央文献出版社1998年版，第50页。

以及报纸杂志重点文章中更加广泛地使用"文化建设"。如周恩来说:"我们国家要进行大规模的建设,一方面是进行经济建设,另一方面还要进行文化建设。"①1953年1月1日,《人民日报》社论指出:"国家建设包括经济建设、国防建设和文化建设,而以经济建设为基础。"②这方面例子不胜枚举。

尽管"文化建设"一词已经广泛使用,但对"文化建设"作出明确界定却是很晚的事情。1982年9月,十二大报告指出,社会主义精神文明建设分为文化建设和思想建设两个方面,并认为这两个方面"互相渗透""互相促进"。同时,报告强调:"文化建设指的是教育、科学、文学艺术、新闻出版、广播电视、卫生体育、图书馆、博物馆等各项文化事业的发展和人民群众知识水平的提高,它既是建设物质文明的重要条件,也是提高人民群众思想觉悟和道德水平的重要条件。文化建设也应当包括健康、愉快、生动活泼、丰富多彩的群众性娱乐活动,使人民在紧张劳动后的休息中,得到有高尚趣味的精神上的享受。"③十二大报告从社会主义精神文明建设的角度系统地阐述了文化建设的内涵。自此之后,文化建设的内涵相对固定。如1991年7月1日,江泽民在庆祝中国共产党成立70周年大会上的讲话中指出:"文化是广阔的领域。……大力发展教育、科学、文学艺术、新闻出版、广播影视、卫生体育、图书馆、博物馆等各项文化事业和开展多种形式的群众文化娱乐活动。"④2011年10月,中共十七届六中全会通过的《关于深化文化体制改革 推动社会主义文化大发展大繁荣若干重大问题的决定》,是专门部署新形势下国家文化建设的重要文件,文化所指包括了上述方面之外,还加入社会主义核心价值体系、网络文化等内容。

当前,人们所熟知的"四位一体"发展目标以及"五位一体"总布局,文化建设又是其中最为重要的内容之一。但是,在不同的历史时期,国家对于文化建设的侧重并不一样。比如说,新中国成立之

---

① 《周恩来文化文选》,中央文献出版社1998年版,第53页。
② 《建国以来重要文献选编》第4册,中央文献出版社1993年版,第2页。
③ 《十二大以来重要文献选编》(上),中央文献出版社2011年版,第24页。
④ 《十三大以来重要文献选编》(下),中央文献出版社2011年版,第181页。

初，电视在中国很少见，因此文化建设中就不可能有电视的内容，更不用说网络文化了。从这个意义上说，文化建设是一个历史范畴，会随着社会发展不断丰富其内容。

（三）文化与文化建设的区别和联系

"文化是不可少的，任何社会没有文化就建设不起来。"① 在不同的历史时期，国家开展文化建设会有所侧重，社会对于文化的需求会有所偏好，文化发展会有所依归。文化与文化建设既有联系，又有区别。

文化与文化建设紧密联系。文化发展，一方面要对原有的文化遗产有所继承、有所扬弃；另一方面又要有所创新、有所创造。文化建设为文化发展与创新提供了重要条件。文化发展是文化建设的结果；而文化繁荣发展又会进一步推动文化建设。

文化与文化建设又有所区别。文化之所以让人觉得"虚"，主要是因为其内容过于抽象，不易为人们直接见到，更具有理论色彩。而文化建设则不同，文化建设更具有实践特征，既可以是国家和社会行为，也可以是个人活动，与文化相比更"实"。

二 当代中国文化建设史研究的意义

中华人民共和国将近70年时间所积累下来的文化成果蔚为大观。与文化发展的丰富历史相比，中华人民共和国文化史的研究还很薄弱。目前，学界以"中华人民共和国文化史"命名的通史类著作，仅有欧阳雪梅主编《中华人民共和国文化史（1949—2012）》（当代中国出版社2016年版）、张顺清等主编《中华人民共和国文化史》（黑龙江教育出版社1992年版）两部。

为深入研究中华人民共和国文化史，学界已付出不少努力，但受制因素依然很多。其中，最为重要的一点是研究对象过于复杂，不易把握，要厘清一个小问题都要耗费大量时间和精力。从上述两部中华人民共和国文化史的通史著作来看，其内容大都涉及新中国文化建设的问题。如有学者指出："中华人民共和国文化史是研究中华人民共

---

① 《毛泽东文集》第3卷，人民出版社1996年版，第110页。

和国（以下简称'新中国'）在中国共产党领导下，以马克思主义为指导，组织人民开展文化建设，推动文化发展繁荣的历史。"① 我个人认为，从党领导国家文化建设的角度或者说新中国国家建设的视角来研究中华人民共和国文化发展及其文化成就的历史，能够较好地把握中华人民共和国文化史的主题、主线以及本质，能够避免文化的概念之争以及相对准确定位研究对象。因此，从当代中国史研究的实际来说，与其讨论文化史，不如深入研究文化建设史。

近些年，学界常常热议"民国范儿"，意在强调民国文化大师辈出，俨然是文化史上的"黄金时代"。反观中华人民共和国成立以后，各种政治运动不断，文化知识分子人生轨迹的沉浮起落过大，思想文化问题变换过快，文化建设面临各种实际困难。这种强烈的对比会让人误以为1949年以后新中国在文化建设与文化发展方面无所作为。然而，真是如此吗？

中华人民共和国成立以后，党和政府高度重视文化建设，实现新民主主义文化向社会主义文化的转变，探索社会主义文化发展道路，这是党领导人民开展文化建设所取得的最大成就，对此必须充分肯定。当然，我国文化建设出现过失误与不足，对此要敢于正视，要将其放到具体历史条件下去分析和认识，要善于总结其中的经验教训。但是，我们决不能以民国时期的文化发展与文化成就来否定中华人民共和国时期的文化发展与文化成就，二者本质上是完全不同的。从这个意义上说，学界应该大力开展当代中国文化建设史的研究，解答疑惑，澄清问题。

三 1949—1956年文化建设的转型发展与阶段划分

改革开放以来，当代中国史研究学术化进程大大加快，推出不少代表性研究成果。具体到1949—1956年间的文化建设研究来说，情况大体上也是如此。但是，学界对这个时期历史的认识由于立场、观点、方法的不同而呈现不同的评价。其中，有些问题需要澄清。

---

① 欧阳雪梅主编：《中华人民共和国文化史（1949—2012）》，当代中国出版社2016年版，第2页。

(一) 1949 年在当代中国史上的分水岭问题

关于历史的延续与转型（或断裂）问题，法国历史学者安托万·普罗斯特指出：

> 人们一而再、再而三地探讨连续与/或断裂的问题，只是因为这与我们的时间观密不可分。分期让人能同时思考延续和断裂，它首先把延续和断裂划给不同的时刻：在各时期内部是延续，在各时期之间是断裂。时期一个接着一个，一个与一个不同；进行分期，也就是确定断裂之处，对于改变的内容亮明态度，定下改变发生的日期，并对其进行初步界定。……在某种意义上，一切时期都是"过渡时期"。强调变化，划分出两个不同时期的历史学家必须说明，这两个时期在哪些方面有所不同，而且常常要清楚明确地，或者至少也是间接隐含地指出二者又在哪些方面相似。分期鉴别了连续与断裂，它开辟了通向解释的道路，即便没有让人就此理解了历史，至少也使历史变得可以为人所思考。①

史学界提出打破 1949 年鸿沟，从延续与转型（或断裂）的视角观察新中国成立以后的历史。在这种学术旨趣下，有学者提出要反思 1949 年历史的分水岭问题。② 也有学者指出，否定 1949 年在当代中国史上重大历史意义的观点，是在历史断限问题上设置"理论陷阱"，其目的是要抹杀和贬低中华人民共和国成立所具有的划时代意义。③ 随着当代史研究的深入，学界倾向于辩证地看待 1949 年历史的延续与转型问题。如有学者认为，"1949 年是一个分水岭，但并非一个不可逾越的鸿沟"，"如果想要真正理解中华人民共和国的某些方面是如何建立在国民党奠定的基础之上的，我们需要研究他们在模式

---

① ［法］安托万·普罗斯特：《历史学十二讲》，北京大学出版社 2012 年版，第 101—102 页。
② 裴宜理、李里峰等：《再思 1949 年分水岭——政治学与历史学的对话》，《学海》2015 年第 1 期。
③ 朱佳木：《中国工业化与中国当代史》，中国社会科学出版社 2009 年版，第 362 页。

上、话语上和人事上的特定的延续性。我们需要理解共和国时期所要进行的巨大社会变革,也应该理解其在创造一个全面的社会主义中国时的局限性。经济学、大众文化、人口学、性别关系以及政治文化等方面的许多议题都需要跨越1949年的界限来研究"。① 同时,该学者又强调:"在意识形态上和组织上,在政治经济上和文化范式上,新的革命中国与过去之间是一个急剧的断裂。这是世界历史上最伟大的革命之一,历史学家的任务是解释这个由中华人民共和国所谱写的巨大政治和社会变革的历史基础。"②

在我看来,20世纪中国历史,以1949年中华人民共和国成立为限,前后各占一半时间。1949年以前是晚清民国时期,1949年以后是中华人民共和国时期。毫无疑问,新中国由旧中国而来,两个阶段有着前后时间的连续。但是,从社会性质、国家建设等各个层面来说,新中国都与旧中国不同,这两个时期有着本质区别。过去人们热衷于革命范式的历史解释,理所当然地认为中华人民共和国成立以后很长一段时间是革命历史的延续,但如果从新中国国家建设的角度来看,这种变化与转型的特点较为明显。从政治与制度层面来说,1949年10月1日中华人民共和国的成立及其后在中国共产党领导下实现新民主主义向社会主义的转变是一次重大的历史转型。这种转型表现在旧中国历史使命的结束与新中国新时代的开启。从社会与文化的角度来说,旧社会与新社会、旧文化与新文化的转型同样剧烈。如朱德指出:"在文化上要从一个文盲遍地、文化落后的旧中国建设成为教育普及、文化发达的新中国。"③ 周恩来指出:"新社会是从旧社会生长出来的,每一代都是从上一代传下来的。所以不能否定旧的一切。……对旧的东西取根本否定或全盘接受的态度,都会使这一社会无法改造。"④ 旧社会与新社会、旧文化与新文化之间并非判然有别,但二

---

① 周锡瑞:《关于中国革命的十个议题》,董玥主编:《走出区域研究——西方中国近代史论集粹》,社会科学文献出版社2013年版,第184、185页。
② 周锡瑞:《关于中国革命的十个议题》,董玥主编:《走出区域研究——西方中国近代史论集粹》,社会科学文献出版社2013年版,第210—211页。
③ 朱德:《在全国教代筹备会上朱总司令讲词》,《光明日报》1949年7月28日。
④ 《周恩来文化文选》,中央文献出版社1998年版,第49页。

者完全不同,历史转型之感很明显。从这个意义上说,1949年是当代中国历史的分水岭,具有伟大的转折意义;同时,1949年在某些方面确实"并非一个不可逾越的鸿沟",比如说文化方面表现得就很明显。研究新中国文化建设与文化发展的问题,不能片面地强调连续性及其具体表现,更重要之处在于讲清楚新中国文化的历史来源及其后的发展变化,这样才能够准确分析1949年至1956年我国文化建设的历史地位。因此,我们既要注意到二者的连续性,又要将研究重点放在转型方面。

(二) 1949—1956年历史的阶段划分及其地位问题

1. 1949—1956年历史的阶段划分

学界对1949年10月至1956年9月这个历史时段的称谓不少,如"基本完成社会主义改造的七年","社会主义过渡时期","社会主义改造时期","新中国成立初期","中华人民共和国成立初期",等等。这些用法各有出处,且经常在学术著作中见到。那么,我们究竟该怎样认识这个时期历史发展的阶段性及其历史地位问题呢?

中华人民共和国成立之后,毛泽东以及党的其他领导人从马克思主义社会发展阶段的理论出发提出了"过渡时期"的思想,认为中国要经过10—15年或者更长时间新民主主义社会的发展,然后才能过渡到社会主义社会阶段。但是,1952年下半年起,我国国民经济恢复任务完成。同时,我国经济社会各个方面都出现了许多积极变化。这个时候,毛泽东及中共中央产生了提前向社会主义过渡的想法,并酝酿提出过渡时期的总路线和总任务。1953年1月1日,《人民日报》强调"我国既已胜利地结束了经济恢复时期而进入了大规模建设时期",意指1953年以后中国历史进入一个新的发展阶段。[①] 1953年12月,中共中央宣传部印发经过中共中央批准的《关于党在过渡时期总路线的学习和宣传提纲》中,将过渡时期表述为"从中华人民共和国成立,到社会主义改造基本完成,这是一个过渡时期",并提出了党在过渡时期的总路线和总任务。[②] 同时,《提纲》认为:

---

① 《建国以来重要文献选编》第4册,中央文献出版社1993年版,第6页。
② 《建国以来重要文献选编》第4册,中央文献出版社1993年版,第700—701页。

在过渡时期的头三年中,人民民主专政的政权巩固了,社会主义经济在整个国民经济中的比重增长了,它的领导作用确立了而且加强了,经济恢复工作基本上完成了。从一九五三年起,我国已从经济恢复阶段进入有计划的经济建设和对非社会主义经济成分实行有系统的改造的阶段……①

这个时候,全面社会主义改造还没有开始。尽管当时人们不知道完成向社会主义过渡究竟需要多长时间,但对于中国社会发展的阶段性问题有着明确认识,其路径也很清晰,那就是先完成国民经济的恢复任务,然后再进行有计划的经济建设并完成社会主义改造,逐步由新民主主义社会过渡到社会主义社会。1956年9月,中共八大宣告党领导人民已经完成资产阶级民主革命,并且基本上取得了社会主义革命的胜利。②

综合以上论述,中华人民共和国成立到中共八大召开之前的历史,大体分为两个阶段:(1)国民经济恢复阶段,自1949年10月至1952年底;(2)计划经济建设阶段,自1953年起到1956年9月(当然还有人以"一五"计划的时间将其延迟至1957年);且这两个阶段同属于"社会主义过渡时期"。为了研究方便,本书主要使用"新中国成立初期"和"社会主义过渡时期"这两个用法,并将这七年划分为两个阶段:国民经济恢复时期(1949年10月—1952年12月)与计划经济建设时期(1953年1月—1956年8月),在具体论述时或对前有所追溯,或对后有所延伸,主要目的是为了便于分析这个时期文化建设的地位与作用。

2. 1949—1956年历史在当代中国史上的地位问题

1949—1956年历史,前后虽然只有七年时间,但在当代中国史上的地位却很重要。1981年6月,中共十一届六中全会通过的《关于建国以来党的若干历史问题的决议》,称这个阶段为"基本完成社

---

① 《建国以来重要文献选编》第4册,中央文献出版社1993年版,第700页。
② 《中国共产党第八次全国代表大会文献》,人民出版社1957年版,第809页。

会主义改造的七年",并将七年时间分为"建国后的头三年"与后四年两个阶段。① 同时,决议指出,党在这个阶段领导人民实现了从新民主主义到社会主义的转变,迅速恢复国民经济并开展了有计划的经济建设,在全国绝大部分地区基本上完成了对生产资料私有制的社会主义改造,强调党在这个阶段"确定的指导方针是正确的,取得的胜利是辉煌的"②。2007 年 10 月,中共十七大报告又指出:"新民主主义革命的胜利,社会主义基本制度的建立,为当代中国一切发展进步奠定了根本政治前提和制度基础。"③ 总之,党和国家对于这七年的历史给予了充分肯定,认为在当代中国史上具有十分重要的历史地位。同样,学术界对这七年的历史也给予了充分肯定。比如,有学者称这七年的历史是"凯歌行进的七年"④;还有学者认为这七年是"中华人民共和国历史上最好的时期之一"⑤,如此等等。

这七年历史,之所以在当代中国史上具有如此重要的地位,根本原因在于我国实现了从新民主主义向社会主义的历史性转变。这种历史性转变虽是针对社会制度而言的,但却具体表现到经济、政治、文化等各个层面。从经济上来说,新中国迅速恢复国民经济并开展有计划的经济建设,实现了由生产资料私有制向社会主义公有制的转变;从政治上来说,新中国巩固与发展人民民主专政,完成了由新民主主义社会向社会主义社会的转变;从文化上来说,新中国积极发展新民主主义文化与倡导社会主义文化,实现了由新民主主义文化向社会主义文化的转变。

四 深入开展社会主义过渡时期文化建设的历史研究

当代中国文化建设史研究须从具体时段文化建设的历史研究开

---

① 《关于建国以来党的若干历史问题的决议注释本》,人民出版社 1983 年版,第 15 页。
② 《关于建国以来党的若干历史问题的决议注释本》,人民出版社 1983 年版,第 15 页。
③ 《十七大以来重要文献选编》(上),中央文献出版社 2009 年版,第 6 页。
④ 欧阳雪梅主编:《中华人民共和国文化史(1949—2012)》,当代中国出版社 2016 年版,第 15 页。
⑤ 当代中国研究所:《中华人民共和国史稿(第一卷)·1949—1956》,人民出版社、当代中国出版社 2012 年版,第 1 页。

始。1949年至1956年，这七年是当代中国史上国家建设、制度创建以及经济、社会、文化发展的开创与奠基时期。这个时期文化建设在党的领导下实现了由新民主主义文化向社会主义文化的转变，开创了社会主义文化的发展道路，奠定此后中国文化发展的基础，是当代中国文化建设史上的开创与奠基时期。无论是从这个时期文化建设的重要意义，还是从距今时间以及历史沉淀来说，我都倾向于首先开展这个时段文化建设的历史研究，然后逐步推进其他时段文化建设的历史研究，最后综合形成当代中国文化建设的通史。

本书所提及的文化与文化建设，属于社会历史现象，其所涉范围和边界相对固定。具体来说，文化是与经济、政治相对应而存在的专门领域，指的是新中国成立初期党和国家开展文化建设所形成的思想观念、文化产品、文化事业等；而文化建设，则主要是《中国人民政治协商会议共同纲领》（以下简称《共同纲领》）所确定的文学艺术、新闻出版、社会科学、体育卫生、教育、科学技术、思想道德等方面内容。①

自20世纪90年代以来，国内学界关于社会主义过渡时期文化建设史的研究，主要集中在两个方面：

一是将这个时期文化建设作为新中国文化建设史的开端来分析新中国文化建设的历程、成就与经验。张顺清、李金山主编《中华人民共和国文化史》（黑龙江教育出版社1992年版）把新中国文化史分为从新民主主义向社会主义转变时期、开始全面建设社会主义时期、"文化大革命"时期和社会主义现代化建设新时期四个历史时期。刘国新认为"新中国成立后的十七年为中国文化发展奠定了初步基础"（《新中国文化发展历程回顾》，《当代中国史研究》2009年第5期）。樊锐指出："中华人民共和国的成立，开辟了中国文化发展的新纪元，中国文化事业开始进入一个崭新的历史时期。"（《新中国文化建设的主要成就和历史经验》，《党史研究与教学》2009年第6期）他认为，新中国成立至改革开放之前，党领导的文化建设奠定了中国文化发展的坚实基础。刘仓认为，1949年至1956年，是新民主主义文化向社

---

① 《建国以来重要文献选编》第1册，中央文献出版社1992年版，第10—12页。

会主义文化转变的过渡时期,即社会主义文化的基本确立和初步建设时期,其特点在于"以马克思主义为指导的社会主义意识形态基本确立,爱国主义、集体主义、社会主义价值观逐渐深入人心、民族自信心、自尊心和自豪感得以增强",新民主主义文化转变为社会主义文化(《新中国文化建设的历程、成就和经验探析》,《毛泽东邓小平理论研究》2011年第3期)。欧阳雪梅主编的《中华人民共和国文化史(1949—2012)》一书将1949年至1956年作为"社会主义文化的奠基"阶段。① 如此等等。

二是讨论这个时期文化转型问题。随着新社会史、新文化史等理论与方法在当代中国史领域的广泛应用,有不少学者从文化"延续与转型"的视角讨论社会主义过渡时期的文化转型问题。杨凤城认为,中国革命的胜利,引起了整个中国社会的转型与重建,其中在文化建设方面表现出的特点是"由旧中国的多元文化向新中国的一元文化转进",涉及的问题有文化发展方向、文化建设指导思想、文化理念、思维模式(《新中国建立初期的文化转型研究》,《党史研究与教学》2008年第2期)。张济顺关注到1949—1953年上海私营报业从民办到党管的变化,揭示出在党的政策指引下私营报人是如何应对的问题(《远去的都市:1950年代的上海》,社会科学文献出版社2015年版)。还有不少学者从知识分子在新中国成立后变化的角度探讨了个人、社会与国家之间的复杂关系。

国外及港台地区关于这个时期文化建设的研究,多数成果发表在《中国季刊》《二十一世纪》《新史学》等刊物上,其共同旨趣在于讨论党执政以后对于文化事业的领导、改造以及包括知识分子在内社会群体的反应和应对等,特点在于重视过程和细节梳理。国外及港台地区的研究,大多比较重视文化方面专题性的实证研究,如对电影、戏曲、教育、新闻、体育等领域的考察;多注重借鉴使用国外社会科学的最新研究方法,研究的理论与方法多有创新之处。

综合来看,国内外关于这个时期文化建设研究成果不少,但限于

---

① 欧阳雪梅主编:《中华人民共和国文化史(1949—2012)》,当代中国出版社2016年版,第15页。

种种因素，已有研究还存在着一些不足，主要表现在：

第一，国内研究，大多重视宏大叙事，很少注意专题性的实证研究；利用史料范围较窄，主要是党和国家重要领导人的论述以及政策文件；研究结论趋同化、概念化问题严重，历史感欠缺，忽视了历史发展的复杂性特点和多重面相；还有些研究重视利用地方档案，但陷入了材料的罗列和堆砌，有"碎片化"之嫌，从中看不到普遍性的认识。

第二，国外及港台地区的研究，在利用史料和解读史料的过程中充满了意识形态的偏见，过于强调个体的感受和认知。

第三，对社会主义过渡时期党领导文化建设的重要性关注不够。截至目前，国内外尚未见到一本系统论述社会主义过渡时期党领导文化建设的论著。有研究者虽然注意到这个问题，但限于单篇论文或章节的篇幅，讨论深度不够。

之所以选取这个时间段来进行文化建设史的专题研究，一方面是由于这个时期我国文化建设所处的历史方位以及文化建设本身所面临的复杂性和特殊性；另一方面是由于这方面研究过于薄弱，亟待以点或面的研究来带动整体研究。在我看来，新中国成立初期，党领导的文化建设具有如下特点：

第一，这个时期文化建设具有承上启下的作用。毫无疑问，中国共产党在这个时期领导文化建设时没有一概否定过去的历史遗产，同样也没有完全因袭既往的实践经验，而是在批判地继承基础上有所创新和发展，更重要的是开辟了社会主义文化的前进方向，这对于以后历史发展影响重大。

第二，这个时期文化建设离不开当时经济建设和政治建设的发展。国家既要发展各种文化事业，但又不可能全面发展各种文化事业，当时确实面临诸多复杂制约因素，因此必须加强文化建设的计划性，从实际出发。

第三，这个时期文化发展奠定了以后各个时期文化发展的基础。这主要体现在指导思想的确立、体制机制的创建以及文化工作方针的明确等，为后来文化发展奠定了基础。

第四，这个时期文化建设具有极为丰富的历史经验。这个时期，我国文化建设处于起步发展阶段，各方面工作都有开创性意义。正因为如此，这个时期文化建设的成就与问题并存，发展受制的因素很多，所以说值得总结的经验教训必然不少。

本书要讨论的问题是新中国成立初期中国共产党领导人民开展文化建设的理论、方针、政策以及在这种理论、方针、政策指导下文化发展的情况。为此，本书主要从新中国文化建设的历史由来、文化界参与协商建国并确立文化建设的方向、文化建制、文化方针、文化治理、学习苏联先进文化及文化建设经验、文化事业的发展与成效等方面进行研究。

本书的研究，主要有以下特点：

首先，以《共同纲领》规定文化建设的内容来展开，重点突出党是如何按照社会主义过渡时期经济、政治的发展来领导和安排文化建设，突出文化建设本身的复杂性。

其次，将党领导文化建设置于当时国际国内环境下加以考察，充分注意到苏联文化以及文化建设经验对中国的深刻影响。

最后，不再局限于重大文件文献以及党和国家领导人对于文化建设的论述，而是注意利用档案材料、内部资料等文献，试图将宏观、中观及微观三个维度结合起来分析。

新中国成立初期文化建设内容极为丰富，本书仅是一个初步探讨，因此不可能面面俱到。即便作者想这样做，但由于学识有限，事实上根本也不可能做到。有鉴于此，本书在研究过程中注意"详人之所略，异人之所同"，希望能对过去不太重视或论述得较少的问题有所推进，对学界讨论得非常多的问题有所涉及但不作为重点。

第一章　文化来源：新民主主义文化的探求

新中国文化建设来源于近代以来中国文化的发展，尤其是新文化运动以来中国文化的发展。研究新中国成立初期文化建设的历史，首先要弄清中国共产党提出的文化思想及其领导的文化建设实践。

第一节　新文化运动以来中国文化走向

马克思主义在中国的广泛传播，深刻地影响了中国文化的发展进程。毛泽东指出："自从中国人学会了马克思列宁主义以后，中国人在精神上就由被动转入主动。从这时起，近代世界历史上那种看不起中国人，看不起中国文化的时代应当完结了。伟大的胜利的中国人民解放战争和人民大革命，已经复兴了并正在复兴着伟大的中国人民的文化。"① 从新文化运动开始，到中华人民共和国宣告成立，三十多年中国思想文化的衍化与变迁，可以用开辟与创造新文化时代来形容。新文化运动以来，中国文化发展大体分以下几个阶段。

一　新文化运动兴起及其衍化

中国新文化时代的肇端，始于新文化运动。1915 年，陈独秀在上海创办《青年杂志》，新文化运动兴起。1916 年，《青年杂志》从第二卷起改名为《新青年》。1917 年初，陈独秀任北京大学文科学长，随之《新青年》编辑部迁往北京。同时，一批具有新思想的文

---

① 《毛泽东选集》第 4 卷，人民出版社 1991 年版，第 1516 页。

化人如李大钊、胡适、钱玄同、刘半农、吴虞、鲁迅等加入《新青年》编辑和撰文工作中。《新青年》与北京大学的结合，成为新文化运动发生转向的关键。新文化运动提倡民主和科学，反对专制和迷信盲从；提倡个性解放，反对封建礼教；提倡新文学，反对旧文学。正如伍启元所说："在这几十年来，中国学术思想界最重要的运动……就是新文化运动。新文化运动的范围很广阔……它的根本意义，就是一方面根本承认中国旧有文化的缺陷，同时提倡接受西洋的文化。""新文化运动是现代学术思想史上最重要的运动。"① 新文化运动以其迅猛激烈的态度反对封建礼教和文化，高举西方民主和科学的旗帜，传播了新思想、新文化和新道德，正式开启中国文化的现代转型。

五四运动以后，新文化运动的影响"更日深一日"②。如四川、浙江等地《新青年》的销量大增。同时，新文化运动阵营亦发生分化。阵营外的质疑和反对者，先有章士钊等人鼓吹"新旧调和"的论调，后有梁启超和梁漱溟等人卫护中国文化的论调。阵营内以胡适为代表的人士倡导"整理国故"，转向了国学的整理和研究；以李大钊为代表的人士主张"以俄为师"，宣传和传播马克思主义，主张用革命手段来解决文化问题。

纵观20世纪20年代，中国社会的文化思潮以及文化论战非常多，影响大的有科学人生观论战、疑古思潮等。伍启元认为，这个时期文化思潮有四个阶段：一是直觉主义阶段，代表人物是张君劢等；二是实验主义阶段，代表人物是胡适等；三是唯物的辩证的阶段，代表人物是陈独秀、郭沫若等；四是东方文化阶段，代表人物是梁漱溟等。他说："十余年来中国学术思想的变迁完全是受社会变迁的推进：直觉主义代表了封建残余的最后挣扎，实验主义代表了资本主义理论的展开，辩证法的唯物论代表了社会主义的抬头，东方文化论调代表了中国幼弱的资本主义在风雨飘摇之中的另求出路。"③ 但他强调，尽管中国学术思想与过去相比有较大进步，但"最可痛惜的，就是在

---

① 伍启元：《中国新文化运动概观》，黄山书社2008年版，第33、34页。
② 伍启元：《中国新文化运动概观》，黄山书社2008年版，第33页。
③ 伍启元：《中国新文化运动概观》，黄山书社2008年版，第174页。

这十余年间，中国总逃不出'模仿'的工作"①。

近代以来，中国文化发展或曰"西学东渐"，或曰"向西方学习"，未尝不是从事"模仿"工作。新文化运动及其后新文化的衍化，人们或取完全否定中国文化的态度，主张学习西方文化；或持东方文化优越论，否定西方文化的价值和作用；或持折中态度，希望调和东西文化。在各种新思潮、新思想激荡之时，马克思主义在中国广泛传播以及受此影响成立的中国共产党，为新文化变革开辟了一条新道路。至于这条新道路的形成，中国共产党人同样经历了一番探索。

二　1927—1937 年中国文化发展

（一）国民党统治区文化发展

1. 国民政府进行三民主义文化建设

1934 年 3 月，国民党成立中国文化建设协会，陈立夫任理事长，发起中国文化建设运动。10 月，中国文化建设协会创办《文化建设》月刊。中国文化建设协会以发扬"民族精神""科学精神""统一精神""创造精神"四者为主旨。②陈立夫所主张的"民族文化的建设"，说的是"要复兴中华民族，必先复兴中华民族的文化。故今日我们所谓建设民族新文化，即在依照总理之指示，一面将西洋文明迎头赶上去，一面把自己固有的文明从根救起"。"民族文化的复兴运动，在原则上，实系恢复民族自信力的运动。"他解释"复兴"并不是"复古"，而是"要把固有文化之好的优的，去发扬光大，以求开展和延展，同时还得吸收外来文化之好的优的，以求进展和创展"。③民族文化的建设不仅要有复兴中国固有的文化，还要吸收西方的文化，在此基础上建设一个新的文化体系。以陈立夫为首的倡导所谓民族文化的建设和复兴运动，依然延续着近代以来中西文化调和的路径。

1936 年 1 月，国民政府训令指出文化建设的原则是：

---

① 伍启元：《中国新文化运动概观》，黄山书社 2008 年版，第 176 页。
② 钟离蒙、杨凤麟：《中国现代哲学史资料汇编（第二集第六册）·中国文化问题论战》，辽宁大学出版社 1982 年版，第 41 页。
③ 陈立夫：《中国文化建设论》，《文化建设》1934 年第 1 卷第 1 期。

一、确定三民主义为中国文化建设运动之最高原则。

二、应针对时代需要，务期中国革命文化之建设与国民新生活之创造，相为辅车，并以发扬光大中国固有文化与吸收外来文化，为文化建设之中心工作。

三、消极的肃清与纠正封建思想、阶级斗争、颓废习尚、奴隶自弃之观念，积极的发扬民族精神，提倡科学知识，促进集团统一之生活，磨练伟大创造之毅力，开展人生服务之目的，以为文化建设之范畴。

四、在国家政治、社会、经济之建设上，辟除阶级奋斗与自由竞争之主张，而遵照最高原则，实施统制运动，以为文化建设之趋向。①

三民主义文化建设推进方针包括：

一、中央应设文化委员会，主持全国文化运动之推进，与其事业之发展。并在该会之下，广罗人才，设置各项事业设计委员会，以统筹文化建设之工作。

二、分析划定全国之重要都市与著名乡村为文化中心，以为文化建设之实验区域，而谋逐渐推广其运动。

三、对于中外合组之文化基金委员会，应由本党负责，分别改组其组织上之运用，并统筹与稽核现存其文化用途上之经费，务使符合本党文化建设之宗旨，且拨定的款为今后文化建设之经费。

四、由中央文化委员会筹备召集全国文化界领袖，举行全国文化建设工作讨论会，计划工作之推进。

五、尽量扶助全国各文化团体，文化刊社或对文化有贡献之新闻纸、戏剧艺术等组织与努力文化事业之人物，并策进其

---

① 中国第二历史档案馆编：《中华民国史档案资料汇编（第五辑第一编）·文化（一）》，凤凰出版社1998年版，第26—27页。

工作。

六、对于各项文化事业，应分别设法采取统制运动方法，务使适合本党文化建设原则，而向前迈进。

七、设置文化事业各项奖金，奖掖对于文化事业特有贡献之人才及团体或机关。

八、设置各种学术研究组织，提倡笃实精进及独立自尊之美德，确立创造文化服务人群及贡献民族之信念。

九、设置或扩充原有之大规模文化编译机关及出版机关，介绍现代思想，阐明国际情势，吸收外来文化，记述国内事情，作有系统之学术编述，以不背民族立场，不害民族健康为目标。

十、扩充民族文艺运动，消灭普罗文艺、封建文艺及颓废文艺之流传。并奖励民族文艺之创作。

十一、为转移一般社会风气，提倡以礼义廉耻为中心，以革新国民生活之习惯。务使在个人生活上以勤劳简朴整齐清洁为基准，在集团生活上有责任、重纪律、信仰领袖、服从团体之美德。

十二、为奠立民族复兴之基础，尽量提倡国民体育，传播健康智识，以期扫除文弱积习，养成刚劲勇敢之气概，增进自强自卫之能力。

十三、扶持国内电影事业，及扩展电力播音工作，并注重发展国际宣传事业，务期以民族利益为依归，发展我民族文化之精神，以巩固中华民族之基础。

十四、对于国内固有之文化事物，或与文化有关之历史遗迹重大设备，应设法整理，妥加保护。①

1927年至1937年，国民政府在三民主义文化建设原则的指引下，采取了包括党化教育、推行新生活运动、推行语言文字改革运动、发展新闻出版业、推行国民精神总动员运动和保护文物等在内的

---

① 中国第二历史档案馆编：《中华民国史档案资料汇编（第五辑第一编）·文化（一）》，凤凰出版社1998年版，第27—28页。

各种文化建设工作。

但是，国民党在实施三民主义文化建设的过程中，对中国共产党领导的革命文化以及国统区的左翼文化运动实行了文化"围剿"政策，其表现有：禁止进步书刊出版，封闭进步书店，破坏进步文化团体，迫害进步文化工作者，污蔑、攻击革命文艺运动等。与此同时，在中国共产党领导下，进步文化力量针对国民党的文化"围剿"又进行了反文化"围剿"的斗争，有力地推动了进步文化运动的开展。

2. 左翼文化运动的勃兴

20世纪30年代，国民党统治区左翼文化运动在中国共产党领导下较快发展。1930年3月2日，中国共产党领导的中国左翼作家联盟（左联）宣告成立。其发起人及成员主要有鲁迅、夏衍、郭沫若、郁达夫、茅盾等50人。"左联"在纲领中宣称："我们的艺术是反封建阶级的，反资产阶级的，又反对'稳固社会地位'的小资产阶级的倾向。我们不能不援助而且从事无产阶级艺术的产生。""我们期待左翼作家联盟，马克思主义文化来推进社会的变革伟大前程。"①"左联"决定成立马克思主义文艺理论研究会、国际文化研究会、文艺大众化研究会等机构和杂志。随后，还成立了中国社会科学家联盟、中国左翼美术家联盟等组织。10月，各革命文化团体联合成立中国左翼文化界总同盟，由中央文化工作委员会（文委）领导，出版《文化月报》等杂志。1935年8月1日，中国共产党发表《为抗日救国告全体同胞书》，号召建立抗日民族统一战线。1935年底1936年初，周扬等为响应中国共产党关于组织抗日民族统一战线的号召提出了"国防文学"的口号，随后又有人提出"民族革命战争的大众文学"的口号，双方发生了"两个口号"的论争。为了建立文艺界抗日民族统一战线，1936年春"左联"自行解散。

左翼文化运动高举文化大众化的旗帜，明确提出要创造无产阶级文艺和工农文化的口号，号召反对国民党的文化"围剿"，对以后建立文化界的抗日救亡统一战线起到重要作用。随着日本帝国主义的步

---

① 《左翼作家联盟的成立》，《沙仑》1930年第1卷第1期。

步紧逼,抗战救亡的任务日益紧迫,上海、北平以及全国各地文化界人士纷纷发表救国宣言,号召人们反对日本帝国主义的侵略。

(二)中国共产党领导革命文化的建设

除了在国民党统治区领导开展左翼文化运动以外,中国共产党还在苏区积极开展革命文化的建设。

1931年,中共中央提出:"苏区内的教育文化工作,必须要有彻底的转变,必须编辑成年人及青年儿童的识字课本,绝对禁止以三民主义为苏区内学校的教科书。小学校内贫农雇农及工人子弟,完全免费,富裕的中农则必须酌量征收学费。必须立即开始贫民识字运动。这里可以利用苏区所有同情于革命,或至少是不反革命的知识分子,做通俗教育的工作,但必须在党与苏维埃的监督与领导之下。党,苏维埃及职工会等各种机关必须完全废除过去秀才式的八股文章,呈请文章以及命令公文的滥调,一律采用简单明了的白话文章。""苏维埃人民教育委员会必须定出教育文化的工作计划,利用群众力量来执行这种计划。必须消灭那些富农分子包办苏区文化教育工作的非常的现象。"[①] 1933年9月,洛甫(张闻天)分析国民党政权的文化政策时,认为:"国民党政府的文化教育政策主要的是在把全中国最大多数的被压迫民众,放在文盲,闭塞与愚昧中间,这样使中国的豪绅地主与军阀官僚更容易欺骗与剥削他们,使他们变为统治阶级的工具。"[②] 而苏维埃的文化教育则相反,苏维埃政权的文化教育政策要"使每个苏维埃公民受到苏维埃的教育"。这种教育既不是封建时代的教育,也不是资产阶级的教育,而是无产阶级的教育,即"马克思与列宁主义的教育",即共产主义教育。关于知识分子的培养和利用问题,张闻天指出:"革命战争的开展,以及苏维埃各方面的建设,要求我们造成我们自己的知识分子,尤其是工人知识分子。"[③] 但同

---

① 《中央关于苏区宣传鼓动工作决议》,《中国共产党宣传工作文献选编1915—1937》,学习出版社1996年版,第997页。

② 张闻天:《论苏维埃政权的文化教育政策》,《张闻天文集(1919—1935)》第1卷,中共党史出版社2012年版,第277页。

③ 张闻天:《论苏维埃政权的文化教育政策》,《张闻天文集(1919—1935)》第1卷,中共党史出版社2012年版,第280页。

时他也认为:"为了养成工农自己的知识分子,旧的知识分子(不论他的出身是地主或是富农)的利用是绝对必要的。"苏区过去在这一点上认识是有偏差的,对旧知识分子的认识不清和限制过多,自然不会有人来从事文化教育工作。为了改变这种状况,张闻天认为必须纠正这种"左"的倾向,应该"尽量的用这些知识分子,而且为了吸收这些知识分子参加苏维埃的文化教育工作(其他工作也是如此),我们还可给他们以优待,使他们能够安心的为苏维埃政府工作"①。张闻天在当时的战争环境下,从教育方式和知识分子的培养利用等方面,明确提出苏维埃的文化教育问题,非常难得。1934 年,瞿秋白指出:"苏维埃的教育是阶级的教育,是马克思列宁主义的阶级教育。""在教育文化方面,我们可以并且应当利用旧知识分子,即使他们是地主资产阶级出身,也可以利用。然而,第一,小学教育或是单纯的学术工作(自然科学之类),可以叫他们担任;而教育机关的领导工作,却决不容许暗藏的阶级异己分子来把持。第二,真正有知识的分子,我们需要;而并没有什么知识的地主富农,根本就不应当容许他们混进教育机关和学校。"② 由于革命战争的需要,苏维埃文化教育工作主要是为苏维埃政权建设服务的。

这个时期,中国共产党领导的革命文化事业得到较快发展。李初黎指出,自大革命失败后,尽管新文化运动遭到逮捕屠杀、封闭禁止,使得一部分人发生彷徨、动摇、颓废等悲观情绪,但有一部分人坚持提倡"辩证唯物论的新世界观,介绍了唯物辩证法的批判现实的新武器,提出了以反帝反封建为内容的普罗文学作为巩固与团结当前的文化阵线,保存过去文化革命的传统与保存文化战线上革命的力量,作为继续开展文化运动的基础"③,这样使得新文化运动仍然大踏步向前发展,其主要表现有"开拓了许多新的文化部门,如在社会科学方面,有新的哲学,政治学,经济学,教育学,历史学;在艺术

---

① 张闻天:《论苏维埃政权的文化教育政策》,《张闻天文集(1919—1935)》第 1 卷,中共党史出版社 2012 年版,第 282 页。
② 瞿秋白:《阶级战争中的教育》,张挚、张玉龙主编:《中央苏区教育史料汇编》(上册),南京大学出版社 2016 年版,第 199 页。
③ 李初黎:《十年来新文化运动的检讨》,《解放》1937 年第 2 卷第 24 期。

范围内，产生了新的文学，演剧，电影，绘画，木刻，音乐；在大众教育方面，有拉丁化运动和通俗化运动等。在组织上，建立了左联，社联，教联，剧联，以及绘画，木刻，音乐，电影，并其他各种研究会的文化团体"①。同样，毛泽东也指出中国共产党领导的科学文化艺术事业的发展情况。②

（三）思想文化界的论战

20世纪30年代以后，尤其是1935年前后，思想文化界围绕着中国本位的文化建设问题，以陈序经、胡适等为代表的全盘西化论与以王新命等为代表的"中国本位文化建设"展开了激烈的论战。陈序经在《中国文化之出路》（该书在1932年写成，1934年出版）中公开提出"全盘西化"的口号，认为中国文化之出路在于彻底西化。③1935年1月，为响应国民政府倡导的文化建设运动，王新命等十教授发表《中国本位的文化建设宣言》，认为中国要进行本位的文化建设。④ 所谓中国本位的文化建设，是"不守旧"、"不盲从"，"根据中国本位，采取批评态度，应用科学方法来检讨过去，把握现在，创造未来"。⑤ 这里主要谈的是立场和态度问题，至于何为"中国本位"，宣言没有给出明确回答。

双方观点，受到了思想文化界的批评。最后，他们都不同程度地修正各自观点。1935年6月，胡适再次谈到全盘西化的问题时解释说："'全盘'含有百分之一百的意义，而百分之九十九还算不得'全盘'。……至少我可以说我自己的原意并不是这样。""为免除许多无谓的文字上或名词上的争论起见，与其说'全盘西化'，不如说

---

① 李初黎：《十年来新文化运动的检讨》，《解放》1937年第2卷第24期。
② 《毛泽东选集》第2卷，人民出版社1991年版，第697页。
③ 罗荣渠主编：《从"西化"到现代化——五四以来有关中国的文化趋向和发展道路论争文选》中册，黄山书社2008年版，第384页。
④ 十教授，分别是王新命、何炳松、武堉干、孙寒冰、黄文山、陶希圣、章益、陈高佣、樊仲云、萨孟武。
⑤ 樊仲云编：《中国本位文化建设讨论集》，《文化建设》月刊社1936年版，第14—15页。

'充分世界化'。"① 陈序经则指出:"我在这里想指出在所谓百分之九十九或百分之九十五的情形之下,还可以叫做'全盘'。至于我个人,相信百分之一百的全盘西化,不但有可能性,而且是一个较为完善较少危险的文化的出路。"② 十教授在论战中对"中国本位"作了界定:"中国本位文化建设,在纵的方面不主张复古,在横的方面反对全盘西化,在时间上重视此时的动向,在空间上重视此地的环境,热切希望我们的文化建设能和此时此地的需要相吻合。"③ 中国本位文化建设是用民族性去对抗世界性,是一种保守主义立场,因此无法适应社会发展的需要。

在"全盘西化"与"中国本位的文化建设"的论战中,有人提出了社会主义文化方向的问题。如丁遥思认为,人们对文化建设的讨论过于单纯和孤立,忽略了文化运动发生背后的社会经济基础。中国的文化建设应该是"一种非资本主义的民族资本主义性的文化,这一种文化,是否定着资本主义的文化,同时又是过渡到社会主义文化所必经的桥梁"④。他认为,中国本位的文化建设,"要从'破'中才求得出'立'来……打倒封建主义的文化,是使中国从旧的茧中蜕变出来,打倒资本主义的文化,是使中国逐渐推移到社会主义的文化领域,所以建设中国本位的文化,最主要的目的即是要达到社会主义的文化领域,我们今后的努力方向,也完全着重在这个上面才有意义"⑤。这种看法强调了中国本位文化建设的社会主义方向,但他依然在中国本位文化建设的讨论框架内,只是对中国本位论的补充修正。

三 抗战救国文化热潮

1937年7月,全面抗战开始以后,北平、上海等大城市先后沦

---

① 罗荣渠主编:《从"西化"到现代化——五四以来有关中国的文化趋向和发展道路论争文选》中册,黄山书社2008年版,第592页。
② 罗荣渠主编:《从"西化"到现代化——五四以来有关中国的文化趋向和发展道路论争文选》中册,黄山书社2008年版,第606页。
③ 罗荣渠主编:《从"西化"到现代化——五四以来有关中国的文化趋向和发展道路论争文选》中册,黄山书社2008年版,第506页。
④ 丁遥思:《论中国本位的文化建设》,《文化批判》1935年第3卷第1期。
⑤ 丁遥思:《论中国本位的文化建设》,《文化批判》1935年第3卷第1期。

陷，国民政府被迫迁往重庆，一大批文化人内迁到武汉、桂林和重庆等地，还有一些追求进步和自由的青年、文化人士奔赴延安，形成了抗战救国文化的热潮。

(一) 三民主义文化建设的延续

1938年3月31日，在武汉召开的国民党临时全国代表大会通过陈果夫等关于确定文化建设原则纲领的提案。该提案规定，抗战时期的文化要在三民主义文化建设的总目标下，以民族国家为本位。"所谓民族国家本位之文化，有三方面之意义，一为发扬我固有之文化，一为文化工作应为民族国家而努力，一为抵御不适合国情之文化侵略。"[①] 文化工作原则有："一、根据总理'保持吾民族独立地位，发扬我固有文化，并吸收世界文化而光大之'之遗训，以建设中华民族之新文化。二、以文化力量，发扬民族精神，恢复民族自信，加强全国民众之精神国防，以达民族复兴之目的。三、对于一切文化事业，尽保育扶持之责，以督促、指导、奖励及取缔方法，促成全国协同一致之发展。"[②] 在此基础上，陈立夫等提出发展文化的22条纲领。[③] 4月1日，国民党临时代表大会发布《临时全国代表大会宣言》再次指出："为抗战期间所必不可忽者：其一为道德之修养，其二为科学之运动。"[④] "至于科学之运动，在抗战期间亦为最要。……在技术方面，则提高自然科学的研究，俾军需军器得无缺乏；在社会制度方面，则适用社会科学的学理，使社会的组织与活动趋于合理化，成为有计划、有系统的发达。其试行之于教育者，宜知战时的科学需要，较平时为尤急，科学的探讨与设备，为抗战持久及抗战胜利之决定因素；其施之于文化运动者，宜知所谓文化运动，不外谋全部人类生活之充实向上，当在科学方面使技术与社会制度相贯通，物质与精神相

[①] 中国第二历史档案馆编：《中华民国史档案资料汇编（第五辑第二编）·文化(一)》，凤凰出版社1998年版，第1页。

[②] 中国第二历史档案馆编：《中华民国史档案资料汇编（第五辑第二编）·文化(一)》，凤凰出版社1998年版，第1页。

[③] 中国第二历史档案馆编：《中华民国史档案资料汇编（第五辑第二编）·文化(一)》，凤凰出版社1998年版，第2—3页。

[④] 荣孟源主编：《中国国民党历次代表大会及中央全会资料》（下），光明日报出版社1985年版，第474页。

贯通，理智与感情相贯通，以求其平均发展。"① 在这次会议上，国民党在中央执行委员会下设立了文化部。其职责为："指导党员在教育、学术与新闻、电影、广播等文化团体中之工作，协助文化团体之组织，并策进其事业。"② 1940年10月，国民政府成立文化工作委员会。郭沫若任主任委员，下设国际问题、文艺和敌情研究三个组。

1943年9月，国民党中央执行委员会通过《文化运动纲领案》，提出中华民族文化的哲学基础是民生哲学。"'民生之外无文化，文化之外亦无民生。'（引总裁语）合乎民生哲学的文化，才是中华民族的文化，才是中华民族所需要的文化，反乎民生哲学，有害于促进'人民的生活'，保障'社会的生存'，发展国民的生计，繁衍'群众的生命'的文化，皆非中华民族文化，亦非中华民族所需要的文化。"③ 在全国抗战形势下，"为发扬中华民族固有的德性，挽救近百年来的颓风起见，必须建立一种新的中华民族文化，这种文化一方面要保存中华民族固有文化的优点，一方面要吸收西洋文化的精髓。"④ 在此基础上，国民党政府提出民族文化五大建设的目标，即心理建设、伦理建设、社会建设、政治建设、经济建设。为达成这项工作，民族文化建设运动要"以新生活运动为用，而发扬民族精神，以国民经济建设运动为体，而发展民生乐利"⑤。1944年1月，为推动《文化运动纲领案》的实施，国民党中央宣传部拟定了《文化运动纲领宣传及实施办法》。此外，有文化人也表示，文化应该以军事为中心，文化应该从属于军事，要"在三民主义的最高准绳及最高领袖的指导与领导之下，以中国国民党为主体，更进一步地团结各党各派以及无

---

① 荣孟源主编：《中国国民党历次代表大会及中央全会资料》（下），光明日报出版社1985年版，第475页。

② 荣孟源主编：《中国国民党历次代表大会及中央全会资料》（下），光明日报出版社1985年版，第480页。

③ 中国第二历史档案馆编：《中华民国史档案资料汇编（第五辑第二编）·文化（一）》，凤凰出版社1998年版，第28页。

④ 中国第二历史档案馆编：《中华民国史档案资料汇编（第五辑第二编）·文化（一）》，凤凰出版社1998年版，第28页。

⑤ 中国第二历史档案馆编：《中华民国史档案资料汇编（第五辑第二编）·文化（一）》，凤凰出版社1998年版，第31页。

党无派者于其左右，把民族统一战线结晶化，而为中国国民党的扩大的'全国联盟'或'国民联盟'"①。

国民政府的三民主义文化建设，要求文化为抗战建国服务，对于全面抗战具有积极意义。但是，即使是在抗战期间，国民政府并没有改变对进步文化以及中国共产党领导的新民主主义文化的"统制"政策，对国统区的新闻、出版、戏剧、电影实行严苛的审查制度，对进步文化人士采取限制措施，从这个角度说国民党政府不可能建设好中华民族的新文化。

（二）文化抗战热潮的形成

全面抗战开始以后，中国文化界掀起了文化抗战的热潮。这方面表现有：

1. 热烈讨论抗战建国文化的问题

1938年，张申府提出，抗战建国的文化在政治经济方面是三民主义的革命的反封建的文化，在学术思想方面是新启蒙运动的科学的理性的文化。②他认为，抗战建国文化具有九个特点：（1）战时文化必是抗战的，奋斗的，革命的；（2）战时文化必是踏实的，积极的，进步的；（3）战时文化必是动的，人定胜天的，理性和情感合一的；（4）战时文化必是民族的，民众的，民主的；（5）战时文化必是自觉的，自主的，自由的；（6）战时文化必是统一的，统制的，系统的；（7）战时文化必反迷信，反盲从，反奴化；（8）战时文化必反独断，反武断，反垄断；（9）战时文化必反成见，反偏见，反私见。那么，抗战建国文化，就是"实的文化"。这个文化核心的哲学是"实的哲学"，是"过去最好的传统与科学与逻辑与辩证唯物论的一个革命的创造的化合体"。至于如何建设新文化的问题，他认为要"有机的化合"，即"中国最好的东西可以保持而且广大下去，西洋最好的东西也可以真正地移植过来，融合起来"。要"先对于中西文化都有甚深的了解。同时注意到时代的趋势，历史的可能，两方都有

---

① 张申府：《战时文化应该怎样再开展——文化的从军》，《战时文化》1939年第2卷第1期。

② 钟离蒙、杨凤麟：《中国现代哲学史资料汇编（第三集第一册）·抗战时期哲学思想战线上的斗争》，辽宁大学出版社1982年版，第191页。

所扬弃，有所取舍，更努力于物质基础的打点布置"①。

陈城则提倡国防文化建设运动，主要内容有：（1）以民族主义精神及新生活运动实施国防教育；（2）应国防教育之需求，培育技术人员；（3）注意科学研究，而使集中于国防及生产等实际问题；（4）注意国民体育，而使全国国民均具备国防人之健全体格。②

黄文山倡导民族文化建设运动，主要内容有：（1）积极地启发民族自觉与自信，使整个民族共同努力维护中华民族文化的存在，并使之发扬光大，以保其灿烂的光荣；（2）以过去民族文化做基础，斟酌时间空间的需要，进而吸收现代思潮与现代科学的成果，以改造原来的文化形式，充实其内容，加速其行程与转变。③

此外，还有全国文化界倡导的学术中国化运动，主要内容有：（1）科学文化运动；（2）接受中国文化优良的传统。

这个时期的文化建设运动均以抗战建国为中心，其着力点在维护民族文化、提高科学研究、推行战时教育和学术观念的实践性。④

2. 以抗日救亡为号召的文化社团纷纷成立

1937年12月31日，中华全国戏剧界抗敌协会在武汉成立。1938年1月29日，中华全国电影界抗敌协会在武汉成立。1938年3月27日，在武汉成立了规模最大、影响最广的中华全国文艺界抗敌协会，形成了声势浩大的文艺界抗敌统一战线，促进了抗战文艺运动的发展。此外，还有中华全国美术界抗敌协会、中华全国木刻抗敌协会、中华全国漫画作家抗敌协会等全国性社团成立。

另外，文化界创办了不少以抗战救国为主题的期刊。如《战时知识》《战时论坛》《战时文化》《抗战文艺》等。还有不少文化人士提出"文化下乡""文章入伍"等口号。1938年7月，郭沫若指出："在一年来的英勇抗战中，我们中国的文化工作者——作家、艺术家、歌咏家、学校讲师、舞台剧人……和多种不同的文化人，都先先后后

---

① 钟离蒙、杨凤麟：《中国现代哲学史资料汇编（第三集第一册）·抗战时期哲学思想战线上的斗争》，辽宁大学出版社1982年版，第191—193页。
② 李方晨：《一年来的抗战文化》，《战幹》1944年第215期。
③ 李方晨：《一年来的抗战文化》，《战幹》1944年第215期。
④ 李方晨：《一年来的抗战文化》，《战幹》1944年第215期。

地或多多少少地显示出他们为民族争生存、为世界谋和平、为人类求解放的努力的姿态。""中国的文化工作者,对于抗战我敢说是有相当大的贡献的。不管在前线,或在后方,他们大都能忍受所有的困苦而从事于艰巨的奋斗。"①

(三) 边区文化建设的开展

全面抗战爆发以后,在中国共产党领导下边区文化不断成长、壮大。1937年11月14日,延安成立了"特区文艺界救亡协会"。张闻天在成立大会上作了《十年来文化运动的检讨及目前文化运动的任务》的报告,指出今后文化界的任务一是要适应抗战,二是要大众化、中国化。他希望每一个文化人到群众中、斗争中以及到前线去生活去锻炼。② 12月,延安又成立"陕甘宁边区文化界抗日救亡协会"。1938年4月10日,延安成立鲁迅艺术学院(简称"鲁艺",是培养马克思主义文化艺术干部和人才的摇篮)。1938年9月11日,陕甘宁边区成立了"陕甘宁边区文艺抗战联合会"。随着抗日战争形势的发展,不少文艺工作者从上海等地来到延安和根据地,纷纷加入到抗战文艺宣传和斗争的队伍中来。其他抗日根据地也成立了自己的文艺社团,并创办自己的杂志。

中国共产党领导的边区文化,是一股新文化的力量。正如晋察冀边区《抗敌报》所指出:"边区的文化运动,完全是边区人民抗日武装斗争的产物。它是在敌人不断的炮火进攻中,在全边区人民抗日救亡运动中成长壮大起来的。同时,这一文化运动的本身,也就是边区人民抗日救亡运动与民族自卫斗争的一部分。"③ 随着全面抗战的展开,1940年前后,中国共产党提出新民主主义文化理论。各边区又在新民主主义文化理论指导下积极开展边区文化建设,有力地支持了抗战。有学者指出:"中国文化的出路,是中国共产党领导中国人民建设中华民族的新文化。这种新文化,是民族的科学的和大众的文

---

① 中国第二历史档案馆编:《中华民国史档案资料汇编(第五辑第二编)·文化(一)》,凤凰出版社1998年版,第53页。
② 艾克恩编纂:《延安文艺运动纪盛》,文化艺术出版社1987年版,第37页。
③ 《边区的文化运动》,《河北文化史志资料丛书·晋察冀革命文化史料》,河北文化厅文化志编辑办公室1991年编印,第22页。

化,也就是人民大众反帝反封建的文化。……历史的趋势,是向社会主义文化发展。"① 应该说,中国文化走向新民主主义文化,以及在此基础上过渡到社会主义文化是在斗争中不断成长壮大的结果。

第二节 新民主主义文化理论及其实践

新民主主义文化理论的形成,在中国共产党文化思想史上具有重要的历史地位。本节将其单独列出来加以论述,一来着重探讨新民主主义文化理论形成的过程及原因;二来要通过梳理历史过程,进一步揭示中国文化发展的出路与趋向。

一 新民主主义文化理论的形成

（一）早期中国共产党人对文化问题的探索

五四运动前后,以陈独秀、李大钊、瞿秋白、杨明斋等为代表的早期中国共产党人从唯物史观的角度来讨论东西文化（或文明）问题,并提出中国文化要走社会主义道路。如陈独秀指出:"近代文明之特征……一曰人权说,一曰生物进化论,一曰社会主义是也。"② 李大钊认为:"东西文明有根本不同点,即东洋文明主静,西洋文明主动是也。""东西文化之差别,可云一为积极的,一为消极的。""愚确信东西文明调和之大业,必至二种文明本身各有彻底之觉悟,而以异派之所长补本身之所短,世界新文明始有焕扬光采发育完成之一日。"③ 瞿秋白则对"文化"加以明确解释。他说:"所谓'文化（Culture）'是人类之一切'所作'。一、生产力之状态,二、根据于此状态而成就的经济关系,三、就此经济关系而形成的社会政治组织,四、依此经济及社会组织而定的社会心理,反映此种社会心理的

---

① 龚书铎:《全盘西化论的历史考察》,《北京师范大学学报》1987年第3期。
② 陈崧编:《五四前后东西文化问题论战文选》,中国社会科学出版社1985年版,第4页。
③ 陈崧编:《五四前后东西文化问题论战文选》,中国社会科学出版社1985年版,第57、67、69页。

各种思想系统，——凡此都是人类在一定的时间一定的空间中之'所作'。"① 这里，瞿秋白对文化作了狭义的理解，认为经济关系和社会政治组织都是其中最为重要的部分，也就是说文化离不开一定的经济关系和社会政治组织，在此基础上才有反映各种社会心理的思想系统。他认为文化并没有东西之别，东方的宗法社会及封建制度的思想不破，则帝国主义的侵略就无法抗拒，东方民族的文化就无法发展。"东方文化派"所宣扬的"科学破产"，只不过是宗法社会及资产阶级文明的破产而已。他提出，文化发展的希望在于无产阶级文化的进步，要建立"无产阶级的社会科学"，提倡"世界革命"，这样东方民族才能得真正文化的发展。② 早期中国共产党人的文化思想对于后来探索新文化发展的问题具有积极的导向作用。

（二）文化政策的调整与文化话语权的确立

1927年至1937年，党领导开展边区文化运动以及国统区左翼文化运动，对于中国文化发展问题有了进一步探索。可是，当时正处于非常复杂的斗争环境中，中国共产党并没有提出系统的文化理论。全面抗战开始以后，中国共产党积极调整文化政策，开展了与国民党争夺文化话语权的斗争，并提出自己的文化理论。

1. 全面抗战开始以后中国共产党文化政策的调整

中国共产党提出建设革命的三民主义文化。1937年7月15日，中国共产党发表宣言，声明"三民主义为中国今日之必需，本党愿为其彻底的实现而奋斗"③。为服从于抗战建国的需要，中国共产党提出建设革命的三民主义文化。如李初黎提出："目前文化运动中总的任务应该是：（甲）继续并巩固文化上的统一战线。（乙）建立以民族解放，民权自由，民生幸福为内容的，革命的三民主义的文化。（丙）选择适当的地点，如武汉等地，建立新的文化中心。（丁）提高文化水准，使

---

① 陈崧编：《五四前后东西文化问题论战文选》，中国社会科学出版社1985年版，第559页。
② 陈崧编：《五四前后东西文化问题论战文选》，中国社会科学出版社1985年版，第563页。
③ 《中共中央为公布国共合作宣言》，《建党以来重要文献选编（1921—1949）》第14册，中央文献出版社2011年版，第370页。

马列主义更具体化中国化，同时更广泛地深入地进行通俗化大众化的工作。（戊）肃清左的宗派主义关门主义，与右的投降主义与自由主义倾向的主要危险作斗争。（己）健全并发展各种文化组织。"① 在抗战救国形势下，中国共产党强调文化建设既要有利于巩固文化界抗日民族统一战线，又要承续三民主义的思想遗产，建设革命的三民主义文化。

2. 调整文化工作方向

1939年5月17日，中共中央发出《关于宣传教育工作的指示》，要求"各级宣传部必须经常注意对于文化运动的领导，积极参加各方面的文化运动，争取对于各种文化团体与机关的影响，特别对于各种文化工作团，在必要时，可吸收一部分文化工作的同志，在区党委、省委以上的宣传部下组织文化工作委员会"②。同时，指示要求宣传鼓动时应特别注意于发扬与运用国民政府党政军方面在讲演、命令、谈话与出版物等里面的各种积极的东西，同时去批评与驳斥顽固分子的消极的黑暗的东西；要以革命的言行相符的真正三民主义去对抗曲解的言不顾行的假三民主义，以真正三民主义的姿态，去反对假三民主义者；还要注意宣传鼓动工作的通俗化、大众化、民族化，力求各种宣传品的生动与活泼，特别注意于戏剧歌咏等活动。③

3. 大量吸收知识分子

关于知识分子的问题，中共中央作出"大量吸收知识分子"的决定。④ 中国共产党要求，为了抗战需要应大量吸收知识分子加入军队、学校和政府工作，而且要对知识分子应区别不同情况加以对待。

4. 实施抗战教育

毛泽东强调，在一切为战争的原则下，文化教育事业必须适合战争需要，全民族要从改革学制、培养干部、民众教育、小学教育四个

---

① 李初黎：《十年来新文化运动的检讨》，《解放》1937年第2卷第24期。
② 《中国共产党宣传工作文献选编1937—1949》，学习出版社1996年版，第47页。
③ 《中国共产党宣传工作文献选编1937—1949》，学习出版社1996年版，第46—47页。
④ 《毛泽东选集》第2卷，人民出版社1991年版，第618页。

方面来开展文化教育工作，实施抗战教育。① 一些学校如抗日军政大学、陕北公学、鲁迅艺术学院等学校为适应抗战救国的需要加紧培养干部。

陕甘宁边区政府为了实施抗战教育，提出"政治与军事并重，理论与实践配合"，以及选择课材时"少而精"的教育方针。边区教育包括小学教育、中等教育、高等教育及社会教育、冬学运动等，都有较快发展。除此之外，各种文化形式如俱乐部、救亡室、平民教育馆、抗战剧团、体育、歌曲、电影等都有发展。延安出版的报纸如《新中华报》《解放》《团结》等发行量较大。少数民族文化方面，中国共产党采取尊重和帮助少数民族发展文化的态度。

中国共产党调整文化政策，有利于建立文化界抗日民族统一战线。但是，中国共产党坚持的革命的三民主义文化教育与国民党所倡导的三民主义文化教育有所不同，前者坚持以马列主义以及革命的三民主义为指导，而后者则是以一般意义上的三民主义为指导。这就不难理解国共两党在抗战期间为何在思想文化上的分歧与斗争从未停止。

（二）中国共产党提出新民主主义文化理论

全面抗战开始以后，中国共产党为争取对抗日民族统一战线的领导权，亟须在马克思主义与三民主义之间寻求新的理论支撑。在这方面，中国共产党在遵循革命的三民主义基础上，以马克思主义为指导，与国民党展开了理论话语权和文化话语权的斗争。

1939年底，毛泽东、周恩来、张闻天等分别撰文阐述中国共产党所坚持的三民主义与国民党的三民主义的不同。如毛泽东的《中国革命和中国共产党》、周恩来的《三民主义与共产主义》、张闻天的《拥护真三民主义反对假三民主义》等。这些文献深刻论述中国共产党在中国革命中的地位、作用，以及对中国革命的新理解。如中国共产党提出"所谓新民主主义的革命，就是在无产阶级领导之下的人民

---

① 毛泽东：《论新阶段》，《中共中央文件选集》第11册，中共中央党校出版社1991年版，第616—617页。

大众的反帝反封建的革命"①，强调新民主主义与三民主义共同之处在于坚持"联俄、联共和扶助农工"的革命的三民主义，与旧三民主义根本不同在于坚持无产阶级的领导。中国共产党明确提出新民主主义革命理论，既对中国革命有了新的理论总结；又把革命的三民主义的解释权牢牢掌握在自己手里，以对抗国民党所坚持的假三民主义。这种创造性的理论构建对于中国革命产生了深远影响。

中国共产党在构建新民主主义理论的同时，也在构建自己的文化理论，并形成了独特的文化话语。自1939年起，中共中央召开多次政治局会议以及书记处会议，就新文化的性质和提法进行过讨论。现将有关会议情况概述如下：

一是1939年5月17日，中央书记处会议。这次会议主题为讨论张闻天关于中宣部工作的报告。这次会议主要讨论党的宣传工作，但涉及党的文化政策调整问题。毛泽东发言指出，现在国民教育的方针是民主主义的。过去中央苏区国民教育的方针是共产主义的，文艺政策是共产主义的，都不对。②这次会议对过去党在文化上关门主义错误进行了反思，并强调要实施文化统一战线的政策。为了解决宣传和文化上存在的问题，张闻天提出要"建立文委工作，使党的文化，文艺政策经过文委来实现"③。这次会议上，中共中央决定改组文化工作委员会由艾思奇等9人组成，以艾思奇为主任（此前是潘汉年）；同时发出了《关于宣传教育工作的指示》，强调各级宣传部要加强对文化运动的领导。④必须注意，艾思奇担任文委主任，他不仅是陕甘宁边区文协的领导人，还是陕甘宁边区文协第一次代表大会具体筹办者，因此他对于党的文化政策以及边区文化界情况可以说是非常了解。

二是1939年8月4—15日，中央政治局会议。这次会议主题是

---

① 《毛泽东选集》第2卷，人民出版社1991年版，第647页。
② 《毛泽东年谱（1893—1949）》（修订本）（中卷），中央文献出版社2013年版，第127页。
③ 《张闻天年谱》（修订本）上卷，中共党史出版社2010年版，第420页。
④ 《中央关于宣传教育工作的指示》，《中共中央文件选集》第12册，中共中央党校出版社1991年版，第72页。

第一章 文化来源：新民主主义文化的探求　　35

讨论抗战两周年的总结、目前时局的关键、统一战线诸问题。自8月4日起，周恩来连续在会上作长篇发言，从理论上初步总结了两年来统一战线面临的问题，认为中国统一战线既是民族的、民主的，也是社会的①，强调要"正确地解释三民主义与共产主义的实质与关系，并宣传科学思想、民族解放思想、民主思想、社会主义思想以及民族美德与优良传统，以反对复古的反动的向后倒退的思想"②。毛泽东、张闻天等出席会议。

三是8月23日、24日，中央政治局会议。这次会议主题是讨论周恩来的报告和秦邦宪的报告。8月23日，张闻天在会上专门讲到党的文化政策。有关材料如下：

> 中宣部提出了一个提纲，政治局须给以原则的指示，请各位同志发表意见。我同意这个提纲。
> 一、我们要提倡民族化、大众化的文艺，使文艺工作者到民众中去锻炼，在民众中活动。
> 二、我们并不反对少数人从事"专门"的艺术，也不反对少数人有些欧化的倾向，而且还联合这些人反对共同的敌人。
> 三、我们的文化在内容上民主主义的（也是三民主义的），并且提倡进行马列主义的宣传。
> 我不赞成个别同志的意见。有人认为民众剧团没有办法，才不得不实行民族化、大众化，认为民族化、大众化是降低艺术。我认为，要到民众中去了解民众，了解民众究竟需要什么，才能使中国的文艺成为民族的文艺。如果只是模仿欧美，是不会有重大成绩的。③

8月24日，张闻天又说到文艺问题时，再次指出：

---

① 《周恩来年谱1898—1949》（修订本），中央文献出版社1998年版，第456页。
② 周恩来：《关于统一战线的策略、方法和守则（提纲）》，《周恩来统一战线文选》，人民出版社1984年版，第44页。
③ 《中国共产党宣传工作文献选编（1837—1949）》，学习出版社1996年版，第77—78页。

> 文艺问题我们的方向是民族化、大众化，恩来同志提出民主化是对的。关于旧形式与民间形式中是否有艺术，我个人认为民间形式在某一方面是降低了些，但要真正创造民族的艺术，这是必经的阶段。中国艺术的提高须要深入民众中去。①

这次中央政治局会议，《毛泽东年谱》《周恩来年谱》以及《王稼祥年谱》中都没有提到文化及文艺方面的材料，而《张闻天年谱》中的材料则较为丰富，值得作深入分析。通过张闻天的讲话可知：

1939年5月17日之后，中宣部根据中央书记处会议的精神草拟党的文化政策提纲，并征求过中央政治局的意见。而且，张闻天对于中宣部所拟的提纲完全同意。8月24日张闻天的发言，透露出一条重要信息是周恩来在文艺的民族化、大众化之外，还强调要民主化，并且得到了张闻天的认可。毛泽东在24日的政治局会议上就南方工作和党对三民主义的态度以及策略问题作发言。②8月27日，周恩来离开延安去苏联，并未参加陕甘宁边区文化协会第一次代表大会。

四是1939年11月中旬，中央政治局会议。这次会议主题是听取陈绍禹关于国民参政会一届四次会议的报告。会议由张闻天主持。毛泽东在会上发言强调，在目前时局下，统战工作要有新姿态，提议对统战工作发一指示，告诉全党克服投降是可能的，不要等待投降的到来。他特别指出，文化界与外界要加强联系，中央文委扩大，由张闻天兼任书记，并出版《中国文化》。提议组织一个招生委员会，大批吸收知识分子。③这次会议决定召开文化界代表大会，加强文委的领导力量，编辑出版《中国文化》杂志。

五是1939年12月13日，中央政治局会议。这次会议主题是听取艾思奇关于准备在陕甘宁边区文代会报告内容的介绍。艾思奇在介

---

① 《张闻天年谱（修订本）》上卷，中共党史出版社2010年版，第425页。
② 《毛泽东年谱（1893—1949）·中》（修订本），中央文献出版社2013年版，第136页。
③ 《毛泽东年谱（1893—1949）·中》（修订本），中央文献出版社2013年版，第146页。

绍中指出，新文化的性质是资产阶级民主主义文化，亦即三民主义文化，还有无产阶级彻底的民主主义和共产主义的文化。毛泽东发言指出，现在不要提三民主义文化为好。在他看来，三民主义本质是民主主义，而民主主义有两派，一派是彻底的民主主义，一派是不彻底的民主主义。那么，现阶段以提"中华民族的新文化"为好，即彻底的民主主义文化。① 至于新文化的性质，毛泽东认为，用民族化（包括旧形式）、民主化（统一战线）、科学化（包括各种科学）、大众化（鲁迅提出的口号，我们需要的）这四个方面为好。王稼祥发言指出，三民主义不能当作党的思想体系，马克思主义者不能同意三民主义的思想体系，故此不同意提三民主义文化的口号。王稼祥承认鲁艺提出中国文化的大众化方向是对的，强调中国文化在发展过程中是既有统一性又有斗争性，统一性表现在团结抗日，斗争性表现在要与各种不同的思想作斗争，实际上是说抗日文化统一战线具有统一性与斗争性问题。同时，王稼祥强调文化工作要指明具体的工作和努力方向，要承认过去在文化教育政策上所犯的错误。②

这几次会议的思想演进轨迹是：

第一，中共中央从中宣部角度提出加强党对文化工作的领导，并召开书记处会议以及政治局会议来讨论文化政策问题。

第二，周恩来从统一战线的角度提出民主化特征，对此张闻天、毛泽东表示认同。张闻天所说"恩来同志提出民主化是对的"，是针对文艺问题而言的；而毛泽东提出民主化特征时在后面专门注出"统一战线"，其意在于强调民主化也适用于文化统一战线，亦即适用于中华民族的新文化的建设。

据此，我们能否认为周恩来是新民主主义文化民主化特征的首倡者？这要作具体分析。后来的1940年8月9日，周恩来在延安高级干部会上指出："关于文化政策。这在我们党内是没有争论的。洛甫同志所提的四个口号无疑是适用的。"③ 这表明，中国共产党党内对

---

① 《毛泽东年谱（1893—1949）·中》（修订本），中央文献出版社2013年版，第151页。
② 《王稼祥年谱》，中央文献出版社2001年版，第238—239页。
③ 《周恩来文化文选》，中央文献出版社1998年版，第19页。

于文化政策尤其是四个口号的提法,没有太多争论。这里的民主化显然是针对文化统一战线而言,与后来抽象讨论文化民主化的问题不是同一回事。另据1940年4月15日出版的《中国文化》第1卷第2期载:"因为边区党代表大会的延长时间,原规定一九三九年十二月九日开的文协代表大会,直到一九四〇年一月四日才开幕。"① 即是说,陕甘宁边区文化协会第一次代表大会自1939年底就开始筹备,一开始计划在12月份召开,但由于延安党代表大会延长导致了文协会议的推迟。可以认为,1939年底1940年初是中国共产党形成新民主主义文化理论的关键期。而张闻天、毛泽东、周恩来等人在构建新文化话语方面都作出了重要贡献。1939年底,毛泽东致信吴玉章说写了一篇理论性的文章,目的是要驳顽固派,并请吴阅正指示。② 这篇文章,就是《新民主主义政治与新民主主义文化》一文。尽管无法弄清这篇文章是哪一天写的,但一定是在《中国革命和中国共产党》完成同时或之后毛泽东开始构思完成的。

  文协会议召开之时,抗战文化形势是:一方面日本帝国主义疯狂地推行奴化政策;另一方面国民党内文人如叶青等抛出反动言论攻击中国共产党的文化主张和政策。"许多地方正在封闭书店,查禁书报,迫害青年学生,叶青之流的言论合法盛行,抗战文化运动受到挫折,进步力量受到阻碍"③。在这样一种形势下,中国共产党在延安召开了边区文化协会代表大会。

  1940年1月4—12日,陕甘宁边区文化协会第一次代表大会召开。吴玉章在开幕词中分析了"五四"以来至抗战时期中国新文化发展的情形,指出:"现在的抗战,可以看到政治上文化上有很大的进步,一般的文化人都在极力要求更进步的,更深入的东西,和更明确的指导,因之我们今天要开辟出一条新的道路,要打下一个新的基础,这就是我们代表大会的任务。"④ 4日,王明作《论文化统一战线》的报告;5日、6日、7日,洛甫(张闻天)作《抗战以来中华

---

① 师田手:《记边区文协代表大会》,《中国文化》1940年第1卷第2期。
② 《毛泽东书信选集》,人民出版社1983年版,第160页。
③ 师田手:《记边区文协代表大会》,《中国文化》1940年第1卷第2期。
④ 《新中华报》1940年1月20日。

民族的新文化运动与今后任务》的报告；6日夜间，艾思奇作《抗战中的陕甘宁边区文化运动》的报告；8日，吴玉章作《关于新文字问题》的报告；9日，毛泽东作《新民主主义的政治与新民主主义的文化》的报告。部分与会代表在会上发言介绍抗战以来的戏剧、音乐、青年、中医改造、军队文化等情况。① 张闻天、毛泽东所作的报告集中阐述了新民主主义文化理论。大会最后通过《陕甘宁边区文化协会总决议》《陕甘宁边区文化协会第一次代表大会宣言》等文件。以此为标志，1940年前后，新民主主义文化理论构建完成。

二 新民主主义文化理论的内容

（一）中华民族的新文化的建设问题

对新民主主义文化理论的研究，以往论者多重视毛泽东的贡献或比较张闻天与毛泽东新民主主义文化观的内容，但常忽视了两者谈论新民主主义文化共同的历史背景是在抗战形势下如何建设中华民族的新文化的问题。

陕甘宁边区文化协会第一次代表大会会议上，张闻天、毛泽东先后作了报告。② 他们毫无二致地阐述了建设中华民族的新文化的问题。文协会议召开之前，1939年12月13日，毛泽东在中央政治局常委会上指出，不提三民主义文化为好，以提中华民族的新文化为好，即彻底的民主主义文化，以与三民主义文化相区别。③ 这次会议主持人正是张闻天。④ 这说明，文协会议召开之前，毛泽东、张闻天都在思考如何建设中华民族的新文化的问题。随后，双方在各自的报告中都集中阐述了建设中华民族的新文化的思想。

张闻天认为，抗战以来新文化运动要服从和服务于抗战建国的政

---

① 《新中华报》1940年1月20日。

② 据师田手《记边区文协代表大会》载：毛泽东本来是第一天作报告，但因生病而推迟到1月9日。而张闻天的报告用三天时间（5日、6日、7日）才完成，其间穿插其他同志发言。

③ 《毛泽东年谱（1883—1949）·中》（修订本），中央文献出版社2013年版，第151页。

④ 张培森主编：《张闻天年谱》（上册），中共党史出版社2000年版，第623页。

治目的,中华民族的新文化"必须是为抗战建国服务的文化"①。在他看来,中华民族新文化建设的中心任务是怎样更能使新文化为抗战建国服务,怎样在抗战建国中建立中华民族的新文化。中华民族的新文化要"以民族的、民主的、科学的与大众的因素作为自己的内容"②。毛泽东则明确提出:"中华民族的新文化,就是新民主主义文化。"③"所谓新民主主义文化……就是'无产阶级领导的人民大众反帝反封建的文化'。"④ 在毛泽东看来,中华民族的新文化等同于新民主主义文化,而新民主主义文化是无产阶级的领导、为人民大众服务、反对帝国主义和封建主义文化几个要素的有机统一。张闻天、毛泽东都提出了中华民族的新文化建设的问题,所不同之处在于张闻天主要着眼于抗战实际,而毛泽东则谈到了新中国文化建设的问题。杨松也指出:"马列主义者的文化人……坚持自己马列主义的宇宙观和人生观,坚持自己对于科学的共产主义的信仰,而应用马列主义的思想武器,应用马克思和列宁的唯物辩证法,去批判一切非无产阶级的思想意识,为建立以新民主主义的内容为内容和以中华民族的形式为形式的中华民族新文化,并在中国历史学、政治经济学、哲学、文学、音乐、美术、喜剧、诗歌和自然科学中,获得、巩固和发展自己的地位。"⑤ 在这里,杨松也从马克思主义中国化的角度来强调中华民族的新文化的建设。

中国共产党探索中华民族的新文化的建设问题,提出了新民主主义文化理论,是对"五四"以来中国文化发展的新总结,有力回击了日本的文化侵略与奴化政策以及国民党政府文化专制政策,开创了中华民族的新文化的发展道路。因此,在认识和分析新民主主义文化起源时不仅要注意当时产生的历史背景,还要注意延安文化人与党的

---

① 张闻天:《抗战以来中华民族的新文化运动与今后任务》,《中国文化》1940年第1卷第2期。

② 张闻天:《抗战以来中华民族的新文化运动与今后任务》,《中国文化》1940年第1卷第2期。

③ 毛泽东:《新民主主义的政治与新民主主义的文化》,《中国文化》1940年第1卷第1期。

④ 毛泽东:《新民主主义的政治与新民主主义的文化》,《中国文化》1940年第1卷第1期。

⑤ 杨松:《关于马列主义中国化的问题》,《中国文化》1940年第1卷第5期。

(二) 新民主主义文化理论的基本内容

在毛泽东和张闻天之前，有人已经讨论过新民主主义文化理论所包含的内容问题。1937年11月6日，《解放》周刊发表从贤的《现阶段的文化运动》一文。文中，从贤认为，抗日战争对于中国文化的影响，一是破坏中国的文化中心，二是毁灭中国文化，结果导致文化界部分人动摇和妥协的情绪，不利于文化统一战线的形成。另外，抗战以后，文化出版界宣传抗战的文章逐渐增多，文化人士纷纷迁移到如武汉、西安、长沙、成都等内地，使得进步文化活动逐渐活跃起来。进步文化的作用是"能够唤起广大民众的抗敌热情，加强抗战的力量"，使得文化人"走上更积极的道路"。① 在他看来，抗战对当前文化运动提出的新任务有：(1) 文化运动要积极地担负起服务抗战的任务；(2) 迫切地推动大众化的文化运动；(3) 文化人自身的紧密团结。围绕着完成这些任务，抗战文化运动的内容包括：

首先，文化运动的内容是民族的。他说："因为目前文化运动的任务是要动员广大民众参加抗战，保证抗战的胜利，所以它的内容首先是民族的。"② 民族的内容，包含三层意思：(1) 爱国主义和民族主义在抗战条件下是一致的，保卫国土就是争取民族的解放。(2) 文化运动的民族的内容，决不是国粹主义。对于麻醉人民的礼教和四书五经之类的国粹，是应该坚决排斥的。但对于中华民族五千余年所积累下来的优秀成果和五四运动及大革命时代的革命传统则要继承下来并用历史辩证法的观点来加以发扬光大。(3) 文化运动不反对接受外国优良的文化，但必须注意中国的气候和营养条件，要充分中国化。他提出："现在要加紧文化的大众化运动，就是要使这个运动真正成为中国广大民族的文化运动，要使我们的文化运动充分中国化。""我们不是反对接受优良的外国文化……一切真正民族的文化，都需要在我们今后更切实更深刻的文化运动中建立起来的。"③

---

① 从贤：《现阶段的文化运动》，《解放》1937年第23期。
② 从贤：《现阶段的文化运动》，《解放》1937年第23期。
③ 从贤：《现阶段的文化运动》，《解放》1937年第23期。

其次，文化运动的内容是民主的。文化人要争取文化运动的民主自由，反对统制。广大民众要靠文化运动来灌输民主意识。他说："被压迫民族的抗战，唯一胜利的保证就是要靠最广大的民众自发的参加，没有民主的运动，民众对于抗战没有自觉的关切的心情，就不能产生坚强的上下一致的团结。统一是制胜敌人的基础，但统一并不是统制，统制只能产生貌合神离的'团结'，不但不能真正的统一，反而有逼成分裂的危险。只有民主的自愿的团结，才能产生真正的统一。因此，为要保证统一抗敌的强固，文化运动不能不有民主的内容，一方面要争取言论，集会的自由，对政府的批评论争的自由，一方面要在民众中扩大民主的思想，增强自主的，自觉的民族意识。"①

再次，文化运动的内容要密切地联系民众的生活。他指出："不和民众生活发生真实联系的文化，不会被民众接受，不能成为真正通俗的大众化的文化。"因此，文化人的一切创作活动，"应该以中国民众的实生活为内容。应该提出民众所要提的问题，反映着他们的各种要求，和民众的生活打成一片"②。

从贤提出当前文化运动的内容具有民族的、民主的及与民众生活相结合三个特征。他把文化大众化放在与民众生活相联系的特征里加以论述，并没有单独加以论述。最后，从贤表示抗战的文化运动与政治上提出的革命的三民主义是一致的。从贤总结了抗战对于文化运动的要求，并对抗战文化内容作了较为详细的探讨。1938年2月，吴大琨出版《抗战中的文化问题》一书，将从贤《现阶段的文化运动》一文作为"抗战后关于文化问题之重要论文"附于书后，足见这篇文章在当时有一定的社会影响。③

除从贤《现阶段的文化运动》一文外，还有几则材料需要重视：

（1）1937年11月14日，张闻天在延安"特区文艺界救亡协会"成立大会上指出文化界的任务一是要适应抗战，二是要大众化、中国化。他希望文化人到群众中、斗争中以及到前线去生活去锻炼。④

---

① 从贤：《现阶段的文化运动》，《解放》1937年第23期。
② 从贤：《现阶段的文化运动》，《解放》1937年第23期。
③ 《抗战文艺类编·文艺卷（第一册）》，国家图书馆出版社2010年版，第173页。
④ 艾克恩编纂：《延安文艺运动纪盛》，文化艺术出版社1987年版，第37页。

（2）1939年5月17日，中央要求宣传文化工作应"注意宣传鼓动工作的通俗化，大众化，民族化，力争各种宣传品的生动与活泼，特别注意于戏剧歌咏等的活动"。①

（3）1939年12月13日，毛泽东在中共中央政治局会议上提出新文化以民族化、民主化、科学化、大众化的口号为好。②

综合这些材料，新民主主义文化理论正式提出之前，延安文化人士和中国共产党已经讨论过新文化的内容问题。毛泽东、张闻天作为中国共产党高层领导人，在陕甘宁边区文化协会第一次代表大会上正式提出新民主主义文化的问题，并以此作为中国共产党关于文化的基本观点，并在理论上与国民党所主张的三民主义文化建设针锋相对，指出中华民族新文化建设的一条新路，其重大意义自不待言，关键是那个时候所揭示的文化道路正适应了当时和今后一个时期的需要，具有深远的历史影响。

关于新民主主义文化的内容，毛泽东认为具备民族的、科学的、大众的三个方面内容；张闻天认为具备民族的、民主的、科学的、大众的四个方面内容。以下以《新民主主义的政治与新民主主义的文化》和《抗战以来中华民族的新文化运动与今后任务》为中心作简要分析。

（1）关于民族的内容。毛泽东认为，民族的内容首先要反对帝国主义的压迫，主张中华民族的独立；其次要有民族特性和民族形式，他主张中国文化应大量吸收外国的文化，但必须"排泄其糟粕，吸收其精华"，在此基础上加以批判地吸收，最后创造出自己的形式的文化，即民族形式。张闻天认为，民族的内容既要抗日反帝，反抗民族压迫，实现民族独立解放，还要提倡民族的自信心。毛、张二人均认为民族的内容包括反抗帝国主义的压迫和侵略，主张民族的独立。张认为新文化要把握民族的实际与特点，但毛更深一层地提出要正确对待外国的文化，并在此基础上创造自己民族形式的文化。

---

① 《中共中央文件选集》第12册，中共中央党校出版社1991年版，第72页。
② 《毛泽东年谱（1893—1949）·中》（修订本），中央文献出版社2013年版，第151页。

(2）关于科学的内容。毛泽东认为，新民主主义文化要反对一切封建迷信思想，主张实事求是、客观真理及理论与实践相一致。对于古代文化，新文化要尊重历史，给历史以科学的地位，要弄清古代文化的历史过程，剔除封建糟粕，汲取民主性的精华。张闻天认为新文化要反对武断、迷信、愚昧、无知，要拥护科学真理，掌握科学的思想，养成科学的生活和工作方法。二人提倡科学、反对迷信，近乎高度一致。

（3）关于大众的内容。毛泽东提出新文化要为百分之九十以上的工农服务，并要以人民大众为中心来发展文化。张闻天认为，大众的文化要反对为贵族与特权者服务的文化，主张文化为大众所有，文化既要普及于大众，又要能够提高大众的文化水平。

（4）关于民主的内容。1939年底，毛泽东在中央政治局会议上已从统一战线的角度提出过。但1940年2月15日出版的《中国文化》创刊号上题为《新民主主义的政治与新民主主义的文化》及1940年2月20日出版的《解放》周刊第九十八期、九十九期上题为《新民主主义论》中并没有民主的内容。1952年，《毛泽东选集》第2卷出版时，他将大众的文化等同于民主的文化，加上了民主的内容，认为二者在目标上是一致的。张闻天认为，民主的文化要反对封建专制、反对独裁统治、反对压迫人民自由的思想与制度，主张民主自由、民主政治。1939年底，毛泽东首先强调了文化的四个特征；但在陕甘宁边区文化协会上毛泽东则没有专门提出来，而到1952年《毛泽东选集》出版时又加上民主的内容，这表明他对民主特征的认同。

这次会议召开以后，人们对于新文化内容的表达大都使用民族的、民主的、科学的、大众的四个特征。如1940年1月17日，《新中华报》发表《边区文协代表大会的成就》的社论，再次强调全国文化界统一战线应该从各方面来提高中国文化，为建立民族的、民主的、科学的、大众的中华民族新文化而斗争。[①] 1941年4月28日，

[①] 艾克恩编纂：《延安文艺运动纪盛》，文化艺术出版社1987年版，第167页。

李维汉指出新民主主义文艺要有民族的、民主的、科学的、大众的内容。① 1941年5月28日，邓小平在《一二九师文化工作的方针任务及其努力方向》中同样使用了对文化四个特征的总结，并指出"我们就是新民主主义文化的传播者与实行者"②。

学术界有毛泽东、张闻天关于新民主主义文化内容所谓"三特征"与"四特征"的争论。如有学者指出："在1942年以前，这一提法（指民族的、科学的、大众的提法——引者）不仅在延安文化界，而且在中共高层领导人内部都远非像后来那样权威。相反，当时还存在过，确切地说还曾流行过另外一种更值得重视、但后来却长期被忽视的提法，那就是'民族的、民主的、科学的、大众的文化'。"③ 还有学者认为："三特征和四特征的概括是同一时间、同一场合作出的，两者联系不言而喻。"④ 总体来说，关于文化民族的、大众的、民主的内容，1940年之前已有类似的说法。尤其是科学的内容则是新文化运动以来中国社会所倡导的主流观念。"四特征"或"三特征"，在1940年之前都已有渊源，但必须看到，张闻天和毛泽东的重大贡献在于以中国共产党高层领导人的身份将其加以具体化、明确化，并明确用到党关于文化问题的主张上，其重大理论贡献不容抹煞。新民主主义文化理论在文化建设实践中的运用意义更为重大，不必在"民主"的问题上争论不休，而必须联系当时的语境来理解。

三　新民主主义文化建设的实践

新民主主义文化理论提出后，中国社会文化发展面临着较为复杂的情况。如艾思奇指出："文化界的工作，在三年来，对于抗战的坚持曾起了很大的作用。……但文化运动在抗战中所走的路，并不是平坦的。"⑤ 他指出进步文化运动发展的障碍，主要有思想发表受到限

---

① 艾克恩编纂：《延安文艺运动纪盛》，文化艺术出版社1987年版，第247页。
② 《邓小平文选》第1卷，人民出版社1989年版，第24页。
③ 刘辉、黄兴涛：《新民主主义文化纲领的再认识》，《党的文献》2002年第3期。
④ 郭建宁：《毛泽东的文化观与当代中国文化建设的几个问题》，《河北学刊》2003年第5期。
⑤ 艾思奇：《当前文化运动的任务》，《中国文化》1940年第1卷第6期。

制、言论出版要经过繁琐的审查、进步的书籍杂志报纸被查禁、读经复古运动盛行、进步文化人的活动受到阻碍和限制等。针对这些障碍，他说："这些人（指仇视进步文化发展的人——引者）……在文化上，他们也同样以反共作口实来压迫一切进步的文化，来限制一切思想言论的自由，来进行复古读经的运动，来进行愚民政策，而在事实上却成为破坏抗战，使中国走到灭亡道路上去的条件。"① 艾思奇的分析，大体反映出当时中国文化界的状况。正是在这种情况下，中国共产党以新民主主义文化理论为指导调整文化政策并开展文化建设的实践。

（一）文化政策的调整

1940年9月10日，中共中央指出在国民党区域应开展极端重要的一项工作是抗日文化运动，而在各根据地，则要全部推行文化运动，包括宣传事业、教育事业与出版事业等。② 10月10日，中央宣传部、中央文化工作委员会发布《关于各抗日根据地文化人与文化团体的指示》，认为正确处理文化人与文化团体的问题，是当前开展文化运动的关键。中共中央具体从十三个方面提出加强文化人与文化工作。③ 12月25日，中共中央对党内发布由毛泽东起草的《论政策》的指示，要求文化教育要以提高与普及抗日知识和提高民族自尊心为中心，与文化人、教育家、记者等合作办学、办报等。④ 1941年1月18日，总政治部、中央文委指示，部队文艺工作首先要团结和培养专门的文艺工作者，文艺工作者要用戏剧、音乐、美术、文学等形式反映现实生活，注意提高部队的文艺修养。⑤

与此同时，各边区政府文化政策也有变化。1940年3月，陕甘宁边区政府主席林伯渠说："新民主主义的文化内容是民主的科学的，文化的形式是民族的大众的，只有这样的内容才能够提高群众，也只

---

① 艾思奇：《当前文化运动的任务》，《中国文化》1940年第1卷第6期。
② 《中央关于发展文化运动的指示》，《中共中央文件选集》第12册，中共中央党校出版社1991年版，第486页。
③ 《中国共产党宣传工作文献选编 1937—1949》，学习出版社1996年版，第163页。
④ 《毛泽东选集》第2卷，人民出版社1991年版，第768—769页。
⑤ 《关于部队文艺工作的指示》，《中国人民解放军文艺史料选编·抗日战争时期（第一册）》，解放军出版社1988年版，第5—6页。

有经过这样的形式才能接近群众。就是在文化战线上,我们也要进行剧烈的斗争,一方面要反对敌人的奴化的文化教育;另一方面,又要反对顽固派复古的文化教育,从两条战线的斗争中来实现正确的文化政策。"① 他把新民主主义文化四个要素分为内容与形式两个部分,认为这两个部分联系在一起、不可分离。针对抗日根据地的文化建设,郭洪涛指出:"发展新文化,普及与提高人民大众的抗日知识、技能和政治觉悟,这是巩固和发展敌后抗日根据地最基本的任务之一。"② 他提出,敌后抗日根据地的文化应该是民族的、民主的、大众的、科学的文化,即新民主主义文化。在抗日的条件下,他认为发展新文化最重要的是"以普及和提高人民大众的抗日知识、技能与民族自尊心、自信心为中心"。这些关于文化方面的政策和要求在边区政府的施政纲领中得到明显的体现。如1941年5月1日通过的《陕甘宁边区施政纲领》中要求:"继续推行消灭文盲政策,推广新文字教育,健全正规学制,普及国民教育,改善小学教员生活,实施成年补习教育,加强干部教育,推广通俗书报,奖励自由研究,尊重知识分子,提倡科学知识与文艺运动,欢迎科学艺术人材,保护流亡学生与失学青年,允许在学学生以民主自治权利,实施公务人员的两小时学习制。"③ 同时,要"依据民族平等原则,实行蒙回民族与汉族在政治经济文化上的平等权利"④。1942年3月5日,陕甘宁边区政府为推动文化工作,还专门成立文化工作委员会。聘请林伯渠、李鼎铭、吴玉章、徐特立等为委员,并讨论通过了"组织简章草案"、工作纲领等。⑤

(二) 延安文艺座谈会前后新民主主义文化的发展

全面抗战开始以后,延安成了抗战大后方文化的重镇。《解放日

---

① 林伯渠:《论新民主主义政治》,《林伯渠文集》,华艺出版社1996年版,第192页。
② 郭洪涛:《论敌后抗日根据地的政治、经济、文化的建设》,《解放》1941年第124期。
③ 《中共中央文件选集》第13册,中共中央党校出版社1991年版,第92—93页。
④ 《中共中央文件选集》第13册,中共中央党校出版社1991年版,第93页。
⑤ 艾克恩编纂:《延安文艺运动纪盛》,文化艺术出版社1987年版,第323页。

报》指出:"建立新民主主义文化已成了全国进步文化工作者共同努力的目标,而只有在抗日民主根据地的边区,特别是延安,他们才瞧见了他们的心灵的大胆活动的最有利的场所。"① 当时,大量青年和文化艺术人才奔赴延安,各种文化组织如文协、自然科学研究会、文抗、美协等都相继成立。但自1941年开始,国民党不断制造各种摩擦,企图破坏抗日民族统一战线,掀起了第二次反共高潮。同时,日本发动了太平洋战争,加强对抗日根据地的"扫荡",妄图消灭中国共产党和中国共产党领导下的革命武装。这个时期的延安和各根据地,缺衣少食,处境艰难。根据地政权为改变这种不利局面,实施"精兵简政"政策,开展大生产运动,克服经济上的困难。1942年春,中国共产党决定在全党开展一次普遍的整风运动。

从1942年3月起,《解放日报》文艺副刊相继发表王实味的《野百合花》等文章。尤其是从3月23日,时任延安中央研究院文艺研究室研究员的王实味在《矢与的》墙报上发表《我对罗迈同志在整风检工动员大会上发言的批评》《零感两则》《答李宇超、梅洛两同志》,在《谷雨》上发表《政治家·艺术家》等文章。这些文章鼓吹绝对平均主义,批评中国共产党的领导干部及当时延安存在的问题。② 不仅如此,文艺界一些人对于文艺与政治的关系、文艺为谁服务、坚持马克思主义指导以及文艺创作中的问题都有着一些不正确的认识。这个时候,延安文艺界还没有真正进行整风,全国各地汇聚到延安的知识分子在思想上感情上也没有实现从小资产阶级立场到无产阶级立场的转变。

延安文艺界的状况引起了毛泽东以及中共中央的关注。1942年5月2日、16日和23日中共中央召开了文艺座谈会,集中讨论革命文艺工作。③ 毛泽东在延安文艺座谈会上发表讲话并作最后结论,后来

---

① 《欢迎科学艺术人才》,《胡乔木文集》第1卷,人民出版社1992年版,第5页。
② 《毛泽东年谱(1893—1949)·中》(修订本),中央文献出版社2013年版,第377页。
③ 《毛泽东选集》第3卷,人民出版社1991年版,第847页。

形成为《在延安文艺座谈会上的讲话》。① 毛泽东的讲话集中阐述了中国共产党的文艺主张和政策。他认为,包括工人、农民、兵士和城市小资产阶级在内的人民,占全部人口的百分之九十以上,因此文艺要站在无产阶级的立场上为人民大众服务。既然文艺要为工农兵服务,那么必须做好普及与提高的工作。普及与提高的辩证关系是:普及是人民的普及,提高是人民的提高。提高,是在普及的基础上提高;普及,是在提高的指导下普及。② 在此基础上,他提出了为工农大众服务的无产阶级文学艺术应该属于无产阶级整个革命事业的一部分的观点。他说:"革命文艺是整个革命事业的一部分,是齿轮和螺丝钉……对于整个革命事业不可缺少的一部分。"③《讲话》集中阐述了中国共产党对于文艺、文化的思想和立场,有利于团结延安和各根据地文艺界人士参加抗日战争。毛泽东《在延安文艺座谈会上的讲话》及其所阐述的文艺方针、政策是新民主主义文化理论在文艺问题上的具体运用。随后,延安文化界也开展了整风运动。

延安文艺座谈会以后,以文艺为代表的新文化出现新发展。座谈会召开后的第五天,即5月28日,毛泽东提出文艺工作者要同工农兵相结合的号召。④ 1943年3月,中央文委和中宣部召开党的文艺工作者会议,目的在于使参加实际工作的作家充分了解到党的文艺政策,实现毛泽东在文艺座谈会上讲话所指示的新方向。⑤ 凯丰在会上作文艺工作者下乡的报告。他指出:"我们的希望就是这次真正能够解决以前还没有解决的问题,使文艺工作者与实际结合,文艺与工农兵结合,把我们已经开始的新文艺运动方针推向前进。"⑥ 陈云在会

---

① 参见黎辛:《关于"延安文艺座谈会"的召开、〈讲话〉的写作、发表和参加会议的人》,《新文学史料》1995年第2期。
② 《毛泽东选集》第3卷,人民出版社1991年版,第862页。
③ 《毛泽东选集》第3卷,人民出版社1991年版,第866页。
④ 《毛泽东文集》第2卷,人民出版社1993年版,第425页。
⑤ 艾克恩编纂:《延安文艺运动纪盛》,文化艺术出版社1987年版,第427页。
⑥ 凯丰:《关于文艺工作者下乡的问题》,《中国共产党宣传工作文献选编1937—1949》,学习出版社1996年版,第480页。

上提出党的文化（文艺）工作者不要搞特殊、不要自大。① 随后，延安的不少作家下乡，响应中央文委和组织部的号召，贯彻落实党的文艺政策。诗人艾青、萧三、剧作家塞克到南泥湾了解情况并进行劳军。作家陈荒煤到延安县工作，小说家刘白羽及女作家陈学昭以及高原、柳青及丁玲等文艺工作者都到基层去了解情况。1943年10月19日，《解放日报》全文发表《在延安文艺座谈会上的讲话》。10月20日，中央总学委②发出通知，要求各地把《讲话》当作整风文件加以学习和研究，并印成小册子发送给文化界知识界的党外人士。11月7日，中宣部发出《关于执行党的文艺政策的决定》，规定文艺工作者要学习和研究毛泽东在延安文艺座谈会上的讲话，并提出讲话精神适用于一切文化部门。这就是说，延安文艺座谈会以后，《在延安文艺座谈会上的讲话》已成为中国共产党关于文艺工作以及其他文化工作的指针。

1943年3月10日，以蒋介石名义出版的《中国之命运》一书，从文化角度攻击中国共产党所坚持的共产主义理想。针对国民党提出的错误思想，同年7月21日，中宣部发出《关于广泛印发评〈中国之命运〉的通知》，要求各地广泛印发，并要求干部细读讨论，利用这个机会扩大党内党外的宣传。③ 在此前后延安文艺界和文化界积极行动，发表了大量文章来揭露蒋介石等人的错误思想。7月21日，陈伯达在《解放日报》发表了《评〈中国之命运〉》一文，开篇即指出："全书……一言蔽之，反对自由主义与共产主义，实际上主张买办的封建的法西斯主义，或新专制主义（虽然形式上仍戴着三民主义的幌子），因此使人们大失所望。"④ 针对蒋介石提倡三民主义，陈伯达认为："没有中国共产党，则三民主义就没有新的内容（首先是民

---

① 陈云：《关于党的文艺工作者的两个倾向问题》，《中国共产党宣传工作文献选编1937—1949》，学习出版社1996年版，第481页。

② 中央总学委是中央总学习委员会的简称，这是中国共产党为领导延安整风学习而成立的专门机构。参见《中共中央文件选集》第13册，中共中央党校出版社1991年版，第395页。

③ 《中国共产党宣传工作文献选编1937—1949》，学习出版社1996年版，第521页。

④ 《中共中央文件选集》第14册，中共中央党校出版社1992年版，第505页。

族主义中的反帝废约的内容),没有中国共产党,就没有大革命以来直至今天的中国国民党,没有中国共产党,则不但大革命的局面不可设想,即六年来大抗战的局面亦不可设想。"① 陈伯达呼吁包括国民党在内的一切抗日党派团结起来,坚持孙中山的三民主义,坚持抗战,反对分裂,反对买办的封建的法西斯主义,"救救青年!救救孩子!救救我们民族的后代!"建设新民主主义的新中国。② 8月1日,范文澜发表《谁革命?革谁的命?》。8月9日,齐燕铭发表《驳蒋介石的文化观》。8月11日,艾思奇发表《〈中国之命运〉——极端唯心论的愚民哲学》。8月21日,谢觉哉发表《新"圣谕广训"》。如此等等。为揭露蒋介石的反动言论,中共中央及时部署,要求各地广泛印发陈伯达、范文澜等撰写的文章。8月5日,中央总学委发出《关于进行一次国民党的本质及对待国民党的正确政策的教育问题的通知》,把陈伯达《评〈中国之命运〉》列为重要的学习文章。③

在中国共产党领导下,陕甘宁边区以及其他边区将新民主主义文化确立为文化建设的发展方向。1944年3月22日,毛泽东指出:"现在我们建立新民主主义社会,性质是资本主义的,但又是人民大众的,不是社会主义,也不是老资本主义,而是新资本主义,或者说是新民主主义。这个社会没有文化也不行。"④ 他认为,边区"从现在起,我们就要提出发展文化这个问题……把边区人民的文化提高到一个必要的程度"⑤。他提出1944年的任务就是要学会文化建设,让陕甘宁边区成为全国的模范。在这里,毛泽东提出陕甘宁边区要搞新民主主义文化建设。1944年5月4日,《晋察冀日报》发表社论指出:"这种文化(指新民主主义文化——引者),彻底地不妥协地反对帝国主义的法西斯主义文化和为它服务的奴隶文化,反对中国大地

---

① 《中共中央文件选集》第14册,中共中央党校出版社1992年版,第529页。
② 《中共中央文件选集》第14册,中共中央党校出版社1992年版,第538页。
③ 《中国共产党宣传工作文献选编1937—1949》,学习出版社1996年版,第525页。
④ 《关于陕甘宁边区的文化教育问题》,《毛泽东文集》第3卷,人民出版社1996年版,第110页。
⑤ 《关于陕甘宁边区的文化教育问题》,《毛泽东文集》第3卷,人民出版社1996年版,第110—111页。

主大资产阶级封建买办的新专制主义文化。我们晋察冀边区的文化建设就是沿着这一条道路前进的。"① 1944年10月11日—11月16日，陕甘宁边区文教工作者代表大会在延安召开。朱德在开幕讲话中指出，陕甘宁边区文化教育工作上的巨大成绩，证明了毛泽东在延安文艺座谈会上讲话的正确结论，已经发生了效果。以前文艺工作者与群众没有结合得好，现在他们与群众开始结合，并发动广大群众来做。② 10月30日，毛泽东作《文化工作中的统一战线》的讲话，提出文化工作中的统一战线有两个原则：一是团结；二是批评、教育和改造，要联合旧知识分子、旧艺人、旧医生，帮助、团结和改造他们。他提出文化工作者要联系群众，不能脱离群众，按群众的需要和自愿办事。③ 11月16日，文教大会通过《关于培养知识分子与普及群众教育的决议》《关于发展群众读报办报与通讯工作的决议》《关于开展群众卫生医药工作的决议》和《关于发展群众艺术的决议》。随后，李维汉作《开展大规模的群众文教活动》的总结报告，强调边区群众文教工作的当前任务，是开展卫生、教育报纸、文艺的大规模群众运动，因此，边区政府应重视文教工作与文教运动。同时，李维汉提出，培养大批知识分子，是开展文教运动的总关键。④ 陕甘宁边区政府主席林伯渠致闭幕词说："这是陕甘宁边区第一次文教大会，是新民主主义社会建设中的一件大事。"⑤ 这次会议总结了1942年以来群众文教工作的经验，提出了新的任务和发展方向。

陕甘宁边区文教大会以后，丁玲、艾青、欧阳山、柯仲平、马健翎等作家，以及各文艺团体深入农村，帮助发展群众文艺。其形式有：采取提供剧本、唱词及鼓励群众创作等办法，改进民间秧歌队、自乐班、皮影戏、家戏和盲人说书的内容。帮助建立俱乐部、文化

---

① 《贯彻文化为工农兵服务的方针》，《晋察冀日报社论选编1937—1948》，河北人民出版社1997年版，第474页。

② 艾克恩编纂：《延安文艺运动纪盛》，文化艺术出版社1987年版，第538页。

③ 《毛泽东选集》第3卷，人民出版社1991年版，第1012页。

④ 《中国现代哲学史资料汇编（第三集第一册）·抗日战争时期哲学思想战线上的斗争》，辽宁大学出版社1982年版，第1—6页。

⑤ 转引自李维汉《回忆与研究》（下），中共党史资料出版社1986年版，第589页。

室、文化台、文化棚、展览会、晚会等新艺术组织，使群众艺术出现新面貌。文艺工作者在深入生活中汲取新的营养，创作出《白毛女》《三打祝家庄》等优秀作品。同时，其他各根据地的群众文化也得到了较快发展。

（三）新民主主义文化理论的丰富与发展

1945年4月23日—6月11日，中国共产党召开第七次全国代表大会。这次大会进一步丰富和发展了新民主主义文化理论。

毛泽东在会上作《论联合政府》的报告，强调要在广泛民主的基础上成立民主联合政府，建设独立、自由、民主、统一和富强的新中国。他提出了关于民主联合政府的实施纲领，强调新民主主义文化应该让一般平民共有，不是少数人所得而私的文化，要建设民族的、科学的、大众的文化。[①] 他明确指出，新民主主义国家联合政府关于文化建设的施政政策，包括以下几个方面内容：

（1）中国国民文化和国民教育的宗旨是新民主主义的，应该建立自己的民族的、科学的、大众的新文化和新教育。

（2）知识分子问题在新民主主义国家非常重要。新民主主义国家建设需要大批人民的教育家和教师，人民的科学家、工程师、技师、医生、新闻工作者、著作家、文学家、艺术家和普通文化工作者。新民主主义国家成立后的人民政府必须有计划地从广大人民中培养各类知识分子干部，并注意团结和教育现有一切有用的知识分子。

（3）扫除文盲。中国的文盲，占到总人口的80%以上，要开展大规模的扫盲工作，是新中国面临的重要工作。

（4）要采取适当的坚决的步骤扫除一切奴化的、封建主义的和法西斯主义的文化和教育。

（5）应当积极地预防和医治人民的疾病，推广人民的医药卫生事业。

（6）教育改造旧文化工作者、旧教育工作者和旧医生，使他们获得新观点、新方法，为人民服务。

（7）对外国文化，排外主义和盲目搬用都是错误的，要批判地吸

---

① 《毛泽东选集》第3卷，人民出版社1991年版，第1058页。

收进步的外国文化。其中,对于苏联的新文化,则是新中国学习的"范例"。对于中国古代文化,既不能排斥,也不能盲目搬用,要批判地吸收利用。①

  总体而言,延安时期中国共产党系统地提出新民主主义文化理论,奠定了陕甘宁边区及其他边区文化建设的思想基础,由此极大地推动了各边区文化建设。然而,抗战胜利以后,国民政府坚持内战,希望实现独裁统治,彻底打乱了新民主主义文化建设的进程。解放战争开始以后,中国共产党为了配合战争需要,在各解放区继续执行新民主主义文化政策。但是,这些举措只是一种地方性、局部性文化建设实践。到了1948年、1949年,中国革命即将胜利,全国性文化建设又面临着方向抉择的问题。

---

① 《毛泽东选集》第3卷,人民出版社1991年版,第1082—1083页。

第二章　文化建国：文化建设方向的抉择

按照中国共产党建国方略，新中国要建设新民主主义国家。这种建国思想尽管已在中国共产党党内达成共识，但要将党的思想与主张上升为国家意志，成为全国人民共同的政治追求，并不是容易的事情。协商建国，则成为其中最关键的环节。

1948年4月30日，中共中央发布"五一"口号，其中关键一条是召开政治协商会议、成立民主联合政府。自此之后，新中国创建揭开序幕。文化战线各种民主力量参与协商建国，并就新中国成立以后文化建设的原则与政策进行了讨论，最终确定了新中国文化建设的方向。

第一节　解放战争后期文化发展态势

抗战胜利以后，中国没有走上和平民主的道路。1946年初政治协商会议，一度让自由知识分子看到和平民主的希望，但国民政府很快撕毁"双十协定"，发动全面内战。为此，中国共产党不得不"将革命进行到底"，并在文化战线上与国民党进行最后较量。同时，文化界力量注定也会经历一场地震式分化与聚合。

一　文化战线的最后较量

解放战争后期，中国共产党同国民党反动政府在文化战线上进行了没有硝烟的战争。

（一）国民党实行高压的文化政策

国民政府对各种报纸杂志实行更严格审查，或没收，或警告，或取缔。以上海市为例，1949年3月，上海淞沪警备司令部、警察局、社会局等组织报刊巡回检查队，检查上海出版的各种刊物杂志。检查结果如下：

  3月14日，检查队经过一周检查，共没收报刊35种，如《时论》《再生》《政治观察》《新闻观察》《合众新闻》《国情》《新希望》《新时代》《大学评论》《透视》《新闻杂志》《中国人物》等。3月18日，上海军警组织决定经常巡视出版之刊物，并公布"违法刊物"的处分措施。这次，刊物被取缔者如《和与战》《新闻世界》《内幕新闻》《时局人物》《新时代》等28种；停刊者有《群言》《中建》《舆论》，警告者有《经济评论》《海涛》等。3月24日，上海淞沪警备司令部严令取缔"违法刊物"，并禁止香港报纸在上海销售。对这种文化专制态势，有人将其视之为"文化界的大风暴"。①

  为了继续笼络知识分子，尤其是高级知识分子的支持，国民政府制订实施"抢救大陆学人"计划。北平解放之前，蒋介石倚重傅斯年、朱家骅负责"抢救大陆学人"，来"抢救"平津学术界教育界的文化名人。针对国民党"抢救大陆学人"，知识分子群体有自己的判断。这从当时国民政府文化方面的重要人物傅斯年的反应即可见一斑。1948年11月6日，他致信友人道："我目下一切照常办公，看书，编稿子，决不早跑，然也决不落在共产党之手。既不早跑，则颇有落在敌手之可能？果有那一天，我自有办法，决不受辱的。"②傅斯年既不想早跑，又担心落入他人之手，但决心已定，走是迟早之事。而作为清华大学教授的冯友兰则又是另一番感受。冯友兰强调："何必走呢？共产党当了权，也是要建设中国的，知识分子还是有用的。"③

  由于意识到失败局面不可避免，国民政府还有意识地进行"文化

---

  ① 夷之：《文化界的大风暴》，《社会评论》1949年第87期。
  ② 王汎森、潘光哲、吴政上主编：《傅斯年遗札》第3卷，社会科学文献出版社2014年版，第1396页。
  ③ 冯友兰：《三松堂自序》，人民出版社1998年版，第120页。

◈ 第二章 文化建国：文化建设方向的抉择 57

撤退"。沈阳解放之前，国民政府迁移了文物及学校。① 1948年6月，身处香港的翦伯赞接到北平友人的信，其中谈到"文化撤退"的情形：

> 胡适及党羽受了蒋介石的命令，正在有计划的进行一种阴谋，现在风靡东北的文化逃难，就是实现这个阴谋的手段。据曾经参与胡适秘密谈话的朋友说，阴谋包括三点：第一，他们企图利用文化逃难，而使许多教授，陷于更贫苦的境遇，然后加以廉价收买，以补充所谓"新第三方面"的阵容。第二，他们企图利用文化逃难，把东北的一些大学变相解散，然后将大批的知识青年从快要解放的地方骗进关来，送到蒋介石的军训团。第三，他们企图利用文化逃难，集中历史文物，准备卖给美国，换取军火，现正与美国谈判。闻除交换军火外，尚有一附带条件，即美国必须应允聘请中国的学者，管理这批文物，并继续研究，据说美国已允约请中国的"学者"，参加哥伦比亚大学新成立的东方研究院工作。②

对于国民政府的"文化撤退"，引起左派知识分子强烈声讨。如翦伯赞说："这个运动，跟着蒋介石的军事失败，尚要继续扩大，这就是说，继东北各大学之后，必有无数蒋管区的大学，在撤退的命令之下，陷于无形解散，继东北的古文物之后，必有更多的古文物，在'集中整理'的理由之下，继续被盗卖，这真是中国文化空前的危

---

① 1948年6月1日，《大公报》报道："国立沈阳博物馆于日前将一部分珍品迁平，藏于景山宫殿内。"6月3日，《大公报》报道："据悉，沈阳保存明清两代之档案，共二百余万件……存沈阳者约有六万余件，现已分批运平……沈故宫文溯阁之《四库全书》，共三万六千册，完全无缺。为全国四部之一部，是否运平，尚未决定。"6月6日，《大公报》报道："沈阳东北大学，已决迁平授课，并拨各生两月公费，传使乘机飞平。沈阳医学院，亦拟迁平，以设备及校址困难，暂难实现。私立中正大学，已在芜湖觅定校址，学生大半已飞平，暂入平津各大学借读。东北临大校址，在平城郊黄寺觅定，即开始登记，学生不久已迁入，暂时收容，开学无期。"

② 翦伯赞：《揭穿蒋府"文化撤退"的阴谋》，《翦伯赞全集》第7卷，河北教育出版社2008年版，第232—233页。

机！因此，我提醒全国学术界的人士，对于胡适及其党羽，利用'文化撤退'而破坏中国文化，盗窃中国文物的企图，予以严重的注意。"①

（二）中国共产党开展文化战线上的斗争

中国共产党一方面利用各种手段揭露国民党的文化专制主义，制定一系列团结和争取知识分子以及确保各解放区文教机构平稳过渡的政策；另一方面着手考虑解放区的文化建设。如中共晋察冀中央局城工部领导下的文化工作委员会在北平利用新闻、出版、文艺等积极配合国统区的群众革命运动，特别是"第二条战线"的学生运动，开展宣传教育工作，揭露国民党反动派的面目。② 1948年初，中央局直属文化工作单位如边区文联、文工团、新华书店、《人民日报》及新华总分社等机关进行了两个多月的整党活动，纠正思想上不纯的问题，稳定文化干部。③

此外，中国共产党为团结广大知识分子制定了一系列政策措施。据不完全统计，从1948年至中华人民共和国成立之前，中共中央发布有关知识分子问题的指示和文件近30个，其中专门文件和指示有7个。④ 这些指示和文件有利于团结和争取知识分子群体，为创建新中国作重要准备。不仅如此，中国共产党还制定实施符合战时需要的文化政策。如1948年12月22日，毛泽东在审阅《新区图书出版发行暂行办法》时致信刘少奇、周恩来、任弼时、陆定一等："对此问题，现在不宜规定得太细密，事实上办不到，勉强去做，是危险的。……目前只规定几条容易做而又最得社会同情者即够。"还对暂行办法写了批语："目前任何法律，都只宜规定大端，不可失之太密，否则是不利的。""书籍与报纸不同，暂时除没收国民党书店以外，可一概放任，

---

① 翦伯赞：《揭穿蒋府"文化撤退"的阴谋》，《翦伯赞全集》第7卷，河北教育出版社2008年版，第234页。
② 《解放战争时期北平第二条战线的文化斗争》，北京出版社1998年版，第161页。
③ 《人民日报》1948年2月11日。
④ 朱汉国主编：《1949：历史选择了共产党》，山西人民出版社2009年版，第287页。

遇有反动书籍可个别进行干涉，暂时不必普遍立条例。"① 这样的例子很多。

二 知识分子力量的分化

据粗略估计，民国时期培养的具有高等文化程度的知识分子，总数在150万人左右。② 其政治取向，大体归为左翼、右翼和中间力量三种。左翼知识分子信奉马克思主义，追随中国共产党；右翼知识分子由信仰三民主义转为信奉法西斯主义，为国民党统治服务；另外是介于共产党与国民党之间的自由主义知识分子，倡导"中间道路"（或称"中间路线""第三条道路"）。尽管很难详细统计左翼、右翼和中间力量具体数量，但肯定的是，持中间立场的自由主义知识分子占绝大多数。

国民党搞专制、独裁，"中间路线"显然走不通，自由主义知识分子必须在留或走之间作出抉择。1948年上半年起，当国共两党正为中国前途命运在军事上做最后决战时，自由主义知识分子群体同样为自身命运与前途而忧虑。如张东荪指出当时北平、天津、南京、上海等地知识分子中普遍地存在着"恐慌"情绪。③ 李纯青表示有些知识分子怀疑并害怕将来会失去自由或被清算。④ 赵建明指出知识分子处境艰难，心情的沉重、苦闷、彷徨、焦灼是以往任何时代所未有的。⑤ 冯友兰说："当时在知识分子中间，对于走不走的问题，议论纷纷。"⑥ 甚至还有人表示："国民党统治既不能容纳，共产党那边也未必肯要，我们这些中间知识分子今后究竟往何处去呢？"⑦ 这种复

---

① 《毛泽东年谱（1893—1949）·下》（修订本），中央文献出版社2013年版，第425页。
② 于凤政：《改造——1949—1957年的知识分子》，河南人民出版社2001年版，第1页。
③ 张东荪：《告知识分子》，克柔编：《张东荪学术文化随笔》，中国青年出版社2000年版，第402页。
④ 李纯青：《知识分子的时代使命》，《中国建设》1948年第6卷第3期。
⑤ 赵建明：《论当前知识分子的处境》，《风云》1948年第1卷第9期。
⑥ 冯友兰：《三松堂自序》，人民出版社1998年版，第120页。
⑦ 转引自筌麟：《新形势下的知识分子问题》，《群众》1948年第2卷第50期。

杂心理情绪困扰着当时大多数知识分子。

恐慌、沉闷及犹豫情绪笼罩之下,知识分子力量发生了分化。张东荪描述此状况说:"现在知识分子的分化情形真是分得十分可怜。有的甘为法西斯的帮凶,有的希望美苏立即开战,亦有的是一切看了不顺眼,甚至于迁怒到死去二千五百年的孔子。可谓怪相百出,自暴其短。"[1] 刘绪贻表示:"大体上说,这种分化是两种式的:一是为统治阶级帮凶;一是革命。(如果教育界言论界是绝对独立自由的,则此两界中还可以容纳一批'中间分子';既然教育界言论界不容易脱离政治的影响,则要大批人走'中间路线'似乎是不可能的)。"[2] 大体上说,自由主义知识分子朝三个方向分化:一是部分知识分子替国民党的统治服务,公然站到人民的对立面;二是部分知识分子对国民党的统治充满失望,但对共产党的政策不了解或误信国民党的欺骗宣传,充斥着疑虑与不安情绪;三是部分知识分子认识到"中间道路"完全行不通,自觉站到中国共产党与广大人民一边。第一种人,最终选择东渡台湾或远走他国;第二种人是中国共产党争取团结的力量,是统战的重要对象;第三种人则留下来为新中国服务,为新政协会议的召开奔走。

以中央研究院为例,作为民国时期最高学术机构,一部分声名显赫且颇有影响力的学者去了台湾,并参与台湾的学术文化建设,部分人还成为中坚力量;还有一部分学者出走海外,在国外学术研究机构或高等学校从事研究与教学工作,为海外中国学术研究作出了重要贡献;绝大部分则留在国内等待新中国成立,后来都参加到新中国文化建设中来,并成为重要力量。据统计,1948年选出的国立中央研究院第一届院士,总计81人。1949年随国民党去台湾的有9人,占总人数的11%;赴美国定居者13人,占总人数的16%;留在大陆多达59人,占总人数的73%。留下来院士名单如下:

---

[1] 张东荪:《知识分子与文化的自由》,克柔编:《张东荪学术文化随笔》,中国青年出版社2000年版,第408页。

[2] 刘绪贻:《退无以守 进必以战》,《观察》1948年第4卷第19期。

数理组：姜立夫、许宝騄、华罗庚、苏步青、吴有训、李书华、叶企孙、赵忠尧、严济慈、饶毓泰、吴学周、庄长恭、曾昭抡、李四光、翁文灏、黄汲清、杨钟健、谢家荣、竺可桢、周仁、茅以升、萨本栋；

生物组：王家楫、伍献文、贝时璋、陈桢、童第周、胡先骕、殷宏章、张景钺、钱崇澍、戴芳澜、李宗恩、张孝骞、汤佩松、冯德培、蔡翘、俞大绂、邓叔群、罗宗洛、秉志；

人文组：金岳霖、汤用彤、冯友兰、余嘉锡、张元济、杨树达、柳诒徵、陈垣、陈寅恪、顾颉刚、梁思永、郭沫若、梁思成、周鲠生、钱端升、马寅初、陶孟和、陈达。

对于留下来的知识分子，生存与发展之路何在？张东荪认为："以后的问题，不是人家对知识分子怎样，而是知识分子本身对国家如何贡献，以及如何解决自己的问题。"① 朱自清提出："知识分子的道路有两条：一条是帮闲帮凶，向上爬的，封建社会和资本主义社会都有这种人；一条是向下的。"② 这里"向下"，是指知识分子要走向民间，要为大众服务。雷洁琼认为："今天知识分子的任务，一定要认清楚在人民世纪中自己的社会地位，坚定地立在人民的立场，与大多数人民共同努力奋斗，国家有出路，知识分子才有出路的。"③ 还有人提出："反帝国主义，反封建主义，反官僚资本主义，而为人民服务，这是中国当前唯一的大道。这是目前知识分子应该走的道路。"④ 知识分子在"为人民服务"目标指引下重新聚合，找到了自己生存与发展的新出路。

因为战争，不少知识分子改变政治预期和理想，充斥了苦闷、恐慌与无奈的情绪；因为战争，更多知识分子认识到国民党反动统治不可能持久，选择站到中国共产党和人民一边，在"为人民服务"这一目标下重新聚合。"五一"口号发布以后，选择留下来的知识分子

---

① 李纯青等：《知识分子的新方向》，中国建设出版社1949年版，第8页。
② 李纯青等：《知识分子的新方向》，中国建设出版社1949年版，第12页。
③ 李纯青等：《知识分子的新方向》，中国建设出版社1949年版，第13页。
④ 泽：《知识分子往何处去？》，《透视》1949年第2期。

积极参与新政协活动。在这些知识分子中间,就包括文化界民主人士。

三 中国文化出路的讨论

通过反复比较中国共产党与国民党的文化主张,一部分进步文化人士认识到中国文化发展的新方向,并积极撰文讨论中国文化的出路问题。

1948年,侯外庐撰文指出:"今后新文化学术的政策,是和人民的民主制度息息相关,将指导并建设起它的新制度。这种制度将是依靠人民,为着人民,属于人民"[1]。他强调,中国新文化的前途是光明的,买办文化、封建文化将要死去,而民族、科学、大众的文化正在新生。1949年2月26日,许杰指出,自从原始社会一直到今日的时代,所有一切文化的创造都不是"以人民为中心",而现在"这个时代,是人民的时代;这个时代所应该创造的,也是人民的文化"[2]。他认为,只有以人民为中心,而由人民自己创造的文化,才能适合人民自己的生活和要求,才能为人民自己所享有;同时,正因为人民自觉地在创造自己的文化——为自己创造,为自己享有,所以也就是自发的,积极的,加紧、加速了人民文化的创造,完成了人民文化的创造。在他看来,平津解放不久,人民文化的创造已经出现了轮廓,正在一步一步向着时代走来。随后,他又指出,随着中国社会的变革以及新的社会基础的奠定,"人民文化"的道路是新的文化建设与文化创造的方向。他说:"中国的文化的出路,自然得加速的走上社会主义文化的道路。但是,社会主义的文化,是要有它的物质的和精神的基础的,所以,我们要在还没有踏上社会主义文化的道路以前,一面得为社会主义文化准备着铺路的工作,一面又要避免了由资本主义文化所遭遇到的歧路与荆棘。而这,也就是今日所要建设的人民文化,或所谓新民主主义的文化了。落后的文化,在本质上是可以飞跃的,

---

[1] 侯外庐:《中国新文化的前途》,张岂之主编:《侯外庐著作与思想研究》第27卷,长春出版社2016年版,第327页。

[2] 许杰:《人民文化的创造》,《报告》1949年第1期。

所以，人民文化或新民主主义文化，便是我们从半封建半殖民地文化起步飞跃的目标。同时，落后文化的飞跃，仍旧要有它的物质与精神的根据的，因此，人民文化或新民主主义文化的建设，实在就是跃进到社会主义文化的桥梁。"① 在他看来，只有为人民自己所享受的文化，人民才能努力创造；也只有人民自己所创造又为人民自己所享受的文化才是真正的人民文化。在这里，许杰对当时中国文化的前进方向作了深入分析，指明中国文化建设的道路在于人民文化的创造，并强调这是跃进到社会主义文化的桥梁。1949年4月初，蔡尚思也指出："现在的世纪既是人民的世纪，现在的中国也已变成了人民的中国，所以这阶段的新文化运动必然是以人民为中心的！"② 他在分析了国际、国内的大问题与新趋势之后，强调"凡带有封建性的文化和资本帝国主义性买办性的文化都应该尽力扫除，使一切恶势力失所凭依，如此，才能很顺利地走上新民主主义以至社会主义的大路"③。在他看来，人民至上的新文化，必须"一切以人民权益为前提"，"应该为人民而思想，以人民的思想为思想，人民的思想是最正确的思想；应该为人民而行动，以人民的行动为行动，人民的行动是最正确的行动。……定要如此，才算得是人民世纪的人民文化"。④

1949年4月，《中国建设》杂志集中刊发胡哲夫《批判旧文化，建设新文化——新知识分子们做什么？怎么做？》、流金《论新中国文化的创造》等文章，较为集中地讨论了中国新文化的出路问题。胡哲夫认为，革命知识分子必须彻底清肃"帝国主义文化，建立革命的民族新文化"，因为"民族新文化，在今天，是反帝国主义侵略文化和反殖民地买办奴才文化的思想武器，更是人民新中国建设的文化基

---

① 许杰：《人民文化的道路》，《新中华》1949年第12卷第12期。
② 蔡尚思：《人民至上的新文化运动》，《蔡尚思全集》第6卷，上海古籍出版社2005年版，第11页。
③ 蔡尚思：《人民至上的新文化运动》，《蔡尚思全集》第6卷，上海古籍出版社2005年版，第15页。
④ 蔡尚思：《人民至上的新文化运动》，《蔡尚思全集》第6卷，上海古籍出版社2005年版，第17页。

地！"① 他指出，中国的民族新文化，应该是以"人民的社会主义思想理论为其主导与归趋"，具有人民大众为主导的新民主主义的性质。那么，新民主主义文化"是要以人民的社会主义学说思想理论为主导，新民主主义文化彻底完成，中国社会，就步趋于社会主义社会的大门"②。流金认为，中国要从半殖民地社会变为新的社会，第一步是推翻封建主义的统治；第二步是变革旧的生产方式、生产关系为新的生产方式、生产关系，亦即实现从农业向工业的转变。他指出："在工业化的过程中，一方面以政治的力量来调协生产的关系，废除剥削的制度，一方面加紧进行新的教育，使新思想深入人心，以促进这个新社会的发展。"③ 这里所讲的新教育，包括两个方面：一是理论的，消极地对于封建社会、资本主义社会的文化作一种正确的辩证唯物主义的批判，积极地建立一个新的辩证唯物主义世界观；另一是技术的，包括各种工业的农业的技术的训练。在他看来，新的文化"一方面是解放，一方面是建设。唯解放才能建设，唯建设才能解放"④。

通过文化界讨论，人们已经认识到新中国文化建设必须坚持以人民为中心，强调"人民至上"，要从人民立场出发来开展新中国文化建设，大力发展新民主主义文化，进而过渡到社会主义文化的发展阶段。

第二节 文化界参加协商建国的历程

"五一"口号发布以后，各民主党派、社会团体以及社会贤达或发表通电，或发表声明，或召开座谈会，积极响应中国共产党"五一"口号，发起召开新政协运动。文化界民主人士作为新政协参加单

---

① 胡哲夫：《批判旧文化，建设新文化——新知识分子们做什么？怎样做？》，《中国建设》1949 年第 8 卷第 1 期。
② 胡哲夫：《批判旧文化，建设新文化——新知识分子们做什么？怎样做？》，《中国建设》1949 年第 8 卷第 1 期。
③ 流金：《论新中国文化的创造》，《中国建设》1949 年第 8 卷第 1 期。
④ 流金：《论新中国文化的创造》，《中国建设》1949 年第 8 卷第 1 期。

位，同各民主力量一起协商建国。在协商建国过程中，新中国文化建设方向进一步明确。文化界民主人士参加协商建国，大体分为三个阶段。

一 响应阶段：1948年5月—1949年6月14日

这个阶段，文化界中心任务是响应中国共产党提出的"五一"口号及其政治主张，积极倡导召开新政协会议。

解放战争开始后，国民党反动政府对民主人士实施打击与迫害，李公朴、闻一多被暗杀，解散民盟等事件相继发生。为此，各种进步民主力量不得不暂避锋芒。1946年下半年起，一部分民主人士、文化界进步人士以及中国共产党干部陆续撤离到香港。当时香港属英国殖民地，只要不触犯香港法律，便能自由地从事包括政治活动在内的各种活动。而且，香港与广州一衣带水，离得非常近，也是相对安全的政治避风港。即使国内战争如火如荼，各种文化力量汇集到一起，香港反倒形成了一种战时文化繁荣的局面。[①] 正如有人所描述："他们集到香港后，为了他们的职业是文化事业，所以出版刊物蓬勃一时，无论文艺，经济，政治的刊物，都出得一样多……其他的文化工作者，所能做的工作不外是教师，办报馆，杂志，写稿等工作，但这些工作很有限，而找寻的工作者无穷，在平均几百人才有一个中学生的中国里，香港却闹起知识分子过剩了……"[②]

"五一"口号发布以后，在香港的文化界民主人士积极响应中国共产党召开新政协的号召。1948年5月，中国学术工作者协会[③]理事

---

① 华润（集团）有限公司《红色华润》编委会：《红色华润》，中华书局2010年版，第87页。
② 光波：《香港的文化界》，《新人旬刊》1948年第2卷第1期。
③ 1946年3月成立的中国学术工作者协会，其成员主要由社会科学界人士组成。协会成立之时，马寅初、郭沫若、侯外庐、张东荪、邓初民、杨晦等45人被选为理事，并发出宣言，主张促进民主文化的建设。中国学术工作者协会设有总会，各地成立有分会。总会先在重庆，后迁到上海。1947年以后，由于受到国民党的迫害，中国学术工作者协会部分理事如郭沫若、侯外庐、邓初民、翦伯赞等被迫转移至香港，在香港继续同国民党开展文化斗争。1949年，中华全国社会科学工作者代表会议筹备会是以中国学术工作者协会为基础发起召开的。

郭沫若、马叙伦等在香港发表声明，响应中国共产党的"五一"口号，认为"在一个多党多阶层而又经济落后的国家，通过各民主党派，各人民团体等共同举行政治协商，来确定国家大政方针，召集人民代表会议，成立民主联合政府，确是解决国是的唯一正确道路，亦是中国学术所赖以发展的道路"①。中国学术工作者协会在港理事表现出极高的政治热情，指出："我们是中国的一群智力劳动者——教授、著作者、研究工作者和科学工作者———一句话，学术园地内的工作者。我们对于现实政治，并没直接的过问，我们的要求很单纯，我们只想从真理探求中所得到的一点一滴收获，贡献给我们的民族，使我们民族的精灵，从三千年来封建专制窒息中的枯萎状态，渐渐地（纵使很缓慢地）振奋起来，壮健起来，以适应'人民世纪'历史新时代的需要。""只有把我们的生存融合于人民全体的生存，把我们的自由融合于人民全体的自由，并且为这种包括我们自己在内的人民全体的生存和自由而坚决地奋斗，我们才有光明的前途。"② 5月8日，《华商报》举行"目前新形势与新政协"的座谈会。翦伯赞在会上发言说："召开新政协这是人民和各党派共同的要求，可以使人民和各党派更能发挥其能力。"③ 6月4日，在港文化界民主人士如柳亚子、茅盾、胡愈之、邓初民、侯外庐、黄药眠等表示召开新政协会议的提议"真太合时了"，并对这一提议表示"热烈赞同"。④ 当时在港文化界民主人士，经常举办各种座谈会、演讲会，讨论国内政治形势以及响应中国共产党提出召开新政协的提议等。

国内文化界人士也发表声明和举行各种座谈会，揭露国民党反动派的统治，积极响应中国共产党的政治主张。1948年5月29日，中

---

① 《开国盛典——中华人民共和国诞生重要文献资料汇编》（上编），中国文史出版社2009年版，第47页。
② 《开国盛典——中华人民共和国诞生重要文献资料汇编》（上编），中国文史出版社2009年版，第46页。
③ 《翦伯赞全集》第7卷，河北教育出版社2008年版，第229页。
④ 《开国盛典——中华人民共和国诞生重要文献资料汇编》（上编），中国文史出版社2009年版，第39页。

国科学工作者协会①发表抗议书,抗议国民政府中央社公然报道吴铸人企图迫害北大三位教授的谈话,指出吴铸人语多诬蔑,且以恫吓虚喝之词为威胁,令人担心"闻一多事件重演"。② 9月,中国科协在南京中央大学举行首届全体代表大会,出席这次大会的有南京、上海和杭州等分会的代表。③ 这次会议人数虽然不多,但提出"加强联系,致力建国"的口号。④ 这与中国共产党提出协商建国的政治构想相一致。1949年1月26日,文化界民主人士及北师大等校教授30人发表了拥护毛泽东八项主张的书面意见,指出:"我们主张经由民主的党派及民主人士所组成的政治协商会议之召开,严格以八条件为基础,以求达到推翻反动统治,解放全国人民及创造民主进步中国之最后目的。"⑤

1948年8月以后,中共中央开始部署在香港等地文化界民主人士"北上"参加筹备新政协会议。8月2日,周恩来致电钱之光,要求钱之光以解放区救济总署的名义前往香港,会同方方、章汉夫、潘汉年、连贯、夏衍等,负责接送在港民主人士进入解放区负责筹备新政协会议。⑥ 8月上旬至9月,由上海、香港等地前来的戏剧家田汉、

---

① 1945年成立的中国科学工作者协会(简称中国科协),是团结进步科学家的全国性组织。该组织得到过周恩来的大力支持,其领导者大都倾向于中国共产党。第一届理事长竺可桢,监事长李四光,总干事涂长望。中国科协成立之后,始终坚持为和平与进步而努力。1946年7月,中国科协联合英、法和其他国家的科协成立了"世界科协"。科协总会起初设在重庆,抗战胜利后迁至南京,并在南京、上海、杭州、北平、法国、英国成立分会,会员发展到几千人。解放战争开始以后,科协活动更加困难,许多分会处于停顿状态。中国科协部分领导人也被迫转移至香港等地。(参见谢立惠《中国科学工作者协会的成立和发展》,何志平、尹恭成、张小梅主编:《中国科学技术团体》,上海科学普及出版社1990年版,第200页。)后来,中华全国自然科学工作者筹备会就是由中国科协等四个团体共同发起成立的。
② 《中国科学工作者协会抗议书》,《九三学社》,文史资料出版社1981年版,第31—32页。
③ 谢立惠:《中国科学工作者协会的成立和发展》,何志平、尹恭成、张小梅主编:《中国科学技术团体》,上海科学普及出版社1990年版,第201页。
④ 姚远、王睿、姚树峰等编著:《中国近代科技期刊源流1792—1949》(上册),山东教育出版社2008年版,第218页。
⑤ 《开国盛典——中华人民共和国诞生重要文献资料汇编》(上编),中国文史出版社2009年版,第88页。
⑥ 《周恩来年谱1898—1949》(修订本),中央文献出版社1998年版,第801页。

焦菊隐；美学家蔡仪、作家凤子和丈夫沙博里（美国人）、寒春（美国人）、电影导演王苹；名记者杨岗、高吉、高芬等几十人，在中共地下党组织的安排下，先后由天津秘密转移到解放区。① 9月，中共中央决定将中央城市工作部改名为中央统一战线工作部，负责筹备新政协的各项工作。11月5日，中共中央在《关于邀请民主人士北上给香港分局等的指示》中，明确指出："文化界茅盾、叶圣陶（望沪港两地从叶圣陶、郑振铎、周建人三人中邀请一人，最适当的是叶，因他既为进步人士所赞成，又为中间人士所接近，我们亟须他进来编辑中小学教科书，而开明书店又可到解放区来经营，此事务须办到）、欧阳予倩（戏剧电影以由欧阳予倩、洪深、田汉中邀请一人为好，如欧阳能来最好）、曾昭抡（以承认曾在学术界的地位，将来请其主持自然科学研究，较请其办大学及代表民盟为更好）""全国教授四人（吴晗已到解放区，我们拟与其商推天津教授三人，上海教授一人，沪局认为上海教授推何人为好，望速电告）"②，要求"港分局与钱之光，必须在十一、十二两月，将上述各单位代表送来解放区，其中最重要者为李济深、郭沫若、马叙伦、彭泽民、李章达、马寅初、孙起孟、茅盾、张绷伯、陈嘉庚等十人"③。中共中央要求香港分局与钱之光在11月、12月将这些民主人士代表送到解放区。但是，由于护送民主人士北上工作十分艰险，直到1949年3月，护送民主人士的工作才告完成。据当时负责护送工作的华润公司统计，他们历经艰险先后分七批把350多位著名民主人士、700多位文化名人及爱国华侨从香港秘密运送到东北解放区，保证了新中国第一届政协会议的胜利召开。④ 后来，负责其事的钱之光回忆："民主人士的顺利北上，自始至终离不开党中央的领导，离不开周恩来同志亲自指挥。可以说，

---

① 晋察冀革命文化史料征集协作组：《晋察冀革命文化艺术大事记》，花山文艺出版社1998年版，第248页。
② 《建党以来重要文献选编（1921—1949）》第25册，中央文献出版社2011年版，第624页。
③ 《建党以来重要文献选编（1921—1949）》第25册，中央文献出版社2011年版，第624页。
④ 华润（集团）有限公司《红色华润》编委会：《红色华润》，中华书局2010年版，第81—82页。

民主人士的顺利北上以至新政协的顺利召开,是党中央的英明决策,是毛泽东、周恩来同志亲自部署、周密指挥的结果。"① 这些护送人员里,文化界人士如郭沫若、茅盾等不仅参加了新政协会议,为创建新中国贡献力量,而且还在中华人民共和国成立之后国家文化行政机构里担任重要职务。

1948年11月20日,中共华南分局方方、潘汉年、连贯致电中共中央,报告其在港各民主党派、无党派民主人士座谈《关于召开新的政治协商会议诸问题》的情况及提出的意见,其中有人提出"中华全国文艺协会可否作为一个单位参加"的问题,与会者认为:"文协大多数理事均在国统区,且多系蒋系人物,无从推派代表,文协中好的理事仍从文化界民主人士中提名较妥。"② 11月25日,东北局的高岗、李富春代表中共中央与在哈尔滨的民主人士达成《关于召开新的政治协商会议诸问题的协议》。协议规定,新政协筹备会由23个单位组成,其中就有"文化界民主人士";同时规定,参加新政协的单位有38个,其中包括"教育界民主人士""文化界民主人士""新闻界民主人士"。③ "文化界民主人士"成为参加新政协的单位,一开始就得到中国共产党和民主人士的认可,并且在具体方面达成一致意见。

1949年1月20日,华北人民政府和中共华北局在河北平山县李家庄举行盛大欢迎会,欢迎由国民党统治区和海外来到华北解放区的民主人士。其中文化界民主人士翦伯赞、田汉、杨刚、宦乡、安娥、孟秋江出席了欢迎会。田汉上台朗诵两首诗作,主要描述的是解放区和国统区两个社会不同生活下男女青年的遭遇。翦伯赞则以自己进入解放区后沿途所见事实痛斥了国民党特务机关制造的所谓共产党不要文化和知识分子的谣言,并号召国统区的知识分子要坚守岗位准备迎

---

① 石光树编:《迎来曙光的盛会——新政治协商会议亲历记》,中国文史出版社1987年版,第55页。

② 《开国盛典——中华人民共和国诞生重要文献资料汇编》(上编),中国文史出版社2009年版,第114页。

③ 《开国盛典——中华人民共和国诞生重要文献资料汇编》(上编),中国文史出版社2009年版,第67—68页。

接解放军。① 1949年1月31日，北平和平解放。随后，大量文化界人士到达北平。2月25日，来自东北解放区的民主人士35人乘"天津解放号"专车到达北平。其中有文化界民主人士茅盾、邓初民、侯外庐、洪深。② 2月26日，中国人民解放军平津前线司令部、北平市军管会、北平市人民政府、中国共产党北平市委员会在中南海怀仁堂举行盛大欢迎会，欢迎由东北、天津、李家庄来平及留平的各方民主人士、各团体代表，其中有文化界茅盾等15人、教授张奚若等18人。3月5日，中共七届二中全会上毛泽东宣布："召集政治协商会议和成立民主联合政府的一切条件，均已成熟。一切民主党派、人民团体和无党派民主人士都站在我们方面。"③ 3月14日，在北平的民主人士钱俊瑞、马叙伦、茅盾等20多人就解放后北平大学教育管理问题举行座谈会，座谈大学机构调整与合并、国立大学课程如何改造及对私立大学的方针等问题。④ 4月6日，新闻界民主人士胡愈之、刘尊棋、杨刚、赵超构等20多人举行座谈会，讨论平津报纸、通讯社的接管、对解放区报纸的印象及其优缺点和建议、国营私营报纸处理上的问题等。⑤ 4月10日，教育界民主人士叶圣陶、张志让、沈体兰等40多人举行座谈会，讨论新民主主义教育的方针、政策问题。⑥ 4月12日，教育界民主人士举行第三次座谈会，讨论接管宁沪地区教育工作问题。⑦ 4月13日，新闻界民主人士举行第二次座谈会，讨论关于私营报纸问题。⑧ 4月20日，教育界民主人士举行第四次座谈

---

① 《人民日报》1949年1月27日。
② 《人民日报》1949年2月28日。
③ 《毛泽东选集》第4卷，人民出版社1991年版，第1435页。
④ 《开国盛典——中华人民共和国诞生重要文献资料汇编》（上编），中国文史出版社2009年版，第133页。
⑤ 《开国盛典——中华人民共和国诞生重要文献资料汇编》（上编），中国文史出版社2009年版，第136页。
⑥ 《开国盛典——中华人民共和国诞生重要文献资料汇编》（上编），中国文史出版社2009年版，第137页。
⑦ 《开国盛典——中华人民共和国诞生重要文献资料汇编》（上编），中国文史出版社2009年版，第138页。
⑧ 《开国盛典——中华人民共和国诞生重要文献资料汇编》（上编），中国文史出版社2009年版，第138页。

会，讨论接管宁沪地区教育工作问题。① 5月5日，北京市军事管制委员会文化接管委员会与中国科学工作者协会以及学术工作者协会共同召集学术界座谈会。到会的有梁希、范文澜、马叙伦、汤用彤、陆志韦、沈志远、严济慈、袁翰青、张志让、沈体兰、曾昭抡、周建人、胡先骕、潘菽、胡愈之、黎锦熙、杨振声、杨人楩、李宗恩、张子高、吴晗、夏康农、钱端升、费孝通、樊弘、费青、钱伟长、向达等学术界人士共二百余人。② 6月5日，上海市人民政府邀请文化界人士162人座谈，市长陈毅与会并讲话，欢迎文化界人士团结合作，为建设新中国而奋斗。部分民主人士发言指出，对上海解放及解放后人民政府的各种设施表示感谢和满意，并愿意为建设新上海和建立新民主主义文化而共同努力。③ 6月11日，新政治协商会议筹备会预备会议在香山毛泽东住处举行，商定参加新政协筹备会的单位23个，共134人，并确定筹备会常务委员会人选。④ 至此，新政协筹备会已进入实质性操作层面。

二 筹备阶段：1949年6月15日—9月20日

这个阶段，文化界中心任务是参加新政协筹备会，发起成立相关文化团体，推选并派出代表参加中国人民政治协商会议。

1949年6月15—19日，新政协筹备会第一次全体会议召开。16日，筹备会通过《新政治协商会议筹备会组织条例》，明确规定"文化界民主人士"是参加新政协筹备会的23个组成单位之一。⑤ 同时，条例还规定，新政治协商会议筹备会负责进行新政治协商会议的一切

---

① 《开国盛典——中华人民共和国诞生重要文献资料汇编》（上编），中国文史出版社2009年版，第139页。
② 《中国学术界举行盛会　周恩来同志讲话　鼓励参加新民主主义国家建设工作》，《人民日报》1949年5月6日。
③ 《沪人民政府邀文化界座谈》，《人民日报》1949年6月11日。
④ 《开国盛典——中华人民共和国诞生重要文献资料汇编》（上编），中国文史出版社2009年版，第143页。
⑤ 《开国盛典——中华人民共和国诞生重要文献资料汇编》（上编），中国文史出版社2009年版，第169页。

筹备事宜，中心任务有：（1）商决并邀请参加新政治协商会议之单位和代表；（2）决定新政治协商会议开会之时间、地点及议程；（3）拟定新政治协商会议组织条例草案；（4）制定共同纲领草案；（5）提出建立中华人民民主共和国政府之方案。① 为迅速完成新政协及民主联合政府的各项必要准备工作，筹备会决定在常务委员会下设六个小组，完成起草组织条例、制定共同纲领等任务。② 文化界民主人士沈雁冰、叶圣陶、郑振铎、侯外庐、曾昭抡、欧阳予倩、田汉7人参加了筹备会。③ 与此同时，文化界民主人士分别参加筹备会各小组的工作。曾昭抡在第一小组（负责拟定参加新政治协商会议之单位及代表之人数），叶圣陶在第二小组（起草政治协商会议组织条例），侯外庐在第三小组（起草共同纲领），沈雁冰、郑振铎、田汉、欧阳予倩在第六小组（拟定国旗国徽国歌方案）。④ 根据1948年11月中共与民主人士达成的《关于召开新的政治协商会议诸问题的协议》，新政协正式参加单位是38个。⑤ 但协议通过之后，人民革命战争发展较快以及文化方面的团体相继成立，为此中共中央对文化界参加单位及代表名额作出适当调整。⑥ 6月19日，新政协筹备会通过《关于参加新政治协商会议的单位及其代表名额的规定》，参加新政协的单位定为45个。其中，重新调整后的文化界单位和名额分配如下：中华全国文学艺术工作者协会15人、中华全国科学会议筹备委员会推举15

---

① 《开国盛典——中华人民共和国诞生重要文献资料汇编》（上编），中国文史出版社2009年版，第169页。

② 《开国盛典——中华人民共和国诞生重要文献资料汇编》（上编）中国文史出版社2009年版，第183—185页。

③ 《开国盛典——中华人民共和国诞生重要文献资料汇编》（上编），中国文史出版社2009年版，第178—179页。

④ 《开国盛典——中华人民共和国诞生重要文献资料汇编》（上编），中国文史出版社2009年版，第183—184页。

⑤ 1948年11月25日，《关于召开新的政治协商会议诸问题的协议》中规定新政协参加单位38个。1949年6月19日，李维汉在《〈关于参加新政治协商会议的单位及其代表名额的规定（草案）〉的说明》中指出是39个（《开国盛典——中华人民共和国诞生重要文献资料汇编》（上编），第68、187页），在这里有不准确之处。

⑥ 《开国盛典——中华人民共和国诞生重要文献资料汇编》（上编），中国文史出版社2009年版，第188页。

人、全国教育界15人、全国社会科学工作者15人、中华全国新闻工作者协会筹备会推举12人。① 规定要求，各单位代表名额满10人以上者，得推荐候补代表2人，并于7月15日以前向新政治协商会议筹备会常务委员会提出代表名单。

新政协筹备会第一次全体会议结束以后，党一方面加强对文化工作的领导，另一方面推动成立全国性文化团体。6月21日，新政协筹备会常务委员会第二次会议在中南海勤政殿举行。与会者共15人，列席5人，周恩来任会议主席。会议决定教育团体的筹备发起与促成工作由李维汉、董必武等7人负责，社会科学团体的筹备发起与促成工作由周恩来、郭沫若、沈钧儒三人负责，并强调要在"一个星期内拟出具体方案"，提交常务委员会。② 7月1日，沈钧儒在北平"七一"纪念大会上说："在这二十八年间，人民创造了自己的军队——中国人民解放军；人民创造了自己的文化——革命的新文化；目前中国人民又正在建造自己的国家——人民民主共和国。"③ 7月5日，新政协筹备会常务委员会召开第三次会议，讨论了教育、社会科学团体筹备工作的情况。④ 7月10日，中共中央组成新政协筹备会党组干事会，干事21人。其中，周恩来任书记，委员林伯渠、李维汉、徐冰、李立三。胡乔木、徐冰、周杨、钱俊瑞、廖承志负责文教工作。⑤ 在此前后，文化战线上五大团体分别成立。现将各团体发起成立的情况说明如下。

（一）中华全国文学艺术工作者代表大会

随着解放战争的顺利推进，文艺工作同样面临着新的任务。1949

---

① 《开国盛典——中华人民共和国诞生重要文献资料汇编》（上编），中国文史出版社2009年版，第172页。
② 《开国盛典——中华人民共和国诞生重要文献资料汇编》（上编），中国文史出版社2009年版，第219页。
③ 《沈钧儒文集》，群言出版社2014年版，第438页。
④ 《开国盛典——中华人民共和国诞生重要文献资料汇编》（上编），中国文史出版社2009年版，第223页。
⑤ 《开国盛典——中华人民共和国诞生重要文献资料汇编》（上编），中国文史出版社2009年版，第223页。

年3月22日，华北文化艺术工作委员会和华北文协①在北平举行招待文艺界的茶会，郭沫若在会上提议"发起召开全国文学艺术工作者大会以成立新的全国性的文学艺术界的组织"②。这一提议得到到会者的赞成。同日，中华全国文艺协会③在北平的总会理监事及华北文协理事在北京饭店举行联席会议，决定召开全国文学艺术工作者代表大会，重建新的全国性文艺组织，以便团结解放区与国民党统治区一切进步文艺力量。会议当场推选了筹委会，决定24日召开筹委会第一次会议。郭沫若、茅盾、田汉、洪深、郑振铎、叶圣陶、周扬、萧三、沙可夫、丁玲、曹靖华、曹禺、徐悲鸿、柳亚子、俞平伯、胡风、贺绿汀、程砚秋、李广田、叶浅予、赵树理、柯仲平、吕骥、古元、袁牧之、艾青、欧阳山、陈荒煤、李伯钊、马彦祥、宋之的、刘白羽、盛家伦等37人当选为筹委，并选出郭沫若为筹委会主任，茅盾、周扬为副主任。关于代表大会代表产生的问题，会上决定华北、东北、西北、华东、中原五大解放区文协理事及中华全国文协总会及各分会理监事为代表大会当然代表，此外由筹委会酌情邀请若干文艺界人士参加代表大会。④ 这次会议还推选出郭沫若、郑振铎、田汉、洪深、曹禺、萧三、曹靖华、赵树理、古元、徐悲鸿、戴爱莲、程砚

---

① 全名为华北文艺界协会。1948年8月8日，由晋察冀边区文联和晋察冀边区文联联合组成。该会提出今后文艺工作任务是："首先必须是更多更好地反映人民解放战争，反映土地改革，反映生产建设"；"其次必须加强对于普及工作的指导"；"最后……要求党政军领导机关加强对文艺工作的领导，将文艺工作当作宣传教育工作的重要武器之一，并加强文艺批评的工作"。萧三为主任，李伯钊为副主任，萧三、李伯钊、马彦祥、沙可夫、陈荒煤、丁玲、欧阳山、周巍峙等9人为常务理事；周扬、李伯钊、沙可夫、贺绿汀、马彦祥、周巍峙、丁玲、赵树理、陈荒煤、成仿吾、萧三、光未然、田间、蔡若虹、欧阳山、陈李焕等21人为理事。同年12月，机关刊物《华北文艺》创刊（《人民日报》1948年9月24日）。

② 《大会筹备经过》，《中华全国文学艺术工作者代表大会纪念文集》，新华书店1950年版，第129页。

③ 1945年10月14日，中华全国文艺界抗敌协会召开理监事联席会，决定将"中华全国文艺界抗敌协会"改为"中华全国文艺协会"。1946年6月，协会迁至上海。1949年3月22日，又迁至北平。协会设有上海、港粤、重庆、北平、张家口、成都等分会。1949年7月，中华全国文学艺术界联合会成立后停止活动。

④ 《人民日报》1949年3月25日。

秋 12 人出国参加于 4 月在巴黎召开的世界和平大会。① 在北平的全国文协总会理监事郭沫若、马叙伦、柳亚子、田汉、茅盾、郑振铎、曹禺、叶圣陶、周建人、洪深、许广平、葛一虹、张西曼、戈宝权等 19 人还开会决议，原在上海之文协总会，即日起移至北平办公，并会同华北文协筹备召开全国文学艺术工作者代表大会，以便产生新的全国性的文艺界组织。② 3 月 24 日，筹备委员会第一次会议举行，郭沫若、茅盾、周扬、叶圣陶等 42 人为筹委。常务委员为郭沫若、茅盾、周扬、叶圣陶、沙可夫、艾青、李广田。经过了三个多月的筹备，会议于 7 月初正式召开。

7 月 2 日，中华全国文学艺术工作者代表大会在北平召开。出席这次大会的代表来自国民党统治区、解放区和部队，分十个代表团，共 824 名。在开幕式上，朱德代表中共中央、董必武代表华北局和华北人民政府、陆定一代表中共中央宣传部向大会致词。周恩来向大会作了长篇政治报告。郭沫若作了题为《为建设新中国的人民文艺而奋斗》的报告，茅盾（《在反动派压迫下斗争和发展的革命文艺》）、周扬（《新的人民的文艺》）分别作了关于国统区和解放区文艺运动的报告。这次会议总结了毛泽东在延安文艺座谈会上的讲话以后文艺工作方面的经验，确定了新形势下文学艺术工作的方针和任务，并宣布建立了全国统一的文学艺术界组织——中华全国文学艺术界联合会。

中国全国文学艺术工作者代表大会原拟于 6 月 5 日召开，但各地尚有部分代表因交通阻滞，不能如期参会，加之筹备工作千头万绪，故会期一再延迟。在会议召开前夕，文代会筹委会主任郭沫若对会议召开的任务和目的作了说明：

> 这次大会在人民解放军即将获得全面胜利的伟大时期中召开，这对中国文学艺术工作者，是富有历史意义的空前盛大的会议。……在这样一个令人兴奋鼓舞的时期，全国不同地区，不同

---

① 《人民日报》1949 年 3 月 25 日。
② 《人民日报》1949 年 3 月 25 日。

工作部门，不同艺术作风的代表们聚集一堂，举行这一个空前盛大与空前团结的大会，主要的目的便是要总结我们彼此的经验，交换我们彼此的意见，接受我们彼此的批评，砥砺我们彼此的学习，以共同确定今后全国文艺工作的方针与任务，成立一个新的全国性的组织，我们相信这个大会一定能够胜利完成这些任务，而且全国文学艺术工作者们一定会在毛主席的明确指导之下，不仅要团结自己，还要团结人民，不仅要教育自己，还要教育人民，要好好地运用文艺这项武器来提高革命敌忾，鼓励生产热情，以期迅速完成反帝反封建反官僚资本的任务，而使新民主主义文化建设获得全面胜利。①

7月19日，大会结束，中华全国文学艺术界联合会宣告成立。郭沫若在大会结束报告中说："今后的文艺工作，需要有集中统一的领导，需要有组织有计划的来进行。""这次大会的成功之一，是成立了全国文学艺术界的统一机构。不久快要成立的中华人民民主共和国中央政府之下，将设立专管文化艺术的部门，对于将来的文艺工作的发展，必将起着重大的领导与推动作用。因此，在目前文艺工作中的组织领导和行政工作，对于整个文艺工作，就更加重要。"② 会议结束后，全国文代会代表还组织东北参观团参观东北解放后的发展变化。

（二）中华全国自然科学工作者筹备会

1949年4—5月，中国科协负责人梁希、潘菽、涂长望由国统区陆续到达北平，参加新政协筹备工作。③ 这其中一项关键性工作是筹备成立全国性科学团体。5月5日，科协领导人袁翰青在北平市军管会召开的学术界人士座谈会上报告了中国科学工作者协会的情况，并提出筹备召开全国科学工作者代表大会的建议。④ 5月13日，中国科

---

① 《人民日报》1949年6月28日。
② 《人民日报》1949年7月20日。
③ 《人民日报》1949年4月26日、5月10日。
④ 《中国学术界举行盛会　周恩来同志讲话　鼓励参加新民主主义国家建设工作》，《人民日报》1949年5月6日。

学工作者协会原在北平的理事严济慈、曾昭抡、黄国璋、袁翰青、钱三强以及北平解放后来平的卢于道、丁瓒、周建人、梁希、潘菽、涂长望共11人（达到理事总人数三分之二），决定成立临时常务理事会，推梁希、涂长望、卢于道、严济慈、袁翰青、丁瓒、潘菽七人为常务理事。又推举梁希为理事长，涂长望为总干事。会议决定，中国科学工作者协会今后的中心会务是"为发动全国科学工作者加强团结，加紧调查研究与自我教育为实现毛主席的增加生产号召与建设新中国而尽最大的努力"①。这实际上是为召开全国科学工作者代表大会做组织准备，亦是为参加新政协会议做准备工作。5月14日，全国科学会议筹备会第一次会议预备会在北京饭店举行。会议提出用中国科学工作者协会、中国科学社、中华自然科学社三团体（后加东北自然科学研究会）的名义共同发起举行中国科学工作者代表大会的建议，决定成立"全国科学会议筹备会促进会"推进有关工作。②该建议得到了解放区科学界人士暨北平市各科学研究机关、各大学以及各重要生产部门科学界人士的积极响应，并商定于5月29日举行筹备大会讨论召开中国科学工作者代表大会的筹备事宜。③自5月中旬起至6月18日，全国科学会议筹备会促进会共召开四次会议，讨论通过了"中华全国第一次科学会议筹备委员会简章草案"，确定了筹委会工作任务，推定筹备委员200余人。④6月19日，中华全国第一次科学会议筹委会正式举行。出席大会的筹备委员包括来自东北、华北、天津等地和北平的科学界人士，共120余人。卢于道宣布筹委会的促进会议已经结束。大会推举叶企孙、刘鼎、严济慈、李宗恩、乐天宇、曾昭抡、陈郁7人为主席团。主席团又推举曾昭抡主持会议。⑤朱德、陈云、林伯渠出席会议并讲话。这次会议讨论了筹备会简章及

---

① 《中国科学工作者协会开理事会》，《人民日报》1949年5月15日。
② 《全国科学会议筹备会第一次会议预备会议记录》，何志平、尹恭成、张小梅主编：《中国科学技术团体》，上海科学普及出版社1990年版，第445页。
③ 《召开中国科学工作者代表大会 解放区科学界响应》，《人民日报》1949年5月20日。
④ 《全国首次科学界会议 筹委会明成立》，《人民日报》1949年6月18日。
⑤ 《全国首届科学会议筹备会昨在平成立》，《光明日报》1949年6月20日。

今后任务。最后决定于7月11日召开全体筹备委员大会。但由于等候南京、上海部分筹委，会议推迟到7月13日才召开。

7月13日，中华全国自然科学工作者会议筹委会第一次全体会议召开。出席会议的有筹委205人以及周恩来、李济深、郭沫若、徐特立、谭平山、沈雁冰、史良、蔡廷锴、陈其尤、叶剑英等百余人。会议选出吴玉章、梁希、吴有训、曾昭抡、竺可桢、刘鼎、李宗恩等41人为主席团。7月14日上午，会议分理、工、农、医四组举行。由严济慈、刘鼎、梁希、丁瓒分别担任主席，讨论了全国各科学团体联合组织的形式，科学会议代表产生的方式及选举参加新政协代表的原则等问题。下午，北平各科学团体举行集会，各地来平筹委参加并交换意见。① 7月15日，会议继续举行。上午，理、工、农、医四组的召集人分别报告各组讨论的意见，一致认为：职工会性质的全国自然科学团体的联合组织及各地分会，应迅速成立。参加新政协的代表由各组推举候选人，以协商方式产生，产生原则着重在学术上有素养，在民主运动事业中有贡献，并照顾到年龄、地区，及各自然科学部门。下午，华北人民政府主席董必武出席大会报告华北工业、农业、交通、水利的情况，以及对于自然科学工作者的期望。贺诚报告"老解放区自然科学工作者的工作及活动"。他综述了22年来人民解放斗争中自然科学工作者密切、紧张地配合人民战斗的需要，在千辛万苦的条件下贡献出智慧、劳力甚至生命，以争取人民解放战争的胜利，并不断发展与提高。② 7月17日，中华全国第一次自然科学工作者代表大会筹备会休会，大部分筹委赴颐和园游览。③ 7月18日，筹备会举行闭幕会。会议讨论和通过了筹委会简章，代表大会代表产生办法和提交新政协的提案。根据简章的规定，会议选出吴玉章、刘鼎、袁翰青、严济慈、曾昭抡、丁瓒、乐天宇、沈其益、钱三强、陈康白、贺诚、竺可桢、吴有训、梁希、涂长望、夏康农、沈其震、叶企孙、李宗恩等35人为筹备会常务委员会委员，陆达、李志中、曾

---

① 《光明日报》1949年7月15日。
② 《光明日报》1949年7月16日。
③ 《光明日报》1949年7月18日。

昭安、苏井观、卢于道、王斌、齐仲桓、张克忠、张昌绍、徐硕俊 10 人为候补常务委员。闭幕会梁希致闭幕词，号召科学工作者团结起来，为建设新民主主义新中国而努力。吴玉章则强调这次会议表现了中国科学工作者的团结精神，希望大家站稳革命立场，为人民服务。

会议结束后，该会还组织了东北参观团前往东北参观。① 7月19日，周恩来在中南海邀请竺可桢等几位科学家共进晚餐，就国家建设的远景提出一些设想，并征询他们的意见。7月20日，周恩来、李维汉就接待自然科学工作者代表致电李富春："自然科学工作者代表约五十人，定于二十一日下午五点，自平去沈参观，由陈康白陪往，请准备招待。此批人多为有用之材，现正愿接受我党及新民主政权领导，进行学习和考察，请你们加以指导和帮助，至为重要。钱昌照亦同往。"② 7月21日，中华全国第一次自然科学工作者代表大会筹委会东北参观团出发去东北。参观人员有：曾省之、曾昭安、高尚荫、吕炯、梁治明、杨树勋、王学书、张昌绍、杨国亮、汤飞凡、黄宗甄、孟目的、吴襄、张孝骞、周仁、支秉渊、刘慎谔、李承干、竺可桢、邓叔群、叶在馥、钟俊麟、郑万钧、李旭旦、谢家荣、金善宝、黄瑞采、周瑞明、张更、梁希、张孟闻、张鋆、鲁宝重、孟广喆、施嘉炀、王成组、沈其益、徐克勤、俞大绂、钟林、孙东明、李世俊、朱先煌等45人，竺可桢为团长。③ 8月24日，中华全国自然科学工作者代表大会筹备会欧美同学会邀请在平的科学工作者，座谈美国政府发表的"美国对华关系"的白皮书问题。④ 8月31日，中华全国自然科学工作者代表大会筹备会举行座谈会，听取筹备会的东北参观团各筹委报告东北自然科学界工作情况。

(三) 中华全国社会科学工作者代表会议筹备会

1949年初，中国学术工作者协会在香港、上海及其他地区的多

---

① 《科代筹备会闭幕 吴玉章等三十五人当选常委一部筹委将赴东北参观》，《光明日报》1949年7月19日。
② 《建国以来周恩来文稿》第1册，中央文献出版社2008年版，第144页。
③ 《科代筹委参观团定今日前往东北 参观时间预定两周》，《光明日报》1949年7月21日。
④ 《科学工作者座谈白皮书》，《人民日报》1949年9月2日。

数理事先后抵达北平。3月26日，中国学术工作者协会在北京饭店举行理事会议。出席者有郭沫若、马叙伦、翦伯赞、郑振铎、叶圣陶、千家驹、邓初民、卢于道、侯外庐等17人。经过讨论，会议决定在平津各大学及研究机关中征求新会员，扩大组织，并决定召开一次学术界座谈会，就今后学术研究工作的方向与任务等交换意见。宋云彬、夏康农、傅彬然、楚图南、沈志远5人当选为临时常务理事，负责处理日常会务。① 据宋云彬3月27日日记："沈志远送来学术工作者协会会章要点，以昨日理事会决议推余拟新会章草案，以旧会章之要点作参考也，赴唐兰寓午餐，同席者圣陶及其夫人、彬然、芷芬。"② 中国学术工作者协会理事会提出"征求新会员，扩大组织"的任务，实际上是在为中国学术工作者协会参加新政协会议做组织准备。5月份以后，中国学术工作者协会的活动几乎未见公开报道。这其中的原因在于新政协筹备会召开以后，中共中央决定在中国学术工作者协会的基础上重新成立社会科学工作者的团体，进而以新成立的社会科学工作者团体参加新政协会议。对于这个问题，中国学术工作者协会理事宋云彬在其日记中有过记述：

> 6月2日，下午赴北京饭店出席学协理事会。③ 6月9日，下午三时，学术工作者协会开常务理事会，沈志远来电话邀请，未便坚拒，于三时半方催车赴会。张志让、王亚南、李达等均出席。据志远报告，学协恐须改称"社会科学工作者协会"，周扬、齐燕铭均有所暗示也。④ 6月22日，下午三时赴北京饭店一一三号出席中国学术工作者协会常务理事会。学协受某方暗示，似非改换名称，重新组织不可。李鹤鸣、侯外庐、沈志远等似颇不平。鹤

---

① 《中国学术工作者协会在平举行理事会 决定扩大组织征求新会员》，《人民日报》1949年3月29日。
② 宋云彬：《红尘冷眼：一个文化名人笔下的中国三十年》，山西人民出版社2002年版，第115页。
③ 宋云彬：《红尘冷眼：一个文化名人笔下的中国三十年》，山西人民出版社2002年版，第130页。
④ 宋云彬：《红尘冷眼：一个文化名人笔下的中国三十年》，山西人民出版社2002年版，第132页。

鸣谓我们应开一名单给他们看看，愤懑之情见于辞色矣。……圣陶接新政协筹备会通知，知社会科学工作者协会由周恩来、沈钧儒、郭沫若三人召集发起，然则今日学协之会诚多此一举矣。①

1949年6月21日，新政协筹备会常务委员会第二次会议决定社会科学团体的筹备发起与促成工作由周恩来、郭沫若、沈钧儒三人负责。② 6月25日，周恩来、沈钧儒、郭沫若三人邀请在北平的哲学、史学、经济学、政治学、法学各部门的社会科学工作者共57人举行了第一次座谈会。座谈会决定57人为中国社会科学工作者代表会议的当然发起人，并由五个方面各推3人，加上政协筹备会所指定的三人构成18人的小组会，协商推增若干人为发起人。同时推郭沫若、陈绍禹、胡绳草拟筹备会的简章，推胡绳、狄超白、赖亚力为秘书，拟定筹备发起的步骤，进行会议的各项准备工作。

关于这次座谈会，宋云彬记载：

> 二十五日　下午三时赴勤政殿出席"成立中国社会科学工作者代表会议座谈会"。主席周恩来报告，略谓今日由新政协筹备会指定的三位代表（周、沈、郭）召开一个小规模的座谈会，商讨代表会议筹备会的进行计划。其进行步骤，第一次座谈会讨论如何分工筹备经济学、历史学、哲学、法学及政治学五方面的组织，如何筹备中国社会科学工作者代表会议筹备会。所谓五方面的组织，除新法学研究会已定明日开发起人大会外，其他四方面的组织，均定期召开发起人大会。然后集合五个团体的筹备会举行联席会议，协商如何成立中国社会科学工作者代表会议筹备会，并协议参加新政协代表名单。继续起立发言者甚多。沈志远竟明言此会之召集，主要目的在产生新政协代表云云，颇失态。侯外庐则以泛滥无归之言辞，历述学术工作者协会之工作成绩，

---

① 宋云彬：《红尘冷眼：一个文化名人笔下的中国三十年》，山西人民出版社2002年版，第135页。
② 《开国盛典——中华人民共和国诞生重要文献汇编》（上编），中国文史出版社2009年版，第219页。

亦近孟浪。参加今日座谈会之名单共五十七人,余被列入史学方面。史学方面凡十三人:郭沫若、范文澜、翦伯赞、邓初民、侯外庐、郑振铎、宋云彬、吕振羽、吴玉章、吴晗、傅彬然、杨绍萱、叶蠖生。据超白言,名单经周恩来详细拟定,列名单前后皆费一番推敲云。①

6月30日,筹备会举行了57人参加的第二次会议,修正通过了筹备会简章的初步方案,协商通过了各方面提出的发起人名单。宋云彬记述,下午二时,赴勤政殿出席社会科学工作者代表会议筹备会发起人第二次会议。讨论筹备会简章,余提出修改意见甚多,均获通过。决议7月14日召开筹备会,一切筹备事宜由十八人小组会担任之。②7月1日之后,筹备会进入到最后阶段。7月9日,周恩来、李维汉专门就陶孟和来北平参加会议发电报给南京市委:"全国社会科学工作者代表会议筹备会全体会议定于本月十四日(午寒)在北平开会,我们希望陶孟和能来参加,除由该筹备会发起人另电欢迎外,望由军管会文教机关推动其北来,并给以必要帮助。"③7月13日下午,18人小组会议讨论了发起人名单,由原来的57人增至235人;草拟了发起人会议的程序、组织等,完成会议的各项准备工作。④

7月14日,中华全国社会科学工作者代表会议发起人会议在中南海勤政殿开幕,出席者140余人。会议选出王昆仑、史良、艾思奇、杜守素、李达、沈钧儒、沈志远、林伯渠、周恩来、范文澜、侯外庐、马寅初、陶孟和、陈伯达、陈绍禹、陈垣、郭沫若、张奚若、张东荪、汤用彤、董必武、翦伯赞、邓初民、阎宝航、谢觉哉25人为主席团,郭沫若致开幕词,林伯渠报告发起经过,朱德和周恩来等到会讲话。

---

① 宋云彬:《红尘冷眼:一个文化名人笔下的中国三十年》,山西人民出版社2002年版,第138页。
② 宋云彬:《红尘冷眼:一个文化名人笔下的中国三十年》,山西人民出版社2002年版,第138页。
③ 《建国以来周恩来文稿》第1册,中央文献出版社2008年版,第103页。
④ 《团结社会科学工作者发起人会议昨开幕》,《光明日报》1949年7月14日。

7月15日，中华全国社会科学工作者代表会议发起人会议的第二天，由林伯渠担任执行主席。李达、史良、陆定一相继演讲。李达说明马列主义在中国发展的经过和毛泽东思想的功绩，史良就法学方面提出若干理论和实际中的问题，陆定一对于传播马列主义的工作作了一些说明，并号召社会科学工作者共同努力。在讨论和通过中华全国社会科学工作者代表会议筹备会简章之后，会议决定由全体发起人共同组成筹备会，并根据简章选出王昆仑、史良、艾思奇、李达、何思敬、沈钧儒、沈志远、周恩来、林伯渠、金仲华、吴觉农、胡绳、侯外庐、范文澜、马寅初、陈绍禹、陈伯达、章乃器、陶孟和、张奚若、张东荪、张志让、许德珩、郭沫若、董必武、邓初民、翦伯赞、阎宝航、谢觉哉等29人为常务委员会委员。常委会当即举行会议，互推林伯渠任主席，沈钧儒、郭沫若、陈伯达、李达4人任副主席，范文澜任秘书长，胡绳、沈志远、张志让、赖亚力任副秘书长。会议在16日休息一天，17日继续举行。

7月17日，中华全国社会科学工作者代表会议发起人会议闭幕。会议决定由筹备会常务委员会草拟"中华全国社会科学工作者协会简章草案"及"社会科学工作纲领草案"，以准备代表会议之召开。同时，筹备会按照新政协会议要求，推选代表参加新政协会议。其中，正式代表15人，分别是：陈伯达、陈绍禹、范文澜、谢觉哉、邓初民、王学文、艾思奇、何思敬、翦伯赞、侯外庐、张志让、阎宝航、钱端升、樊弘、吴觉农；候补代表2人，分别是：李木庵、胡绳。据宋云彬记述："十四日 下午三时，赴勤政殿出席'中国社会科学工作者代表会发起人会议'。此会将连开三天，星期六休会，至十七日选出新政协代表即闭幕。"①"十七日 三时偕彬然、蠖生、灿然赴勤政殿出席社会科学工作者代表会议筹备会。沈钧儒主席。中有'发言'一项，发言者有陶孟和等，大抵皆空泛，尤以樊弘为最冗长而最不得体，听者必多反感也。最后通过政协代表名单，连候补凡十七人。代表名单并非开会时共同提名商讨，乃经常务委员会在会外与统战部

---

① 宋云彬：《红尘冷眼：一个文化名人笔下的中国三十年》，山西人民出版社2002年版，第141页。

协商定妥，由主席将名单宣读，众无异议，即作为通过矣。"①

中华全国社会科学工作者代表会议发起人会议召开前后，中国社会科学的五大部门（哲学、历史学、经济学、政治学、法学）都成立了各自的筹备会。6月26日，"中国新法学研究会"发起人大会举行，会议推陈绍禹、谢觉哉、史良、李达、张志让、王之相、孟庆树、庞荩菁、冀贡泉、吴昱恒、钱端升11人为常务委员，并推陈绍禹为主任委员，谢觉哉、史良为副主任委员，讨论了新法学研究会暂行简章、推举中国新法学研究会筹备委员会委员。②随后，陈绍禹、谢觉哉、张志让作为法学方面的代表参加了中国人民政治协商会议。7月1日，中国新史学会筹备会举行，会议通过筹备会组织章程和中国新史学研究会暂行简章，选出郭沫若、吴玉章、范文澜、邓初民、陈垣、侯外庐、翦伯赞、向达、吴晗、杨绍萱、吕振羽11人为筹备会常务委员会委员，郭沫若为主席，吴玉章、范文澜任副主席。③ 7月8日，中国新哲学研究会召开发起人会议，讨论了筹备会组织章程和暂行简章草案，选出李达、艾思奇、何思敬、金岳霖、张东荪、汤用彤、郑昕、何干之、马特、胡绳、夏康农11人组成筹备会常务委员会，并互推李达为主席，艾思奇、郑昕为副主席，胡绳、马特为秘书，负责进行一切筹备工作。会议一致认定：组织中国新哲学研究会的意义，是团结全国哲学工作者和传播马列主义哲学及毛泽东思想，以期正确认识中国新民主主义社会发展的规律，并批判吸收旧哲学遗产，在文化思想战线上展开对于各种错误思想意识的批判。④ 7月8日，中国新经济学研究会发起人会议举行，薛暮桥被推为主席，沈志

---

① 宋云彬：《红尘冷眼：一个文化名人笔下的中国三十年》，山西人民出版社2002年版，第141—142页。
② 《中国新法学研究会筹委会已告成立》，《光明日报》1949年6月28日。
③ 《中国史学会五十年》，海燕出版社2004年版，第3页。
④ 中国新哲学研究会发起人名单如下：于光远、王子野、石兆棠、艾思奇、李达、沈志远、吴理屏、杜守素、杜任之、何封、何思敬、何干之、周扬、金岳霖、胡绳、侯外庐、夏康农、徐特立、马特、陈绍禹、陈伯达、陈唯实、许德珩、张志让、张如心、张天麟、张东荪、张铁生、曹葆华、傅铜、彭康、汤用彤、冯文潜、楚图南、杨献珍、赵平生、蔡仪、潘梓年、郑昕、郑易里、罗克汀。参见《新哲学会筹备会已组成》，《光明日报》1949年7月13日。

远、狄超白分别报告发起经过及该会简章草案内容。最后会议选出陈伯达、马寅初、杜守素、薛暮桥、沈志远、狄超白、王学文、章乃器、千家驹、王亚南、郭大力、施复亮、许涤新、黄松龄、孟用潜、于树德、樊弘、费孝通、张仲实19人为总筹备会常务委员，并推定陈伯达为主任委员，马寅初、杜守素、薛暮桥为副主任委员，沈志远、狄超白为秘书。① 9月18日，中国新政治学会发起人会议举行，会议通过了中国新政治学研究会筹备会组织法、选出筹备会常务委员会，推选林伯渠为筹备会主任，陆定一、张奚若、王昆仑、高崇民为副主任。② 会议选举周恩来、林伯渠等35人为筹备会常务委员，并推举林伯渠为主任，陆定一、张奚若、王昆仑、高崇民为副主任，阎宝航为秘书长。中华人民共和国成立以后，中国社会科学的五个研究会筹备会开展过一些活动，并组成联合办事机构办理日常会务。办事机构全称是"中国社会科学各研究会联合办事处"，简称"社联"。③

（四）中华全国教育工作者代表会议筹备会

6月21日，新政协筹备会常务委员会第二次会议决定由李维汉、董必武等7人负责教育团体的筹备发起与促成工作。6月26日，教育界人士在北京饭店举行座谈会，讨论筹备召集全国教育工作者代表会议。到会者有董必武、李维汉、孙起孟、张奚若、周扬、吴晗等44人。④ 会议决定，到会者为发起人；推选董必武、林砺儒、钱俊瑞、孙起孟等11人组成干事会，进行具体工作。⑤ 随后，发起人先后举行过全体的及部分的会议五次，经过仔细的商讨研究，决定了筹备会章程的草案，以及筹备委员名额分配的办法。⑥

7月22日，中华全国教育工作者代表会议筹备会举行预备会议。

---

① 《新经济学研究会总筹备会在平成立》，《光明日报》1949年7月10日。
② 《林伯渠文集》，华艺出版社1996年版，第792页。
③ 董郁奎：《新史学宗师——范文澜传》，杭州出版社2004年版，第186页。
④ 参见《发起筹备中华全国教育工作者代表会议缘起》，《建国以来周恩来文稿》第1册，中央文献出版社2008年版，第115—116页。
⑤ 《开国盛典——中华人民共和国诞生重要文献汇编》（上编），中国文史出版社2009年版，第221页。
⑥ 《在平教育工作者发起筹备全国代表会定二十二日举行筹备会》，《光明日报》1949年7月14日。

7月23日，中华全国教育工作者代表会议筹备会第一次会议在北平正式召开。会议的中心任务为讨论筹备召开全国教育工作者代表会议，以团结全国教育工作者，从事恢复和发展人民的文化教育事业。开会现场悬挂着四幅大标语："在毛主席领导下，建设民族的、科学的、大众的、新民主主义教育！""教育工作者和广大人民结合起来！""扫除一切奴化的、封建主义的、与法西斯主义的教育！""全国教育工作者团结起来，为恢复和发展人民的文化教育事业而奋斗！"会议选出方兴严、成仿吾、江问渔、车向忱、吴有训、杜君慧、李敷仁、林砺儒、陆志韦、徐特立、韦悫、马叙伦、孙起孟、陈鹤琴、黄炎培、傅钟、董必武、叶圣陶、潘梓年、黎锦熙、钱俊瑞21人为大会主席团，钱俊瑞、孙起孟为正副秘书长。董必武致开幕词，朱德、陆定一、李济深、沈钧儒、徐特立、郭沫若、吴玉章、李德全等来宾讲话。马叙伦因病未能讲话，提出书面讲词。7月27日，会议闭幕。会议讨论和通过了筹委会的章程。选出丁西林、王祝晨、方与严、成仿吾、李复生、李敷仁、车向忱、沈体兰、林砺儒、胡一声、余庆棠、柳湜、马叙伦、晁哲甫、韦悫、陶淑范、张宗麟、张国藩、张澜庆、陈其瑗、陈鹤琴、黄炎培、黄松龄、高博泽布、傅钟、傅彬然、董必武、汤用彤、葛志成、董纯才、楚图南、杨卫玉、黎锦熙、潘梓年、钱俊瑞35人为筹委会常务委员会委员。7月28日，中华全国第一次教育工作者代表会议筹委会常委会召开第一次会议。到会有董必武、马叙伦、丁西林等25人，会议互推董必武为常委会主任委员，黄炎培、马叙伦、陈鹤琴、钱俊瑞为副主任委员，钱俊瑞任秘书长，孙起孟、张宗麟任副秘书长。为便利进行筹备工作，设立三个工作委员会，分别负责进行拟定代表会议之基本任务，决定代表会议出席代表之分配原则、人数及征集研究有关全国教育建设之意见。①

（五）中华全国新闻工作者协会筹备会

1949年5月13日，在北平的新闻工作者胡愈之、萨空了等40余人在燕京大学举行座谈会，讨论新闻工作者的学习问题和发起建立全国新闻工作者的联合组织问题。会议提议召开全国新闻工作者会议，

---

① 《人民日报》1949年7月29日。

并推定中国解放区新闻记者联合会、中国青年记者学会、平津新闻工作会议和在平新闻工作者座谈会担任发起人,由每一团体推派代表2人,筹备与全国各地新闻界商讨成立代表会议的筹备委员会事宜。① 四团体议定,先召集全国新闻工作者代表大会,再在此基础上产生中华全国新闻工作者协会。为了筹备工作的开展,四团体共同草拟了一个筹备委员会和常务筹备委员的候选人名单,并于6月11日联名电告北平、上海、汉口、沈阳、西安五大中心城市的报社、通讯社、广播电台的新闻工作者,与人民解放军第一野战军、第二野战军、第三野战军、第四野战军的报社、通讯社的新闻工作者,建议他们予以讨论,并提出修正意见。经过二十多天的往返电商,各方意见最后集中,名单经修正通过。修正通过之筹备委员与常务筹备委员名单如下:

筹备委员:王亢之、王芸生、石西民、田方、包之静、李纯青、李普、李荒、吴文焘、吴冷西、孟秋江、金仲华、周钦岳、邵宗汉、林仲易、范长江、胡乔木、胡愈之、胡绩伟、洪丝丝、浦熙修、徐盈、徐铸成、徐迈进、海棱、陈克寒、陈翰伯、梅益、张磐石、宧乡、陆诒、乔木、彭子冈、恽逸群、杨刚、杨赓、廖承志、廖井丹、廖沫沙、赵超构、熊复、邓岗、邓拓、刘白羽、刘思慕、刘尊棋、萨空了、顾执中。

常务筹备委员:范长江、胡乔木、胡愈之、张磐石、宧乡、恽逸群、廖承志、刘尊棋、萨空了。②

1949年7月13日,中华全国新闻工作者协会筹备会第一次全体会议在北平召开。胡乔木致开会词,指出筹备会的任务是筹备召开中华全国新闻工作者代表大会,成立中华全国新闻工作者协会,以推进全国的人民新闻事业,为新民主主义新中国的建设服务。胡愈之代表筹备会常委会报告中华全国新闻工作者协会筹备会产生的经过。会议还讨论了筹备会简章,并着重地讨论了新闻工作者的范围、筹备委员会的任务和组织等问题。8月5日,常务委员会最后修正通过《全国新闻工作者协会

---

① 《在平新闻工作者座谈 筹组全国性组织》,《人民日报》1949年5月14日。
② 《中华全国新闻工作者协会 首次筹备会将在平举行》,《人民日报》1949年7月9日。

筹委会简章》。根据简章的规定，常委会推选胡乔木为筹备会主任，胡愈之、廖承志为副主任，并拟定了所属各种工作机构的人选。

根据《关于参加新政治协商会议的单位及其代表名额的规定》，这五大文化团体都是全国政治协商会议的参加单位。郭沫若指出："文化上的五大野战军——文学艺术工作者，自然科学工作者，社会科学工作者，教育工作者，新闻工作者——都先后决定在平召开代表大会，以期扩大并巩固今后的文化战线，这是空前未有的盛事，但在参加这支文化军队的朋友们肩头，责任的确是愈见加重了。"① 这些文化战线上"全国性群众团体的成立，把社会各界群众进一步组织起来，是召开新的政治协商会议的重要组织准备之一"②。

除"文化上的五大野战军"之外，其他还有一些全国性文化团体先后成立。由于当时成立的文化团体很多，在此不再一一列举。仅以文艺界为例，这个时候先后成立的团体有：7月21日，中华全国舞蹈工作者协会成立；7月22日，中华全国曲艺改进会筹备会成立；7月23日，中华全国音乐工作者协会成立；7月24日，中华全国戏剧工作者协会成立；7月26日，中华全国电影艺术工作者协会成立等。

文化战线上的五大团体成立以后，均按照新政协筹备会的规定推选参会代表，具体情况如下：

中华全国文学艺术界联合会的代表（正式代表15人，候补代表2人），分别是：沈雁冰、周扬、郑振铎、丁玲、田汉、萧三、柯仲平、赵树理、阳翰笙、巴金、徐悲鸿、蔡楚生、史东山、胡风、马思聪，候补代表艾青、曹靖华。

中华全国教育工作者代表会议筹备委员会的代表（正式代表15人，候补代表2人），分别是：成仿吾、叶圣陶、钱俊瑞、林砺儒、张如心、晁哲甫、陈鹤琴、俞庆棠、竺可桢、江恒源、汤用彤、叶企孙、杨石先、戴白韬、柳湜，候补代表江隆基、葛志成。

中华全国社会科学工作者代表会议筹备会的代表（正式代表15

---

① 郭沫若：《向军事战线看齐——为中华全国文学艺术工作者代表大会而写》，《光明日报》1949年7月2日。
② 《毛泽东传1893—1949》（下），中央文献出版社2004年版，第970—971页。

第二章 文化建国：文化建设方向的抉择

人，候补代表2人），分别是：陈伯达、陈绍禹、范文澜、谢觉哉、邓初民、王学文、艾思奇、何思敬、翦伯赞、侯外庐、张志让、阎宝航、钱端升、樊弘、吴觉农，候补代表李木庵、胡绳。

中华全国新闻工作者协会筹备会的代表（正式代表12人，候补代表2人），分别是：胡乔木、金仲华、陈克寒、张磐石、邓拓、恽逸群、杨刚、邵宗汉、徐迈进、刘尊棋、王芸生、赵超构，候补代表徐铸成、储安平。

中华全国第一次自然科学工作者代表大会筹备委员会的代表（正式代表15人，候补代表2人），分别是：梁希、李四光、侯德榜、贺诚、茅以升、曾昭抡、刘鼎、严济慈、姚克方、恽子强、涂长望、乐天宇、丁瓒、蔡邦华、李宗恩，候补代表靳树梁、沈其益。

关于文化界民主人士，有两个问题需要说明：

一是文艺界单位变化及代表名单和名额产生的问题。文化界民主人士起先是一个独立单位，后来则变成多个单位参加新政协会议。1949年6月19日，李维汉在新政协筹备会上对此解释说：

> 从去年冬季的时候，中共中央曾与到达东北的各位先生商议过一个关于新政治协商会议单位及其代表名额的意见。……这一个拟定，因为是在当时情况下提出的。提出以后，人民革命战争大规模胜利发展，广大的国土及许多中心城市都被解放了，情况起了一个很大的变化。在半年期间，许多全国性的人民团体成立了……全国文学艺术工作者协会的第一届代表大会，在这个月也要召开（代表都到了）；全国新闻工作者协会筹备会已经成立了；科学工作者会议筹备会现在也已宣布成立了；社会科学和教育工作者会议正在这里酝酿发起……在这样一种情况下，我们觉得参加新政治协商会议的单位及名额应该重新考虑，就是应该比以前所拟定的单位要增多，名额也要增多，这样才能适应这个情况。[①]

[①]《开国盛典——中华人民共和国诞生重要文献资料汇编》（上编），中国文史出版社2009年版，第187页。

他还特意针对文化界的单位组成做了说明:"原来拟议上,有文化界民主人士一个单位,现在因为全国文学艺术工作者代表会议就要召开,另外科学会筹备会已经成立了,社会科学工作者筹备会也要成立,所以将它化成三个单位。"① "又提到工程师学会,因为现在的全国科学会中包括理、工、医、农四个主要科学部门,工程师学会是其中主要的一个,它的代表将来可以在全国科学会中产生,因此也不必作为一个单位参加将来的新政治协商会议。"②

这就是说,文化界参加单位的变化是因为全国性文化团体相继成立,中国共产党考虑到现实情况的变化作出的调整。即就工程师协会的要求来说,这表明当时文化界确实希望自己能够参与新政协会议,并在其中发挥作用。

至于政协代表名单和名额产生,中国共产党提出了一些基本原则,如不能是反动分子③,尽可能照顾各方面力量。后来,文化界代表名单和名额的确定,基本上是按照这个原则来进行的。如8月18日,李维汉强调说:"自然科学、社会科学、文学艺术等方面的代表,他们本身也是根据照顾各方面的原则,来推选代表的。"④ 9月7日,周恩来再次强调,文化界代表的名单和名额,不是平均主义的,而是重点体现出"以工农联盟为基础,以工人阶级为领导",照顾到包括文艺界、新闻界、教育界、社会科学界等各个方面。⑤ 可以说,文化

---

① 《开国盛典——中华人民共和国诞生重要文献资料汇编》(上编),中国文史出版社2009年版,第188页。

② 《开国盛典——中华人民共和国诞生重要文献资料汇编》(上编),中国文史出版社2009年版,第189页。

③ 1949年9月22日,林伯渠在政协会议上讲话中指出:"对于参加中国人民政治协商会议的单位及其代表名额与名单的问题,筹备会是用非常慎重、非常严肃的态度来处理和拟定的。""在协商并确定这个名单的时候,筹备会首先注意的就是政治上的严肃性。"(林伯渠:《关于中国人民政治协商会议筹备工作的报告》,《林伯渠文集》,华艺出版社1996年版,第617页。)

④ 《开国盛典——中华人民共和国诞生重要文献资料汇编》(上编),中国文史出版社2009年版,第199页。

⑤ 《开国盛典——中华人民共和国诞生重要文献资料汇编》(上编),中国文史出版社2009年版,第207—208页。

第二章 文化建国：文化建设方向的抉择

界民主人士代表的推选产生，遵循了党的统一战线的民主原则。

二是文化界民主人士的构成情况。解放战争后期，党领导和团结的文化力量大体分为两个方面：一是革命文化工作者；二是拥护和支持中国共产党的文化界民主人士。① 前者是中国共产党领导并开展文化工作的根本依靠力量；后者人数较多，其中有不少自由知识分子，是中国共产党团结和依靠的民主力量。文化界参加协商建国的民主人士，其政治身份基本上可以归为以上两类。从区域上看，文化界民主人士，主要来自解放区、国统区以及香港地区。

以文艺界为例，1949年7月，全国文代会召开时筹委会发布与会代表产生办法规定：（1）当然代表，包括五大解放区（华北、西北、东北、华东、中原）文协的理事及候补理事、中华全国文艺协会总会及各地分会理监事及候补理监事。（2）聘请代表，需要具备以下条件之一者，得被聘为大会代表：（甲）解放区内省、市或行署一级以上，部队兵团一级以上的文艺团体或文艺机关的主要负责干部；（乙）从事文艺工作者有十年以上历史，对革命有一定劳绩者；（丙）思想前进，文艺上有显著成绩者（包括民间艺人）。② 最后，筹委会决定邀请的代表共753人，其中老解放区445人，新解放区与待解放区308人，包括反对帝国主义、反对封建主义、反对官僚资本主义的文学艺术工作者各方面的代表。③ 文代会结束以后，中华全国文学艺术界联合会（文联）推选代表，既包括来自解放区的党的文艺工作

---

① 有学者认为，当时知识分子主要有三部分组成：一是来自革命根据地和解放区以及军队中的知识分子；二是解放战争中接收的国民党留下来的大量宣传、教育机构，各类学校、厂矿企业和各种文化艺术团体中的知识分子，其中包括教育工作者、科技工作者、文艺工作者、新闻工作者、医生等；三是当时大学还没有毕业的青年学生。（参见夏杏珍：《建国初期知识分子思想改造的历史必然性》，《红旗文稿》2014年第21期）还有学者认为，新文化队伍内部分为四个部分：一是来自根据地和老解放区的文化工作者；二是原国统区中共领导的革命文化工作者；三是原国统区大批小资产阶级知识分子；四是"人民中国的中间派，或右派"知识分子。（参见杨俊：《论毛泽东对新中国文化建设队伍基本状况的分析》，《当代中国史研究》2013年第6期）
② 《人民日报》1949年6月5日。
③ 《人民日报》1949年6月28日。据《人民日报》7月2日报道，文代会共报到代表614人，计文学工作者207人，美术工作者86人，戏剧电影工作者250人，音乐工作者68人，舞蹈工作者3人。

者如周扬、郑振铎、丁玲等,也有来自国统区和香港地区的文艺界民主人士如徐悲鸿、蔡楚生、史东山、巴金等。

再以新闻界为例,参加新政协的代表来自解放区的占不到半数,大部分来自国统区以及香港地区。其中,胡乔木、陈克寒代表新华社,张磐石、邓拓代表《人民日报》,恽逸群代表华东的《大众日报》;其他如金仲华是上海《新闻日报》的,徐迈进原是重庆《新华日报》的,杨刚原是上海《大公报》的,邵宗汉是香港、南洋(槟榔屿)地区的新闻工作者,储安平是上海《观察》杂志主编,徐铸成是上海、香港《大公报》和《文汇报》的,刘尊棋是上海《联合日报》和《联合晚报》的。① 社会科学、自然科学以及教育界情况大体相似。

三 召开阶段:1949 年 9 月 21—30 日

这个阶段,文化界中心任务是同各民主力量一起参加一届政协全体会议,讨论通过《共同纲领》等重要政治文件,宣告成立中华人民共和国以及中央人民政府。

(一)参与讨论并通过《共同纲领》等重大政治文件

1949 年 9 月 23 日,全国教育工作者代表会议筹备会首席代表成仿吾指出:"我们教育工作者十七名代表,对于两个组织法与共同纲领曾经详细讨论,我们一致完全拥护这三个对于建设新的中国有伟大历史意义的文件。"② 特邀代表陶孟和说:"在本届会议所提出的三个重大文件,即中国人民政治协商会议组织法草案、中华人民共和国中央人民政府组织法草案和中国人民政治协商会议共同纲领草案,无疑的将成为人类历史上非常重大的政治文献……我们愿意无条件地拥护这三个文件在本会议内通过。"③ 社会科学工作者代表会议筹备会首

---

① 刘尊棋:《新闻工作者参加新政协杂记》,《迎来曙光的盛会——新政治协商会议亲历记》,中国文史出版社 1987 年版,第 216 页。
② 《开国盛典——中华人民共和国诞生重要文献资料汇编》(上编),中国文史出版社 2009 年版,第 333 页。
③ 《开国盛典——中华人民共和国诞生重要文献资料汇编》(上编),中国文史出版社 2009 年版,第 335—336 页。

席代表陈伯达指出:"社会科学工作者的代表们一致拥护中国人民政协会议组织法、中华人民共和国中央人民政府组织法和中国人民政治协商会议共同纲领这三个草案,认为这三个历史文件是百年来中国人民斗争成果的总结,又是中国人民今后建设新中国的基本方案。""中国社会科学工作者……比起其他革命战线来,我们显然是太惭愧了。社会科学方面的工作仍然大大落后于革命的实际与人民的需要。"① 为此,他号召社会科学工作者必须迎接经济建设与文化建设的高潮,尽全力赶上其他部门的工作。中华全国文学艺术界联合会首席代表沈雁冰表示,全国文艺工作者全心全意拥护三大文件,并尽最大的努力,运用各种各样的文艺形式,对全国人民进行宣传和教育。"在新中国建设过程中,文化思想战线上斗争的任务,是艰巨的,而且是长期性的",文艺工作者"必须提高自己,教育自己,和文化界人士以及全国人民一起,为新民主主义国家的文化建设而奋斗"。② 新闻工作者协会筹备会首席代表胡乔木表示,在全体会议通过这三个文件后,新闻界决定用实际行动来加以拥护,办法有两个:(1)宣传,要把三个文件的意义和整个人民政协的意义向全国人民作反复的广泛的宣传,号召全国人民在中央人民政府的统一领导之下,为实现共同纲领和人民政协的一切决议而奋斗;(2)监督,要用人民舆论的力量,协助人民监察机关,来监督各级政府和一切民主党派、人民团体是否忠实地执行共同纲领和人民政协的一切决议。③

9月24日,特邀代表梅兰芳发言指出,新政协的共同纲领是目前最适宜、最理想的建国方针,所以大家要共同遵守,负起责任来做。戏剧是跟人民最接近的文艺,对人民的思想、教育能发挥很大影响与效果。为此,戏剧界要站出来,到人民的队伍里去,向他们学习,更

---

① 《开国盛典——中华人民共和国诞生重要文献资料汇编》(上编),中国文史出版社2009年版,第345—346页。

② 《开国盛典——中华人民共和国诞生重要文献资料汇编》(上编),中国文史出版社2009年版,第357页。

③ 《开国盛典——中华人民共和国诞生重要文献资料汇编》(上编),中国文史出版社2009年版,第362页。

积极工作,推陈出新,力求进步,为建设人民的新中国而奋斗。① 9月25日,特邀代表周信芳说:"我们一定要唤起戏剧界全体工作者拥护人民政治协商会议的伟大建国工作,并学习共同纲领等几个基本大法。提高大家对自己的国家和政府的热爱与认识。"② 9月27日,无党派人士李达说:"从社会科学的角度来看,共同纲领,是中国新民主主义时代的理论与实际结合的马列主义教科书。""当我们从事于新哲学、新史学、新经济学、新政治学、新法学等的研究或著作时,一面要注意阐扬这个共同纲领的旨趣,同时,我们的思想和笔锋,要指向社会主义,对于广大的读者和工作者,指示社会主义的方向。只有这样,才能正确的宣传毛泽东思想,提高社会科学的水平。"③ 同日,中华教育工作者代表会议筹备委员会代表林砺儒对《共同纲领》第五章的理解和今后教育工作作重点补充发言,认为"今后教育工作的重点应该是工农大众"。④

(二)参与分组委员会工作,为会议顺利召开作出贡献

文化界人士参与分组委员会工作情况如表2-1所示:

表2-1　　　　文化界人士参与六个分组委员会工作情况

单　位	政协组织法草案整理委员会	共同纲领草案整理委员会	政府组织法草案整理委员会	宣言起草委员会	国旗国徽国都纪年方案审查委员会	代表提案审查委员会
文联	丁玲	周扬	胡风	萧三	徐悲鸿 田汉 郑振铎 沈雁冰	
自然科学	曾昭抡	侯德榜	贺诚	严济慈	茅以升	梁希

---

① 《开国盛典——中华人民共和国诞生重要文献资料汇编》(上编),中国文史出版社2009年版,第390—391页。

② 《开国盛典——中华人民共和国诞生重要文献资料汇编》(上编),中国文史出版社2009年版,第452页。

③ 《开国盛典——中华人民共和国诞生重要文献资料汇编》(上编),中国文史出版社2009年版,第464—465页。

④ 《开国盛典——中华人民共和国诞生重要文献资料汇编》(上编),中国文史出版社2009年版,第478页。

续表

单 位	政协组织法草案整理委员会	共同纲领草案整理委员会	政府组织法草案整理委员会	宣言起草委员会	国旗国徽国都纪年方案审查委员会	代表提案审查委员会
教育	叶圣陶	钱俊瑞	俞庆堂	张如心	晁哲甫	
社会科学	陈绍禹	邓初民	谢觉哉	艾思奇	翦伯赞 范文澜	
新闻	张磐石	恽逸群	邵宗汉	胡乔木	陈克寒	

在文化界代表共同参与及努力下，一届政协全体会议一致通过《中华人民共和国中央人民政府组织法》《中国人民政治协商会议组织法》《中国人民政治协商会议共同纲领》等重大政治文件。9月30日，政协全体会议发表《中华人民政治协商会议第一届全体会议宣言》，宣告中华人民共和国成立。随后，文化界民主人士参加了开国大典。

在协商建国的过程中，中国共产党发挥主导作用，而文化界民主人士是重要参与力量，或许会让人觉得文化界民主人士并没有起什么特殊作用。其实，这种看法有失偏颇。文化界民主人士为创建新中国奔走呼号，为筹备新政协会议及召开中国人民政治协商会议贡献出自己的力量。这种贡献表现在两个方面：一是团结和组织全国文化界力量，奠定了新中国成立以后文化建设的人力资源基础；二是讨论并确定新中国成立以后文化建设的发展方向和政策。从这个意义上说，文化界民主人士参与协商建国的作用不可或缺。

第三节　文化建设方向与政策的确立

中国革命即将胜利，按理说新民主主义文化理应成为新中国文化建设的发展方向。但是，中国共产党希望通过新政协会议这样全国性会议来讨论新国家的政权问题以及国家建设问题。在这个过程中，新中国文化建设方向与政策得以确立。

《共同纲领》作为具有宪法性质的重大政治文献，对新中国成立以后文化建设的发展方向与政策作出规定。这一规定，既体现了中国共产党关于文化的思想与主张,同时又汇聚包括文化界在内的民主人士的意见和建议。现在,人们只是看到《共同纲领》第41—49条比较简洁的条文,对其背后所蕴涵的丰富历史却很少关注。1949年9月22日,周恩来在政协会议上指出,对于新民主主义文化政策的讨论不多,即新民主主义文化要坚持"民族的形式,科学的内容,大众的方向";同时他还指出《共同纲领》草案中只是规定了必须强调的几项任务,其他方面不是不作。① 周恩来的解释,表明当时人们对新中国文化建设方向已成竹在胸,无需过多讨论。尽管如此,人们在协商建国过程中对新民主主义文化发展的具体政策及措施,不仅有过讨论,而且有些意见还比较尖锐。

一 新民主主义文化政策的宣传

1949年1月22日,中共中央发出《关于对待民主人士的指示》,要求对待民主人士要坚持"以彻底坦白与诚恳的态度,向他们解释政治的及有关党的政策的一切问题,积极地教育与争取他们","对政策问题,均予以正面解答,不加回避"以及"请他们充分发表并提出批评和意见,以加强共同努力的精神"② 的方针。同时,中共中央提出可以根据民主人士提议,由党各部门负责同志作包括文化教育在内的专题报告,要给民主人士提供马列著作、毛泽东选集、党的公开文件及材料、解放区建设的材料,报纸以及参考消息等。③ 在这之前的1月19日,胡乔木就代表中共中央向平山县李家庄的民主人士作关于"新民主主义的文化政策"的报告,共谈了五个问题:(1)思想自由;(2)文字改革;(3)新闻政策;(4)大学教育;(5)文艺政策。④ 3月21日,中共中央统战部在六国饭店举行茶会,招待各民

---

① 《周恩来选集》(上卷),人民出版社1980年版,第370页。
② 《建党以来重要文献选编(1921—1949)》第26册,中央文献出版社2011年版,第78页。
③ 《建党以来重要文献选编(1921—1949)》第26册,中央文献出版社2011年版,第79页。
④ 《开国盛典——中华人民共和国诞生重要文献资料汇编》(上编),中国文史出版社2009年版,第123页。

主党派、人民团体及无党派民主人士,统战部部长李维汉作《关于目前形势》的报告,强调新政协要通过一个共同纲领,该纲领是新民主主义性质的。他说,新民主主义的国家即人民民主专政的国家,是无产阶级领导的,以工农联盟为基础的,各民主阶级、各民族的联盟,这是我们国家的制度。其中,文化教育方面的政策就是要发展五四以来的新文化,要争取、团结、改造旧知识分子,培养新知识分子。① 3月24日,钱俊瑞向北平的民主人士作"关于北平文教接管工作"的报告,内容分三部分:(1)新解放城市的文化教育政策;(2)接管工作的方针和步骤;(3)提出几个文教方面的问题与到会者商量。② 5月5日,为纪念五四运动30周年和马克思诞辰131周年,北平军管会文化接管委员会召开学术界人士座谈会,周恩来在会上强调科学必须要为人民服务,新民主主义国家要大力发展科学等思想,指出:"一切科学的振兴靠国家。过去国民党不办的研究室我们打算办,并且希望在八、九月间召开全国科学工作者会议,组织起来,大力开展科学工作。"③ 6月5日,上海市人民政府邀请文化界座谈,市长陈毅向与会的科学、文化、教育、新闻、出版、文艺、戏剧、电影、美术、音乐、游艺等各界代表详细说明了中国共产党的文化教育政策。④ 7月6日,周恩来在中华全国文学艺术工作者代表大会上指出:"新政治协商会议将要产生全国性的民主联合政府,而在这个政府机构之中,也要有文艺部门的组织。""我们的国家是人民的国家,政府是人民的政府,是民主集中制的、由下而上同时又是由上而下的人民政权,是无产阶级领导的人民民主专政。所以我们文艺界也要关心这一方面的工作,也要推出代表来参加新的政治协商会议。我们新民主主义的政权机构里面的文艺部门,也需要我们全体文艺工作者来积极参加工作。"⑤ 7月

---

① 《开国盛典——中华人民共和国诞生重要文献资料汇编》(上编),中国文史出版社2009年版,第134页。
② 《开国盛典——中华人民共和国诞生重要文献资料汇编》(上编),中国文史出版社2009年版,第134页。
③ 《周恩来文化文选》,中央文献出版社1998年版,第485页。
④ 《人民日报》1949年6月11日。
⑤ 《周恩来选集》(上卷),人民出版社1980年版,第357页。

23日,中宣部部长陆定一在中华全国第一次教育工作者代表会议筹备会议上指出:"我们要把解放区所实行的新民主主义教育推行到全国各地去。"① 这些报告,一方面让文化界了解党关于文化的思想主张,另一方面也为新政协会议确定并通过新民主主义文化政策做思想动员。

1949年8月,中共中央统一战线工作部在筹备召开全国政协会议过程中,特意把1940年以来党的领导人重要讲话以及中共中央颁布的文教政策等汇集成《文教政策》② 一书,意在为参加全国政治协商会议的民主人士以及中国共产党负责拟定《共同纲领》等文件提供文化方面的参考材料。现将有关篇目列举如下:

《新民主主义的文化》(摘自毛泽东《新民主主义论》,1940年1月19日)

《改造我们的学习》(毛泽东,1941年5月)

《中共中央关于延安干部学校的决定》(中共中央政治局通过,1941年12月17日)

《中共中央关于在职干部教育的决定》(1942年2月28日)

《在延安文艺座谈会上的讲话》(毛泽东,1942年5月2日及23日)

《关于文化运动的方针》(毛泽东在陕甘宁边区文教大会上的讲话摘要,1944年10月30日)

《此次文教大会的意义何在》(延安解放日报社论,1944年11月23日)

《文化、教育、知识份子问题》(摘自毛泽东《论联合政府》,1945年4月25日)

《知识份子问题》(摘自任弼时《土地改革中的几个问题》,1948年1月12日)

---

① 《人民日报》1949年7月28日。

② 参见中共中央统一战线工作部编印:《文教政策》1948年8月。这本小册子,封面上题为《文教政策》,里面则题为《文教政策材料》,共计153页,现藏于中国社会科学院经济研究所图书馆。

《中共中央宣传部关于保护和改革新收复区学校教育的方针给中原局宣传部的指示》（1948年6月20日）

《中共中央关于争取和改造知识份子及对新区学校教育的指示》（1948年7月3日）

《中共中央宣传部关于处理新收复区大中学校的方针给东北局宣传部的指示》（1948年7月13日）

《恢复和发展中等教育是当前的重大政治任务》（新华社社论，1948年10月14日）

《中共中央中原局关于争取、团结、改造、培养知识份子的指示》（新华社，1948年10月18日）

《中共中央宣传部关于电影工作给东北局宣传部的指示》（1948年10月26日）

《中共中央华北局关于在职干部教育的决定》（1948年11月7日）

《有计划有步骤地进行旧剧改革工作》（华北人民日报专论，1948年11月23日）

《中共中央关于新区出版事业的政策指示》（1948年12月29日）

《北平市报纸杂志通讯社登记暂行办法》（北平市军事管制委员会公布，1949年3月10日）

《贯彻华北小学教育会议的精神把小学教育从现有基础上提高一步》（华北人民日报社论，1949年6月15日）

《为建设新中国的人民文艺而奋斗》（郭沫若在中华全国文学艺术工作者代表大会上的总报告，1949年7月3日）

《在中国社会科学工作者代表会议发起人会议上的开幕词》（郭沫若，1949年7月14日）

《在中华全国第一次自然科学工作者代表会议筹备会议上的讲话》（吴玉章，1949年7月14日）

《我们的希望——祝全国文艺工作者代表大会胜利闭幕》（新华社社论，1949年7月20日）

《在中华全国教育工作者代表会议筹备会议上的演讲词》

（朱德，1949 年 7 月 23 日）

这份材料反映出中国共产党新民主主义文化政策的衍化轨迹。其内容包括党的领导人著作、讲话以及中共中央的指示、决定共计25份，包括了当时文化建设的主要方面，成为政治协商会议制定文教政策的基础。

二 新民主主义文化建设的共同心声

新民主主义文化建设成为人们共同心声。这从当时包括文化界在内的民主人士反应中即可看出。

新政协筹备会结束以后，部分民主人士都表达了对新中国开展文化建设的信心，并提出期望。如郭沫若接受采访说："今天我们应该学会为人民服务，使一切科学、技术与人民生活和实际需要结合起来，这样我们的文化学术工作者，才能对新中国有所贡献。将来新政协成立后，有文化学术界的代表参加，希望我们文化学术界的朋友，首先要从自己本身做起，真正做到知识分子与工农亲密携手，完成光荣的建国大业。"① 侯外庐表示："我们是有十二分的信心来创设起中华人民民主共和国的美丽花园的！"② 沈雁冰表示，文化界人士"有足够的信心，在新民主主义政权下，文化事业一定会得到很大的发展"③。田汉表示："我们参加政协也正是要替中国新文化的发展，争取更优越的条件……我对于新民主主义文化的建设实在有无限光明的展望。"④ 楚图南表示："由于这次的会议，将成立全国一致的联合政府，一方面积极从事于新民主主义的经济、文化上的建设，同时也应该提高警惕，尤其是文化界的朋友，要对残余的反动力量——封建、买办、官僚势力作无情的斗争。""我们要建立新的生活态度和新的工作态度。以崭新的为人民服务的新精神，以有力的劳动者的双手，

---

① 《人民日报》1949 年 6 月 20 日。
② 《人民日报》1949 年 6 月 20 日。
③ 《人民日报》1949 年 6 月 20 日。
④ 《光明日报》1949 年 6 月 22 日。

投入新的时代,参加新社会的建设大业。"① 赵树理强调:"文艺界能够派出自己的代表参加这一旷古未有的开国盛会,组织自己的政府,制订自己的共同纲领,这是历史上空前未有的大事。……今后在毛主席的旗帜下,在中央人民政府统一领导和帮助之下,新民主主义的文化事业,当会更有一番我们预想得到的突飞猛进气象。"②

7月,"文化上的五大野战军"分别成立各自的社会团体,均表示要为建设新民主主义文化而努力。如中华全国第一次教育工作者代表会议筹备会议召开时会场即高悬"建设民族的、科学的、大众的、新民主主义教育"③的标语。

三 新民主主义文化政策的明确

（一）《共同纲领》关于文化教育政策的拟订过程

早在1948年10月上旬,周恩来就主持起草《共同纲领》草案。④ 这个稿子起初名称是《中国人民民主革命纲领草稿》。10月27日,草稿第一稿写出。在这份稿子里,文化教育是其中的一部分内容,提出要"发展民族的、科学的、大众的文化与教育"。⑤ 对于这个稿子,李维汉表示是"勉强凑来"的,意在说明稿子不成熟,非常粗糙。⑥ 到11月,《中国人民民主革命纲领草稿》形成第二稿,又对"文化教育"做了一些原则性规定。其原文如下:

> 中华人民共和国的文化教育,因此也应该是人民大众所共有,而不应该只是"资产阶级所专有"的文化与教育。就是说中华人民共和国应当建立自己的民族的、科学的、人民大众的、新民主主义的文化与教育,使中国从文化落后的国家变成文化进步的国家。为此目的,中国人民及其政府对于一切奴化的、封建主

---

① 《光明日报》1949年6月22日。
② 《人民日报》1949年9月30日。
③ 《人民日报》1949年7月28日。
④ 《周恩来年谱1898—1949》(修订本),中央文献出版社1998年版,第810页。
⑤ 胡乔木:《胡乔木回忆毛泽东》(增订本),人民出版社2014年版,第555页。
⑥ 胡乔木:《胡乔木回忆毛泽东》(增订本),人民出版社2014年版,第554页。

义的与法西斯主义的文化与教育,应当采取适当的但是坚决的步骤,加以扫除。对于中国古代文化的遗产,应当采取严肃的批判态度,排斥其封建的反动的方面,吸取其中带有民主性、革命性的因素。对"五四运动"以来中国人民自己创造出来的进步的文化与教育,应加以发扬。对于外国文化,既不是简单排斥,也不是盲目接受,而是批判地吸收其中进步的及适合于中国人民实际需要的成果。①

1949年6月,新政协筹备会第一次全体会议召开以后,专门成立第三小组,负责起草共同纲领。周恩来任组长,许德珩任副组长,组员有23人,其中文化界沈志远、侯外庐、邓初民等人参与共同纲领起草工作。1949年6月18日,周恩来主持起草共同纲领小组第一次会议,研究共同纲领的起草问题。在会上,周恩来指出:"我们小组负责起草共同纲领,任务繁重。这个共同纲领决定联合政府的产生,也是各党派各团体合作的基础。去年在哈尔滨的各党派代表曾委托中共方面拟定一个草案,我们也曾两度起草。可是去年工作重心在动员一切力量参加和支援解放战争,现在重点却在建设新民主主义中国及肃清反动残余。这是长期性的工作,因此,中共方面第二次的草稿也已不适用。"② 同时,他强调:"我们的共同纲领是带长期性的,是各民主党派、人民团体、各路野战军和解放区一切人民的共同愿望的具体表现,也是各党派、各区、各界长期合作的基础,其重要性是不待言的。""今天要解决的:1. 推定单位草拟最初稿;2. 印发各种参考材料;3. 小组如何分工讨论。"③ 这次会议决定由中共负责起草共同纲领初稿。④ 第三小组成员按照自愿原则分为政治、法律、财政经济、国防外交、文化教育及其他(包括华侨、少数民族、群众团体、宗教等问题)六个分组进行讨论和拟定具体条文,供起草人参考。

---

① 转引自陈扬勇《建设新中国的蓝图——〈中国人民政治协商会议共同纲领〉研究》,社会科学文献出版社2013年版,第257—258页。
② 《建国以来周恩来文稿》第1册,中央文献出版社2008年版,第9—10页。
③ 《建国以来周恩来文稿》第1册,中央文献出版社2008年版,第10页。
④ 《周恩来年谱1898—1949》(修订本),中央文献出版社1998年版,第850页。

第二章 文化建国：文化建设方向的抉择

7月上旬，各分组拟出了具体条文。其中，第四分组①提供的意见包括如下内容：

> 适应新民主主义的政治建设与经济建设，应建立新民主主义的文化与教育。
>
> 新民主主义的文化与教育，是科学的、民族的与大众的文化与教育。
>
> 这种文化与教育，不是资产阶级所专有的，而是人民大众所共有的，所以它是大众的。
>
> 其次，它对中国古代到近代的文化的遗产，有批判的放弃其封建的反动的成分，保存其优良的积极的成分，使之继续发展，所以它是民族的。
>
> 再次，它对于外国文化，排斥其反动的法西斯的成分，吸收其中进步的科学的成果，使适合于中国实际的需要，所以它是科学的。只有建立这种新民主主义的、科学的、民族的和大众的文化，才会使文化落后的中国转变为文化进步的中国。②

在草案初稿拟定的过程中，周恩来付出了不少心血，他曾专门写出提纲。其中关于文化教育的内容如下：

> 4. 文教
> 大中小幼——先后衔接
> 男女平等受教
> 政治公民教育——劳动观点，群众观点，革命观点
> 速成与正规
> 新学制：实用，提高，一般化与专门化
> 义务教育

---

① 第四分组组员有：廖承志、侯外庐、许德珩、李达、邓初民、陈此生、周建人、谢邦定、黄鼎臣，李达为召集人。

② 转引自陈扬勇《建设新中国的蓝图——〈中国人民政治协商会议共同纲领〉研究》，社会科学文献出版社2013年版，第258—259页。

社会教育——补习教育——特殊教育
职业教育
高级教育
科学院
大众化文艺
推广卫生教育与行政——医疗、防疫、种痘、助产
新闻
宣传
出版
编审
翻译①

经过两个月努力，共同纲领草案初稿写出。其中，在一般纲领中对新民主主义文化作了原则性的阐述：

> 我们主张的新民主主义的文化，是"为一般平民所共有"而不是"少数人所得而私"的文化。就是说，中国人民应当建立自己的民族的、科学的、大众的文化，使新中国从文化落后的国家变成文化进步的国家。我们主张对于一切帝国主义奴化的、封建主义的与法西斯主义的文化，应采取适当的但是坚决的步骤，加以扫除。对于"五四运动"以来中国人民自己创造出来的进步的文化，应加以发扬。对于中国古代文化的遗产，应采取严肃的批判态度，排斥其封建的反动的方面，吸取其中带有民主性、革命性的因素。对于外国文化，既不笼统排斥，应尽量吸收进步的外国文化，尤其是苏联的社会主义文化，以作新民主主义文化的借镜；也不盲目崇拜，应以中国人民的实际需要为基础，批判地接受一般的外国文化。新民主主义的文化是为人民服务的，理论与实践必须结合，不顾中国人民今天的需要及可能，好高骛远，忽视文化继续普及的重要性，是错误的；甘于落后，否定文化逐渐

---

① 《建国以来周恩来文稿》第1册，中央文献出版社2008年版，第288页。

提高的必要性，也是错误的。①

在具体纲领中，关于文化教育作如下规定：

三十一、一切文化、科学、教育及宣传，均应服从于新民主主义的政治要求，为人民大众服务。

中国的革命及建设事业迫切地需要知识分子，人民政府应有计划地从广大人民中培养各类知识分子的干部，同时应注意团结并教育一切有用的知识分子及技术专家。

国家应设立科学院，罗致各种专门学者，作理论的及学术的研究，并与各种建设部门的具体研究工作合作，以促进科学的发展。

一切文学、艺术均应以劳动人民为主要对象，以他们生活为主要内容，鼓励他们生产热情，启发他们政治觉悟。新民主主义的文学、艺术，应先求普及，然后逐步提高。改造旧文艺，应成为今后的重要工作。

三十二、在绝大多数的中国人口中扫除文盲，是新民主主义的教育的首要任务。

一切教育机关，在新民主主义的教育方针下，从小学、中学到大学，包括职业学校、补习学校、专科大学在内，应树立一种既能先后衔接、相互关联又复各成系统、按级成材的教育制度，使受教育的儿童、青年及劳动者在任何一级或任何一种学校，都能得到学以致用不致浪费时间精力的好处。

社会教育应与人民大众的文艺活动及在群众中的宣传工作配合进行。

三十三、为与旧社会所造成的那种不知卫生的愚昧及疾病疫疠的严重状况做斗争，应当积极推广人民卫生事业。人民政府应培养各种专门医生，训练大批医药卫生的速成干部，团结并教育全国可用的医生、护士及一切卫生人员，改造旧医生，使他们都能为中国人民的卫生、防疫、医疗、助产等工作服务。

---

① 《建国以来周恩来文稿》第1册，中央文献出版社2008年版，第299—300页。

三十四、新民主主义的新闻出版事业，是服从于国家的一般政策，并推动及巩固新民主主义的革命及建设事业的。国家的新闻出版机关，应根据中国人民的立场，新民主主义的观点及人民政府各个时期的政策，进行工作。①

8月22日，周恩来将纲领草案初稿送交毛泽东审阅。后来，毛泽东、周恩来等多次对初稿进行修改完善，最终题为《中国人民政治协商会议共同纲领》提交会议审议。在这个过程中，文化教育方面的条文又有所修改。②

（二）新民主主义文化施政政策的最终通过

《共同纲领》对于文化教育施政政策的规定，得到了包括文化界在内各界人士的广泛认可。如9月21日，宋庆龄指出："他们在社会中的地位已经整个改变了。我们的教师、艺术家、作家、音乐家与戏剧家，不会再受迫害和剥削了。他们一生中从没有得到像现在这样广大的读者和听众。知识不再是可怕的东西了。相反的，大家正努力使文化教育工作者和人民更紧密地结合在一起，使他们能够向人民学习，因而能够更好的为人民服务。"③宋庆龄指出，文化工作者身份和地位发生改变，逐渐成为新中国文化建设的重要力量。9月23日，李济深指出："新中国的文化教育，应与巩固人民民主专政和发展国民经济政策相配合。因此，新中国的文化教育应为新民主主义的，即民族的、科学的、大众的文化教育。"④9月24日，马明方表示西北解放区要"发展新民主主义的文化教育事业，有步骤地整顿与改进现有的学校教育、文艺工作和社会教育，重视各民族的学校教育、文艺工作和社会教育，普遍地提高人民大众的文化、政治水平，加强干部

---

① 《建国以来周恩来文稿》第1册，中央文献出版社2008年版，第310—312页。

② 周恩来本人就多次对《中国人民政治协商会议共同纲领》中"文化教育"方面的内容进行过多次修改，以使其更加符合当时实际。参见《建国以来周恩来文稿》第1册，中央文献出版社2008年版，第355—368页。

③ 《开国盛典——中华人民共和国诞生重要文献资料汇编》（上编），中国文史出版社2009年版，第275页。

④ 《开国盛典——中华人民共和国诞生重要文献资料汇编》（上编），中国文史出版社2009年版，第326页。

教育。"① 9月24日，邓颖超提出："全国妇女要努力参加新中国的文化教育事业，加强组织妇女参加文化和科学学习，提高妇女文化和科学水平，以迎接将要出现的一个文化建设的高潮。"② 9月25日，平津代表团黄敬表示："在文化工作中，我们努力发展新民主主义的文化教育，普遍地发展为人民服务的思想，大量培养建国人才，以符合新中国建设的需要。"③ 9月27日，中华全国教育工作者筹备委员会代表林砺儒说："今后我们的科学、文艺及教育都要无保留地为新民主主义政治经济服务，过去那种超越政治的科学、教育、文艺的见解是虚伪的，错误的，结局必然是为反动政治效劳而不自觉。今后我们必须坚决、干净摒弃这种错误见解。""纲领第四十一条'提高人民文化水准'，在目前主要的应该是指工农大众。至于'培养国家教育人才'固然要改造青年知识分子和旧知识分子，也更要注意培养大批工农阶级出身的知识分子。如此，才是真正为大多数人民服务。"④ 9月27日，无党派民主人士李达认为，共同纲领是"中华人民共和国根本大法"，"毛泽东思想的具体表现"，"代表着全国四亿七千万以上人民的共同意志、普遍意志，是中国人民民主的大宪章"。不仅如此，当时为庆祝政治协商会议以及中华人民共和国成立，中共中央拟定的庆祝口号里专门有一条是"发展新民主主义的文化"，这从一个侧面反映了人们对新民主主义文化建设的认同。⑤

1949年9月29日，中国人民政治协商会议第一次全体会议通过了《共同纲领》。这份具有临时宪法性质的纲领性文献对中华人民共和国成立以后文化建设的方向与政策作出了规定。⑥ 其核心内容是

---

① 《开国盛典——中华人民共和国诞生重要文献资料汇编》（上编），中国文史出版社2009年版，第372页。
② 《开国盛典——中华人民共和国诞生重要文献资料汇编》（上编），中国文史出版社2009年版，第397页。
③ 《开国盛典——中华人民共和国诞生重要文献资料汇编》（上编），中国文史出版社2009年版，第441页。
④ 《开国盛典——中华人民共和国诞生重要文献资料汇编》（上编），中国文史出版社2009年版，第477页。
⑤ 《开国盛典——中华人民共和国诞生重要文献资料汇编》（上编），中国文史出版社2009年版，第596页。
⑥ 《建国以来重要文献选编》第1册，中央文献出版社1992年版，第10—12页。

"一个原则""两个方向""七大事业"。"一个原则"是指新中国文化要以新民主主义文化为根本原则,内容是民族的、科学的、大众的。"两个方向"是指:提高人民的文化水平,培养国家所需的建设人才;肃清封建的、买办的、法西斯思想,发展为人民服务的思想。"七大事业"是教育、文学艺术、新闻出版、社会科学、体育卫生、自然科学、思想道德七大方面。其中,"一个原则"是文化建设的灵魂,"两个方向""七大事业"是文化灵魂的具体展开。至于《共同纲领》为何将这七大方面囊括在一起,著名的出版人傅彬然指出:

> 我们的文教工作者,向来往往把自己的工作领域,看得非常狭隘,各个部门往往各自为政,不相联系。这次纲领里,把文化教育的各个部门汇合在一起,自然科学、社会科学、文学、艺术、教育、卫生、新闻、出版,都包罗在内;一切文教事业,原来具有着共通的性质和共通的任务,这么一来,就把文化教育工作者的视野扩大了,同时也把各部门文化教育工作者的地位和使命明确地规定了,对于今后新中国文化教育事业的发展,意义实在非常重大。①

《共同纲领》关于文化教育的规定,奠定了中华人民共和国成立以后文化建设思想与政策基础。1949年10月1日,中华人民共和国宣告成立。"中国的历史,从此开辟了一个新的时代。"② 文化建设大幕即将开启,迎来一个新时期。

---

① 傅彬然:《关于共同纲领中的文化教育政策》,《新建设》1949年第1卷第4期。
② 《开国盛典——中华人民共和国诞生重要文献资料汇编》(上编),中国文史出版社2009年版,第536页。

第三章　文化建制：文化管理体制的构建

新中国成立以后，按照《中华人民共和国中央人民政府组织法》的规定，党和国家立即着手组建全国以及地方各级政权机构。在这个过程中，新中国文化管理体制建立并完善起来。

第一节　华北人民政府文化机构的设立

中央人民政府是在华北人民政府基础上组建而成。因此，要了解新中国文化建制的问题，必须从华北人民政府文化机构的设立入手。

1948年5月，中共中央决定将晋察冀与晋冀鲁豫两区合并成立华北人民政府。同年8月7—19日，华北人民政府临时代表大会召开，宣布成立华北人民政府。会议期间，宋劭文、杨秀峰代表晋察冀和晋冀鲁豫两区作政府工作报告，分别谈到了各自区域文化教育工作，其内容包括学校教育、知识分子和大众文化。16日，华北临时人民代表大会通过《华北人民政府组织大纲》，规定华北人民政府负有管理文化教育的权利，成立教育部管理教育。[①] 此时正处于战争时期，最棘手的问题是战争，华北人民政府在设置机构时虽然没有过多地关注文化建设，但已经考虑到成立教育部等机构来开展文化教育工作了。9月26日，华北人民政府正式成立。在这之后，文化教育机构逐渐设立并充实起来。

---

① 《华北人民政府文献选载》，《党的文献》2006年第4期。

一 文化艺术机构的设立

1948年12月,华北人民政府决定成立华北文化艺术工作委员会。任命周扬为主任,沙可夫为副主任。同时,华北人民政府通过了《华北文化艺术工作委员会组织规程》,强调设立华北文化艺术委员会是为了加强与统一华北文化艺术工作的指导,其掌管事项主要有:关于文化艺术活动具体方针和计划事项;关于文艺创作优秀作品之推荐出版及定期奖励事项;关于工厂、农村及部队中群众文艺活动之指导与扶助事项;关于文化艺术工作者参加战争与建设各种实际工作之组织帮助事项;关于文化艺术部门间加强联系与交流经验事项;关于文化艺术干部学习、工作、生活等问题之帮助解决事项。① 规程强调华北文化艺术工作委员会视工作需要设置专门委员会,指导华北区文化艺术团体的工作,设立秘书室负责日常事务等。1949年8月,华北文化艺术工作委员会为适应工作发展的需要,将原有机构加以调整和扩充,改秘书室为秘书处,旧剧处改为中国戏曲改进委员会,并添设艺术处与对外文化联络处两处。② 当然,在此之前华北区就成立了华北文艺界协会,这是全区性质文化艺术团体。除此之外,各地在发展文艺事业过程中也成立过相应机构和团体。

二 教育机构的设立

华北人民政府自成立后,由教育部来负责中小学教育。1948年12月,华北人民政府决定成立华北专门教育委员会,主任杨秀峰、副主任晁哲甫。③ 1949年6月1日,华北人民政府成立华北高等教育委员会,董必武兼任主任委员,张奚若、周扬为副主任委员,董必武、张奚若、周扬、马叙伦、许德珩、钱俊瑞、吴晗、曾昭抡、李达

---

① 中央档案馆编:《共和国雏形——华北人民政府》,西苑出版社2000年版,第168页。

② 中央档案馆编:《共和国雏形——华北人民政府》,西苑出版社2000年版,第400页。

③ 晋察冀边区革命史编纂委员会编:《晋察冀边区革命史编年》,河北人民出版社2007年版,第984—985页。

9人为常务委员，郭沫若、吴玉章、徐特立、马寅初、黄炎培、范文澜、成仿吾、邓初民、张志让、汤用彤、梁希、郑振铎、钱端升、蓝公武、杨秀峰、叶企孙、陈岱孙、陆志韦、张东荪、雷洁琼、黎锦熙、徐悲鸿、李宗恩、严济慈、裴文中、晁哲甫、于力、刘鼎、乐天宇、恽子强、胡锡奎、周泽昭、沈体兰、黄松龄、张宗麟、张子丹、张国藩、邓拓、俞大绂、冯乃超为华北高等教育委员会委员。① 内设机构有秘书室、高等教育管理处、图书古物管理处、研究室。

华北人民政府文化教育机构成立以后，较好地推动了本地区乃至全国文化教育工作。1949年2月，董必武报告华北人民政府成立后文化教育工作时指出："过去两区政府和各地文教干部曾积累了很多宝贵经验，但不能否认在若干问题上方针尚未明确，在华北临时政府人民代表大会上业已指出，为此先后召开了全区中等教育会议、全区卫生工作会议及文艺工作座谈会；批判了若干地方在教育工作上的游击主义作风与轻视文化的观点，解决了方针、学制、课程等问题；注意培养师资和广泛团结知识分子；强调了卫生工作上的群众路线和团结中西医的方针；在文艺工作上继续强调文艺普及运动，贯彻为工农兵服务方向，奖励了为工农兵服务的文化艺术作品。"② 1949年3月3日，华北文化艺术工作委员会和华北文艺界协会在北京饭店举行文艺界茶话会，欢迎新由各地来北平及原来留在北平的文艺界人士。郭沫若、茅盾、田汉、洪深、许广平、徐悲鸿、俞平伯、曹靖华、冯至、马叙伦、焦菊隐、李广田、陆志韦、封凤子、盛家伦、李桦、老志诚、葛一虹、安娥、夏康农、周建人、程砚秋、戴爱莲、叶浅予、彭子冈、萧向荣、刘白羽、艾青、马彦祥、张致祥、陈荒煤、李伯钊、光未然、宋之的、赵毅敏、袁勃、蔡若虹等七十余人与会。③ 3月22日，华北文化艺术工作委员会和华北文协举行招待在北平文艺界的茶

---

① 中央档案馆编：《共和国雏形——华北人民政府》，西苑出版社2000年版，第413页。
② 中央档案馆编：《共和国雏形——华北人民政府》，西苑出版社2000年版，第168页。
③ 《华北文艺界在平举行茶话会 欢迎文艺界人士并交换意见》，《人民日报》1949年3月11日。

会，正是在这次会议上郭沫若发起成立全国性文学艺术界组织的倡议，并得到了与会者的赞成。① 4月6日，华北文化艺术工作委员会及华北文艺界协会联合招待新从香港及各地来平的文艺工作者叶圣陶、阳翰笙、胡风、冯乃超、于伶、史东川、臧克家、卞之琳、丁聪、特伟等人。5月，华北文化艺术工作委员会召开会议讨论改造旧剧的工作，认为"今后旧剧工作的重点，应以修改旧剧本及编写新的剧本，以满足旧艺人对'新本子'的要求，而编写'新本子'主要应依靠旧艺人，发动与帮助他们自己进行修改与创作"。② 华北高等教育委员会设立，对于制定高教方面的方针、政策，推动历史文物、高等学校的接收保护起到了重要作用。

由于处在战争环境之下，华北人民政府文化教育工作尽管都是初步的，且具有明显战时特点，但在团结文化界民主人士以及设置机构、培养人才方面对组建中央人民政府文教机构具有重要作用。华北人民政府文教机构负责人及其组成人员，在中华人民共和国成立后大多数都担任全国文化机构重要职务。1949年10月28日，华北人民政府宣布结束。此后，新中国文化行政机构逐渐建立起来。

第二节 新中国文化行政机构的组建

创建中华人民共和国，离不开文化方面的民主建政，亦即国家要成立专门的文化机关，来贯彻执行党和国家文化方针政策。当时，党从领导思想文化工作的角度健全和充实了中共中央宣传部；而政府则从开展文化工作的角度成立了文化教育委员会及其所属机构。这两方面的职能分设，共同形成了中华人民共和国成立之初文化建制的基础。

一 中共中央宣传部的健全

1947年，中共中央宣传部作为党的工作机构随党中央的撤离而

---

① 《大会筹备经过》，《中华全国文学艺术工作者代表大会纪念文集》，新华书店1950年版，第125页。

② 《华北文化艺术工作委员讨论改造旧剧》，《人民日报》1949年5月13日。

第三章 文化建制：文化管理体制的构建

离开延安。1948年9月30日，中宣部在给毛泽东的工作报告中指出："宣传部组织机构，四月底到此时，工作人员仅有两人，此两人现已调往马列学院。经过陆续调集，现共有二十人，内编辑委员会二人（张仲实、艾思奇），编辑干事四人，翻译干事二人，助理编辑二人，助理翻译二人，助理出版一人，图书管理员二人，文书三人，行政秘书一人，机要秘书一人。"① 这个时候，中宣部内部建制不完整以及人员少、任务重是其鲜明特点。1949年3月25日，中宣部由河北平山县迁入北平。中宣部内依然没有设立职能机构，由部长直接领导工作。② 中华人民共和国成立之后，中宣部一方面充实健全内设机构，另一方面明确了自身职能范围。

（一）内设机构设置情况

1949年10月底，中宣部在完成组织政务院文教委员会的任务以后，将其工作重点转向了健全内部机构的设置。为此，中宣部邀集了陈伯达、胡乔木、周扬、钱俊瑞、胡绳、恽子强、贺诚、陈克寒、乔冠华、丁华等人开会讨论并拟定了方案。11月1日，中宣部部长陆定一就中宣部内部机构设置提出拟设置的部门及负责人。这份方案大体情况如下：

> 政治教育处，其职能是掌管关于党内外思想斗争与教育的问题，准备由杨献珍负责；时事宣传处，其职能是掌管关于时事宣传方面中宣部所要做的工作，准备由陈克寒、乔冠华负责；研究处，其职能是掌管了解党内外宣传文教工作的情况并加以研究，拟由邵荃麟负责；干部处，其职能是对于党内外干部情况加以了解研究，并与中组部联系来作调动宣传干部等工作，拟由冯乃超负责；解放社拟由陆定一（半年后由陈伯达）、张仲实、胡绳负责，为党的出版机关；秘书处，由现任秘书长丁华负责。③

---

① 《中国共产党宣传工作文献选编1937—1949》，学习出版社1996年版，第728页。
② 《中国共产党组织史资料》第5卷，中共党史出版社2000年版，第62页。
③ 《中国共产党宣传工作文献选编1949—1956》，学习出版社1996年版，第11—12页。

中宣部在健全机构过程中，同样面临着干部缺乏的问题，如拟任研究处负责人的邵荃麟还是文教委员会计划处的负责人、冯乃超是文教委员会干部处负责人，中宣部部长、秘书长都要参与具体业务工作。随后，中宣部又设立中央广播事业管理处、中央出版委员会、中央电影管理局等机构。1949年12月，中共中央决定将中宣部所属新华通讯社改为国家通讯社、广播事业管理处改为广播事业局，均隶属于新闻总署；电影管理局改为电影局，隶属于文化部；在出版总署下成立出版局，取消中央出版委员会。这些机构撤并合成以后，全国文化教育行政工作由中央人民政府文教部门来管理。① 1950年3月，中宣部内设5处1室（秘书处、干部处、编译处、政治教育处、时事宣传处和教育研究室）。1951年11月，设理论宣传处、政治教育处、时事宣传处、群众宣传处、国际宣传处、文学艺术处、电影处、学校教育处、科学卫生处、出版处、报纸广播处、干部处、办公室、党史资料室、斯大林全集翻译室、毛泽东选集英译室、宣传干部训练班、行政处等。1954年底，中宣部内设机构调整为9处3室（理论宣传处、宣传处、国际宣传处、科学处、报纸处、文学艺术处、学校教育处、干部管理处、出版处、办公室、党史资料室、地方工作室）。到1956年7月，其内设机构调整为9处1室。② 中宣部部长陆定一（1949年10月—1952年9月；1954年7月—1966年5月）、习仲勋（1952年9月—1954年7月），徐特立、陈伯达、胡乔木、凯丰、周扬等担任副部长。

（二）职能范围的确定

中宣部作为党负责思想文化宣传工作的专门机构，在政务院文教机构成立之前实际负责了文化教育工作，包括编辑课本和政治理论读物、翻译出版马克思主义著作、管理教育以及文化艺术工作等。随着中央人民政府的成立以及政务院文教机构的设立，这种临时局面必须过渡到正常局面。1949年12月5日，中共中央发出《关于中央人民政府成立后党的文化教育工作问题的指示》，规定："全国的文化教

---

① 《建国以来重要文献选编》第1册，中央文献出版社1992年版，第65页。
② 《中国共产党组织史资料》第5卷，中共党史出版社2000年版，第62—63页。

育的行政工作，此后均应经由中央政府文教部门来管理。各地区有关文化教育行政的工作，此后均应经由各地政府及军管会之文教机关（其组织办法最近即将由政务院通过）向中央政府文化教育委员会或适当部门报告和请示。所以需要这样做，目的在于使中央政府文化教育委员会及其所属各部门，在党（通过政府党组）的领导和党外民主人士的参与下负起管理全国文化教育行政的任务，以便党的中央宣传部和各级宣传部能够摆脱行政事务，集中注意于党内外的思想斗争，党的宣传鼓动工作的领导和党的文化教育政策的制定。而这些方面的工作，中央宣传部和各级宣传部长期间是作得非常薄弱，必须坚决加强的。"① 这种原则性的规定将中宣部的职能与国家文化行政机构的职能加以区分，明确各自分工，对于今后文化教育各项工作的顺利开展奠定了基础。从内部机构设置来看，中宣部有文学艺术处、电影处、出版处等建制，这都是党负责领导文化工作的机构。但与政务院文教机构相比，其职能是负责制定国家文化教育的大政方针，一般地不具体执行管理文化教育方面的行政事务。

新中国成立伊始，中共中央通过中宣部加强党对思想宣传工作以及文化工作的集中统一领导，并明确中宣部与政务院文教机构的职能分工，一定程度上解决了思想宣传及文化工作的管理及归属问题。而从各地情况来看，各大区中央局、中央分局设立专门的宣传部门还好说，但地、市、县的情况就千差万别。1951年2月25日，中共中央发出《关于健全各级宣传机构和加强党的宣传教育工作的指示》，指出当前各级宣传机构的现状是：

> 中央局、中央分局及省委市委宣传部，多已开始有计划地建立工作。但一般说来，各级宣传部很少注意党内外的思想动态，对马列主义——毛泽东思想更少有系统的宣传。县委宣传部很多是有名无实，名为宣传部，实则不管宣传工作。全党绝大多数支部，缺乏经常的宣传工作。关于党的宣传工作与政府的文教工作之间的分工，大都混淆不清，一方面是包办了政府的行政工作，

---

① 《建国以来重要文献选编》第1册，中央文献出版社1992年版，第65—66页。

另一方面是取消了党的宣传教育工作和党对出版、教育、艺术等文教部门的思想领导工作。①

为改变这种状况，中共中央提出充实宣传部的机构与人力，并明确宣传部门的职责范围包括群众宣传、理论教育、文化艺术、学校教育、报纸广播、书刊出版、干部管理等方面。

关于文化艺术，指示规定："拟定党关于文化艺术的政策或地方性的方针，并监督其实施。领导文学艺术的创作和批评。领导作家及艺人的各级组织。审查电影、剧目和其他全国性的或地方性的重要艺术品。研究和指导图书馆、展览会、民教馆、文化宫、俱乐部等群众文化活动，注意研究和改善工人和其他劳动人民的文化艺术生活。"②

关于学校教育，指示规定："拟定党关于高等教育和国民教育的政策或地方性的方针，并监督其实施，审查和指导学校中的政治性课程（包括政治常识、历史、地理、国文等）的教材和教学，审查其他课程中的政治思想内容。注意研究和改善工人、其他劳动人民和工农干部的教育状况。"③

关于报纸和广播，指示规定："拟定党关于报纸和广播工作的政策或地方性的方针，并监督其实施。领导或协助领导同级的党报、通讯社组织和广播电台的工作，检查和领导下级的党报、通讯社组织和广播电台的工作。"④

关于书刊出版，指示规定："拟定党关于书刊的出版和发行的政策或地方性的方针，并监督其实施。检查各种出版物的内容。指导公私营出版机关和发行机关的全国性或地方性的工作计划。领导书评工作。"⑤

除了以上职能外，中宣部还有一项重要工作是加强对文教干部的管理。前文指出，中宣部以及各级宣传部门初建之时，普遍面临着干

---

① 《建国以来重要文献选编》第2册，中央文献出版社1992年版，第76页。
② 《建国以来重要文献选编》第2册，中央文献出版社1992年版，第77页。
③ 《建国以来重要文献选编》第2册，中央文献出版社1992年版，第77页。
④ 《建国以来重要文献选编》第2册，中央文献出版社1992年版，第78页。
⑤ 《建国以来重要文献选编》第2册，中央文献出版社1992年版，第78页。

部缺乏的问题。随着国家大规模经济建设的开始,包括宣传干部在内的干部管理问题十分突出。为此,1953年11月,中共中央发出《关于加强干部管理工作的决定》,明确党委各部分管干部的制度,要求文教工作干部要由党委的宣传部负责管理,同时要求中央及各级党委的宣传部应迅速建立专门管理干部的工作机构,负责系统管理文教工作干部。① 1954年4月,中宣部拟订了《党的各级宣传部管理文教干部的实施方案(草案)》,明确了各级宣传部门管理干部的基本任务、方法、原则、调动与使用等。同时,中宣部决定自1954年第二季度起即开始文教干部的管理工作,各中央局在1954年内要从速建立这项工作,各省(市)也要在1954年内逐步建立;地委、县委的宣传部要先选择重点试行取得经验后逐步推广。②"政治路线确定之后,干部就是决定的因素。"③ 各级宣传部门分级管理干部能够较快地建立起从中央到地方各级宣传部门,同时为宣传思想和文化工作奠定了组织基础和人才基础。

中共中央宣传部负责拟定党关于文化教育的政策以及地方性的方针,本质上来说是代表党领导国家文化建设以及开展思想文化建设的机关;而政府文教机关负责中宣部拟订大政方针的具体执行,是专门开展国家文化行政工作的机构。二者相辅相成,体现出党领导下管理和开展国家文化建设的特点。应该说,新中国文化建设的一大特点是党的领导与充分发挥各方面积极性的有机统一。从某种意义上说,这是我国开展新民主主义文化建设和社会主义文化建设的根本特点。后来,中共中央宣传部部分职能会有所变化,政务院(后改国务院)文教机构多次调整,但党的领导从未改变,真正形成为当代中国文化建设与文化发展的中国特色。

二 政务院文化教育委员会的设立

1949年9月27日,一届全国政协会议通过的《中华人民共和国

---

① 《中共中央文件选集》第14册,人民出版社2013年版,第267、269页。

② 《中共中央文件选集(1949年10月—1966年5月)》第16册,人民出版社2013年版,第90页。

③ 《毛泽东选集》第2卷,人民出版社1991年版,第526页。

中央人民政府组织法》，规定了中华人民共和国成立以后国家政府机构的设置。其中，中央人民政府委员会对外代表中华人民共和国，对内领导国家政权；中央人民政府委员会组织政务院，作为国家政务最高执行机关。① 政务院下设四个委员会及下属各部、会、院、署、行，管理国家行政事务。其中，在文教方面，政务院设立文化教育委员会，规定文化教育委员会负责指导文化部、教育部、卫生部、科学院、新闻总署和出版总署的工作。② 文教委员会对其所指导的机关可以颁发决议和命令，并审查其执行。③ 可以看出，文教机关是按照《共同纲领》关于文化建设的基本方面来设立的。④ 1949年10月1日，周恩来在中央人民政府委员会第一次会议上被任命为政务院总理，决定由他尽快组成政府机构，执行政府各项职能。⑤ 随后，周恩来与毛泽东、刘少奇等研究并草拟中央人民政府机构和国务院组成机构的负责人人选名单。⑥ 1949年10月19日，中央人民政府委员会第三次会议通过政府各机构负责人名单。其中，文化教育委员会及其所属机构负责人名单如下：

主任：

郭沫若（无党派民主人士，中华全国文学艺术界联合会全国委员会主席）

副主任（4人）：

马叙伦（中国民主促进会）、陈伯达（中国共产党中央宣传部副部长，马克思列宁学院副院长）、陆定一（中国共产党中央宣传部部长）、沈雁冰（作家，中华全国文学艺术界联合会全国委员会副主席）

委员（42人）：

周扬（文化部副部长）、丁燮林（文化部副部长）、钱俊瑞（教

---

① 《中央人民政府法令汇编1949—1950》，人民出版社1952年版，第1页。
② 《中央人民政府法令汇编1949—1950》，人民出版社1952年版，第4—5页。
③ 《中央人民政府法令汇编1949—1950》，人民出版社1952年版，第4—6页。
④ 《建国以来重要文献选编》第1册，中央文献出版社1992年版，第10—12页。
⑤ 《建国以来重要文献选编》第1册，中央文献出版社1992年版，第21页。
⑥ 《周恩来年谱1949—1976》（上卷），中央文献出版社1997年版，第2页。

育部副部长)、韦悫(教育部副部长)、李德全(卫生部部长)、贺诚(卫生部副部长)、苏井观(卫生部副部长)、李四光(科学院副院长)、陶孟和(科学院副院长)、竺可桢(科学院副院长)、胡乔木(新闻总署署长)、胡愈之(出版总署署长)、徐特立(中国共产党中央宣传部副部长)、柳亚子(中国国民党革命委员会中央监察委员会主席)、张东荪(中国民主同盟,教授)、费孝通(中国民主同盟,教授)、吴晗(中国民主同盟,教授)、刘清扬(中国民主同盟,北京新中国女子职业学校校长)、潘光旦(中国民主同盟,教授)、李达(无党派民主人士,教授)、符定一(无党派民主人士,文字学家)、沈志远(中国人民救国会,教授)、陈此生(中国国民党民主促进会中央常务理事)、蒋南翔(中国新民主主义青年团中央委员会副书记)、沈兹九(中华全国民主妇女联合会宣教部部长)、谢邦定(中华全国学生联合会主席)、欧阳予倩(作家,中华全国文学艺术界全国委员会常务委员)、丁玲(作家,中华全国文学艺术界联合会全国委员会常务委员)、田汉(作家,中华全国文学艺术界联合会全国委员会常务委员)、阳翰笙(作家,中华全国文学艺术界联合会全国委员会常务委员)、巴金(作家,中华全国文学艺术界联合会全国委员会委员)、钱三强(自然科学工作者,教授)、陈鹤琴(教育工作者,南京大学师范学院院长)、江恒源(教育工作者,中华职业教育社常务理事)、李步青(教育工作者)、艾思奇(社会科学工作者,教授)、翦伯赞(社会科学工作者,教授)、侯外庐(社会科学工作者,教授)、钱端升(教授)、曾昭森(教授)、雷洁琼(教授)、沈体兰(教授)①

文教委员会所属机关领导人如下:

文化部部长沈雁冰,副部长周扬、丁燮林;

教育部部长马叙伦,副部长钱俊瑞、韦悫;

卫生部部长李德全,副部长贺诚、苏井观;

新闻总署署长胡乔木,副署长范长江、萨空了;

出版总署署长胡愈之,副署长叶圣陶、周建人;

---

① 《文化教育委员会主任副主任及委员名单》,《人民日报》1949年10月20日。

中国科学院院长郭沫若,副院长陈伯达、李四光、陶孟和、竺可桢。

这份名单反映出新中国成立之初文化战线领导人员来源广泛,体现出党领导全国文化力量共同开展新中国文化建设的特点。

1949年10月21日,政务院文教委宣布成立。其职能是负责指导文化部、教育部、科学院、新闻总署、出版总署的工作;拟订文教工作的方针政策,解释政务院有关文教工作的方针政策并制订其具体执行计划;发布有关文教方面的决议和命令,并监督审查其执行情况;负责所属机关呈送政务院的带有原则性、政策性问价的预审工作;负责协调所属机关和其他机关的相互关系、内部组织、人事管理、经费预算的编审等工作。① 起初文教委员会设有办公厅、计划财务局、人事处(1950年并入人事部)三个办事机构,直属单位有宗教事务处、对外文化联络局、广播事业局、新华通讯社。1949年12月5日,中共中央发出《关于中央人民政府成立后党的文化教育工作问题的指示》,规定中宣部主要负责宣传鼓动工作和制定文教政策;中央人民政府政务院文教部门成立以后,全国的文化教育行政工作均由文教委及其所属机构来负责,并将中宣部所属相关机构并入文教委来统筹。②

政务院文教委成立以后,积极推动新中国文化建设工作。③ 主要表现有:

首先,领导成立国家文教机构。在文教委领导下,国家文化行政机构相继成立。1949年11月1日,中央人民政府文化部成立。中央人民政府文化部所主管的文化工作,包括文学艺术、电影戏曲、群众文化、图书出版、艺术教育、文物等。1949年11月1日,中央人民政府新闻总署正式成立。1952年8月7日,中央人民政府委员会通过

---

① 国家机关档案资料保管处:《政务院文化教育委员会全宗介绍》,《中央档案馆丛刊》1986年第3期。

② 《建国以来重要文献选编》第1册,中央文献出版社1992年版,第65—66页。

③ 政务院文化教育委员会是新中国文化建制中非常重要的机构,但长期以来,文教委史料除零星散见于部分文献中,没有完整的史料汇编,因之对其做专门研究不易。据中央档案馆披露的一份材料,文教委档案于1964年3月进入该馆,全宗号125号,共有档案1583卷,起止年代1948—1954年。(参见国家机关档案资料保管处:《政务院文化教育委员会全宗介绍》,《中央档案馆丛刊》1986年第3期)

《关于调整中央人民政府机构的决议》，要求新闻总署予以撤销。新闻总署的相关业务并入出版总署和其他机构，财务、人事等行政工作并入文教委。① 1949年11月1日，中央人民政府出版总署正式成立。② 出版总署前身为中共中央宣传部出版委员会（1949年2月成立）。1949年11月1日，中国科学院成立。③ 1949年11月1日，中央人民政府教育部成立。1952年11月15日，中央人民政府委员会第十九次会议决定，从教育部中分出另设高等教育部。1954年9月国务院成立后，中央人民政府教育部改为中华人民共和国教育部。1949年11月1日，中央人民政府卫生部成立。

其次，领导开展具体文化工作。政务院文教委定期召开委务会议，安排和布置各种文化工作。如1950年2月6日，政务院文教委第二次全体会议通过《政务院文化教育委员会一九五〇年工作计划要点》，提出："文化方面，主要是运用电影幻灯戏剧文艺等有效武器，广泛开展文化的普及工作，加深文化与群众生活的结合。"④ 在这些原则下，文教委规定文化部1950年要开展的工作，包括电影、文艺戏剧、科学普及、文物管理与对外文化联络等方面。⑤ 1950年5月2日，文教委第五次委务会议决定成立"学术名词统一工作委员会"。郭沫若任主任委员，邵筌麟、夏康农为副主任委员，丁燮林等13人为委员。成立学术名词统一工作委员会主要是为了解决学术界翻译界翻译名词译文多样不统一的问题。按照《"统一学术名词"工作的初步方案》，审订名词术语，分为5个小组（自然科学组、社会科学组、医药卫生组、时事组和文学艺术组），其中文学艺术组由文化部负

---

① 苏尚尧主编：《中华人民共和国中央政府机构（1949—1990）》，经济科学出版社1993年版，第517—518页。

② 参见中国出版科学研究所、中央档案馆编：《中华人民共和国出版史料（一九四九年）》，中国书籍出版社1995年版，第482—486页。

③ 《建立人民科学院草案》，《中国科技史料》2000年第4期。

④ 《中央人民政府政务院政务会议文件汇辑》第2册，中央人民政府秘书厅1954年编印，第267页。

⑤ 《中央人民政府政务院政务会议文件汇辑》第2册，中央人民政府秘书厅1954年编印，第268—269页。

责。① 6月14日，政务院文化教育委员会发出《关于中国科学院基本任务的指示》，明确提出了科学工作的总方针和具体任务，对中国科学事业的发展指明了方向。② 国务院文教委员会作为负责文化建设的总机关，应该说所开展的工作涉及面广，在此就不再一一列举。

再次，编印《文教参考资料》丛刊，指导新中国文化建设工作。1950年2月，政务院文教委决定编印《文教参考资料丛刊》。编印目的，是"为了迎接这个文化建设的高潮，为了把文教工作做得更好，避免走许多弯路，必须很好的接受外国的经验，特别是苏联与新民主主义国家的经验，并使国内各地的经验互相交流，用作借鉴"。编印内容，主要有"介绍苏联和新民主主义国家的文教政策、法规及计划方案，国内外文教建设经验，模范文教工作者，以及文教书报的评介和有关文教的读物或论文索引等"。③ 到1951年初，《文教参考资料丛刊》共编辑了十辑。1951年3月8日，文教参考资料丛刊编辑委员会决定革新丛刊的内容，要求"每本丛刊有一个重心，问题的探讨更有系统，更加深入"，以方便文教工作者参考使用。这次调整，"在内容上，除继续介绍国内外、特别是苏联及新民主主义兄弟国家文教建设的工作方法和先进经验之外，我们还要介绍文教方面的理论研究成果；在篇幅上，并不限定每本多少字数，一切视问题性质、内容需要、材料选择的具体情形决定，大体上从五万到十万字的分量，都可以编成一本。总之，力求编得结实些，避免拼凑"。在编辑思想上，要"学习苏联和参考兄弟国家文教建设的先进理论和经验，作为新中国文化建设的借镜，是很重要的事情；同时，交流全国各地文教工作的经验，以便相互观摩、吸收与推广，并借以逐渐蓄积经验，将经验提升为理论，也是当前迫切需要的。这套丛刊的继续编印，就是

---

① 《中华人民共和国出版史料（一九五零年）》，中国书籍出版社1996年版，第226页。
② 《中央人民政府法令汇编1949—1950》，人民出版社1952年版，第614页。
③ 《文教参考资料丛刊·第一辑》，中央人民政府政务院文教委员会1950年编印，编者说明。

想在这方面多做一些协助性质的工作"①。此后，以"文教参考资料丛刊"名义出版的书籍有《马克思列宁主义论宗教》（1951）、《1950年的音乐运动》（1951）、《学校与家庭》（1951）、《美国文化透视》（1951）、《论宣传员的语言》（1951）、《共产主义教育基本问题》（1952）、《苏联初期文化建设史略》（1953）、《苏联农村中的文化教育工作》（1954）等。

新中国文化建设工作不仅经验少，而且还有不少旧文化、旧思想的阻碍，因此编印一本具有较高参考价值的资料非常必要。反言之，文教委编印文教参考资料有利于促进新中国文化建设。

国家层面文化行政机构除了政务院文教委员会及其所指导的部、署、院之外，这个时期陆续成立的机构还有中央人民政府体育运动委员会（成立于1952年11月15日，1954年10月后改为中华人民共和国体育运动委员会）、中央人民政府扫除文盲工作委员会（成立于1952年11月15日，1954年11月后移交教育部）、中国文字改革委员会（1954年11月25日正式批准成立，其前身为1949年10月10日成立的中国文字改革协会和1952年2月5日成立的中国文字改革研究会）、对外文化联络局（1951年政务院文教委设有对外文化联络局，1954年11月25日国务院设立对外文化联络局）等。

三 各大区及省、市、县文化机构的设立

新中国成立之初，我国实行以六大行政区为最高的大行政区、省、市、县、区、乡的行政建制。这六大行政区分别是：东北人民政府、华北人民政府、华东军政委员会、中南军政委员会、西北军政委员会、西南军政委员会。② 随着国家文化行政机构的设立，各大区及其下均须设立文化行政机构。

在这方面，各大区以及省市县人民政府组织通则中对于设立文教机构有明确规定。1949年12月16日，政务院第11次政务会议通过

---

① 《文教参考资料丛刊·马克思列宁主义论宗教》，中央人民政府文化教育委员会1951年编印，编印说明。
② 1952年11月15日，中央人民政府委员会第十九次会议决定大行政区人民政府和各大区军政委员会改为行政委员会，作为中央人民政府的代表机构。

《大行政区人民政府委员会组织通则》。《通则》规定:"关于文教方面,得设文教委员会,并得设文教、卫生、新闻出版等部、局;或在文教委员会下设文教、卫生、新闻出版等处;在不设文教委员会的地区,得设文教、卫生、新闻出版等部、局。关于中央直属之学校、医院、图书馆、博物馆以及全国性的国营文化企业均由中央直接领导,并受其所在地大行政区政府之指导。"① 1950年1月6日,政务院第14次会议通过省、市、县人民政府组织通则,要求省人民政府得设文教、卫生、新闻出版等厅、处,市人民政府得设文教、卫生等局、处、科,县人民政府得设教育等科或局。②

但是,各大区及省、市、县文化行政机构设立并非一帆风顺,往往都会面临着干部缺乏、归口不清的问题。1949年11月18日,陆定一向周恩来报告文化部工作情况时说:"急须解决的问题,是地方政府中文化部门应如何组织。地方政府中没有文化部门,则文化部与下面脱节。这个问题,不但文化部有,新闻及出版两署亦有。"③ 针对地方文化建制不完整的问题,陆定一建议在省及省以下的一般地方政府中设立文教所或文教局,或责成教育厅同时作为中央政府文化部的隶属机关,设立一个新闻出版处,作为新闻出版两署的隶属机关;在大城市中,文化部主张在北京、上海两地试办文化局,希望在考虑地方政府组织的时候予以解决。1950年3月6日,中南局就省级文教机构的设立问题向中央请示。3月23日,中共中央针对中南局省级机构设立问题作出指示:"新颁编制省级无文化厅组织,该省文教工作应设文教厅统一管理。高教业务可由中南军政委员会文教部代中央政府教育部管理。书报审查委员会不宜设立。文教厅人选,盼华南分局再提意见。文教委员会如均系兼职,不支薪,不设专门机关,为讨论工作便利起

---

① 国务院法制办公室编:《中华人民共和国法规汇编1949—1952》(第1卷),中国法制出版社2005年版,第52页。
② 《人民日报》1950年1月8日。
③ 陆定一:《关于文化部工作情况给周恩来的报告》,《中国共产党宣传工作文献选编1949—1956》,学习出版社1996年版,第13页。

见，亦可设立。"① 1951年9月，习仲勋指出西北军政委员会文化行政机构的状况是"有教无文或者重教轻文"，"上边有个文化部，到省上叫个文教厅，到了下边就根本不文了"。② 这些情况表明，各大区及省、市、县文化行政机构的设置确实有诸多条件制约。

1950年7月5日，政务院文教委第三次全体委员会议通过《中央人民政府政务院关于中央人民政府政务院文化教育委员会与各大行政区文化教育委员会关系的决定》。《决定》强调，各大行政区文化教育委员会受各该大行政区人民政府或军政委员会与中央人民政府文化教育委员会双重领导。同时，《决定》对各大行政区文化教育委员会的职责、任务及开展工作的步骤作了规定。③ 7月27日，政务院批准了《决定》。1951年1月8日，政务院文化教育委员会发出《关于省及直辖市设立文化教育委员会的几项决定的通知》，明确了省及直辖市设立文化教育委员会及其与大行政区文化教育委员会的关系，其主要内容如下：

一

省及直辖市在确有必要时，可以设立文化教育委员会，但须经大行政区人民政府或军政委员会批准，并报请政务院文化教育委员会备案；华北五省二市报请政务院批准。委员名额应不超过25人。

二

为避免机构重叠与人力物力之浪费，省及直辖市文化教育委员会应为一种议事性质的机关，在委员会下不设工作机构。按照工作需要，委员会得每年召开若干次会议，讨论当地文教工作中有关方针政策的重大问题。

---

① 《中共中央关于省级文教机构设立问题给中南局的批示》，《中共中央文件选集1949年10月—1966年5月》第2册，人民出版社2013年版，第236页。

② 习仲勋：《文化工作要为经济建设服务》，《习仲勋文集》上卷，中共党史出版社2013年版，第250页。

③ 中央人民政府政务院文化教育委员会编：《文教政策汇编》1951年第2辑，第1—2页。

三

各大行政区文化教育委员会为各该区人民政府或军政委员会之一部分，指导各该大行政区委员会的文化部、教育部、卫生部、新闻出版局（处）的工作。大行政区文化教育委员会应通过其所属各部、局、处指导各省市工作，不直接向省、市文教厅（局）、卫生厅（局）、新闻出版处行文，亦不向省、市文化教育委员会行文。省、市文教厅（局）、卫生厅（局）、新闻出版处应分别向其所直属的大行政区文教部门作工作报告，并抄送大行政区文化教育委员会；但省、市文化教育委员会不向大行政区文化教育委员会作工作报告。①

为了从整体上解决文化行政机构的设置问题，1951年3月，中央人民政府文化部召开了第一届全国文化行政会议。这次会议通盘讨论并确定了中央文化部及各级文化行政机构的调整问题，将文化部所属各局（指艺术局、科学局、文物局、电影局、戏曲改进局）合并为电影、艺术和社会文化事业三个管理局，将原属各局掌管的事业划出成立单独的事业或企业机构。针对各省、市文教厅、局"有教无文"的发展状况，全国文化行政会议确定"在文教厅、局下应根据不同情况分设电影、艺术、社会文化三处（科）或单设文化艺术一处（科），并由正副厅、局长中一人专责领导。专署与县，则在文教科内指定或增设1—3人专做文化艺术工作"②。经过这次调整与加强以后，文化行政机构相对集中，分工趋于合理，有利于全国文化工作的开展。

1951年4月20日，政务院第81次会议通过了《关于调整省、市人民政府文化行政机构的规定》，要求"省（包括行署下同）、市人民政府下合设文教厅、局，一般不单独设立文化厅、局"③。省、市

---

① 《关于省及直辖市设立文化教育委员会的几项决定的通知》，《华东政报》1951年第3期。
② 《文化工作文件资料汇编（一）（1949—1959）》，中华人民共和国文化部办公厅1982年编印，第9页。
③ 《文化工作文件资料汇编（一）（1949—1959）》，中华人民共和国文化部办公厅1982年编印，第399页。

文化行政机构的职能，主要有：（1）执行中央及大行政区的文化、艺术方针、政策、法令、指示；（2）制定省、市地方的文化、艺术工作方针、计划，并领导监督其执行；（3）领导和管理省、市地方的文化、艺术事业机构（包括文工团、剧团、剧场、电影院、放映队、幻灯队、博物馆、图书馆、人民文化馆（站）等）；（4）推进群众的业余艺术活动，协助与指导省、市地方的文学艺术团体；（5）推进科学普及工作，协助与指导省、市地方的科学普及团体；（6）管理省、市地方的文物、古迹；（7）训练与培养省、市地方的文化、艺术工作干部；（8）编制、审核与分配省、市地方的文化事业费；（9）其他有关文化工作的推进事项。同时，规定还对省、市文化行政机构的职能、编制及文化事业费作出明确规定。

这些会议和规定大体上理顺了国家文化行政机构与各大区以及省、市、县文化行政机构的关系，并对各大区以及省、市、县文化行政机构的设立作出了规定，有利于加强党和国家对于文化工作的思想领导和组织领导。

下面以华东文教委员会和吉林省文教机构为例，来具体说明当时地方文化行政机构的设置情况。

一是华东文教委员会情况。1950年1月27日—2月6日，华东军政委员会召开第一次全体会议。舒同在会议上指出，华东地区将依据《共同纲领》关于文化教育的方针政策来发展文化教育。[①] 华东军政委员会成立以后，设立华东文教委员会，负责指导华东区文化教育工作。主任舒同，副主任冯定、陈望道、吴有训。委员包括于伶、巴金、王芸生、王造时等55人。关于华东文化教育委员会成立之初的情况，舒同指出：

> 我们一开始即普遍展开文化宣传战线上的思想斗争，迅速摧毁敌人的思想阵地，占领与扩大自己的思想阵地，接管或停止反动的文化宣传机关及其各种活动，树立革命的政治旗帜和扩大人

---

① 舒同：《关于华东文化教育卫生工作情况的报告》，《华东政报》1950年第1卷第1期。

民民主的政治影响；去年八月华东宣教会议，我们曾经强调反对帝国主义、反对封建主义的宣传教育，特别以粉碎敌人封锁的六大任务为中心，当着紫石英号事件、《字林西报》事件、欧立夫事件，接连发生之后，我们在文化宣传战线上曾经有力地揭穿帝国主义的各种阴谋，启发人民的政治警觉。七七游行示威，特别是九月中旬以后，连续数次的群众运动，对于群众的国际主义与新爱国主义的思想教育，有了很大的提高，对于巩固与发展中苏两国人民友谊，拥护和平阵线反对侵略阵营的思想教育，也给予良好的影响。华东地区，共接管专科以上学校五十二处，中等学校约五百处，小学约六万七千处，对于这些学校，我们是采取"维持原状，逐渐改造"的稳步前进的方针；有计划有步骤地改造其旧的教学方针、内容和方法。在农村则配合剿匪反霸、合理负担、减租减息等反封建斗争的具体步骤而进行新文化教育的普及工作，以便逐渐澄清其旧的官僚买办思想与封建的法西斯主义的思想，而代之以新民主主义的思想；此外根据新民主主义的文化教育方针还进行了争取改造旧工作人员、旧医生、技师、专门家、科学家、艺术家、知识分子的工作，以及开展工农社会教育、在职干部业余教育等工作。①

华东文教各部有文化部、教育部、卫生部、新闻出版局。其中，文化部部长陈望道，副部长金仲华、黄源；教育部部长吴有训，副部长唐守愚；卫生部部长崔义田，副部长宫乃泉、唐哲；新闻出版局局长恽逸群，副局长张春桥、周新武、王益。1950年3月下旬，华东文化部开始筹建。各种机构先后成立，设秘书、艺术、科学普及、文物、电影与戏曲改进6个处，6月起按照华东文教委员会的工作要求，开展了电影、科学普及、戏曲改进、文物、艺术、对外文化等方面的工作。② 与此同时，教育、新闻、出版等文教机构也相应成立。

---

① 舒同：《关于华东文化教育卫生工作情况的报告》，《华东政报》1950年第1卷第1期。
② 陈望道：《华东文化部工作报告》，《解放日报》1950年7月21日。

二是吉林省文化机构情况。1950年，东北人民政府文化部、教育部口头指示，将全省教育厅、局、科改编为文教厅、局、科，文教局增设文化股。其工作内容为文艺、新闻出版及文物管理等。将过去文联管的旧剧院，省委宣传部管的文工团、新华社、书店、电台及教育厅社教科管的图书馆、博物馆、文娱工作等，统移为文化处掌管。各市、县文化科股之建立，有文化工作的地方，按教育厅改编办法来办。无文化工作部门的，另编。但县文教科股不准与文化馆合一，因其工作性质不同。[①] 但吉林省文教机构成立之初，存在着很多不足。如当时一份报告指出：

> 由于机构调整，人员流动，特别表现在省一级领导上对全省工作掌握较差，目前是省级领导不健全下边缺乏机构，虽然全省范围是做了不少工作，但始终处于上下不接气，许多工作不是在统一领导统一计划下进行的，而是各地自觉地配合一定时期中心任务而各自搞起来的，直到今天为止省里不能掌握完整的材料……[②]

各地按照政务院及文教委员会的规定，相应地成立了文化教育委员会以及文化机构，初步奠定了各大区及省、市、县开展文化建设的组织基础和体制基础。

第三节　计划经济建设时期文化行政机构的调整

1953年，国家进入计划经济建设时期（当时亦称为"大规模经济建设时期"）。这个时期文化建设主要围绕着过渡时期总路线的总方针和总任务来展开，充分发挥文化建设对经济建设、政治建设和国

[①]《吉林省文化工作文件选编·机构沿革、干部任免、综合卷（1950年—1966年）》，吉林省文化厅1987年编印，第1页。
[②]《吉林省文化工作文件选编·机构沿革、干部任免、综合卷（1950年—1966年）》，吉林省文化厅1987年编印，第201页。

防建设的重要作用。中央人民政府为适应大规模经济建设对干部和人才的迫切需要，对文化行政机构进行了调整。以1954年9月召开的第一届全国人民代表大会为界，这个时期文化行政机构调整大体分为两个阶段。

一 一届全国人大会议之前文化行政机构的调整

（一）国家行政体制的初步调整（1952年底至1954年6月）

为适应大规模经济建设和文化建设的需要，中央人民政府自1952年下半年即开始调整国家的行政管理体制。1952年11月15日，周恩来在中央人民政府第19次会议上指出，新中国成立以后的大行政区人民政府和军政委员会建制，既是中央人民政府的代表机关，又是地方政权的最高机关，这种政权的组织形式在新中国刚解放的条件下完全必要。但现在为适应国家大规模经济建设的需要，必须加强中央的集中统一领导，加强中央人民政府的机构，同时还要加强省、市人民政府的组织，以加重省、市的领导责任。他提出将现有的大行政区一级改为虚级，一律改为行政委员会。这样，大行政区就不再是一级政权机关，而只是作为中央领导地方政府工作的代表机关。与此同时，他针对行政建制多达七级的问题，要逐步减少，改为"四实三虚"，即中央、省、县、乡四级实，大行政区、专区、区三级虚。[①] 调整国家行政机构，一来是为了减少层次，避免浪费人力和时间，提高工作效率；二来有利于集中有限的人力物力，为国家工业化建设提供政权和制度上的保障。同日，中央人民政府通过了《关于改变大行政区人民政府（军政委员会）机构与任务的决定》《关于调整省、区建制的决议》和《关于增设中央人民政府机构的决议》。11月16日，中共中央公布了这三项决定（决议），并要求各地在1952年底完成调整工作。加强中央统一和集中的措施，第一个是精简政权层次。为了加强中央和省、市的领导，因此必须改变大行政区人民政府（军政委员会）的机构与任务。第二个是调整与增设中央机构，保证中央领导机构的充实与健全。为此，中央人民政府增设了国家计划委员会等机

---

① 《周恩来年谱1949—1976》（上卷），中央文献出版社1997年版，第269页。

构。随后，中央和地方行政管理体制调整进入具体实施阶段。

在调整国家行政建制的同时，中共中央加强了党对政府工作的领导。1953年3月，中共中央要求政府工作中的重要方针、政策、计划和重大事项均须事先请示中央，并经过中央讨论和决定或批准后始得执行。政府各部门对于中央的决议和指示的执行情况及工作中的重大问题，均须定期地和及时地向中央报告和请示，加强了中央的直接领导。[①] 中央决定加强政府各部门的党组工作，直接受中央领导，撤销政府党组干事会。同时，中央规定文教工作由习仲勋负责，直接向中央负责。[②]

在这种情况下，中央人民政府考虑调整全国行政机构的建制问题。1954年6月19日，中央人民政府委员会第32次会议通过《关于撤销大区一级行政机构和合并若干省、市建制的决定》。各大区机构撤销以后，部分省市的建制予以撤销合并，如辽东、辽西两省建制撤销合并为辽宁省，松江省建制撤销与黑龙江省合并为黑龙江省，沈阳等十一个中央直辖市改为省辖市。[③] 从1952年底开始调整大行政区（军政委员会）机构到1954年6月正式撤销大区行政机构，中共中央逐步加强了对政府工作的集中、统一领导，为有计划的经济建设和文化建设提供了组织保障。

（二）文化行政体制初步调整（1952年底至1954年6月）

自1952年下半年起，中央人民政府在调整国家行政管理体制同时，也调整了文化体制。

首先，加强文委领导。国家进入大规模经济建设之际，政务院总理周恩来很快提出加强文教工作的问题。1952年10月24日，周恩来在政务院第156次会议上强调，文化建设要现在开始着手，而不是将来的事情，更不能等待。为此，他认为必须加强文委的领导。他指出："最近半年来，我们考虑，为了使文委的工作更有计划，需要把文教工作由分散管理逐步改变为集中管理。过去分散管理是对的，现

[①] 《建国以来重要文献选编》第4册，中央文献出版社1993年版，第67页。
[②] 《建国以来重要文献选编》第4册，中央文献出版社1993年版，第70页。
[③] 《建国以来重要文献选编》第5册，中央文献出版社1993年版，第317—318页。

在要加强计划性，就需要集中。同时，文委的领导要加强。教育部要分为高等教育部和普通教育两个部，并单独成立扫盲的工作机构。科学院也要加强，要派干部进去。卫生部和文化部也要加强。……文委所属的单位还有新华社、广播局、出版机构等，方面很多，都需要扩大和加强。文委的领导加强以后，就要同财委一样，负起政务院分院的责任来。这样，各部门请示的事情就可以比较迅速地得到解决，文委发现的一些问题，也可以及时提到政务会议上讨论解决。"① 在这之前的 8 月 7 日，中央人民政府委员会第 17 次会议任命习仲勋为政务院文教委员会副主任。这样就把习仲勋从西北军政委员会副主席的位置上调到北京任职。② 很快，习仲勋就接替陆定一任中宣部部长兼任文化教育委员会副主任、党组书记。这一重大人事调整，加强了思想文化工作的力量。对此，有评论指出："习仲勋担任中共中央宣传部长期间，中国共产党的思想文化教育工作顺利实现了第一次重大转变，即由过去着重于新民主主义纲领和方针政策的宣传，配合各方面的新民主主义建设进行思想教育工作，转向用党在过渡时期的总路线和社会主义的思想来宣传教育人民，统一了思想，为实现党的过渡时期的总路线创造了良好的舆论环境。"③ 尽管这里没有明确说明习仲勋为文化建设所做的贡献，但这个评价同样适用于他在文化建设上的贡献。

其次，调整文化行政机构。1952 年 11 月，中央人民政府在设立国家计划委员会的同时，政务院还设立了高等教育部、扫除文盲委员会和体育运动委员会，加强国家对文化教育事业的统一管理，进一步完善文化行政管理体制。12 月 12 日，中共中央还明确规定：原大行政区的文化教育委员会一律改为行政委员会的文化教育委员会。大行政区委员会所属的文化教育委员会下设一个办公室、四个局——教育局、卫生局、文化局和干部教育局，一个扫盲工作委员会及一个计划

---

① 《周恩来文化文选》，中央文献出版社 1998 年版，第 56—57 页。
② 习仲勋任文教委员会副主任、党组书记的时间自 1952 年 8 月至 1953 年 9 月。任中宣部部长时间是 1953 年 1 月—1954 年 6 月。1953 年 9 月，中央人民政府委员会第二十八次会议任命习仲勋为政务院秘书长。
③ 《习仲勋传》（下卷），中央文献出版社 2013 年版，第 213 页。

财物处。另外，在华东、中南、东北三个大区还增设一个对外文化联络事务处。中央高等教育部在华东、中南、西南三个大区设立高等教育局，中央出版总署在各个大区应设立新闻出版处。体育运动委员会在工作上委托文委联系指导。① 中央人民政府国家计划委员会内设机构里有文教卫生计划局，负责文教卫生事业发展计划的审查、草拟及核定工作。1953年1月24日，习仲勋在各大区文委主任会议上就文教机构的编制和原则，指出：

> 关于机构编制方面，省以下暂不作决定，需要与编制委员会详细研究之后，再由政务院统一规定。大区文委的机构编制问题可先确定下来，计：华东430人，中南360人，东北315人，西南285人，西北260人，华北250人。这个数字是一般规定，各大区尚可和大区编制委员会商量调整。
>
> 体育和扫盲是两种新的工作，需要设置各级机构，我们建议省的体育运动委员会，甲等省设工作人员15人，乙等省设10人，丙等省设8人；扫盲工作委员会甲等省设20人，乙等省设15人，丙等省设10人。
>
> 我们在机构编制问题上的原则是：组织机构力求精干，除中央决定新设机构外，一般不再扩大编制。层次要减少，人员要精简，减少事务勤杂人员，并尽可能做到合署办公。人事要调整一下，不称职的和不适宜在本机关工作的不要摆在编制内，各地原来编制缺额很大，应先行充实健全起来。②

1953年2月13日，中央发出《关于建立计划机构的通知》，要求中央一级文教部门必须迅速加强计划工作，建立起基层企业或基层工作部门的计划机构；文教部门所编制的计划，除直接报送主管上级外，同时要将计划副本抄送大区、省、市的计划局或处；同时要迅速

---

① 《中共中央关于改变大区政府机构与任务的决定（节录）》，《中华人民共和国史编年（1952年卷）》，当代中国出版社2009年版，第742—743页。
② 《1953年文化教育工作的方针和任务》，《教育文献法令汇编·1953》，中华人民共和国教育部办公厅1955年编印，第7页。

配备文教计划的干部等。① 实际上，国家计划委员会是中央人民政府编制及检查文教事业的长期计划和年度计划的工作机关，而编制好的文教事业计划中的日常具体任务则由文委等机构分别负责并组织实施。这样，计划委员会是专门从事计划编制的机构，文教委员会及文化机构则是具体实施的机构。1953年3月，为加强党对文教工作的领导，中央决定文教部门执行请示报告制度，文教工作由习仲勋直接向中央负责。② 9月，文化部党组向中央提出整顿和加强各级文化行政部门领导机构。具体做法是："（1）中央文化部直属部门和事业单位，应根据精简原则，进行必要的调整和裁并，以减少层次，提高工作效率。（2）省、市文化主管部门，目前机构尚不健全，除提高其领导工作的政治思想水平外，应健全其本身机构，并建立经常业务。（3）县级文化行政机构，亦须逐步建立，以资专责，在不增加编制的原则下，由文教科抽调一、二人，或另调干部，逐步实行文教分科，并建议先从特等、甲等县做起。"③ 1954年1月，中共中央针对文化部党组的意见批示："为加强各级政府文化行政部门本身的领导，除应健全各省、市文化局（处）的机构外，同意在不增加编制，统一调配的原则下，逐步实行县文教分科；在不能分科的县份，文教科亦必须有一专人（最好是副科长）专管文化工作。"④

以吉林省的工作为例，1954年2月，吉林省文教委员会为贯彻中共中央和文化部加强各级人民政府行政部门领导的意见，提出在不增加编制的原则下，将吉林省主要市县文教工作分开，健全文化主管部门的组织机构。吉林省的具体做法是：

> 延边自治区人民政府设文化处，编制5—7人，吉林市分设文化科编制5—7人，榆树、永吉、农安、怀德等甲等县文化科各设3人，九台、扶余、德惠、延吉等乙等县文化科各设2人。

---

① 《中共中央关于建立计划机构的通知》，《建国以来重要文献选编》第4册，中央文献出版社1993年版，第62—63页。
② 《建国以来重要文献选编》第4册，中央文献出版社1993年版，第70页。
③ 《建国以来重要文献选编》第5册，中央文献出版社1993年版，第37页。
④ 《建国以来重要文献选编》第5册，中央文献出版社1993年版，第21页。

其他各县待取得显著经验后,再逐步分开。这样就能够加强对于县、区文化工作的领导,保证方针政策的贯彻与具体任务的执行,从而给全省文化工作的开展提高创造先决条件。①

1954年6月,各大区撤销后,各大区文委也予以撤销。与此同时,各省、市文委(或文教局)等机构进行相应调整。这里再以吉林省文化机构调整情况为例,加以说明:

> 东北大区撤销和新省份的建制划分与合并,增加了新的工作任务。……文化艺术事业的发展和从事此工作的人员是有限的,不能及时指导工作,特别是散在县里的文化馆、电影院、业余剧团和农村的俱乐部,电影放映队等不能全面掌握。省局除全面领导和重点掌握各国营剧团及电影院、队、典型文化馆、站工作外,其他分散在各市、县的文化机构和艺术单位只有依靠县级文教部门领导。但大部分县并没有专一的文化行政机构,各县只在文教科设文化科员一名,而又身兼数职。有的县文化科员还兼作文书、宗报(似为教)、统计、体育等工作,省是以一独立局的工作范围向下垂直,但到县里只有一名干部并仅以部分的精力来承担,工作效果就可想而知了。况且各市、县重教轻文的思想还很严重,使唯一的文化科员还身兼数职就是例证。其他如抽调县文教科员搞普选,推广丰产经验等临时工作时,一般都是以负文化工作责任的科员担任,使其不能从事本身业务的事例亦比较普遍。这些就是造成省、县间业务联系及方针政策贯彻上的中断现象及工作无人负责,政令不能施行等严重现象的原因。
>
> 根据中央文化部在一九五三工作报告中提到"应健全各级(主要省、市级以下)文化主管部门的组织机构,县级应在统一调配,不增加编制的原则下,先从特等、甲等县开始,逐步实行文教分科,使文化工作能有专责管理的机构"(已经政务院通

---

① 《吉林省文化工作文件选编·机构沿革、干部任免、综合卷(1950年—1966年)》,吉林省文化厅1987年编印,第4页。

过)。我们认为这是适应国家五年建设计划需要作好文化艺术工作的重要措施,因此,我们提议:在统一调配,不增加编制的原则下,将我省各市、县专署,除已分开的延边自治区、长春市、吉林市、通化市、辽源市、延吉市和扶余、怀德、榆树县外,其他各专署和县(旗)分开成立文化科。其具体意见为:白城子专署六至七人,通化专署六至七人,各县二至三人(乙等县三人丙等县二人)……①

这里反映了省、市、县文化行政机构设置的部分情况。一般情况下,省级文化行政机构相对健全,到市、县则由于受多方面因素制约,在人员和机构设置上有不足,这就容易对党和国家文化方针与政策在贯彻执行上造成脱节现象,因此很难适应大规模经济建设的需要。在过渡时期总路线和总任务的要求下,全国各地文化行政机构根据国家的部署进行相应调整,有利于加强党和国家对文化工作的统一领导,并为实现新民主主义文化向社会主义文化的转变奠定组织基础。

二 一届全国人大会议之后文化行政机构的调整

1954年9月之前,我国行政体制是以《中华人民共和国中央人民政府组织法》为基础来构建的。新中国成立之初,这种行政体制适应了国民经济恢复和发展的需要。但这种行政体制不完全适应国家计划经济建设的开展,确实有必要进行调整。随着全国人民代表大会的召开,国家行政体制面临重大调整。

(一)国家行政体制的调整

1954年9月中下旬,第一届全国人民代表大会第一次会议(简称一届全国人大会议)召开。会议的首要任务是制定中华人民共和国宪法。9月20日,一届全国人大会议通过《中华人民共和国宪法》(简称"五四"宪法)。宪法从经济上保证由复杂的经济结构过渡到

---

① 《吉林省文化工作文件选编·机构沿革、干部任免、综合卷(1950年—1966年)》,吉林省文化厅1987年编印,第4—5页。

单一的社会主义经济结构，从政治上保证实现工人阶级领导、以工农联盟为基础的人民民主权利，从文化上保证不断改进人民的精神文化生活需求。"五四"宪法属于社会主义类型的宪法，体现出新民主主义社会过渡到社会主义社会的特点。"五四"宪法对国家行政体制作出调整和完善。

一届全国人大会议召开前，新中国的行政管理体制是中央人民政府下辖政务院的两级政府体制。一届全国人大会议召开后，新中国的行政管理体制由中央人民政府下辖政务院的两级政府体制改为国务院即中央人民政府的一级政府体制。"五四"宪法所指的人民政府，包括国务院到省、市、县、乡的各级国家行政机关。国务院，是国家最高权力执行机关，统一领导全国各级地方国家行政机关。全国地方各级人民政府是国务院统一领导下的国家行政机关，服从于国务院。地方各级人民政府，执行本级人民代表大会决议和上级国家行政机关的决议和命令，对本级人民代表大会和上一级国家行政机关负责并报告工作。这种集中统一领导的行政管理体制，结束了1949年以来所形成的行政管理体制，构建了过渡时期乃至后来社会主义建设时期行政管理体制。对于这种调整，有学者认为："建立这种垂直领导与双重领导相结合的行政领导关系，总的有利于加强国家行政工作的集中统一领导，同时比过去减少了行政层次，提高了行政效率。"①

（二）文化行政体制的调整

"五四"宪法中明确规定国务院有"管理文化、教育和卫生工作"的职权。② 1954年9月28日公布的《中华人民共和国国务院组织法》中设立的文教各部是文化部、高等教育部、教育部、卫生部、体育运动委员会。③ 沈雁冰为文化部部长，杨秀峰为高等教育部部长，张奚若为教育部部长，李德全为卫生部部长，贺龙为体育运动委员会

---

① 中共中央党史研究室：《中国共产党历史第二卷》（上册），中共党史出版社2011年版，第258页。
② 《建国以来重要文献选编》第5册，中央文献出版社1993年版，第533页。
③ 《建国以来重要文献选编》第5册，中央文献出版社1993年版，第552页。

主任。① 11月10日,国务院发出《关于国务院直属机构的组织分工等问题的通知》。通知指出:国务院设第二(文教)办公室,负责掌管文化部、高等教育部、教育部、卫生部、新华通讯社、广播事业局的工作;原政务院所属的文教委员会应当结束工作;原中央人民政府扫除文盲委员会的工作移交给教育部,原中央人民政府出版总署的工作移交给文化部;原中央人民政府政务院所属的科学院不再作为国务院的组成部分,但中国科学院的工作仍受国务院指导;各省、自治区、直辖市的文化教育委员会在本级人民代表大会选出之前仍正常工作。各省、自治区、直辖市人民政府所属新闻出版处、室归并到文化局(处)。政府机构都称为中华人民共和国××部或中华人民共和国×××委员会,简称××部或×××委员会等。② 11月16日,国务院发出《关于改组文化部及出版总署的决定》,出版总署撤销,其工作移交给文化部管理。③ 文化部设立出版事业管理局,管理全国出版行政工作。11月30日,出版总署正式结束。④ 1955年1月,政务院文教委员会领导的对外文化联络事务局改名为对外文化联络局,为国务院直属局。同年12月,国务院委托文化部掌管对外文化联络局的工作。通过这次文化体制的调整,文化部管理文化艺术、新闻出版、对外文化等方面职能得到加强。

在国家调整文化行政管理体制的同时,文化部积极调整文化行政工作关系。1954年,文化部提出要明确各项文化事业领导关系,指出:"凡是地方性的文化事业,都由地方政府管理,应该发扬地方的积极性和主动性。中央驻在地方的事业和企业机关,必须尊重地方的领导。地方文化行政机构一面要精简,一面要逐步健全起来。专署和县的文化行政领导必须积极加强,应在不增加编制,从地方编制内统

---

① 《中华人民共和国第一届全国人民代表大会第一次会议汇刊》,大会秘书处1954年编印,第556页。

② 《中华人民共和国国务院关于国务院直属机构的组织分工等问题的通知》,《山西政报》1954年第22期。

③ 《中华人民共和国文化部组织机构沿革及领导干部名录(1949.11—2010.06)》,文化艺术出版社2010年版,第4页。

④ 《中华人民共和国出版史料(一九五四年)》,中国书籍出版社1999年版,第562页。

一调剂的条件下,在专县一级实行文教分科,以加强对基层文化工作的专职领导。"① 这是从理清文化事业、企业领导关系的角度对文化行政机构问题作了初步规定。在此基础上,1955年6月7日,国务院发出《关于专署和县人民委员会建立文化科的通知》,指出:为了加强专署和县人民委员会对基层文化工作和文化事业的管理,特别是加强对农村群众文化工作的领导,在不增加总编制和由文教机关统一调配的原则下,专署和县人民委员会都应实行文教分科,建立文化科的机构;对于不具备分科条件的县,可暂在文教科内指定副科长(没有副科长的可指定一个能力较强的科员)专管文化工作。② 1955年11月25日,国务院常务会议批准《文化部关于文化行政部门所属文化事业领导关系的规定》。规定要求:1. 地方文化事业和文化工作一律由地方人民委员会领导和管理;文化部根据中央的方针政策,加以指导和检查。地方文化事业计划,由各地地方人民委员会根据国家计划委员会所发的控制数字和当地具体情况制订,送国家计划委员会和文化部审核、汇总和批准。地方文化事业和文化工作的财务预算,由地方人民委员会编制,列入地方预算,并且监督它们的执行。各项文化事业的全国性的统一的标准和制度,由中央制定。地方人民委员会可根据中央的统一的标准和制度,对地方文化事业因地制宜地制订地方性的标准和制度。2. 原由文化部直属的文化事业和企业,除一部分仍由文化部直接管理外,一部分应该划归地方人民委员会管理。根据这个原则,文化部和地方政府机构就电影发行、新华书店分店、书刊印刷、艺术院校、剧院(团)、纪念性建筑物等文化事业和企业的领导管理进行了具体分工。3. 地方文化行政机关是地方人民委员会的一个工作部门,对地方人民委员会负责,它们的工作应请示报告地方人民委员会。其中关于方针政策性的问题和关系重大的问题,地方人民委员会认为需要请示报告中央的,由地方人民委员会请示报告国务院;国务院可以责成文化部或其他有关部门办理。关于日常具体事

---

① 《文化工作文件资料汇编(一)(1949—1959)》,中华人民共和国文化部办公厅1982年编印,第41页。
② 《文化工作文件资料汇编(一)(1949—1959)》,中华人民共和国文化部办公厅1982年编印,第401页。

务，地方文化行政机关可以直接与文化部联系，或请示文化部解决。①1956年7月，文化部发出《关于加强对于民间和私营文化事业、企业领导管理和社会主义改造给国务院的请示报告》。报告指出："民间和私营文化事业、企业，是我们国家长期积累起来的宝贵财富，也是今天国家整个文化事业的重要组成部分。"② 为此，文化部提出了改造民间和私营文化事业、企业的原则和方式方法等。

与此同时，地方各级文化行政机构按照国务院和文化部要求逐步建立起来。这里以吉林省文化行政机构的设立情况来说明情况。1955年6月18日，吉林省编制委员会向吉林省文化局发出《关于转发国务院（55）国二文习字第五十九号文件的函》，指出：

省文化局：

兹将中华人民共和国国务院（55）国二文习字第五十九号文件关于专署和县人民委员会建立文化科的通知转去，请速阅，并结合该通知精神，结合我省实际情况提出各县设置文化机构的意见。③

1955年6月29日，吉林省文化局就机构及编制设置情况提出意见：

省编委会办公室：

关于在专署和县人民政府建立文化科问题，我们感到这是我省文化工作中亟待解决的关键问题，因为我省目前专署和县对农村文化工作的领导力量非常薄弱，一般县份仅在文教科内设一名科员作文化工作，但往往还兼作体育、宗教等工作。由于专署和县人民委员会文化工作领导机构不健全，严重地影响了文化工作方针政策的贯彻。……我们提出如下意见：

---

① 《文化工作文件资料汇编（一）（1949—1959）》，中华人民共和国文化部办公厅1982年编印，第401—408页。

② 《文化工作文件资料汇编（一）（1949—1959）》，中华人民共和国文化部办公厅1982年编印，第410页。

③ 《吉林省文化工作文件选编·机构沿革、干部任免、综合卷（1950年—1966年）》，吉林省文化厅1987年编印，第13页。

一、怀德、德惠、扶余、延吉已建立文化科的县份，在这次整编中应继续健全与充实机构，科的编制从县总编制中解决，设三至四人。

二、通化、白城专署及永吉……二十万人口以上县份，实行文教分科建立文化科，编制设三至四人，由县总编制或文教科原编制中调剂解决。

三、桦甸、敦化……二十万人口以下及十万人口以上的县份和个别不足十万人口文化事业较多的县份，亦实行文教分科建立文化科，编制设二至三人，由总编制或文教科原编制中调剂解决，如实有困难可暂占文化事业编制一人。

四、瞻余、长白……十万人口以下的县份，如工作上目前还不急需实行文教分科，应在文教科正、副科长中指定一人专管文化工作，一名科长者亦必须兼管文化工作。另需指定能力较强的一名科员专作文化工作。但上述县份如需实行文教分科者，编制来源可采取第三点办法解决。①

从以上材料看出，《宪法》通过后，我国文化行政机构建立起以省、市、县为基础的文化行政体制。一届全国人大会议召开后，以文化部为中心构建的新的文化建制，加强了党和国家对文化事业的集中统一领导。尽管以后文化部门的内部机构和部门不断有所调整，但文化建制基本架构没有太大的变化，一直延续到"文化大革命"开始以前。在这种文化建制下，党和国家实现了对文化工作的统一领导，文化及文化事业纳入整个国家计划中。

---

① 《吉林省文化工作文件选编·机构沿革、干部任免、综合卷（1950年—1966年）》，吉林省文化厅1987年编印，第13—14页。

第四章　文化方针：走向"百花齐放，百家争鸣"

"方针合为时而制"。通常情况下，党和国家会根据形势发展的需要而制定相应工作方针。从新中国成立初期文化建设的实践来看，这一点也体现得很明显。具体来说，新中国成立之初，文化建设坚持了新民主主义文化总方针。但随着全国文化建设展开，各级文化行政机构提出了具体工作方针。1956年，国家明确提出发展文化科学事业的"百花齐放，百家争鸣"方针（简称"双百"方针）。此后，"双百"方针成为指导国家文化建设的方针，并沿用至今。本章围绕着新中国成立初期文化建设历程来分析文化方针的形成问题。

第一节　新民主主义文化总方针的倡导与宣传

一　新民主主义文化方针的倡导（新中国成立以前）

延安时期以来，中国共产党提出并倡导新民主主义文化。对此，毛泽东及党的其他领导人均有过论述。1949年3月5—13日，中共七届二中全会召开。毛泽东在报告中指出工作重心转移以及党拟决定采取的方针政策，其中强调要发展文化教育，却并未提到文化方针的问题。① 1949年5月，由智慧出版社编辑出版的《城市政策》一书，附录部分有"文教政策"，强调"文教方针"是：

文化方面　建立人民大众反帝、反封建的文化，亦即肃清残

---

① 《毛泽东选集》第4卷，人民出版社1991年版，第1428—1429页。

余的封建意识,买办文化,建立民族的、科学的、大众的文化。

教育方面 其主要方针在培养大批有文化知识,新科学技术和革命思想的各种知识分子,以应建设事业的需要。恢复和发展国民教育,新民主主义来教育新后代,培植新国民,有重点的社会教育,提高人民大众的觉悟和文化,动员人民大众积极参加生产建设,支援战争,至于新解放区的教育计划除基本精神上并无二致外,其教育方针有如下述之不同,即对新收复区学校方针是维持原状,加以必要的与可能的改良,使学校不致中断,原有知识分子不致疏散而安心工作学习。①

很显然,当时新中国文化建设突出强调的是新民主主义文化的总方针。

随着新政协会议的筹备以及全国政协会议的召开,新国家文化建设方针问题又提出来。1949年6月,徐特立强调:"中国国民文化与国民教育的宗旨,应当是新民主主义的。就是说,中国应当建立自己的民族的、科学的、人民大众的新文化与新教育。"② 1949年7月19日,中华全国文学艺术工作者代表大会通过的《大会宣言》中指出:"这些年的经验证明了毛主席文艺方针卓越的预见与正确。……今后我们要继续贯彻这个方针,更进一步地与广大人民、与工农兵相结合。"③ 1949年7月23日,朱德在中华全国第一次教育工作者代表会议筹备会上强调,全国教育工作者的大团结要有一个原则,一个目标。他说:"这个原则,这个目标,就是毛主席的方针,就是新民主主义革命的方针,就是新民主主义文化和新民主主义教育的方针。"④ 1949年7月23日,林伯渠在全国文学工作者协会成立大会上指出:"党的、非党的、老解放区的、新解放区的与待解放区的,城市的、乡村的各方面的文学工作者,在无产阶级思想的领导之下,在新民主

---

① 林明编:《城市政策》,智慧出版社1949年版,第17页。
② 徐特立:《在教师节谈新民主主义教育》,《人民日报》1949年6月6日。
③ 中华全国文学艺术工作者代表大会宣传处编:《中华全国文学艺术工作者代表大会纪念文集》,新华书店1950年版,第149页。
④ 朱德:《在全国教代筹备会上朱总司令讲词》,《光明日报》1949年7月28日。

主义文化的方针之下,结成坚强而又广大的统一战线"①。1949年9月,张江明强调:"新文化的方针应该怎样呢?我们应了解:新文化本身是不能决定的,它必须根据革命的性质来决定,因为新文化不仅要服务于新民主主义革命,而且要根据革命的性质来确定新文化的方针。""既然现阶段中国的革命是新民主主义革命,所以,新民主主义的文化便是目前中国民主革命阶段上的国民文化与国民教育的指导方针。"② 1949年9月29日,一届政协全体会议通过了《共同纲领》,正式确立新民主主义文化的方针。③

二 新民主主义文化方针的宣传学习（新中国成立以后）

中央人民政府成立以后,全国各地开展了大规模政治学习运动,其中一项重要内容是学习政协三大文件,尤其是学习《共同纲领》。

1949年10月8日,中共中央华中局宣传部要求华中全党政治学习的内容一律以人民政协的决议文件为中心,强调要深刻认识到中华人民共和国国体政体、国内国际统一战线以及研究当前包括文化教育在内的各种具体政策。④ 1949年10月21日,政务院文化教育委员会第一次委员会议就讨论了共同纲领的宣传问题。会议决定由沈雁冰、陈伯达、胡乔木、胡愈之、李德全、贺诚、周扬、沈志远、陈此生、钱俊瑞、艾思奇、吴晗、钱端升、费孝通、侯外庐等15人组成小组对这个工作加以专门讨论,并以沈雁冰为召集人。⑤ 在这之后,全国掀起了学习《共同纲领》等政治文件的高潮。1950年6月17日,郭沫若对全国学习《共同纲领》所达到的效果有段评述,他说:"通过对于政协三大文献,特别是《共同纲领》的学习,广大人民明确地认识了新中国与旧中国根本的区别。全国人民,特别是工人和农民,都增强了自己的新中国

---

① 林伯渠:《在全国文学工作者协会成立大会上的讲话》,《林伯渠文集》,华艺出版社1996年版,第601页。
② 张江明:《新民主主义讲话》,人间书屋1950年版,第172页。
③ 《建国以来重要文献选编》第1册,中央文献出版社1992年版,第10—11页。
④ 《关于学习人民政协文件的指示》,《开国盛典——中华人民共和国诞生重要文献资料汇编》(下编),中国文史出版社2009年版,第686—689页。
⑤ 《文化教育委员会成立　推定沈雁冰等十五人成立小组讨论共同纲领宣传问题》,《光明日报》1949年10月22日。

第四章 文化方针：走向"百花齐放，百家争鸣"

主人翁的感觉。新中国各民族的团结，也大大地增强了。很多的旧知识分子和公教人员，对过去的错误思想作了自我批评。所谓'中间路线'的错误思想的影响，基本上是廓清了。"① 同时，郭沫若也承认："对于根本大法《共同纲领》的执行，我们虽然做了不少一般的宣传，但是比较空泛，而缺少切合具体需要的深入的掌握。"②

新中国成立不久，全社会很快开展了全国性的政治学习运动，尤其是学习《共同纲领》这样的重大文献，充分表明党和国家极强的社会动员能力。那么，在这一宏大时代背景下，思想文化界是如何学习宣传新民主主义文化政策呢？具体来说，思想文化界同样立足于《共同纲领》关于文化教育政策的规定，进行了广泛的学习宣传，尤其是重点突出新民主主义文化的总方针。

首先，思想文化战线负责人着重强调新民主主义文化的总方针。1950年3月19日，中宣部部长陆定一谈到新中国的教育和文化时强调，毛泽东在1940年发表的《新民主主义论》是用马克思列宁主义的思想方法分析近代中国文化史最杰出的一部著作，其特点是从阶级观点上和国际文化与民族文化的辩证关系上深入阐明了中国新文化运动的性质、内容与前途。他指出，毛泽东所提示的新民主主义文化原则后来都规定在中国人民政治协商会议通过的《共同纲领》之中，并将其具体化为建设新中国文化教育事业的各项政策。在他看来，《共同纲领》第五章规定的原则与政策，"即是当前中国文化教育建设的总路线与总方针"。③ 同时，他指出，新中国文化建设要朝着两个目标去进行，其一是使文化事业从过去少数人的手里转到广大劳动人民的基础上；其二是使文化教育事业有效地为恢复与发展国家生产建设而服务，要使文化教育的普及与提高很好地结合起来，使理论与实践很好地结合起来。④ 1950年10月11日，新疆省文化教育委员会主任

---

① 郭沫若：《关于文化教育工作的报告》，中央人民政府政务院文化教育委员会编印：《文教参考资料丛刊·第十辑》，1951年2月10日，第2页。
② 郭沫若：《关于文化教育工作的报告》，中央人民政府政务院文化教育委员会编印：《文教参考资料丛刊·第十辑》，1951年2月10日，第5页。
③ 《新中国的教育和文化》，《陆定一文集》下卷，人民出版社1992年版，第417页。
④ 《新中国的教育和文化》，《陆定一文集》下卷，人民出版社1992年版，第418页。

邓力群也表示:"新中国文化教育的总路线和总方针,在我们国家的根本大法共同纲领中,已经作了明确的规定。""新中国的文化教育应为人民大众服务,我们要使文化教育事业从过去少数人的手里,转移到人民大众的基础上来,要使文化教育的普及与提高很好地结合起来。"①

其次,各级文教组织和团体深入学习新民主主义文化的内容。1949年10月7日,中国教育工作者代表会议筹委会招待人民政协教育界代表座谈共同纲领中的文化教育方针。柳湜在会上报告了解放区过去具体实施文教政策的情形,证明了民族的、科学的、大众的文教方针的正确。②北京市中小学教职员学习委员会规定1950年上半年学习计划里要求学习新民主主义文化的内容。③1950年3月,全国各大学都开设《新民主主义论》的政治课程。如北京大学拟定的第六个题目就是"新民主主义文化",学习时间为两周。④清华大学还邀请周扬作关于新民主主义文化的报告。⑤如此等等。

最后,文化界人士集中撰文阐述新民主主义文化的原则及方针。1949年10月,傅彬然在《新建设》⑥上发表《关于共同纲领中的文化教育政策》一文指出:"纲领第四十一条,是本章的总纲,它规定了今后我国文化教育的基本性质和中心任务。"在他看来,《共同纲领》关于文化方面的政策规定,看似熟悉,实则每一条都有极为深刻的意蕴。他以第四十六条之所以突出"教育方法"为例说:"原来政

---

① 《新疆省文化教育工作的方针和任务》,中央人民政府政务院文化教育委员会编印:《文教参考资料丛刊·第十辑》,1951年2月10日,第233—234页。
② 《人民政协教育界代表座谈共同纲领文教政策》,《人民日报》1949年10月9日。
③ 《北京市中小学教职员学习委员会关于一九五零年上半年学习计划》,《光明日报》1950年4月5日。
④ 静远:《学习新民主主义理论(一)》,《文汇报》1950年3月9日。
⑤ 黎南:《清华大学这样进行政策学习(三、四)》,《文汇报》1950年9月11日、15日。
⑥ 《新建设》前身为1947年在上海创刊的《中国建设》半月刊。1949年9月,《中国建设》被国民政府查封。《中国建设》停刊后,一些民主党派和无党派人士以团结学术工作者、促进新中国建设为宗旨,随即创办《新建设》。1949年9月8日,《新建设》创刊号出版。总编辑为费青。50年代初,该刊迁往北京,挂靠在《光明日报》。1959年,《新建设》总编辑费青病逝后,中宣部将其划归中国科学院哲学社会科学部领导。1966年,"文化大革命"发生以后,《新建设》停刊。

策，目标和达到政策、目标的方法之间，具有着必然的一贯的关系。有怎样的方针、目标，就有怎样的方法。"① 10月，邵荃麟在《学习》上发表《对于新民主主义文化的基本认识》一文，明确提出民族的、科学的、大众的新民主主义文化是一个整体概念，必须从历史唯物主义与阶级的观点去认识。他结合着《共同纲领》第五章的内容来分析了对于新民主主义文化的深入理解问题，强调了新民主主义文化的科学性。最后，他说："'民族的，科学的，大众的文化'……是一种崭新的民族文化。不仅将使我们民族得到高度的生活水平，并且将引导我们大步地踏向人类共同的文化。"② 1949年12月，邓初民在《中国政治问题讲话》中指出，中国革命在文化上要"建立人民大众自己的新文化——新民主主义的文化"③。他着重讨论了"五四"以来新文化发展阶段，并深入阐述了新民主主义文化的民族的、科学的、大众的内涵。12月，徐特立撰文分析科学化民族化大众化的文化教育的必要性，并强调中华人民共和国成立以后文化建设要从两个方面去展开：一是有步骤整理、继承自己的文化遗产，发扬先人创造文化的伟大精神；二是要学习苏联，并将其经验与中国革命具体实践结合起来。④ 1950年10月，何干之指出，新中国文化建设有两个基本方针，第一个是文化普及和文化提高相结合的方针，第二个是理论和实际相结合的方针。这两个方针各有针对，前一个是要保证文化事业从为少数人转移为劳动人民而服务，后一个是要使文化事业为恢复与发展国家生产建设而服务。⑤ 1951年，钟英编《新民主主义的文化与教育》，通过问答形式，将新民主主义文化教育的重要讲话、文章汇编起来，全面反映了新中国成立以后文化建设的重要进展。⑥ 此外，当时还出版了大量的新民主主义及新

---

① 傅彬然：《关于共同纲领中的文化教育政策》，《新建设》1949年第1卷第4期。
② 荃麟：《对于新民主主义文化的基本认识》，《学习》1949年第1卷第4期。
③ 邓初民：《中国政治问题讲话》，文化供应社1949年版，第7页。
④ 徐特立：《科学化民族化大众化的文化教育》，《徐特立文集》，湖南人民出版社1980年版，第389页。
⑤ 何干之：《新中国文化建设的基本方针》，《新建设》第3卷第1期，1950年10月。
⑥ 钟英编：《新民主主义的文化与教育》，新潮书店1951年版。

民主主义文化方面的通俗教材和教科书等。①

综上分析，新中国成立以前，党内外已经明确新中国文化建设的方针是新民主主义文化，亦即发展民族的、科学的、大众的文化。新中国成立伊始，思想文化界对于新民主主义文化方针进行过广泛的宣传学习。总体来说，新中国成立前后的一段时间里，党和国家将新民主主义文化作为新中国文化建设的总方针来对待，并要求在全社会进行宣传学习；同时，全社会通过学习也认可新民主主义文化总方针。

第二节　文教委统一领导下文化工作方针的变化

中华人民共和国成立以后，新中国文化建设总方针虽然明确，但在实践中如何贯彻执行新民主主义文化的方针政策以及如何搞好文化建设，还有一个深入理解、不断探索的过程。前章指出，政务院文化教育委员会成立以后，其中一项重要职能是负责拟定全国文教工作方针。在其存续的几年时间里，文教委多次制定我国文教工作方针。以下简叙其过程。

一　国民经济恢复时期文化工作方针

（一）文教委拟定全国文化工作方针

1949年10月21日，政务院文化教育委员会召开首次会议，讨论了文教委的组织规程以及各部、院、署的设置，但没有讨论具体的文化教育工作方针。② 1950年2月5—6日，政务院文化教育委员会召开第二次全体会议。这次会议通过了1950年文教委员会工作计划草案。3月27日，政务院第24次会议批准实施该计划草案。在这份计划草案中，文教委员会正式提出了1950年文教工作的基本任务和总的方针。如下所示：

---

① 1949年11月，出版总署统计过当时翻印及出版的新民主主义方面的著作情况。参见《中华人民共和国出版史料（一九四九年）》，中国书籍出版社1995年版，第576—583页。
② 《文化教育委员会成立　推定沈雁冰等十五人成立小组讨论共同纲领宣传问题》，《光明日报》1949年10月22日。

第四章 文化方针：走向"百花齐放，百家争鸣"

一九五零年本委的基本任务，是恢复全国被匪敌所破坏的文教事业，巩固和发展已有的人民文化教育事业，根据人民政协共同纲领所规定的文教政策，把握重点，稳步前进，奠立新民主主义文化教育的各种工作基础，作为迎接不久即将到来的文化高潮的准备条件。今年文教工作总的方针是：（一）扩大文化教育的普及，以提高一般人民首先是工农兵的文化生活；（二）加强文化教育科学卫生事业与国家生产建设的密切配合；（三）配合国家建设需要，培养大批工农干部与建设人才；（四）扩大新民主主义与共同纲领的宣传教育；（五）有步骤有重点地改革旧的文化教育内容及制度。①

文教委作为新中国领导文教工作的最高行政机构，在遵循新民主主义文化总方针基础上提出了新中国文化工作的具体方针和任务。1950年6月23日，郭沫若强调"新旧交替的关节，对方针与任务使其明确化为全国文教的大问题"②。从这个意义上说，文教委制定文化工作的方针任务是对新民主主义文化总方针与文化教育政策进一步具体化和明确化。

1950年6月6—9日，中共七届三中全会在北京召开。6日，毛泽东在会上作《为争取国家财政经济状况的基本好转而斗争》的报告。在这份报告中，毛泽东肯定了政府在文化建设上取得的新成就，指出今后一段时期文化建设工作重点是"有步骤地谨慎地进行旧有学校教育事业和旧有社会文化事业的改革工作，争取一切爱国的知识分子为人民服务"③。毛泽东所强调的文教工作重点后来一度也被作为文化建设的方针与原则来对待。为此，1950年6月17日，文教委主任郭沫若在政协全国委员会第二次会议上表示，要诚心诚意地照着毛泽东在七届三中全会上的指示去做，摒除两种"不对的"偏差思想，"有步骤地""谨

---

① 《中央人民政府政务院政务会议文件汇辑》第2册，中央人民政府秘书厅1954年编印，第267页。

② 樊洪业主编：《中国科学院史事汇要·1950》，中国科学院院史文物资料征集委员会办公室1994年印，第68页。

③ 《毛泽东文集》第6卷，人民出版社1999年版，第71页。

慎地"进行文化教育改革工作；同时，他还强调"我们在文教事业建设中应坚持理论与实际相结合，提高与普及相结合的方针"①。但是，他也指出，新中国成立以后我国文化建设在执行这个方针时出现过一些偏差，必须予以纠正。郭沫若所强调的文教方针与文教委在1950年提出来的方针是一致的，但在具体方面有所补充。自此之后，文教工作的方针问题基本上得到解决。1951年10月25日，郭沫若在政协全国委员会第三次会议上再次谈到文教事业发展情况时就没有再强调文化工作方针的问题了。② 这表明，文教委在1950年初提出文教工作方针以后沿用了一段时间。

（二）文教委指导下各部、院、署确定具体工作方针

在政务院文教委统一领导下，文教各部、院、署结合实际提出了开展工作的具体方针。

1. 文化艺术工作方针

中央人民政府文化部成立以后，在贯彻新民主主义文化总方针的指导下拟订了文化艺术工作方针。1950年，文化部提出全国文化艺术工作总方针是："普及与提高人民新的爱国的文化，而以普及为第一位的任务。"③ 具体来说，文化部是要在文化上的新旧统一战线与公私兼顾的原则下，一方面巩固和发展新的文化艺术事业，另一方面有步骤有重点地改革旧有文化艺术事业；一方面巩固和发展国家经营的文化艺术事业，另一方面领导私人经营的文化艺术事业，并有重点地扶助这些事业，使其更有计划性，而能与国营的文化艺术事业取得良好地配合。

1950年4月19日，中宣部部长陆定一谈到新中国文艺工作方针时强调："中国文学艺术工作者是以毛泽东同志一九四二年在延安文艺座谈会上的讲话作为文艺政策的基本方针，这即是说：文艺必须服务于政治，服务于工农兵。文艺必须与群众相结合，而以向工农兵的普及作为它第一位任务。文艺的普及与提高工作应该很好地结合——文艺应该在

---

① 郭沫若：《关于文化教育工作的报告》，中央人民政府政务院文化教育委员会编印：《文教参考资料丛刊·第十辑》，1951年2月10日，第13页。
② 郭沫若：《关于文化教育工作的报告》，《光明日报》1951年11月5日。
③ 《文化工作文件资料汇编（一）（1949—1959）》，中华人民共和国文化部办公厅1982年编印，第1页。

提高的指导下进行普及，在普及的基础上提高。"① 1951 年、1952 年，文化部在开展文化艺术工作之时，大体上延续了原来的提法。1952 年 9 月，文化部部长沈雁冰还指出："新中国文化艺术工作的基本方针是面向工农兵，为工农兵服务；普及第一，在普及的基础上提高；批判地接受并发扬民族文化艺术传统；有步骤有重点地发展新文化艺术事业。"②

2. 教育工作方针

中央人民政府教育部成立后，《共同纲领》规定要把新民主主义教育作为全国教育工作的方针。对此，教育部部长马叙伦指出，新中国的新教育是新民主主义的，即民族的、大众的、科学的教育；强调中央人民政府和各级人民政府必须推行新教育，要按照《共同纲领》的规定有步骤有计划地对旧教育作根本改革。③ 可是，新中国成立之初，我国教育发展面临极为复杂的形势，要同时对旧教育的改革和新教育的建设。为此，教育部结合我国教育实际以及国家建设对人才培养的要求提出了教育工作方针。

1949 年 12 月 23—31 日，教育部在第一次全国教育工作会议上明确提出今后教育工作方针是"普及与提高的正确结合，即在提高的指导下普及，在普及的基础上提高"，"在今后一个相当长的时期内应以普及为主，除了必须维持原有学校继续加以改进外，教育应着重为工农服务"。④ 1951 年 5 月 18 日，政务院第 85 次政务院会议明确 1951 年全国教育工作方针如下：

（1）大力开展抗美援朝的爱国主义教育，彻底肃清帝国主义，首先是美帝国主义在中国的文化侵略影响。

（2）继续贯彻教育为国家建设服务的方针，与经济、国防、政法、文化等建设事业密切配合，培养各种建设人才，首先是经济

---

① 《陆定一文集》下卷，人民出版社 1992 年版，第 422 页。
② 沈雁冰：《三年来的文化艺术工作》，《人民日报》1952 年 9 月 27 日。
③ 《马叙伦部长在第一次全国教育工作会议上的开幕词》，教育部办公厅编：《教育文献法令汇编 1949—1952 年》，1958 年 6 月，第 5 页。
④ 《关于第一次全国教育工作会议的报告》，教育部办公厅编：《教育文献法令汇编 1949—1952 年》，1958 年 6 月，第 14 页。

建设人才；坚持教育为工农兵服务，各级学校为工农开门的方针，切实实行教育事业中的公私兼顾与城乡兼顾的原则。

（3）着重进行各级学校的调整、统一、整顿、巩固的工作，为今后的发展准备条件。

（4）采取切实有效的步骤，贯彻毛主席"健康第一"的方针，增进学生健康，并在现有基础上适当改善中、小学教师的待遇。①

1952年9月5日，政务院第149次政务会议批准全国教育工作的方针是"结合着抗美援朝、增产节约、思想改造三大中心任务，运用革命的精神和办法，继续整顿和发展人民教育事业，有重点地加速培养建设干部，提高工农群众的文化水平"。②

3. 卫生工作方针

1949年9月、10月间，中央军委卫生部召开卫生行政会议确定全国卫生建设的总方针是"以预防为主"，并确定卫生工作的重点要放在保证生产建设和国防建设上，要面向农村、工矿，依靠群众。③ 1950年8月，卫生部与中央军委卫生部联合召开第一届全国卫生会议，确定"面向工农兵""预防为主"和"团结中西医"为卫生工作的三大方针。④ 1952年12月，卫生部与中央军委卫生部联合召开第二届全国卫生会议。周恩来总理在会上强调卫生工作必须与群众运动结合才能将成就巩固起来并向前发展。为此，他建议今后卫生工作应该增加一条"卫生工作与群众运动相结合"的原则。会议接受了周恩来的建议，明确提出今后卫生工作方针是"面向工农兵""预防为主""团结中西医"以及"卫生工作与群众运动相结合"。⑤

---

① 《关于1950年全国教育工作总结和1951年全国教育工作的方针和任务的报告》，中华人民共和国教育部办公厅编：《教育文献法令汇编1949—1952》，1958年6月，第18页。

② 《教育部1952年工作计划要点》，中华人民共和国教育部办公厅编：《教育文献法令汇编1949—1952年》，1958年6月，第21页。

③ 《中央卫生部李德全部长关于全国卫生会议的报告》，中央人民政府政务院文化教育委员会编：《文教政策汇编·第2辑》，1951年，第198页。

④ 《中央卫生部李德全部长关于全国卫生会议的报告》，中央人民政府政务院文化教育委员会编：《文教政策汇编·第2辑》，1951年，第199页。

⑤ 《第二届全国卫生会议闭幕》，《人民日报》1953年1月4日。

4. 出版工作方针

1950年9月15—25日,出版总署召开第一届全国出版会议。胡愈之在会上作《论人民出版事业及其发展方向》的报告。他强调:"我们出版工作者,在执行行政或业务中,不可能有别的政策,只能有一个《共同纲领》所规定的总政策;不可能有别的方针,只能有一个新民主主义的即人民民主主义的总方针。"① 会议确定:共同纲领是出版工作者一致遵守的原则;为人民大众的利益服务是人民出版事业的基本方针。新中国人民出版事业要认真地执行民族的、科学的、大众的文化教育政策,坚决地与封建的、买办的、法西斯主义的思想作斗争。为了实现这个基本方针,出版事业必须因时制宜、因地制宜,和人民的实际需要相结合。② 1951年3月23日,政务院批准出版总署提出1951年工作方针是:

(1) 一九五一年出版工作,首先应遵照中央人民政府政务院《关于改进和发展全国出版事业的指示》,切实执行第一届全国出版会议的五项决议。主要的是继续贯彻出版、发行、印刷企业的分工专业化,调整公私关系,消除全国出版事业上的无组织无计划现象,加强有组织的领导,走向逐步计划化。在这一过程中,一九五一年应成为具有决定性的一年。

(2) 一切出版、发行工作应以扩大爱国主义,国际主义的反帝、反侵略的宣传教育为中心政治任务。在目前,尤应加强抗美援朝、镇压反革命、土地改革及保卫世界和平的宣传,并与国防经济建设的实际需要相结合。切实实现对美国津贴的出版印刷发行机关的处理,并严格取缔反动书刊的进口。

(3) 为了配合干部教育和工农兵教育的迫切需要,应大力供应初级和中级的文化、政治课本和读物,大量供应人民教育馆用的

---

① 胡愈之:《论人民出版事业及其发展方向》,《第一届全国出版会议纪念刊》,人民出版社1951年版,第40页。
② 《出版总署关于发布第一届全国出版会议五项决议的通知》,中国出版科学研究所、中央档案馆编:《中华人民共和国出版史料(一九五〇年)》,中国书籍出版社1996年版,第646页。

通俗读物,并广泛展开读书运动。

(4)本年度出版、发行、印刷企业,一般地应就一九五零年已获得的成就为基础,加以稳定和巩固,并进行有计划有步骤的兴革,以求加强效率,减少浪费。在西北、西南及偏远地区应有重点地加以发展,以逐渐扭转文化出版事业集中沿海大城市的偏向。①

1952年10月,出版总署召开第二届全国出版行政会议总结了三年来出版工作取得了初步成就,强调今后出版工作必须进一步计划化,指出今后出版工作的方针是"在进一步推行计划化的前提下,做到普及与提高并重"。②这次会议强调要按照服务于国家大规模经济建设的要求来安排出版工作。

5. 科学工作方针

1950年4月20日,中宣部部长陆定一指出:"新中国科学建设的基本方针,即是自然科学的研究与工业农业及国防建设密切地联结起来。新中国的科学将是为和平事业,为我国的繁荣而工作。"③ 1950年6月14日,政务院文化教育委员会明确提出我国科学工作总方针是:

> 人民政协共同纲领第五章文化教育政策,特别是其中有关科学工作的各条规定,就是今后我国科学工作的总方针。概括说来,就是要发展科学的思想以肃清落后的和反动的思想,培养健全的科学人才和国家建设人才,力求学术研究与实际需要的密切配合,使科学能够真正服务于国家的工业、农业、国防建设、保健和人民的文化生活。④

---

① 《中央人民政府出版总署一九五零年工作总结和一九五一年工作计划要点》,中央人民政府政务院文化教育委员会编:《文教政策汇编·第3辑》,1953年12月,第251页。

② 《中央人民政府出版总署第二届全国出版行政会议闭幕》,《人民日报》1952年11月3日。

③ 陆定一:《新中国的教育和文化》,《陆定一文集》下卷,人民出版社1992年版,第425页。

④ 《政务院文化教育委员会关于中国科学院基本任务的指示》,《建国以来重要文献选编》第1册,中央文献出版社1992年版,第284页。

1950年4月28日,文化教育委员会转呈政务院的《中国科学院暂行组织条例草案》中规定:"本院受政务院之领导及政务院文化教育委员会之指导,以实现新民主主义的文化教育政策为基本任务;有计划的发展自然科学并提倡用科学的历史观点推进社会科学的研究,以服务于国家建设并提高中国的学术水平。"① 1951年3月4日,政务院强调科学研究工作的四条办法。② 这是对科学工作总方针的具体落实。1951年9月13—24日,中国科学院召开第二次扩大院务会议,突出强调科学研究要坚持理论与实际相结合的方针。③

6. 体育工作方针

在新中国,中央人民政府高度重视体育,将其视为文化教育的重要内容。当时人认为,旧中国体育是和广大人民群众相脱离的;新中国体育则必须承担"为人民服务""为国防和国民健康的利益服务"的功能。④ 1949年10月26—27日,中华全国体育总会筹备会召开成立大会。青年团中央委员会书记冯文彬在筹备会上提出:"新的体育方针,就是新民主主义的。这就是说,体育应当是民族的、科学的、大众的。我们要把体育活动和一般新民主主义的建设结合起来,反对为体育而体育,脱离实际,脱离人民的思想和办法。"⑤ 为此,他具体分析了新民主主义体育所具有的民族的、科学的、大众的特征。这次会议上,新体育方针得到了与会者的认可,并强调这是今后中国体育发展的新方向。⑥ 1952年5月9日,中华全国体育总会筹备会发出通知,决定在6月20日召开中华全国体育总会成立大会,并制定今后开展体育运动的

---

① 《中国科学院暂行组织条例草案》,《科学通报》1950年第4期。
② 《政务院关于加强科学院对工业农业卫生教育国防各部门的联系的指示》,《建国以来重要文献选编》第2册,中央文献出版社1992年版,第100—101页。
③ 郭沫若:《为人民科学的发展与祖国建设的胜利而斗争》,政务院文化教育委员会办公厅编:《文教政策汇编·第3辑》,1953年12月,第237页。
④ 《朱副主席在中华全国体育总会筹备会议上的讲话》,《中华人民共和国体育运动文件汇编》第1辑,人民体育出版社1955年版,第8页。
⑤ 《新民主主义的国民体育——冯文彬在全国体育总会筹备会议上的报告》,《人民日报》1949年10月27日。
⑥ 《全国体育总会筹备会闭幕 通过筹备会章程选出筹备委员》,《人民日报》1949年10月28日。

工作方针。① 6月9日,毛泽东为中华全国体育总会成立大会题词:"发展体育运动,增强人民体质。"② 6月20—24日,中华全国体育总会成立大会正式召开,明确提出国家大规模经济建设开始之后体育工作的方针是:"在现有基础上,从实际出发并与实际相结合,使体育运动普及和经常化,积极地'发展体育运动,增强人民体质',为加强生产建设与国防建设而服务。"③ 随后,教育部、卫生部等八个机构和团体联合发出通知,要求贯彻落实并实现中华全国体育总会提出的方针任务以及毛泽东对于体育运动的指示。④

（三）各地文化行政机构制定工作方针

各地文化行政机构同样根据新民主主义文化的总方针提出了更为具体的文教方针。当然,这个过程不是一帆风顺的,而必须考虑国家对文化建设的要求以及各地文化建设的实际情况。

如浙江省,1950年,浙江省委宣传部部长沙文汉在省第一次文教卫生会议上表示,一方面要认识到新中国成立以后我们国家政治、经济、文化等方面所取得的成就;另一方面又要看到"由于整个的条件所限制,（即我们不能不首先巩固我们的国防,加强社会的改造,和首先着重于经济的发展）,使我们还不能分[出]很大力量来和文化落后与疾病灾害作斗争",但从长远考虑,必须重视解决文教卫生问题,尤其是文教方针的问题。他说:

> 要使我们文教和卫生工作能够做得更好,适合于今天和将来的要求,我觉得我们在方针上必须肯定如下的几点,这就是:
>
> （1）是发展的方针,要尽量发展,发展的重点第一是教育,与宣传改造思想以及解决人才和干部问题。第二是卫生,解决群众

---

① 《中华全国体育总会筹备委员会关于召开中华全国体育总会成立大会的通知》,《人民日报》1952年5月9日。
② 《毛泽东年谱1949—1976》第1卷,中央文献出版社2013年版,第563页。
③ 荣高棠:《为国民体育运动的普及和经常化而斗争》,《中华人民共和国体育运动文件汇编》第1辑,人民体育出版社1955年版,第16页。
④ 《关于贯彻中华全国体育总会成立大会的今后体育运动方针任务的联合通知》,《中华人民共和国体育运动文件汇编》第1辑,人民体育出版社1955年版,第19页。

人民切身痛苦问题和困难，第三是一般的文化。

（2）在发展的方针下，我们文教卫生工作要更明确地掌握如下的中心，即为国防服务，为生产建设作广义解，包括生产领导者，即政治工作干部在内服务。要为工农服务。（包括训练工农干部改变我们的干部成份问题。）①

各地文化行政机构立足于当地文化建设实际，同样提出了具有针对性强的工作方针。如西北局强调西北地区文艺工作方针是"普及第一，面向农村，同时兼顾城市的需要；创作第一，团结一切文艺工作者为完成当前的总的政治任务而写作；以写新型的作品为主，但同时必须尽量发展民间优秀文艺和改造旧的文艺。"② 上海市在文教工作中执行"稳步前进，量力而行，不打乱原有机构，团结广大知识分子，进行有步骤的改造"的方针。③ 北京市突出文教卫生要"为生产服务，为劳动人民服务"的工作方针。④ 中南区提出文学艺术要"坚持毛泽东文艺路线，贯彻普及方针"。⑤ 如此等等。

无论是国家文化行政机构，抑或是地方文化行政机构，在深入贯彻新民主主义文化总方针的基础上，提出了符合自己需要的具体工作方针，有利于进一步发挥开展文化建设的积极性和主动性。从某种意义上说，文教委及其领导下国家以及地方各级文化行政机构制定的文教工作方针是新民主主义文化总方针的明确化以及具体化。

二 计划经济建设时期文化工作方针

自1953年起，我国进入计划经济建设时期。这个时候，中共中央

---

① 《在浙江省第一次文教卫生会议上的讲话提纲》，华东师范大学中国当代史研究中心编：《沙文汉工作笔记1949—1954年》，中国出版集团东方出版中心2015年版，第178页。

② 《西北召开文艺工作干部会 张稼夫指示：普及第一创作第一》，《人民日报》1949年11月25日。

③ 夏衍：《上海市文教工作概况与今后工作任务》，中央人民政府政务院文化教育委员会编印：《文教参考资料丛刊·第十辑》，1951年2月10日，第284页。

④ 吴晗：《关于执行1950年度文教卫生工作计划的报告》，北京市档案馆、北京市委党史研究室编：《北京市重要文献选编1950》，中国档案出版社2001年版，第336页。

⑤ 《中南区文学艺术界联合会成立》，《光明日报》1951年11月23日。

加强了对政府部门工作的领导，要求专门讨论包括文教工作在内的政府部门计划，并由中央批准文教工作的计划及其工作方针。①

加强文教工作的计划性，是这个时期文化建设的重大转变。对于这种转变，政务院总理周恩来有过多次指示。如1952年7月25日，周恩来在政务院第146次会议上表示："我们国家要进行大规模的建设，一方面是进行经济建设，另一方面还要进行文化建设。……文化建设，又是教育、卫生当先。"② 又如1952年10月24日，周恩来在政务院第156次会议③上强调，经济建设和文化建设像一辆车子的两个轮子相辅而行，不能把文化建设看成是将来的事情，从现在起文教工作必须加强，不能削弱。④ 在他看来，加强文化建设要从两个方面进行：一是加强文教工作计划性，二是加强文委领导以及调整文教机构（对于这点，第三章已有论述，可供参考）。1952年底，在中共中央统一领导下第二项工作基本完成。

（一）政务院（后为国务院）文教机构制定文化工作方针

1953年1月13日至24日，各大行政区文化教育委员会主任会议召开。这些会议确定了文化建设必须遵循"按计划办事"的原则以及提出了改进文教工作的总方针。这条新方针被概括为"整顿巩固，重点发展，保证质量，稳步前进"（以下简称16字方针）。⑤ 具体来说，文教事业要将原有的工作加以提高，对不合理的现象加以整顿，保证集中力量办好重点事业，并使每一个专业部门能发挥它应有的力量，给今后文教事业的建设打下一个稳固的基础。这是文教委结合大规模经济建设的要求，在原来文化方针的基础上重新提出来的工作方针，应该说这条

---

① 《建国以来重要文献选编》第4册，中央文献出版社1993年版，第71页。
② 《周恩来文化文选》，中央文献出版社1998年版，第53页。
③ 郭沫若在这次会议上作《关于一九五二年几项文化教育工作的报告》。内容包括：知识分子的思想改造运动、高等学校的院系调整、爱国卫生运动、扫除文盲工作、人民电影和戏剧事业的发展。报告指出在一九五二年内，新中国的文化教育事业无论在恢复、整顿、改造和发展的各方面都有了重大的成就，并提出了今后各项工作的努力方向。参见《政务院举行第一五六次会议》，《人民日报》1952年10月26日。
④ 《周恩来文化文选》，中央文献出版社1998年版，第56页。
⑤ 《政务院文化教育委员会习仲勋副主任在大区文委主任会议上的总结报告》，政务院文化教育委员会办公厅编：《文教政策汇编·第六辑》，1953年12月，第13页。

新方针更加符合当时经济、社会发展的客观需要。在这条新方针的指引下，会议明确了1953年教育、卫生、文化艺术、扫盲、体育、科学研究、新闻出版的主要任务。1953年2月9日，文教委副主任习仲勋将各行政区文教委员会主任会议的情况上报毛泽东并中共中央。他在报告中强调，中央对于文教工作的方针和决定，亟须有计划地分期在报纸上交代清楚，以方便下面对计划的执行。① 1953年3月3日，中共中央批转了习仲勋关于文委会议的报告。这说明，中共中央同意了"整顿巩固，重点发展，保证质量，稳步前进"的文教方针。3月4日，中宣部发出《关于第一次党内通信情况通报》，要求政府文教机关制订计划必须贯彻"整顿巩固，重点发展，保证质量，稳步前进"的总方针。② 5月18日，中央政治局专门召开讨论全国文化教育工作的会议。毛泽东在会上肯定"整顿巩固，重点发展，保证质量，稳步前进"的方针很好。③

1953年6月，毛泽东以及中共中央根据我国经济社会的发展面临的形势和任务，酝酿提出了过渡时期总路线。④ 在毛泽东以及中共中央看来，过渡时期总路线是照耀各项工作的"灯塔"，各项工作离开了总路线，就会犯右倾或"左"倾的错误。⑤ 那么，随着过渡时期总路线的提出以及正式确立，文化建设又面临着遵循实现国家工业化和逐步实现社会主义改造的过渡时期总路线来提出今后工作方针和任务的问题。正如郭沫若所说："凡切合于总路线的想法和做法都应赞成，凡违背总路线的想法和做法都应反对。这是我们做好一切工作必须依据的大前

---

① 中央档案馆、中共中央文献研究室编：《中共中央文件选集（1949年10月—1966年5月）》第11册，人民出版社2013年版，第242页。
② 《中国共产党宣传工作文献选编1949—1956》，学习出版社1996年版，第517页。
③ 《毛泽东年谱1949—1976》第2卷，中央文献出版社2013年版，第98页。
④ 过渡时期总路线的完整表述为："从中华人民共和国成立，到社会主义改造基本完成，这是一个过渡时期。党在这个过渡时期的总路线和总任务，是要在一个相当长的时间内，逐步实现国家的社会主义工业化，并逐步实现国家对农业、对手工业和对资本主义工商业的社会主义改造。"参见：《建国以来重要文献选编》第4册，中央文献出版社1993年版，第700—701页。
⑤ 《毛泽东文集》第6卷，人民出版社1999年版，第316页。

提。"① 当然，文化建设也需要在总路线这个大前提下来展开。

1953年9月16日，文教委主任郭沫若在中央人民政府委员会第27次会议上作《关于文化教育工作的报告》，指出文教委为适应国家大规模经济建设的需要提出了"整顿巩固，重点发展，保证质量，稳步前进"作为今后改进文教工作的总方针，并强调今后要遵循过渡时期路线的要求来开展文化建设工作。② 1953年9月24日，中共中央在批转教育部党组等关于检讨官僚主义和对今后普通教育方针的报告等三个文件中明确指出："今后全部文教工作必须在中央的统一方针领导下，逐步纳入国家建设计划的轨道。但在具体执行中也必须照顾到各地区的不同情况，允许各地因地制宜，以发挥地方和人民群众的积极性、创造性（包括各个学校的积极性、创造性）。"③ 1953年10月1日，郭沫若在《人民日报》发表《四年来的文化教育工作和今后的任务》一文，再次重申了文教工作的16字方针。④ 1954年3月12—23日，政务院文化教育委员会召开第二次全国文化教育工作会议。会议明确1954年文化教育工作的方针是"遵循国家过渡时期总路线和第一个五年计划的基本任务，在现有工作的基础上，继续贯彻'整顿巩固，重点发展，保证质量，稳步前进'的工作方针"⑤。郭沫若在会议总结中指出："在贯彻这个方针时，要有全面的掌握，从当时当地的实际情况出发，按照计划，该整顿的整顿，该发展的发展，防止割裂地和片面地执行这个方针的偏向。"⑥ 随后，政务院及中共中央批准了1954年文教工作的方针。⑦

---

① 郭沫若：《全国文化教育工作会议闭幕词》，政务院文化教育委员会办公厅编：《文教政策汇编·第八辑》，1954年12月，第2页。

② 郭沫若：《关于文化教育工作的报告》，中华人民共和国教育部办公厅编：《教育文献法令汇编·1953》，1955年12月，第16页。

③ 中央档案馆、中共中央文献研究室编：《中共中央文件选集1949年10月—1966年5月》第13册，人民出版社2013年版，第352页。

④ 郭沫若：《四年来的文化教育工作和今后的任务》，《人民日报》1953年10月1日。

⑤ 习仲勋：《一九五四年文化教育工作的方针和任务》，政务院文化教育委员会办公厅编：《文教政策汇编·第八辑》，1954年12月，第10页。

⑥ 郭沫若：《全国文化教育工作会议的总结》，政务院文化教育委员会办公厅编：《文教政策汇编·第八辑》，1954年12月，第29页。

⑦ 中央档案馆、中共中央文献研究室编：《中共中央文件选集1949年10月—1966年5月》第16册，人民出版社2013年版，第182页。

1954年9月以后，政务院文化教育委员会撤销。文教委职能由国务院第二办公室承担。1955年5月19日至6月10日，国务院二办主持召开了全国文化教育工作会议。会议确定1955年文教工作贯彻"以提高质量为重点，有计划有重点地稳步发展，同时贯彻合理部署，统筹安排的方针"。[①] 1955年7月30日，全国人大通过的"一五"计划对文化工作提出不少新要求和新任务。1955年底到1956年初，随着社会主义改造和社会主义建设高潮的到来，党和国家又酝酿提出新形势下文化工作的方针。

(二) 文教各部制定工作方针

前文指出，1952年底，为适应计划经济建设时期的客观需要，我国文化行政机构已经在考虑提出新的文化工作方针。在这方面，文教委先行，其他文化行政机构在文教委领导下迅速跟进。与以往不同的是，这一次文化工作方针的调整还得到中共中央的认可及作出具体指示。

1. 文化艺术工作方针

1953年，我国文化艺术工作执行"整顿巩固，重点发展，保证质量，稳步前进"的方针，一方面积极发展文学艺术创作；另一方面推动整顿各项文化事业机构，加快文化的普及与传播。但是，文化艺术工作计划性不强，文化艺术事业的管理不严格、效率不高，以及工作中的主观主义、分散主义和官僚主义作风严重等问题依然没有解决。为此，文化部提出要加强对文化艺术工作的领导，并整顿和改进文化艺术工作。

1953年9月10日，文化部党组向中共中央提交了《关于目前文化艺术工作状况和今后改进意见的报告》。文化部党组在报告中不仅指出了四年来文化艺术工作取得的成就以及存在的问题，还明确提出在国家进行社会主义工业化和社会主义改造的过渡时期文化艺术工作的方针任务是："积极发展为人民所需要的文学艺术创作，以社会主义精神教育广大人民，鼓励群众努力参加国家经济建设工作，并逐步满足群众日益

---

① 《全国文化教育工作会议胜利闭幕》，《光明日报》1955年6月12日。

增长的文化要求。"① 以往文化艺术事业发展的方针主要由政务院以及文教委提出,然而,这次报告却有所不同,文化部党组直接向中共中央提出报告的用意十分明显,那就是请求中共中央从根本上解决制约文化艺术事业发展的重要问题,当然包括进一步明确文化艺术发展的方针问题。1953年12月24日,政务院第199次会议批准了中央人民政府文化部提出文化艺术工作方针。② 1954年1月8日,中共中央对文化部党组报告作出批示,肯定了文化部党组的意见是正确的。③ 这表明,政务院以及中共中央批准同意了文化部提出的过渡时期文化艺术工作的方针以及具体改进措施。自中华人民共和国成立以来,政务院以及各级文化行政机构发布过不少推动文化艺术工作的文件,但大都由政务院文化教育委员会及其所属文化行政机构作出,而这次则由中共中央作出批示并转发全国,这在新中国历史上尚属首次,其重要意义自不待言。

随后,文化部根据现实工作的需要又提出了具体工作方针。1954年3月24—30日,文化部召开第四次全国文化工作会议,明确1954年文化工作的方针是:"仍应贯彻'整顿巩固、重点发展、提高质量、稳步前进'的方针,一方面继续整顿已有各项文化事业机构,进一步提高其质量,加强管理,充分发挥其潜力。另一方面按照国家经济建设和人民文化生活的需要,有步骤有重点地发展新的事业。"④ 1955年3月,文化部明确1955年全国文化艺术工作的方针是:"根据国家的总任务和'提高质量、稳步发展、合理部署、统筹安排'的文教工作总方针","积极开展文化战线上的反对资产阶级思想的斗争,加强马克思列宁主义基础理论和艺术理论的学习,提高文化工作者的思想水平和艺术水

---

① 《建国以来重要文献选编》第5册,中央文献出版社1993年版,第30页。
② 这一方针表述与文化部党组报告中表述完全一致。原文如下:"关于今后工作,我们认为,在国家进行社会主义工业化和社会主义改造的过渡时期,文化艺术工作的方针任务应当是:积极发展适合人民需要的文学艺术创作,以社会主义的精神教育广大人民,鼓舞群众努力参加国家建设工作,并逐步满足群众日益增长的文化要求。"参见《中央人民政府文化部一九五三年工作报告》,政务院文化教育委员会编:《文教政策汇编·第7辑》,1954年5月,第178页。
③ 《建国以来重要文献选编》第5册,中央文献出版社1993年版,第18页。
④ 《中央人民政府文化部关于第四次文化工作会议的报告》,政务院文化教育委员会办公厅编:《文教政策汇编·第八辑》,1954年12月,第461—462页。

平，有步骤地整顿文化工作者的队伍；进一步发展创作，加强艺术实践，深入工农兵群众；按照国民经济的发展对全国文化事业进行合理部署和对公私营文化事业、企业实行统筹兼顾、全面安排；大力贯彻精简节约和艺术事业企业化的方针，使文化工作更好地为社会主义建设和社会主义改造服务。"① 1955年12月，文化部召开全国各省、市文化局长会议，提出1956年全国文化工作要采取"积极发展，提高质量，全面规划，加强领导"的方针。②

2. 教育工作方针

1953年2月6日，高教部部长马叙伦在政协一届四次会议上表示，高等教育工作必须采取"整顿巩固、重点发展、保证质量、稳步前进"的方针，以求在巩固的基础上发展和提高。③ 1953年2月10日，中央人民政府高等教育部召集华北区各高等学校举行座谈会。高教部部长马叙伦作关于1953年高等教育方针、任务、事业计划要点及改进领导作风的报告。他指出：根据国家建设需要与当前各种条件，1953年教育建设必须贯彻"整顿巩固、重点发展、保证质量、稳步前进"的方针。④ 1953年4月21日，教育部党组明确提出："在工业化还没有打好基础之前，教育工作的首要任务是培养干部，特别是培养工业干部。因此，首先应稳步地发展高等教育，特别是高等工业教育和中等技术教育，并在普通教育范围内重点应放在加强和适当发展高中（大学的后备部），而其关键是大力加强和适当发展高师。初中、中等师范、小

---

① 《文化工作文件资料汇编（一）（1949—1959）》，中华人民共和国文化部办公厅1982年编印，第28页。

② 《文化部召开各省、市文化局长会议　确定明年文化工作的方针和任务》，《人民日报》1955年12月14日。毛泽东首先提出"全面规划，加强领导"的方针。1955年7月31日，他在中共中央召开的省、市、自治区党委书记会议上作《关于农业合作化问题》的报告，强调"全面规划，加强领导，这就是我们的方针"。尽管这一方针起初是针对农业合作化而提出来的，但随着1955年底社会主义改造掀起高潮，这一方针扩展到包括文化工作在内所有领域和行业。参见毛泽东：《关于农业合作化问题》，《毛泽东选集》第5卷，人民出版社1977年版，第191页。

③ 《人民政协第一届全国委员会第四次会议上的发言（一九五三年二月六日）》，《人民日报》1953年2月9日。

④ 《高等教育部召集华北各高等学校负责人座谈今年高等教育计划　马部长就方针任务工作步骤作具体指示》，《光明日报》1953年2月11日。

学、幼儿园、工农业余教育等，目前均应着重于整顿和提高，为今后有计划地逐步发展准备条件。"① 1953 年 5 月 14 日，高等教育部党组提出今后高等教育必须切实贯彻"整顿巩固、重点发展、提高质量、稳步前进"的方针，大力扭转重量轻质、贪多冒进、要求过急的偏向，本着实事求是的精神，兼顾需要与可能，在巩固的基础上发展，为国家培养各项建设人才。② 1953 年 6 月 5 日，郭沫若在第二次全国教育工作会议上指出：为了适应我国已经进入有计划的经济建设时期的形势，今后的教育工作必须贯彻中央确定的"整顿巩固，重点发展，提高质量，稳步前进"的文教建设的总方针。③ 1954 年 3 月 15 日，教育部在全国文化教育工作会议的报告中提出 1954 年应继续贯彻"16 字"文教工作的方针。④ 1955 年 5 月全国文教工作会议提出了今后文教工作的方针，对 1954 年确立的方针有所调整。变化后的文教方针，同样适用于教育工作。如高等教育就提出 1955 年高等教育的指导方针是"首应以提高教育质量切实贯彻全面发展的教育方针为中心任务。同时，应力求高等教育和中等专业教育的建设布局与国防建设和经济建设相适应，加以合理部署，逐步地重新调整院系专业，对正口径，以减少培养干部计划的盲目性"⑤。

3. 科学工作方针

1953 年，按照政务院文教委要求，中国科学院首次制订了全院工作计划。在这份计划中，中国科学院提出 1953 年工作方针是：

（1）密切结合国家建设任务展开科学研究工作，并使科学研究

---

① 《中央教育部党组关于检讨官僚主义和对今后普通教育方针的报告》，《中共中央文件选集 1949 年 10 月—1966 年 5 月》第 13 册，人民出版社 2013 年版，第 355 页。
② 《中央高等教育部党组关于全国高等教育的基本情况和今后方针与工作的报告》，《中共中央文件选集 1949 年 10 月—1966 年 5 月》第 13 册，人民出版社 2013 年版，第 364—365 页。
③ 《全国教育工作会议开幕 郭沫若主任讲话作了重要指示》，《光明日报》1953 年 6 月 6 日。
④ 《全国普通教育与师范工作教育 1953 年的基本总结和 1954 年的方针任务》，中华人民共和国教育部办公厅编：《教育文献法令汇编 1954》，1955 年 12 月，第 16 页。
⑤ 《高等教育部一九五四年的工作总结和一九五五年的工作要点（摘要）》，《人民日报》1955 年 8 月 22 日。

与劳动人民的发明创造相结合；（2）大力发展有关工业建设，特别是重工业和国防工业的科学研究工作；（3）调查与组织全国科学界的力量有效地展开各方面的科学研究工作。①

鉴于中国科学院在当时国家行政建制中的重要地位，可以说中国科学院提出的工作方针是针对全国而言的。但是，科学工作中长期存在的如计划性不强、缺乏学术领导等问题，随着国家"一五"计划的实施以及过渡时期总路线的提出，也需要从根本上加以解决。

1953年11月19日，中国科学院党组向中共中央呈送关于目前科学院工作的基本情况和今后任务的报告。在这份报告中，中国科学院党组不仅明确提出了今后科学工作的方针是"遵循着党在过渡时期的总路线，认真学习苏联先进科学工作的经验，积极支援国家建设，为实现国家的社会主义工业化和促进整个国民经济的相应发展而努力"②，还重点提出了改进工作的具体办法等。1954年1月28日，中国科学院院长郭沫若在政务院第204次政务会议上作《关于中国科学院的基本情况和今后工作任务的报告》。他表示，中国科学院已经有可能在现有基础上出发，根据国家在过渡时期的总路线和总任务的要求提出今后工作的方针和任务。③ 他指出，我国"一五"计划在苏联援助下已经全面开始，当前科学工作的方针任务是"遵循国家在过渡时期的总路线，认真学习苏联先进科学工作的经验，积极支援国家建设，发挥科学家的积极性和创造性，在实践中发展我们的科学事业，充实我们的科学队伍，为坚决实现国家建设的总路线和总任务而努力"。④ 政务院总理周恩来肯定了郭的报告，并在会上强调："方针问题，就是理论与实际、今天与明天的问题。……我们今天的现代科学是很落后的，我们必须提高现

---

① 《中国科学院一九五三年工作计划》，中国科学院办公厅编：《中国科学院资料汇编1949—1954》，1955年6月，第151页。
② 《建国以来重要文献选编》第5册，中央文献出版社1993年版，第176—177页。
③ 郭沫若：《关于中国科学院的基本情况和今后工作任务的报告》，中国科学院办公厅编：《中国科学院资料汇编1949—1954》，1955年6月，第5页。
④ 郭沫若：《关于中国科学院的基本情况和今后工作任务的报告》，中国科学院办公厅编：《中国科学院资料汇编1949—1954》，1955年6月，第8页。

代科学水平。要把两方面结合起来,理论要与实践结合,实践要有理论指导,在看到今天的同时也要看到明天,不要忽视基础科学,或者把基础科学的份量说得很轻,那是不行的。"① 郭的报告与中国科学院党组报告几乎完全一致,只是部分表述有些差异。这次会议批准了郭的报告。1954年3月8日,中共中央对中国科学院党组的报告作出重要批示,充分肯定了党组的意见建议,并转发全国。中共中央批示,一定程度上解决了制约科学发展的重大问题。据亲历其事的于光远回忆:"这个批示影响当然很大,是中共中央第一个专门针对科学和科学家工作的政策性文件……文件也同意了科学院党组的各项关于科学院建设的意见。"② 政务院的批准以及中共中央的批示,表明了中国科学院提出的新的发展方针符合了当时要求,指引着科学研究迈入一个新的阶段。

为了适应有计划的经济建设的客观需要,更好地实现党和国家的总路线和总任务,除了文化艺术、教育工作、科学工作以外,我国文化事业的其他部门也分别提出了新的工作方针。如中央人民政府体育运动委员会提出,体育工作方针是"开展群众性的体育运动,使体育运动普及和经常化"③。出版总署提出出版工作的方针是"整顿、巩固和有重点地发展国营和地方国营出版企业,并加强对私营出版业、印刷业、发行业的社会主义改造"④。卫生部提出卫生工作的方针是"采取'整顿巩固、重点发展、提高质量、稳步前进'的方针,并确定目前工作的重点首先是加强工业卫生工作和城市医疗工作,并继续开展爱国卫生运动,防治对人民群众危害最大的疾病,农村卫生事业应与互助合作运动相结合,有步骤地开展"⑤。这些方针都得到了中共中央的认可以及作出重要批示。

---

① 《周恩来文化文选》,中央文献出版社1998年版,第522—523页。
② 李真真:《中宣部科学处与中国科学院——于光远、李佩珊访谈录》,《百年潮》1999年第6期。
③ 《建国以来重要文献选编》第5册,中央文献出版社1993年版,第13页。
④ 中央档案馆、中共中央文献研究室编:《中共中央文件选集1949年10月—1966年5月》第15册,人民出版社2013年版,第133页。
⑤ 中央档案馆、中共中央文献研究室编:《中共中央文件选集1949年10月—1966年5月》第16册,人民出版社2013年版,第21页。

第三节 "百花齐放,百家争鸣"方针的确立

1955年底,我国掀起了社会主义改造和社会主义革命的高潮。进入1956年,文化建设再次面临转型。从国内情况看,社会主义改造和社会主义革命掀起高潮,各地先后宣布进入社会主义,中国共产党亟待解决在社会主义条件下如何领导文化建设的问题;从国际情况看,赫鲁晓夫在苏共二十大结束前作《关于个人崇拜及其后果》的秘密报告,对中国探索社会主义文化建设道路产生重大影响。在这种形势下,中国共产党提出发展科学文化事业的"百花齐放,百家争鸣"(简称"双百")方针。[①]

一 探索中国社会主义建设的道路及其方针

中共中央原来设想,完成社会主义工业化和社会主义改造大约需要三个五年计划或更多时间。[②] 然而,社会主义改造和社会主义革命掀起高潮,使得实现社会主义的时间大为缩短。1956年1月15日,北京市在天安门广场举行庆祝社会主义改造胜利联欢大会,宣布"首都已经进入了社会主义社会"。[③] 到1月底,全国累计有118个大中城市和193个县完成了资本主义工商业的社会主义改造。[④] 形势发展虽超乎想象,但国家经济、社会和文化的发展水平很低却不得不正视。周恩来明确指出:"有这样一种说法,我们现在已经进入社会主义了。这值得考虑,因为要完全进入就得建成,而要建成社会主义就要消灭剥削和贫困,照列宁说的还要消灭愚昧,还要有文化的高潮等。因此,现在国家只是开始进入社会主义。"[⑤] 在这种形势下,中国共产党开始探索中国自己社

[①] 由金冲及、逄先知主编的《毛泽东传(1949—1976)》(上)(中央文献出版社2003)中对于这一方针形成的过程有过梳理。本节根据新近发现的一些材料,对这个问题作进一步阐述。

[②] 《建国以来重要文献选编》第4册,中央文献出版社1993年版,第702页。

[③] 《彭真年谱》第3卷,中央文献出版社2012年版,第101页。

[④] 《毛泽东年谱1949—1976》第2卷,中央文献出版社2013年版,第511页。

[⑤] 《周恩来年谱1949—1976》上卷,中央文献出版社1997年版,第544页。

会主义建设的道路。

(一) 探索中国社会主义建设的道路

新中国成立以后,党和国家号召向苏联全面学习;同时,苏联也全面援助中国。因此,当我国即将开始社会主义建设之时,包括文化建设在内的各项建设对于苏联经验确实有着不同寻常的依赖。

1955年底,刘少奇为起草八大政治报告,提出让国务院各部门作汇报。自1955年12月7日开始到1956年3月8日,刘少奇共听取32个部委工作情况的报告。① 当毛泽东了解到刘少奇正在听部委汇报时也要求组织一些部门汇报。自1956年2月14日至4月24日,毛泽东先后听取国务院35个部委的汇报。② 在听取汇报过程中,毛泽东、刘少奇不时对我国建设事业发表意见。但在汇报期间的2月24日深夜,赫鲁晓夫在苏共二十大上作了《关于个人崇拜及其后果》的秘密报告。消息传到国内,引起了国内对于苏联建设经验的反思,提出要破除对苏联的迷信,开始探索社会主义建设的道路。在这方面,毛泽东有过多次重要讲话或发言,强调"不要再硬搬苏联的一切了,应该用自己的头脑思索了。应该把马列主义的基本原理同中国社会主义革命和建设的具体实际结合起来,探索在我们国家里建设社会主义的道路了"③。4月25日,毛泽东在各省市自治区党委书记参加的中央政治局扩大会议上强调对苏联经验教训要"引以为戒",提出要正确处理好十大关系,并调动一切积极因素来建设社会主义的方针。④ 这次讲话在党内引起激烈讨论。5月3日,周恩来在国务院司、局长以上干部会议上作传达毛泽东关于调动一切力量为社会主义服务的报告(即后来所说的《论十大

---

① 薄一波:《若干重大决策与事件的回顾》(上),中央党史出版社2008年版,第329页。
② 《毛泽东年谱1949—1976》第2卷,中央文献出版社2013年版,第528页。
③ 《毛泽东年谱1949—1976》第2卷,中央文献出版社2013年版,第550页。
④ 毛泽东讲的十大关系,分别是重工业和轻工业、农业的关系,沿海工业和内地工业的关系,经济建设和国防建设的关系,国家、生产单位和生产者个人的关系,中央和地方的关系,汉族和少数民族的关系,党和非党的关系,革命和反革命的关系,是非关系,中国和外国的关系。他的讲话文本当年没有发表,只是传达过记录稿,正式整理文稿是1976年12月26日发表在《人民日报》上,此时距当初讲话时间已有20年之久。孙珮在《〈论十大关系〉的整理过程研究》(《毛泽东思想研究》,2014年第3期)一文对毛泽东讲话文本的形成过程做了梳理,可进一步补充文中论述。

关系》)。① 5月23日，应各省、市、自治区的要求，中共中央办公厅将周恩来的传达报告记录印发各地。② 以毛泽东十大关系的讲话为标志，中国共产党开始探索中国社会主义建设的道路。9月，中国共产党召开第八次全国代表大会，形成一系列建设社会主义的理论成果以及方针政策。

（二）社会主义建设方针的形成

在探索社会主义建设道路的过程中，中国共产党进一步明确提出社会主义建设的总方针。1955年底，党在社会主义改造和社会主义革命过程中提出了"全面规划，加强领导"的方针。应该说，这个时候我国各项建设事业在安排工作时基本上遵循了这个方针。1956年1月1日，《人民日报》发表经毛泽东审定的元旦社论《为全面地提早完成和超额完成五年计划而奋斗》。社论提出"又多、又好、又快、又省地发展自己的事业"的社会主义建设原则。关于这条原则，其原文如下：

> 要又多、又快、又好、又省地发展自己的事业。必须又多又快，才能赶上国家和人民的需要；必须要好，要保证质量，反对不合规格的粗制滥造；必须要省，要用较少的钱办较多的事，以便用可以积累起来的财力来办好一切应该办而且可以办的事情。又多又快，是反对保守主义，又好又省，是反对潦草从事，盲目冒进，铺张浪费。又多、又快、又好、又省，这四条要求是互相结合而不可分的，遵守这四条要求，我们就能按照社会主义经济的有计划（按比例）发展的法则，来进行全面规划。③

1956年4月25日，毛泽东在最高国务会议上谈论十大关系时重点提出社会主义建设的基本方针。他说："提出这十个问题，都是围绕着一个基本方针，就是要把国内外一切积极因素调动起来，为社会主义事业服务。"④ 随后，中共中央根据毛泽东提出的基本方针，进一步明确

---

① 《周恩来年谱1949—1976》上卷，中央文献出版社1997年版，第571页。
② 《周恩来年谱1949—1976》上卷，中央文献出版社1997年版，第572页。
③ 《建国以来重要文献选编》第8册，中央文献出版社1994年版，第5页。
④ 《毛泽东文集》第7卷，人民出版社1999年版，第23页。

社会主义条件下各项工作方针,其中包括发展科学文化事业的"双百"方针。

(三)知识分子问题和科学发展问题的战略部署

社会主义改造和社会主义革命高潮的到来,对我国文化、教育、科学事业的发展提出更高要求。这种要求主要表现在:短期内扫除全国的文盲、大大提高科学技术水平以及在不太长时间内接近和赶上世界先进水平。[①] 但这个时候,我国文化建设面临着许多新问题,尤其是知识分子数量不足和科学水平落后的状况极为突出,这就严重制约社会主义建设事业的顺利开展。

首先,看知识分子发展情况。新中国成立以来,大多数知识分子通过思想改造为国家建设作出贡献。在这个过程中,我国知识分子数量增长较快,到1956年1月,我国教育、卫生、科学研究、工程技术、文化艺术五个方面的知识分子达348万人。其中,高级知识分子不到10万人。如表4-1所示:

表4-1　全国高级知识分子人数　　　　　单位:人

	全国总计		中央各单位		地方各单位	
	绝对数	%	绝对数	%	绝对数	%
合计	97472	100	56991	100	40481	100
教育人员	31227	32.0	22211	39.0	9016	22.3
卫生人员	19956	20.5	5002	8.8	14954	36.9
其中:中医	6499	—	118	—	6381	—
科学研究人员	3049	3.1	2428	4.3	621	1.5
工程技术人员	31477	32.3	22686	39.8	8791	21.7
文化艺术人员	6664	6.9	3113	5.4	3551	8.8
其他人员	5099	5.2	1551	2.7	3548	8.8

注:1. 卫生人员据中央卫生部估算有30245人;2. 除上列人员外,尚有失业高级知识分子约6500人。(文献来源:中国社会科学院、中央档案馆编《1953—1957中华人民共和国经济档案资料选编·综合卷》,中国物价出版社2000年版,第1159页。)

知识分子现状如此尴尬。从上表中可以看出,高级知识分子绝对数

[①] 《建国以来重要文献选编》第8册,中央文献出版社1994年版,第5—6页。

量少，且分布在不同部门和地区，其中科学研究人员占比最少。尽管如此，党在领导使用知识分子时又存在不少问题，如北京市在对待知识分子问题上与高级知识分子关系紧张，存在着信任不够、待遇上的平均主义以及使用不当等缺点。① 民主党派人士反映党对知识分子有"六不"问题，即估计不足、信任不够、待遇不公、安排不当、使用不够、帮助不够。那么，随着社会主义建设开展，知识分子数量不足、建设人才匮乏状况必须尽快改变。

其次，看科学发展情况。当时，我国科学事业处于初创阶段，其发展水平不高。中华人民共和国成立以后，国家成立中国科学院以及其他科研机构。到 1955 年，全国科研机构发展到 380 多个，研究人员增加到 9000 多人，学科门类不断增多。② 但是，对科学发展中的重大问题，我国科学家还是不能解决，还要依靠苏联等国家帮助。

知识分子的现状是"造就一批社会主义知识分子的任务尚未完成，特别是理科方面新生的学术领导人还没有培养起来"③，且这种状况短期内难以改变；科学技术发展水平落后，极大制约我国经济社会的发展。可以这样说，知识分子问题和科学问题成为制约社会主义建设的关键因素。

为了解决知识分子问题和科学发展问题，中共中央决定召开知识分子问题会议。1955 年 11 月 14 日，周恩来在出席政协第二届全国委员会常委会第十次会议的发言中建议将知识分子问题作为政协第二届全国委员会第二次会议政治报告的重点之一。④ 11 月 23 日，毛泽东专门召集刘少奇、周恩来等人开会，讨论知识分子问题。会上周恩来汇报了有关知识分子的问题，并建议在全国政协会上讨论这个问题。然而，毛泽东提出应该先在党内充分讨论，然后提出和解决这个问题。为此，会议决定在 1956 年 1 月份召开一次大型会议，全面解决知识分子问题。⑤

---

① 《彭真传》编写组编：《彭真年谱》第 3 卷，中央文献出版社 2012 年版，第 83 页。
② 薄一波：《若干重大决策与事件的回顾》（上），中共党史出版社 2008 年版，第 354 页。
③ 《彭真年谱》第 3 卷，中央文献出版社 2012 年版，第 83 页。
④ 《周恩来年谱 1949—1976》上卷，中央文献出版社 1997 年版，第 517 页。
⑤ 《毛泽东年谱 1949—1976》第 2 卷，中央文献出版社 2013 年版，第 470 页。

这次会议还决定成立由周恩来负总责，彭真、陈毅、李维汉、徐冰、张际春、安子文、周扬、胡乔木、钱俊瑞参加的中央研究知识分子问题十人领导小组，下设办公室进行会议筹备工作。① 可以这样说，中国共产党提出全面解决知识分子的问题，是已经认识到我国社会主义建设愈来愈多地依靠科学、文化和技术，愈来愈多地依靠知识分子尤其是高级知识分子参与的客观现实；同时也希望根据"全面规划，加强领导"以及"又多、又快、又好、又省"的方针来对过去知识分子工作以及科学工作进行一次系统检查，提出改进措施将知识分子工作和科学工作推进到适应社会主义改造和社会主义建设需要的新阶段。

1955年11月24日，毛泽东、周恩来在中共中央召开的关于资本主义工商业改造的会议上要求各省市在12月份要召开一次知识分子问题的会议，搞清楚各地的知识分子情况，为中央召开知识分子问题的会议做好准备。② 12月16日，中共中央发出《关于知识分子问题的指示草案》，向各地征求意见。与此同时，知识分子问题十人小组做了大量调查研究工作，收集了很多关于知识分子问题的材料，并在周恩来领导下起草《关于知识分子问题的报告》。12月30日—1月6日，北京市召开知识分子问题会议。会上，蒋南翔代表市委作了《关于高级知识分子工作的报告》，讨论学习《中共中央关于知识分子问题的指示草案》。其他省市亦进行过知识分子的调查、摸底以及召开会议讨论解决知识分子的问题。经过了一个多月准备，到1956年1月上旬，知识分子问题会议筹备工作就绪。

1956年1月14—20日，中共中央正式召开关于知识分子问题的会议。会上，周恩来作《关于知识分子问题的报告》、廖鲁言作关于全国农业发展纲要的说明。③ 周恩来代表中共中央所作报告强调要对知识分子工作以及科学工作要"全面规划，加强领导"。④ 他指出，解决知识分子的问题必须从工作条件、生活待遇、升级制度、政治待

---

① 《周恩来年谱1949—1976》上卷，中央文献出版社1997年版，第521页。
② 《周恩来年谱1949—1976》上卷，中央文献出版社1997年版，第519—520页。
③ 《中共中央召开关于知识分子问题的会议　毛泽东同志号召为迅速赶上世界科学先进水平而奋斗》，《光明日报》1956年1月30日。
④ 《建国以来重要文献选编》第8册，中央文献出版社1994年版，第37页。

遇等方面加以解决，要继续帮助知识分子进行思想改造以及扩大知识分子队伍的数量和提高知识分子的业务水平。在报告中，周恩来代表中央提出向现代科学进军的号召，并要求在12年内使我国最急需的学科接近世界先进水平。为实现这一目标，党中央认为最紧迫任务是尽快制定全国科学发展远景规划。周恩来代表中共中央要求在1956年4月底之前必须确定科学技术发展的远景计划、适合于这个远景计划的今后两年的具体计划，以及为实现这个远景计划和今后两年计划需要调集的第一批科学力量等；同时，也要求一切文化教育部门都要作出1956—1967年的发展规划，并且采取一切措施加以实现。①

知识分子问题会议期间，毛泽东对于知识分子问题以及科学发展问题发表重要意见。他指出："在知识分子问题方面我们没有主动……这几天会议上，有那么一些同志说了那么一些很不聪明的话，说是'不要他们（指知识分子——编者注）也行'，'老子革了一辈子的命，不要你也行'。现在我们在革什么命呢？现在是革技术的命，叫技术革命。要搞科学，要革愚蠢同无知的命，叫文化革命。没有他们就不行了，单是我们这些老粗那就不行。要向我们的党员作广大的教育。这是一种很没有知识的话。……要在比较短的时期内，造就大批的高级知识分子，同时要有更多的普通的知识分子。将来我们还要作一个全面的规划，把这件事抓起来。"②毛泽东还号召全党努力学习科学知识，同党外知识分子团结一致，为迅速赶上世界科学先进水平而奋斗。在会议过程中，毛泽东还亲自主持会议听取科学家们对于全国农业发展纲要草案的意见。③当然，其他领导人也发表过类似看法。总之，这个时候党内对于重视发挥知识分子的作用以及发展科学文化事

---

① 《建国以来重要文献选编》第8册，中央文献出版社1994年版，第40—41页。
② 《毛泽东年谱1949—1976》第2卷，中央文献出版社2013年版，第515页。
③ 1月17日，毛泽东主持知识分子问题会议，专题讨论《一九五六至一九六七年全国农业发展纲要（草案）》。会议决定由陈毅、彭真负责，用中央名义邀请在北京的科学家、各民主党派等一千多人分组讨论纲要草案，收集意见，以备最后修改后提交最高国务会议讨论。1956年1月23日，中央政治局会议讨论了《一九五六年至一九六七年全国农业发展纲要（草案）》，对各民主党、科学家共1735人提出的意见逐条进行研究并吸纳进纲要里。1月26日，《人民日报》就全文公布廖鲁言的说明。参见廖鲁言：《关于一九五六年到一九六七年全国农业发展纲要的说明》，《人民日报》1956年1月26日。

业的认识高度一致。

知识分子问题会议结束以后，中共中央及时汇总各种意见，进一步修改完善《关于知识分子问题的指示（草案）》。1956年2月24日，中共中央发出《关于知识分子问题的指示》。指示重申党对于知识分子团结、教育、改造的方针的正确性，同时提出全党和国家各部门要将知识分子问题提上日程，加强领导。指示强调："大力地培养知识分子的新生力量，提高知识分子的业务水平，才能够根本地解决我国的知识分子问题。"① 为此，指示要求国家计划委员会会同各有关部门要根据中央提出的争取最急需的科学部门在12年内接近世界先进水平的方针拟出关于各部门——主要是工业部门和科学研究部门的培养专家的数量和质量的全面规划。具体来说，规划主要包括：

（1）培养出在数量上和质量上都足以独立地解决我国现代化的工业、农业、交通运输业、国防、卫生事业和其他各个部门的技术问题的专家。

（2）发展自然科学的基本理论研究，培养出一定数量的接近现代先进水平的物理学家、化学家、数学家、生物学家和其他理论科学家。

（3）在教育事业、文化艺术事业方面培养出足以满足国家和人民的需要的专家。

（4）大力培养在社会科学各部门和哲学各部门的专家。②

很明显，这个指示的具体方面与周恩来报告的精神一致。③ 随后，中共中央先后转发了中央组织部《关于在知识分子中发展党员计划的报告》《关于高级知识分子入党情况的报告》，中央统战部

---

① 《建国以来重要文献选编》第8册，中央文献出版社1994年版，第141页。
② 《建国以来重要文献选编》第8册，中央文献出版社1994年版，第141—142页。
③ 需要注意的是，指示中对于知识分子属性的表述与周恩来的报告却有不同。党史学者龚育之曾指出："关于知识分子阶级属性的理论问题当时没有透彻解决。就在同年9月党的八大第一次会议的报告中，又恢复了'资产阶级和小资产阶级的知识分子'的传统提法，虽然强调的是必须运用这些力量来建设社会主义。前些年，我曾问胡乔木，为什么八大报告没有重申在知识分子问题会议上周恩来报告的新结论？乔木也记不大清楚，但他记得，知识分子会议时已有不同意见，会后《中共中央关于知识分子问题的指示》里就没有用'工人阶级的一部分'的提法。我查了中央政治局于这一年2月24日通过的这个指示，果然如此。"参见龚育之：《周恩来和建国以来党的知识分子政策》，《中共党史研究》1998年第2期。

《关于解决高级知识分子中一部分人士社会活动过多和兼职过多问题的意见》等文件；国务院发出了关于改善高级知识分子工作条件的通知等。

知识分子问题会议结束以后，中国共产党高度重视科学工作。1956年1月21日，中南海怀仁堂举行科学报告会。中国科学院副院长兼数理化学部主任吴有训、中国科学院副院长兼生物学地学部主任竺可桢、技术科学部主任严济慈、哲学社会科学部副主任潘梓年分别作报告阐述了自然科学和社会科学方面的问题。毛泽东还提议今后每月可组织两次这样的科学报告。①杨尚昆听后表示："虽然讲的都是一般情况，并确实得益不少，增加了知识，打开了眼界。……到今天会上的科学院院长、副院长、学部主任和10个特别研究员都很兴奋。"②竺可桢在当天日记中记述："四个学部作报告，均已事先印好。……今天大会极为庄严，料不到人民政府看科学如此重要。"③这种场面，此后很多年未曾见到。1月25日，毛泽东指出："我国人民应该有一个远大的规划，要在几十年内，努力改变我国在经济上和科学文化上的落后状况，迅速达到世界上的先进水平。为了实现这个伟大的目标，决定一切的是要有干部，要有数量足够的、优秀的科学技术专家；同时，要继续巩固和扩大人民民主统一战线，团结一切可能团结的力量。"④1月30日下午，全国政协二届二次会议召开。周恩来作《政治报告》，再次重申："我们必须制订科学发展的全面规划，加强和扩大科学研究机构，大量培养科学研究人才，为发展科学事业准备一切必要的条件。"⑤随后，我国科学事业远景规划制定工作进入加速阶段。

二 "双百"方针：社会主义文化科学事业发展的方针

党对于科学工作的领导，并不在于对具体业务、具体事务的管控

---

① 《毛泽东年谱1949—1976》第2卷，中央文献出版社2013年版，第515页。
② 《杨尚昆日记》（上），中央文献出版社2001年版，第232页。
③ 《竺可桢全集》第14卷，上海科技教育出版社2008年版，第279页。
④ 《毛泽东年谱1949—1976》第2卷，中央文献出版社2013年版，第520页。
⑤ 周恩来：《政治报告》，《人民日报》1956年1月31日。

与干预,而在于制定出符合实际的方针政策。在社会主义建设的条件下,党如何领导文化和科学工作,这是一个全新问题。为此,在探索建设社会主义道路以及制定十二年科学规划的过程中,党酝酿提出发展文化科学事业的"百花齐放,百家争鸣"方针。①

(一)"百家争鸣"

知识分子问题会议结束以后,十二年科学发展远景规划制定工作进入新阶段。

1. 十二年科学发展远景规划制定过程

1956年1月31日上午,国务院召开中国科学院、国务院各有关部门、高等学校的领导人以及科技人员参加的制定1956—1967年科学发展远景规划动员大会。在动员会上,李富春作《关于制定科学技术远景规划问题的报告》,阐述了制定远景规划的目的、要求、要注意的原则及内容。陈毅在会上要求各部门"党委及行政负责人和科学家建立同志式的感情,找彼此间共同的语言,打破隔阂,发挥科学家的积极性"。同时,他要求各部门的负责人亲自动手,不要挤压人才,不要变成在制定规划时的思想上的"障碍人"。② 会上还宣布成立以范长江为组长的十人科学规划小组,组员有范长江、张劲夫、刘杰、武光春、张国坚、李登瀛、薛暮桥、刘皑风、于光远、武衡。1月31日下午,国务院副总理兼中国科学院院长郭沫若在政协二届二次会议上作知识分子问题的专题报告,同样强调了对科学事业进行全面规划的重要性和必要性。③ 自2月份起,全国科学发展远景规划制定工作进入加速推进阶段。3月12日,周恩来专门听取全国自然科学和社会科学十二年长期规划工作的汇报。④ 为加强对规划工作的领导,国务院决定成立科学规划委员会,负责十二年自然科学和社会科学远景

---

① 以往,学界将"双百"方针的提出归结为知识分子问题会议和毛泽东关于十大关系的讲话这两个关键点,应该说这只是大体过程。从1月份知识分子问题的会议到4月底中共中央政治局扩大会议中间三个多月的时间里,十二年科学发展远景规划工作以及中共中央对于科学和文化问题的关注直接促成了"双百"方针的提出。

② 武衡:《科技战线五十年》,科学技术文献出版社1991年版,第161页。

③ 郭沫若:《在社会主义革命高潮中知识分子的使命》,《人民日报》1956年2月1日。

④ 《周恩来年谱1949—1976》上卷,中央文献出版社1997年版,第556页。

规划的制定工作。3月14日,国务院科学规划委员会正式成立,主任陈毅,副主任李富春、郭沫若、薄一波、李四光,秘书长张劲夫。①随后,在国务院科学规划委员会的领导下,十二年科学技术发展规划制订工作较为顺利地完成了。

以下简要叙述十二年科学技术发展规划以及十二年哲学社会科学发展规划制定过程。

十二年科学技术发展规划制定过程,大体情况如下:

1955年12月,十二年自然科学规划在中国科学院的主持下开始了前期准备工作。1956年2月底,中国科学院、高等院校和各产业部门分别拿出了本部门的规划草案。自3月份起,以中国科学院自然科学方面的三个学部为基础,集中了全国600多位科学家按照"重点发展,迎头赶上"的方针对各部门的规划进行综合和审查。8月,国务院科学规划委员会召集会议作了总结性结论。1956年10月29日,陈毅、李富春、聂荣臻在《关于科学规划工作向中央的报告》对科学规划工作做了全面深入的说明。12月20日,国务院科学规划委员会党组向中央呈送了《关于征求〈一九五六——九六七年科学技术发展规划纲要(修正草案)〉意见的报告》。12月22日,中央同意并转发了国务院科学规划委员会的报告。此后,十二年科学技术发展规划开始执行。

十二年哲学社会科学规划制定过程,大体情况如下:

1955年底,为完成"十二年哲社规划"的制定工作,中央宣传部决定成立由周扬、胡绳、张稼夫、潘梓年、杨秀峰、钱俊瑞、董纯才、杨献珍、于光远组成"研究制定发展哲学和社会科学十二年计划九人小组",周扬负责。12月27日,九人小组召开第一次会议,决定按学科和问题另设11个小组分别进行,由各小组分别提出各学科发展计划、研究项目以及培养人才的任务。1月31日,国务院召开制定科学发展远景规划动员大会。会议参加者不仅有自然科学工作者,还有社会科学工作者。自2月份起,在中宣部领导以及哲学社会科学部具体负责下,"十二年哲社规划"制定工作加速展开。经过4

---

① 《国务院组织科学规划委员会》,《光明日报》1956年3月15日。

个多月努力,1956年6月,"十二年哲社规划"初稿完成。

"十二年哲社规划"初稿完成以后,曾以中宣部名义下发各地征求意见。后经过多次修改,最终形成《1956—1967哲学社会科学规划纲要(草案)》。与此同时,国务院科学规划委员会加强了对哲学社会科学规划工作。1957年3月,国务院科学规划委员会办公室将"十二年哲社规划"草案印发中国科学院、各产业部门、各高等学校以及各省、市人民委员会。1957年6月,国务院科学规划委员会召开第四次扩大会议,原则上通过了"十二年哲社规划"草案。1958年3月,国务院科学规划委员会召开第五次会议,正式通过"十二年哲社规划"修正草案。7月,国务院科学规划委员会办公室正式印发"十二年哲社规划"修正草案。但是,与十二年自然科学远景规划不同的是,"十二年哲学社会科学远景规划"修正草案后来没有得到很好地执行,以至于其影响甚小,几乎很少有人关注。

2. 中共中央酝酿提出科学事业发展的"百家争鸣"方针

十二年科学远景规划工作及其中国共产党高度关注学术问题促进了中共中央提出并解决新形势下科学事业发展的方针问题。

(1) 直接动因

科学规划工作之初,十二年科学远景规划指导思想是要把世界科学的最先进成就尽可能迅速介绍到我国来,把我国科学事业方面最短板而又急需的门类尽可能迅速地补足起来,并根据世界科学已有的成就来安排和规划我国的科学研究工作,争取在第三个五年计划期末使我国最急需的科学部门能够接近世界先进水平。这在当时也被当作规划工作的总的方针和要求。① 随着科学规划工作的紧张展开,各种具体问题接踵而至。如3月9日,中国科学院党组向中央作汇报指出,部分科学家在确定重大项目时缺乏全局的观点,存在着片面强调本门学科的现象。② 3月12日,哲学社会科学部副主任潘梓年给中宣部副部长周扬以及中宣部的报告中也指出:"有少数人从个人专长的角度出发,坚持要

---

① 黎功德:《我国科学界开始制订科学发展的远景计划》,《科学通报》1956年第3期。
② 《中国科学院党组向中央汇报提要》,《中国科学院史料汇编1956年》,中国科学院院史文物资料征集委员会办公室编,未刊。

把自己所专长的学科列为中心问题。在这方面有一些争执。"① 由此看来，陈毅在国务院科学规划动员会上的讲话不是无的放矢，而是极具针对性。

为了解决规划工作中存在的问题，一方面党加强了对工作的领导。如中国科学院技术科学部提出："考虑到第二阶段的工作将要更为复杂艰巨，需要更加深入，我们认为，在各级机构应当建立起核心组，全面领导本级的工作。如果今后基本上仍以学部为单位，那应在学部一层要在一开始就组织一个核心组，以加强对规划工作的全面领导。"② 哲学社会科学部建议"成立一个包括中宣部科学处和哲学社会科学部负责人及有关学科的党员负责干部的规划核心小组。负责日常工作。"③ 后来，中国科学院以及中宣部等在规划工作过程中进一步加强了党的领导。

另一方面，科学规划本身极为复杂，不仅有自然科学与社会科学的不同，还有学科内部之间差异极大以及存在不同学派等，应该说，这些问题都无法避免。为此，中共中央和国务院必须根据形势需要提出解决问题的方针政策来化解各种具体问题，以保证规划工作顺利进行。这是中共中央提出"百家争鸣"方针的直接动因。

（2）间接动因

回到1956年初特定的时代语境下，当时我国学术发展中的几件事情，促使毛泽东以及中共中央重新考虑科学事业发展的方针问题。

1956年2月1日，中共中央宣传部向中共中央报告。报告指出：中山大学党委反映，苏联学者在华参观时，"讲了一些有损我党负责同志威信的话"，是否有必要向苏方反映，请指示。④ 2月19日，毛泽东阅后批示："刘、周、陈、彭真、小平、陈伯达阅，退定一办。我认为这种自由谈论，不应当去禁止。这是对学术思想的不同意见，

---

① 潘梓年：《关于哲学社会科学规划工作的报告》，1958年3月12日。
② 《技术科学部关于科学研究长远规划工作的报告》，《中国科学院史料汇编1956年》，中国科学院院史文物资料征集委员会办公室编，未刊。
③ 潘梓年：《关于哲学社会科学规划工作的报告》，1958年3月12日。
④ 当时，苏联研究中国哲学史的学者谢宁在参观广东中山县孙中山故居时，向中国陪同人员谈他对毛泽东《新民主主义论》中关于孙中山的世界观的论点的不同看法。

什么人都可以谈论，无所谓损害威信。因此，不要向尤金谈此事。如果国内对此类学术问题和任何领导人有不同意见，也不应加以禁止。如果企图禁止，那是完全错误的。"①

1956年2月25日，毛泽东阅中共中央宣传部关于组织编写中共党史、哲学、政治经济学、党的建设等课程教材给中央的报告，批送刘少奇："此件应提交政治局通过才好。"在这份报告中，中宣部提出：高中级党校和高等学校中的中共党史、哲学、党的建设、中国历史、中国哲学史等课程，直到目前为止，还没有比较适用的正式教材。对上述书籍的编写工作，必须做全面的规划和及早准备。编写这些教材，不仅可以大大提高学校的教学水平，还可以对这几门学科的研究工作，发生很大的推动作用。②

1956年3月14日，中央政治局委员康生摘报了德国统一社会党中央宣传部部长哈格尔3月3日的谈话纪要。哈格尔指出，过去教条主义的错误，主要表现在过分强调苏联的先进经验和科学成就。例如，我们宣传苏联农学家李森科的学说一切都好，将德国科学界很有权威的微耳和一切都否定了，认为奥地利遗传学家孟德尔的一切都是反动的，而在德国的生物学家，绝大多数是孟德尔派。科学可以有各种学派，我们相信久而久之可以使一些真正研究科学的人走上唯物主义。苏联科学有好的我们应该学习，但不能将苏联科学界的每句话都认为是神圣的。哈格尔还指出，在哲学上也要重新研究，我们与某些苏联哲学家一样对黑格尔采取完全否定的态度，是错误的。4月18日，毛泽东阅康生的谈话纪要并批示：

> 张际春同志：此件值得注意。请中宣部讨论一下这个问题。讨论时，邀请科学院及其他有关机关的负责同志参加。陆定一同志回来，将此件给他一阅。③

---

① 《毛泽东年谱1949—1976》第2卷，中央文献出版社2013年版，第533页。
② 《毛泽东年谱1949—1976》第2卷，中央文献出版社2013年版，第537—538页。
③ 《毛泽东年谱1949—1976》第2卷，中央文献出版社2013年版，第561—562页。

第四章 文化方针：走向"百花齐放，百家争鸣" 181

  这三件事情，涉及国内外学术发展的问题，尽管毛泽东没有明确提出实行"百家争鸣"的方针，但他认同学术问题上要自由讨论，实际上是主张要施行"百家争鸣"的方针。而时任中宣部部长陆定一在知识分子会议上就已经强调对学术问题应当容许自由讨论。① 而且，陆定一还将自己所处理过的遗传学、中西医以及历史分期等问题向中央报告，认为要将学术问题与政治问题加以区别，主张学术问题要自由讨论。② 2月，毛泽东在中南海颐年堂开会，又提到了学术发展的问题。根据陆定一的说法，这次会议上中共中央决定对科学工作采取"百家争鸣"的方针。③ 经查阅新近出版的《毛泽东年谱》等材料，并没有这次会议的任何记载。不仅如此，在此后将近两个多月时间里，科学规划工作中以及相关报告里从未提到过"百家争鸣"的问题。反倒是在科学规划工作中，相关部门及其领导者不断强调要实行"全面规划，加强领导"的方针④以及"迎头赶上，重点发展"的方针。⑤ 甚至中国科学院在3月9日的一份报告中还在强调："关于理论联系实际的方针，中央早已有明确的指示，但目前在党内仍有不同的看法，特别在制定全国科学规划时就有把进行基本理论研究看成是举足轻重的倾向"⑥，提出希望中央来解决这个问题。这些方针大体上是针对科学规划工作而言的，与党的科学工作方针有密切关系，但又有不同。考虑到当时我国科学规划工作正进入加速阶段，科学以及学术方面的问题并未完全集中暴露出来，如果说这个时候中共中央在考虑解决科学发展的方针问题极为可能，但要说中共中央在2月份就

---

  ① 陈清泉、宋广渭：《陆定一传》，中共党史出版社1999年版，第414页。
  ② 《"百花齐放，百家争鸣"的历史回顾》，《陆定一文集》下卷，人民出版社1992年版，第843页。
  ③ 《"百花齐放，百家争鸣"的历史回顾》，《陆定一文集》下卷，人民出版社1992年版，第843页。
  ④ 《中国科学院1956年工作安排》，中国科学院办公厅编：《中国科学院年报1956年》，内部资料，第52页。
  ⑤ 《周恩来传·3》，中央文献出版社1998年版，第1210页。
  ⑥ 《中国科学院党组向中央汇报提要》，《中国科学院史料汇编1956年》，中国科学院院史文物资料征集委员会办公室编，未刊。

已经决定采取"百家争鸣"的方针恐怕并不准确。①

制定十二年科学发展远景规划，必须充分调动各种科学力量，发挥全体科学家的积极性和主动性，并就一些关键性的学术问题展开自由讨论，最终确定重大项目或重要科研方向，这是完成规划工作的基本保证。从这个意义上来说，十二年科学规划制定工作为正式提出"百家争鸣"的方针创造了现实的思想空间；而党在此时关注到这个问题，则进一步加速了提出的进程。

（二）"百花齐放"

1955年12月，文化部召开全国文化工作会议。这次会议制订1956年文化工作的方针和任务。对此，前文已有叙述。全国文化工作会议结束之后，各省、市按照全国文化工作会议的精神以及国家提出社会主义建设的原则拟订了1956年文化工作的方针和任务。如山西省依据"全面规划，加强领导，又多、又快、又好、又省"的方针来确定1956年任务②。四川省在开展农村群众文化工作要求贯彻"又多、又快、又好、又省"的原则，反对右倾保守思想，发扬社会主义的积极性，制定出群众文化工作的全面规划。③ 如此等等。

随着我国社会主义改造和社会主义革命掀起高潮，如何兴起社会主义文化建设的高潮，提出社会主义条件下发展文化艺术事业的方针，又摆在了党和国家乃至文化艺术工作者面前。在此之前，党和国

---

① 关于提出"百家争鸣"方针，有许多当事人回忆，如陆定一《"百花齐放，百家争鸣"的历史回顾》（《光明日报》1986年5月17日），刘大年《"历史研究"的创刊与"百家争鸣"方针的提出》（《历史研究》1986年第4期），黎澍《毛泽东与"百家争鸣"》（《黎澍集外集》，社会科学文献出版社2003年版），龚育之、刘武生：《"百花齐放，百家争鸣"的提出》（《光明日报》1986年5月21日）等。此外，近几十年来，学界对这个问题深入研究的成果很多。本书并不否认"百家争鸣"与之前历史研究的方针问题在思想上的历史传承关系，但"百家争鸣"方针在1956年正式提出则是事实，必须根据1956年我国科学发展过程中的实际状况来分析其形成过程。思想上的历史联系与思想的正式形成不是一回事，思想史的问题不仅要看最早提出了什么，而且更应该看如何提出以及提出来以后实际作用如何。

② 《山西省1956年文化工作计划（草案）》，中华人民共和国文化部编：《文化通讯》1956年第1期。

③ 《四川省文化馆长会议规划群众文化工作的总结报告（摘要）》，中华人民共和国文化部编：《文化通讯》1956年第2期。

家在领导文化艺术工作尤其是戏曲改革工作提出了"百花齐放,推陈出新"的方针,取得了很好效果。① 然而,在新时代语境下,文化艺术工作是否继续沿用原来方针,又或提出新的方针,需要进一步权衡文化自身发展情况而定。1956年初,我国文化艺术领域所发生的几件大事进一步促进了党和国家提出发展文化艺术事业的方针。

1. 党和国家领导人关注文化艺术发展的方针问题

1956年3月8日,刘少奇在听取文化部党组汇报时发言说:"我们的方针是百花齐放,推陈出新。但'出新'不能勉强。文艺改革必须经过一定的努力。……百花齐放,就允许并存,各搞各的。"② 他重申了党对于文艺工作的"百花齐放,推陈出新"的方针,强调戏曲改革要采取"支持、帮助、发展"的方针,"自己好的要保持、发扬,外国好的也要吸收"等意见。③ 不仅如此,文化部等文教部门还向中央报送详细的书面汇报提纲。④ 4月19日,周恩来在观看昆曲《十五贯》演出之后说:"百花齐放,并不是要荷花离开水池到外边去开,而是要因地制宜。"⑤ 4月25日,毛泽东以苏联设电影部、文化局而后又改为文化部为例说明学习外国的方针是要学习一切民族、一切国家的长处,包括政治、经济、科学、技术、文学、艺术等所有的方面,同时又要注意有分析有批判地学,不能盲目照抄和机械搬用。⑥ 刘少奇、周恩来从戏曲改革实践谈到理解和运用党的"百花齐

---

① "百花齐放,推陈出新"方针,其渊源由来已久。延安时期,毛泽东为延安平剧研究院题词首次用"推陈出新"。后来,各根据地以及解放区戏曲改革工作中贯彻执行了"推陈出新"的方针。中华人民共和国成立以后,戏曲改革过程中各种争论又起。1951年3月下旬,毛泽东为成立的中国戏曲研究院题词:"百花齐放,推陈出新。"1951年5月5日,中央人民政府政务院发出《关于戏曲改革工作的指示》,确定"百花齐放,推陈出新"为戏曲改革方针。此后,我国戏曲改革始终强调坚持这一方针。当然,随着文化建设的推进,这一方针也不完全局限在戏曲改革领域,而是扩展到整个文化艺术领域。

② 刘少奇:《对于文艺工作的几点意见》,《刘少奇选集》下卷,人民出版社1985年版,第190—191页。

③ 刘少奇:《对于文艺工作的几点意见》,《刘少奇选集》下卷,人民出版社1985年版,第191页。

④ 薄一波:《若干重大决策与事件的回顾》(上),中共党史出版社2008年版,第330页。

⑤ 《周恩来文化文选》,中央文献出版社1998年版,第152页。

⑥ 《毛泽东文集》第7卷,人民出版社1999年版,第41页。

放,推陈出新"方针的问题;而毛泽东则强调要辩证地学习外国经验的问题,明确了要坚持自己发展道路的思想。

2. 文艺组织以及文化管理机构明确社会主义文化的前进方向

社会主义改造即将基本完成,文艺团体以及文化管理机构认识到必须进一步繁荣文化艺术的创作与生产,以适应人民群众和社会主义建设的需要。为此,中国作协明确提出了建设社会主义文学的任务;文化部举办全国性演出展示文艺发展成就与表彰先进文化工作者,也要求文化艺术的创作与生产要为社会主义建设服务。

1956年2月27日—3月6日,中国作家协会第二届理事会扩大会议召开。会议指出,文学艺术要"反映人民改造社会的斗争和建设新生活的热情,培养新的社会主义的个性"。[①] 会议明确提出建设社会主义文学的任务,并通过《中国作家协会一九五六年到一九六七年的工作纲要》,对今后一个时期文艺创作与发展作出全面规划。必须指出的是,中共中央和国务院对这次会议非常重视。3月2日下午,毛泽东同作协负责人周扬、刘白羽、老舍谈话。随后,毛泽东、刘少奇、周恩来、陈云等接见出席作协第二次理事会扩大会议的理事和代表。[②③] 3月3日,国务院副总理陈毅到会作发展文艺创作问题的讲话。[④] 3月5日,刘少奇同作协负责人周扬、刘白羽谈话。[⑤] 这些谈话和讲话,虽大都聚焦于文艺创作与发展的具体问题,但中共中央和国务院如此重视这次会议显然是对会议主题及其所揭示的文艺创作方向的充分肯定。

1956年3月15—30日,中国作家协会和共青团中央联合召开全

---

① 《中国作家协会第二次理事会会议(扩大)报告、发言集》,人民文学出版社1956年版,第4页。

② 《毛泽东年谱1949—1976》第2卷,中央文献出版社2013年版,第539—540页。

③ 黎之在《从"知识分子会议"到"宣传工作会议"》一文中指出:"以毛泽东为首接见一次作协理事会的代表,这是惟一一次。"(参见黎之:《文坛风云录》(增订本),人民文学出版社2015年版,第49页)

④ 《在中国作家协会理事会扩大会议上 陈毅副总理谈发展文艺创作问题》,《人民日报》1956年3月5日。

⑤ 刘少奇:《关于作家的修养等问题》,《刘少奇选集》下卷,人民出版社1985年版,第184—188页。

国青年文学创作者会议。这次会议深入讨论了青年作家的培养问题，号召青年作家要为社会主义写出更多的作品。3月1日—4月5日，文化部在京举办第一届全国话剧观摩演出会。3月28日，周扬向出席演出会的演员、工作人员和观摩人员作报告，强调戏剧创作应该反映人民为社会主义建设和社会主义改造而进行的斗争，应该创造各种先进人物去影响和教育人民。① 3月31日，周恩来向出席全国青年文学创作者会议和第一届全国话剧观摩演出会的全体代表作关于培养和扩大文艺界的新生力量的报告。② 这些会议的召开聚焦了社会主义条件下文艺创作和文艺发展的问题。

1956年2月，为响应全国先进生产者运动的号召，文化部提出要全国文化部门广泛开展先进生产者运动，贯彻落实"又多、又快、又好、又省"的建设方针，并决定召开一次全国文化先进工作者会议。③ 为此，文化部制定了文化先进工作者评选的11项条件④，召开会议部署相关工作。4月23日至27日，全国文化先进工作者会议正式召开。共有214名全国文化艺术界先进人物出席会议，包括作家、剧作家、艺术家、导演；电影放映队、文化馆（站）、书店、广播收音站、图书馆的基层工作人员；各种文化企业的技师和工人；文物和博物馆工作人员；文化艺术学校教学人员；报刊、书籍的编辑、记

---

① 《周扬向话剧工作者作报告》，《光明日报》1956年4月2日。
② 《周恩来总理向青年文学创作者和话剧工作者作报告》，《光明日报》1956年4月1日。
③ 1956年2月9日，中华全国总工会第七届执行委员会主席团第十次会议通过了《关于开展先进生产者运动的决议》，其中提出"在文化、科学、教育、卫生、保健事业中有显著成绩"可以授予先进生产者、先进工作者或先进单位的荣誉称号。3月12日，中共中央发出《关于积极领导先进生产者运动的通知》，要求从事科学、文化、教育、卫生工作人员应高度地发挥积极性和创造性，在"又多、又快、又好、又省"的方针下把我国经济建设推进一步。（参见中央档案馆、中共中央文献研究室编：《中共中央文件选集1949年10月—1966年5月》第22册，人民出版社2013年版，第328、333页。）文化部召开先进文化生产者会议，主要是为了响应全国总工会和中共中央的通知精神，推选参加全国先进生产者会议的代表。
④ 《文化部将召开全国先进文化工作者代表会议》，中华人民共和国文化部编印：《文化通讯》1956年第2期。

者、校对以及文化事业和企业单位的行政管理人员等。① 这次会议的任务是总结和推广文化工作者的先进经验，推动整个文化工作得到改进和提高，更好地为社会主义建设和改造事业服务。通过这次会议，全体文化先进工作者对建设社会主义文化有了明确的认识。正如文化部副部长钱俊瑞所说："我们正在进行着一个社会主义的文化革命，它是整个的社会主义革命的一个重要组成部分。它的任务就是除了继续反对帝国主义、封建主义的文化之外，要反对资产阶级的反动文化，要建设社会主义的文化，即具有社会主义内容和民族形式的文化。它的具体任务是：用社会主义的精神教育人民群众，普遍地提高人民的文化水平和科学水平，在工农业生产发展的基础上，大力提高和丰富人民的精神生活，以利于建设社会主义的伟大事业。"② 他要求各级文化行政部门在领导推广先进经验运动时，要正确地掌握"又多、又快、又好、又省"四者相结合的方针，从各地的具体条件出发。这次会议是新中国成立以后近七年时间里文化艺术工作者的第一次大会师，进一步明确了今后文化艺术工作的努力方向。

3. "百花齐放"典型：《十五贯》在京上演引起轰动

1956年3月底，浙江昆苏剧团进京汇报演出。4月10日，该团在北京广和楼剧场演出经过重新整理的昆剧传统剧目《十五贯》。③ 岂料《十五贯》的演出大获成功，引起了各方重视与关怀。田汉、欧阳予倩、梅兰芳等观看之后大为赞赏。④ 4月17日晚，毛泽东在中南海怀仁堂观看了《十五贯》。⑤ 4月19日，周恩来观看之后，赞扬《十五贯》具有丰富的人民性和相当高的艺术性，同时还谈到贯彻

---

① 《文化部召开全国先进文化工作者代表会议》，中华人民共和国文化部编印：《文化通讯》1956年第4期。

② 《钱俊瑞副部长的闭幕词（摘要）》，中华人民共和国文化部编印：《文化通讯》1956年第4期。

③ 钱法成在《昆剧〈十五贯〉进京献演纪事》（《人民政协报》2014年11月13日）一文中对于这次演出及其影响有过回忆，要了解更加细致的情况，可供参考。

④ 参见田汉：《看昆苏剧团的"十五贯"》，《光明日报》1956年4月14日；梅兰芳：《昆苏剧团的"十五贯"观后》，《光明日报》1956年4月22日。

⑤ 《毛泽东年谱1949—1976》第2卷，中央文献出版社2013年版，第561页。

"百花齐放"方针要因地制宜。① 4月21日,文化部授予浙江昆苏剧团五千元奖金,奖励剧团演出并参加整理昆曲《十五贯》的成就,以及他们多年来对继承和改革昆曲艺术的努力。② 4月25日晚,毛泽东、周恩来再次观看《十五贯》。③④ 4月27日,钱俊瑞在全国文化先进者会议上表示:"特别要提出浙江昆苏剧团的老艺人周传瑛,他不断地改编和自己参加表演许多传统节目,《十五贯》是特别优秀的一个。这是历史戏,但对于我们当前反对官僚主义、反对主观主义和开展肃反斗争的工作,将会发生极大作用,我们已经决定在全国各种戏曲剧团中推广上演。"⑤ 4月27日下午,中共中央政治局扩大会议上,当陆定一在发言中谈到写老人物的问题时,毛泽东插话说:《乌鸦与麻雀》,那是一部很好的电影。我们电影局就是不许它演,这两天可以找出来给大家看一看,见识见识,这是中国一篇很好的历史。周恩来问:最近看《十五贯》了没有?陆定一说:我看过,很好。毛泽东说:《十五贯》应该到处演,戏里边那些形象我们这里也是很多的,那些人现在还活着,比如过于执,在中国可以找出几百个来。⑥《十五贯》被党和国家领导人、文艺界人士以及社会各界高度肯定,主要原因在于剧团对于传统剧目进行了大胆改编与创造,突出反对官僚主义和主观主义的现实主题,切合了时代要求,因此被各方面当作贯彻执行党的"百花齐放,推陈出新"文艺方针的典型加以推崇。

(三)"双百"并提

1956年4月25—28日,中共中央召开各省、市和自治区党委书

---

① 《周恩来选集》下卷,人民出版社1984年版,第192—193页。在此之前,周恩来已经关注昆曲《十五贯》的改编和演出情况。1956年3月18日,青年文学创造者会议代表与老一辈作家举行联欢会。周恩来应邀参加。这次联欢会上,作家老舍还演唱了他根据昆曲改编的京剧"十五贯"中的一段。(参见《青年文学创作者同老作家联欢》,《光明日报》1956年3月19日)

② 《昆曲"十五贯"的演出者——浙江昆苏剧团得奖》,《光明日报》1956年4月23日。

③ 《周恩来年谱1949—1976》上卷,中央文献出版社1997年版,第566页。

④ 《毛泽东年谱1949—1976》第2卷,中央文献出版社2013年版,第569页。

⑤ 《钱俊瑞副部长的闭幕词(摘要)》,中华人民共和国文化部编印:《文化通讯》1956年第4期。

⑥ 《陆定一文集》下卷,人民出版社1992年版,第497页。

记参加的政治局扩大会议。这次会议及其后，中共中央专门讨论了科学和文化事业发展方针的问题。

4月25日，毛泽东在会上阐述社会主义建设要处理的十大关系，强调要以苏为鉴，探索自己社会主义建设的道路。这次会议上，毛泽东没有专门讨论我国科学事业发展方针的问题，只是谈到我国社会主义建设的方针以及学习国外的科学文化方针的问题。① 随着会议进行，思想文化战线负责人陆定一、陈伯达等针对科学、文化工作发言。4月27日，陆定一在发言中列举了科学和文艺方面的一些事件，强调对于学术性质、艺术性质、技术性质的问题要让它自由，要把政治思想问题同学术性质、艺术性质、技术性质的问题分开来。② 4月28日，陈伯达在发言中讲到"百花齐放，百家争鸣"方针的由来及其积极意义，强调在文化、科学上还要实行"百花齐放，百家争鸣"的方针。③ 会上，毛泽东作总结说："艺术问题上的百花齐放，学术问题上的百家争鸣，我看应该成为我们的方针。"④ 毛泽东的表态，支持了陆定一、陈伯达的意见。这次会议将"百花齐放，百家争鸣"二者并列。随后，中共中央决定对科学文化事业实行"双百"方针。5月1日，周恩来同中国科学院负责人谈话中针对胡先骕批判李森科的文章强调，科学与政治的关系，先要把二者分开，科学是科学，政治是政治，然后再把二者结合起来。⑤ 5月2日，毛泽东主持召开最高国务会议第七次会议。参加会议有一百多人。毛泽东发表讲话，再次系统阐述了十大关系。周恩来、刘少奇等在会上发言。在与会者发言之后，毛泽东在讲话中又论述"百花齐放，百家争鸣"的问题。毛泽东指出：

> 我们在有省市自治区党委书记参加的政治局扩大会议上还谈

---

① 《毛泽东文集》第7卷，人民出版社1999年版，第41页。
② 《陆定一文集》下卷，人民出版社1992年版，第494页。
③ 逄先知、金冲及主编：《毛泽东传（1949—1976）》上，中央文献出版社2003年版，第490—491页。
④ 《毛泽东文集》第7卷，人民出版社1999年版，第54页。
⑤ 《周恩来年谱1949—1976》上卷，中央文献出版社1997年版，第570页。

到这一点，就是百花齐放、百家争鸣。在艺术方面的百花齐放的方针，学术方面的百家争鸣的方针，是有必要的。百花齐放是文艺界提出的，后来有人要我写几个字，我就写了"百花齐放，推陈出新"。现在春天来了嘛，一百种花都让它开放，不要只让几种花开放，还有几种花不让它开放，这就叫百花齐放。百家争鸣，是说春秋战国时代，有许多学派，诸子百家，大家自由争论。现在我们也需要这个。……在中华人民共和国宪法范围之内，各种学术思想，正确的、错误的，让他们去说，不去干涉他们。李森科、非李森科，我们也搞不清，有那么多的学说，那么多的自然科学学派，就是社会科学学派，这一派、那一派，让他们去谈。在刊物上、报纸上可以说各种意见。①

这里，毛泽东谈到"百花齐放，百家争鸣"的由来，强调现在还要实行"百花齐放，百家争鸣"，要将其作为发展艺术和科学的方针。从最高国务会议设置的初衷来说，国家主席召集最高国务会议是就国家重大事务提出意见，并提交全国人大、全国人大常委会、国务院或其他部门讨论并作出决定。② 而国家主席在会上所阐述的观点与意见大都是尚未公布实施的方针政策，具有最新导向意义。4月底，毛泽东在中共中央政治局扩大会议上的讲话强调的是双百方针"我看应该成为我们的方针"，个人色彩很浓，而到了最高国务会议上，参加者包括国家主席、国家副主席、全国人大常委会委员长、国务院总理等，他所谈的意见则更具权威性和决定性。从这个意义上说，最高国务会议第七次会议是党和国家正式决定对科学和文化实行"双百"方针最为关键的会议。这次会议主题虽然是系统阐述十大关系，会上讨论内容多，由于史料缺乏，无法悉知这次会议对于科学文化事业发展的具体讨论，但结果却很明显，那就是决定对发展科学文化事业实行新的方针。

1956年4月30日至5月10日，全国先进生产者代表会议召开。

---

① 《毛泽东年谱1949—1976》第2卷，中央文献出版社2013年版，第574—575页。
② 《建国以来重要文献选编》第5册，中央文献出版社1993年版，第531页。

5月4日，郭沫若在会上作《向科学技术进军》的讲话，重点讲到十二年科学技术发展规划制订工作，却没有提"百家争鸣"的方针。① 5月9日，国务院第二办公室副主任钱俊瑞在会上作《积极和稳步地建设社会主义的文化》的讲话，重点讲了三个问题，分别是"加紧学习，百家争鸣，向科学进军""更多和更好地培养国家建设人才""积极地和稳步地开展群众性的文化、教育、卫生工作"②。钱俊瑞说："为了迅速地掌握先进的科学，提高我们的科学技术水平，我们在学术问题上应该贯彻自由讨论，百家争鸣的方针。这就是说，在学术性和技术性的问题上，我们不仅应该容许，而且应该大力提倡实事求是的自由争辩，使它成为风气，反对'只此一家''定于一尊'的少数人垄断，或者滥用行政命令去解决学术问题的办法。在学术问题上，我们不要害怕而且应该鼓励形成有独创见解的学派。在学术讨论中，应该容许对同一的问题抱有各种不同的见解，并且要开展这些不同见解之间的实事求是的自由的争论，以便在相互争辩中求得学术的不断发展和前进。……在建设社会主义的伟大时代，正确地开展我们的科学研究工作，做到百家争鸣，以利于社会主义的建设。"③ 在这里，钱俊瑞对"百家争鸣"的方针作了进一步阐述，但没有讨论"百花齐放"的问题。5月9日，中国科学院院长郭沫若在《历史研究》编委会会议上强调，科学工作和文艺工作将有新改革，中共中央准备发表"百家争鸣"的社论。④ 5月17日，文化部和戏剧家协会举行了有200多位文艺界名家参加的《十五贯》座谈会。国务院总理周恩来在会上指出，《十五贯》的演出为"百花齐放，推陈出新"奠定了基础，并为进一步贯彻执行"百花齐放，推陈出新"树立了良好榜样。⑤ 恰在此时，十二年科学发展远景规划在几百名科学家的参与

---

① 《建国以来重要文献选编》第8册，中央文献出版社1994年版，第289—299页。
② 钱俊瑞：《积极和稳步地建设社会主义的文化》，《新华半月刊》1956年第11号。
③ 钱俊瑞：《积极和稳步地建设社会主义的文化》，《新华半月刊》1956年第11号。1956年6月，工人出版社编辑出版《全国先进生产者代表会议主要文件》时将钱的讲话直接题为"学术方面应该执行百家争鸣的方针"。（参见工人出版社编辑《全国先进生产者代表会议主要文件》，工人出版社1956年版，第88页）
④ 黄仁国编著：《刘大年年谱》，人民出版社2017年版，第139页。
⑤ 《周恩来选集》下卷，人民出版社1984年版，第195—196页。

下正在积极拟订之中。

前文指出，十二年远景规划制订工作中存在的问题需要党和国家提出意见来加以解决。此时，中共中央正在酝酿提出"百花齐放，百家争鸣"方针，但这一方针还不为外界所熟知。在这种情况下，国务院副总理、国家计委主任李富春提议向正在北京参加起草十二年科学远景规划的两百多位科学家讲一次百花齐放、百家争鸣的政策。① 陆定一作为中宣部部长，对我国科学文化工作非常熟悉，因此，刘少奇指定陆定一去讲。为准备讲稿，陆定一不仅在中宣部内部专门讨论过两次，还将讲稿送给周恩来提修改意见。② 但是，陆定一的报告并不仅仅针对科学界，而是扩展至整个知识界、文化界。之所以这样，这与中国科学院院长、中国文学艺术界联合会主席郭沫若的邀请有关。③ 5月26日，陆定一在中南海怀仁堂举行的报告会上作《百花齐放，百家争鸣》的报告。在这个报告中，陆定一全面阐述了党的"双百"方针的内涵、提出背景与原因以及具体政策等。尽管陆定一强调报告是"个人对政策的认识"④，但他的报告内容完全体现了党对于科学文化事业的主张，是中共中央对"双百"方针最详尽的阐述。⑤ 但要注意，陆定一报告的对象，包括了自然科学家、社会科学家、医学家、文学家和艺术家1000多人，其中有共产党员、各民主党派以及无党派人士。⑥ 不仅如此，周恩来总理也出席了这个报告会，而且还在当天晚上举行盛大酒会招待参加全国科学规划工作的300多位科学家。⑦ 周恩来勉励科学家们要努力开展科学研究工作，学习苏联和其他一切先进国家的科学技术，争取在十二年内使我国重要的和急需的

---

① 《建国以来毛泽东文稿》第6册，中央文献出版社1992年版，第120页。
② 《建国以来毛泽东文稿》第6册，中央文献出版社1992年版，第120页。
③ 《建国以来重要文献选编》第8册，中央文献出版社1994年版，第300页。
④ 《建国以来重要文献选编》第8册，中央文献出版社1994年版，第300页。
⑤ 陈清泉、宋广渭：《陆定一传》，中共党史出版社1999年版，第420页。
⑥ 《建国以来重要文献选编》第8册，中央文献出版社1994年版，第300页。
⑦ 《周恩来年谱1949—1976》上卷，中央文献出版社1997年版，第580页。

科学技术部门接近和赶上世界先进水平。①②

1956年5月28日—6月1日,中宣部在北京召开15个省、市宣传（文教）部长座谈会。这次会议主要就毛泽东关于动员一切积极因素的十条方针举行座谈。会议讨论了《关于省（市）委宣传部、文教部基本任务和主要工作的初步意见》等文件。会议期间,陆定一两次谈到"双百"方针的问题。5月28日,他在会议开始时指出,党的宣传工作要摆脱苏联教条主义的影响,并根据十条方针的精神指出今后宣传工作的任务是要继续与资产阶级唯心主义作斗争、要发展文化艺术和科学事业、提高宣传工作的质量。③他强调,文艺、科学方面今后主要是贯彻执行"百花齐放,百家争鸣"的方针,并且举例说明处理文艺和科学方面的政策界限等。④6月1日,他在座谈会结束时作总结又提到了科学文艺工作的"百花齐放,百家争鸣"的方针以及如何处理的问题。⑤

1956年6月7日,陆定一将《百花齐放,百家争鸣》的讲话稿送给毛泽东审阅。6月8日,毛泽东肯定了陆定一的报告,并对一些具体问题提出修改意见,表示"此件很好,可以发表"⑥。6月13日,《人民日报》全文发表陆定一《百花齐放,百家争鸣》的报告。以此为标志,党和国家正式将"百花齐放,百家争鸣"的方针向国内外公布。

1956年6月18日,全国人大常委会副委员长兼中国科学院院长郭沫若在一届全国人大三次会议上发言肯定"百花齐放,百家争鸣"是鼓舞科学文化工作者发挥高度积极性和创造性的最好的方针,并就

---

① 《周恩来年谱1949—1976》上卷,中央文献出版社1997年版,第580页。
② 《招待参加科学规划工作的科学家 周恩来总理举行盛大酒会》,《光明日报》1956年5月27日。
③ 《陆定一文集》下卷,人民出版社1992年版,第525页。
④ 《陆定一文集》下卷,人民出版社1992年版,第526—527页。
⑤ 中央宣传部办公厅编:《党的宣传工作会议概况和文献（1951—1992年）》,中共中央党校出版社1993年版,第159页。
⑥ 《建国以来毛泽东文稿》第6册,中央文献出版社1992年版,第120页。

如何理解这一方针谈了自己看法。① 6月19日，文化部部长沈雁冰也在人大会上就文艺工作如何贯彻"百花齐放，百家争鸣"的方针谈自己看法，要求文化行政部门大力宣扬"百花齐放，百家争鸣"的精神。② 郭沫若、沈雁冰在如此高层会议上对于"双百"方针的进一步阐述，表明该方针已经在科学与文化工作中得到贯彻执行。

"双百"方针从酝酿到提出，以及被党和国家确立为发展科学文化事业的新方针，对当时我国科学文化事业的发展产生了积极影响。从科学方面来说，全国科学远景规划工作在"百家争鸣"方针指引下很快草拟完成，且在科学研究工作中贯彻执行了这一方针，各类学术著作出版数量大幅度增长等。从文化艺术事业方面来说，文学艺术创作活动繁荣起来，各种文艺刊物涌现，各种文艺演出增多等。与此同时，全国科学界、文艺界发表了大量阐述"百花齐放，百家争鸣"方针的文章。

1956年9月，中共八大政治报告中还专门论述了"双百"方针：

> 为了繁荣我国的科学和艺术，使它们为社会主义建设服务，党中央提出了"百花齐放，百家争鸣"的方针。科学上的真理是愈辩愈明的，艺术上的风格是必须兼容并包的。党对于学术性质和艺术性质的问题，不应当依靠行政命令来实现自己的领导，而要提倡自由讨论和自由竞赛来推动科学和艺术的发展。③

1956年底，文化部制定1957年文化工作方针时，明确提出："应该贯彻'百花齐放、百家争鸣'，努力创造和建设社会主义的民族的新文化的方针，更好地调动文化艺术界的一切力量，进一步繁荣创作，着重地发展群众业余文化工作和办好现有的各项文化事业，提

---

① 《科学规划和百家争鸣——全国人民代表大会常务委员会副委员长郭沫若的发言》，《光明日报》1956年6月19日。
② 《贯彻"百花齐放，百家争鸣"的方针 促进文学艺术的繁荣和发展——文化部长沈雁冰的发言》，《光明日报》1956年6月20日。
③ 中共中央办公厅编：《中国共产党第八次全国代表大会文献》，人民出版社1957年版，第42页。

高它们的质量，同时妥善安排文化队伍，改进文化事业的体制，切实加强领导。"①

综上所述，1956年1月至4月底，我国科学文化事业发展中的一些重大事件进一步促进了党和国家提出发展科学文化事业的方针。4月至6月，中国共产党通过召开中央政治局扩大会议、最高国务会议以及其他重要会议，酝酿提出并最终决定对科学文化事业实行"双百"方针。短期内，我国科学文化事业在"双百"方针的指引下迎来了发展的"春天"。9月，"双百"方针第一次进入党代会报告，成为党领导科学文化事业的一条重要方针。但是，我国在执行"双百"方针的过程中也留下了极为深刻的教训。②"双百"方针的提出及其被党和国家确立为发展科学文化事业的新方针，其重大意义则必须肯定。

---

① 《文化工作文件资料汇编（一）（1949—1959）》，中华人民共和国文化部办公厅1982年编印，第47页。
② 周扬：《哲学社会科学的发展规划和百花齐放、百家争鸣的方针》，《哲学研究》1978年第10期。

第五章　文化治理：文化建设中的知识分子与旧文化事业

新中国文化建设既要培养国家急需的建设人才，提高广大人民的文化水平；又要肃清封建的、买办的、法西斯主义的思想，确立为人民服务的思想。[①] 这两大任务可简化为"建设新文化"，"治理旧文化"。

中华人民共和国成立之后，建设人民至上的新文化即将开始。但旧中国所遗留的旧思想与旧文化，广泛存在于人们的现实生活中，要消除其影响并不容易。可如若不肃清封建的、买办的、法西斯主义的思想的影响，思想文化领域便难以确立马列主义的指导地位，文化建设进程会受到影响，进而不利于国家建设人才的培养。为了更好地开展新中国文化建设，党和国家决定对旧文化加以有效治理。这里的文化治理[②]，包括两个重要方面：一是对知识分子进行思想改造；二是对旧文化事业加以改造与利用。

第一节　批判地继承旧文化

一　"旧文化"的内容

新中国成立以前，中国共产党对于旧文化的认识经过了一个发展

[①]《建国以来重要文献选编》第1册，中央文献出版社1992年版，第11页。

[②] 文化治理是新近才被广泛使用的说法。广义的文化治理包括对意识形态、精神文明、道德信仰等多重层面的治理。新中国成立以后，我国文化建设也涉及对这些问题的治理。虽然当时官方话语没有"治理"一词，更多地使用"改造"一词，但意思相近，本文借用来讨论当时党执政全国的条件下如何很好地利用已有的文化资源（知识分子和文化事业）的问题。

过程。

中国共产党早期领导人如陈独秀、李大钊、瞿秋白等在分析中国文化问题时，经常使用"旧文化""新文化"的话语。那个时期，旧文化主要是指以儒学为代表的封建旧思想、旧道德、旧文学。延安时期，毛泽东、张闻天在分析新民主主义文化问题时，同样广泛使用了"旧文化""新文化"的话语，并对"旧文化"作了具体分析。毛泽东指出，中华民族的旧政治和旧经济是殖民地、半殖民地、半封建的政治和经济，作为旧经济和旧政治在观念形态上反映的旧文化，是殖民地、半殖民地、半封建的文化。在他看来，殖民地、半殖民地、半封建文化包含帝国主义文化和半封建文化两大内容。① 张闻天认为："旧中国就有旧文化。旧中国是一个半殖民地半封建的中国，因此它的统治的文化也是半殖民地半封建的。换句话说，即是买办性的封建主义的文化。"② 毛泽东将旧文化等同于半封建文化，而张闻天则将旧文化等同于买办性的封建主义文化，意思大体相同。旧文化内容，毛泽东认为包括尊孔读经、提倡旧礼教旧思想、反对新文化新思想等；而张闻天认为包括封建旧道德、旧思想、旧制度，主张复古、尊孔、读经、保存"国粹"，颂扬独裁专制，反对民主，提倡一人之下万人之上的流氓主义，强迫庶民"严守纪律""安分守己"，忍受压迫剥削而无怨言，提倡古文文言文，反对今文白话文等。

在对旧文化内容分析基础上，毛泽东、张闻天指出，必须看到中国古代文化中的积极因素，对旧文化进行辩证分析。毛泽东使用内容宽泛的"古代文化"来对旧文化作了程度区分。如果用同心圆作喻，外面大圆是"古代文化"，内部小圆是"旧文化"，"古代文化"与"旧文化"是包含与被包含的关系。毛泽东表示："决不能无批判的兼收并蓄，必须将古代封建统治阶级的一切腐朽的东西和古代优秀的民间文化即多少带有民主性与革命性的东西区别开来。……必须尊重

---

① 毛泽东：《新民主主义的政治与新民主主义的文化》，《中国文化》1940年第1卷第1期。
② 张闻天：《抗战以来中华民族的新文化运动与今后任务》，《中国文化》1940年第1卷第2期。

自己的历史，决不能割断历史。"① 张闻天认为旧文化中有民族的、民主的、科学的、大众的文化因素。在对待旧文化的问题上，要注意旧文化中所蕴涵的民主性和科学性成分，这些能够为新文化建设所用。

新中国成立之时，但凡旧中国留下的反映封建的、买办的、法西斯主义思想的文教事业、机构、人员等都属于旧文化范畴。具体来说，旧文化大体由两部分构成：一部分是"人"，是指解放战争中接收的国民党留下来的大量宣传文化机构、学校、厂矿企业以及文化艺术团体中的旧知识分子，包括教育工作者、科技工作者、文艺工作者、新闻工作者等；还有一部分是"事"和"物"，是指旧中国留下来的文教事业、文化机构、文化思想、文化体制等。

二 对待旧文化的科学态度

中国共产党坚持以马列主义为指导，强调要科学地对待旧文化。1940年1月，毛泽东认为，中国的旧文化与帝国主义文化勾结到一起共同反对新文化，旧文化与帝国主义文化都必须被打倒，而且新文化与旧文化的斗争是你死我活的"生死斗争"②。张闻天认为，建设新文化必须尽全力扫除买办性的封建主义文化，且扫除得越彻底越好。③ 这表明，中国共产党认为必须坚决扫除封建旧文化的影响。

不仅如此，他们还从古代文化的角度，认识到旧文化里有民主性和科学性的成分，提出要批判地继承这部分文化遗产。毛泽东认为，旧中国创造了灿烂的古代文化，中国新文化由古代旧文化发展而来，对待旧文化既要尊重历史，不能割断历史，且不能颂古非今和赞扬任何封建的毒素；同时要批判地吸收古代文化里民主性的精华成分，剔除其封建性的糟粕。张闻天表示，旧文化中民族的、民主的、科学

---

① 毛泽东：《新民主主义的政治与新民主主义的文化》，《中国文化》1940年第1卷第1期。
② 毛泽东：《新民主主义的政治与新民主主义的文化》，《中国文化》1940年第1卷第1期。
③ 张闻天：《抗战以来中华民族的新文化运动与今后任务》，《中国文化》1940年第1卷第2期。

的、大众的文化因素是祖先留下来的宝贵遗产,在发展新文化时必须从旧文化中发掘出这些因素加以接收、改造与发展。① 1945年,毛泽东在《论联合政府》中再次提出:"一切奴化的、封建主义的和法西斯主义的文化和教育,应当采取适当的坚决的步骤,加以扫除。""对于旧文化工作者……采取适当的方法教育他们,使他们获得新观点、新方法,为人民服务。""对于中国古代文化,同样,既不是一概排斥,也不是盲目搬用,而是批判地接收它,以利于推进中国的新文化。"②

对于旧文化,一方面要坚决扫除封建旧文化的影响;另一方面又反对采取绝对主义的态度,不能持完全排斥的态度,必须批判地接受旧文化以发展人民大众的新文化。这种辩证地对待旧文化的态度,应该说得到当时人们的认同。如周恩来指出:"我们要否定旧的,先把旧的东西孤立起来,缩小其地盘,进而从根本上彻底摧毁它。这样,才能为新东西的发展扫清障碍,开辟宽广的道路。""对封建主义文化也要先否定它,再批判地接受它好的东西。……先把它从整体上否定,再从里边找出一些好的东西来。"③ "对于中国古代文化的遗产,应采取严肃的批判态度,排斥其封建的反动的方面,吸取其中带有民主性、革命性的因素。""改造旧文艺,应成为今后的重要工作。"④ 徐特立认为:"要有步骤的整理、继承自己的文化遗产,发扬先人创造文化的伟大精神。"⑤ 周扬认为:"对于旧文化、旧教育要加以分析,也许百分之九十都是没有用的,百分之十还是有用。文化从来就有两种,一种是封建阶级或资产阶级的统治文化;另一种同时并存着的,即……平民文化。因为有'民主和社会主义的成分',才有可能接受和发展,红楼梦、西游记即因带有革命性、民主性,所以才流

---

① 张闻天:《抗战以来中华民族的新文化运动与今后任务》,《中国文化》1940年第1卷第2期。
② 《毛泽东选集》第3卷,人民出版社1991年版,第1083页。
③ 《周恩来教育文选》,教育科学出版社1984年版,第1—2页。
④ 《〈新民主主义的共同纲领〉草案初稿》,《建国以来周恩来文稿》第1册,中央文献出版社2008年版,第300、311页。
⑤ 徐特立:《科学化民族化大众化的文化教育》,《徐特立文集》,湖南人民出版社1980年版,第389页。

行。新文化是从旧文化发展而来的。""要在新的基础上重新解决传统问题,让新文化与旧文化接连上,在新的基础上把旧的好的东西接收下来,用新的观点,批判、继承、发扬文化遗产里一切优良的东西"。① 丁玲表示:"封建制度虽然容易打垮,而封建思想、封建文化却不是那么容易去掉。在旧社会里所学的基本上是封建文化,这种文化的一个方面是我们必须当作人类知识的遗产而来继承的,其另一个方面却必须否定。比如:封建社会讲要'忠君',我们就不讲这个,我们的无限忠心是给与人民的。"②

那么,用一句话概括中国共产党对待旧文化的态度,就是"批判地继承旧文化"。亦即,坚决扫除封建旧文化,继承与发展旧文化中具有民主性、革命性因素的文化遗产。新中国成立以后,"批判地继承旧文化"是新中国文化治理的根本原则。

第二节 思想改造:知识分子问题的发展历程

中国革命胜利以后,从旧中国过来的知识分子有200多万人,占当时总人口的0.37%。③ 如何对待这些知识分子,成为中国共产党执政以后文化建设亟须解决的问题。

一 "团结、教育、改造"知识分子的方针

新中国成立以前,中国共产党已经形成了对知识分子"团结、教育、改造"的方针。如毛泽东就强调要团结、帮助和改造旧知识分子、旧艺人、旧医生,使他们能够更好地为人民服务。④ 薄一波指出:"发展教育、文化、卫生事业,必须团结和依靠知识分子。在土改和整党中,有些地方曾经对知识分子采取了不正确的态度,单纯看他们的成分、出身,不看他们的思想和能力,因而产生不信任和排斥他们

---

① 《清华大学这样进行政策学习》(四),《文汇报》1950年9月15日。
② 丁玲:《同青年朋友谈谈"旧影响"》,《人民日报》1949年3月2日。
③ 何沁主编:《中华人民共和国》,高等教育出版社2009年版,第55页。
④ 《毛泽东选集》第3卷,人民出版社1991年版,第1083页。

的倾向，这是错误的，必须纠正。"① 周恩来也指出："中国的革命及建设事业迫切地需要知识分子，人民政府应有计划地从广大人民中培养各类知识分子的干部，同时应注意团结并教育一切有用的知识分子及技术专家。"② 至于为什么要团结和改造知识分子，周扬则明确指出："今天的知识分子大多出身资产阶级、地主、买办或小资产阶级的家庭，而我们所受的教育也是资产阶级的教育。因此我们的出身，我们所受的教育，我们学习的环境，工作与活动的方式和态度都使我们在生活、观点和方法上与工农有距离。我们愿意参加革命，为工农服务；但是由于出身，生活与工作的态度，观点和方法的不同，使我们不能和工农结合得很好，不能为工农服务得很融洽。"③ 由此，这样便提出了知识分子问题及团结和改造知识分子的问题。

新中国成立以后，中国共产党进一步明确对知识分子实行"团结、教育、改造"的方针。如1950年3月，陈云谈处理旧人员（包括旧知识分子在内）时表示对旧人员包下来的政策不变，并对包下来的人员有步骤地加以改造和合理使用。④ 1950年中共中央发布庆祝"五一"口号，号召"全国科学家、艺术家、工程师、技术人员、教师、学生和一切在文化领域内工作的知识分子和青年们，努力学习新知识、新技能，努力为发展工农业生产、提高人民文化水平而奋斗"。⑤ 1950年3月，陆定一提出："中国的人民文化教育事业的建设必须团结各革命阶层的知识分子来共同进行；对于旧的知识分子和技术人员，应该给予他们以适当的教育，使其为革命服务。中共中央曾经明确地规定对知识分子的政策是：争取、团结、教育和改造。"⑥ 为此，中央还要求在各地创办短期的政治大学或训练班，帮助知识分子建立革命的人生观和辩证唯物主义与历史唯物主义的思想。1951

---

① 《关于华北人民政府施政方针的建议》，《薄一波文选》，人民出版社1992年版，第83页。
② 《新民主主义的文化教育》，《周恩来文化文选》，中央文献出版社2003年版，第51页。
③ 周扬：《论知识分子问题》，《文汇报》1949年6月30日。
④ 《建国以来重要文献选编》第1册，中央文献出版社1992年版，第131页。
⑤ 《建国以来重要文献选编》第1册，中央文献出版社1992年版，第212页。
⑥ 《中国共产党宣传工作文献选编1949—1956》，学习出版社1996年版，第32页。

年2月,中央政治局扩大会议同样要求对知识分子"必须在反帝反封建的基础上将他们团结起来,并加以教育"①。1951年4月,周恩来还为祝贺中国戏剧学院成立题词"重视与改造、团结与教育,二者不可缺一"②。1951年6月,毛泽东在七届三中全会上要求"争取一切爱国的知识分子为人民服务"③。这说明,新中国成立以后中国共产党继续对知识分子实行"团结、教育、改造"的方针。

二 思想改造:解决知识分子问题的关键

知识分子改造的关键,主要是思想改造。周扬指出,知识分子的改造主要有两点:一是解决个人和集体的矛盾;二是解决主观和客观的矛盾。④ 他认为,知识分子应该"向群众学习,培养群众观点,学习马列主义,改造自己,自觉地与工农结合,为他们服务"⑤。薄一波认为,知识分子要想改造好,最重要的是要有老老实实的态度,不装不吹,实事求是。⑥ 思想改造,一是要求知识分子通过学习马列主义和毛泽东思想,在政治上牢固树立革命的思想;二是要求知识分子树立起为人民大众服务的思想,在实践中改造旧思想、旧意识,以更好地为革命和建设服务。正如楚图南所说:"所谓除旧布新,改造旧思想,发展新学术——尤其是反封建、官僚、买办思想,以马列主义毛泽东思想为基础,以服务人民大众,并通过国际的爱国主义以进于大同世界的所有的新思想和新学术的创造建立和发扬光大。"⑦

知识分子思想改造的方式有:一是参加团体活动,或直接地加入到革命的队伍里去。二是学习政治理论,主要是马列主义和毛泽东思想、唯物史观和辩证法等,提高政治上的思想觉悟。当时,全国各地都创办过各种政治大学或训练班,帮助旧知识分子学习唯物主义思

---

① 《毛泽东文集》第6卷,人民出版社1999年版,第146页。
② 《周恩来年谱1949—1976》(上卷),中央文献出版社1997年版,第146页。
③ 《建国以来重要文献选编》第1册,中央文献出版社1992年版,第255页。
④ 周扬:《论知识分子问题》,《文汇报》1949年6月30日。
⑤ 周扬:《论知识分子问题》,《文汇报》1949年7月2日。
⑥ 《人民日报》1949年9月8日。
⑦ 《为新中国的文化建设奠基——论共同纲领中的文教政策》,《光明日报》1949年10月2日。

想。1950年6月，郭沫若谈到学习情况时说："很多的旧知识分子和公教人员，对过去的错误思想作了自我批评。所谓'中间路线'的错误思想的影响，基本上是廓清了。"① 三是参加社会实践，如不少旧知识分子参加土改，并撰写了大量观感文章。

通过思想改造，不少旧知识分子得到了深刻的思想教育。总体而言，当时大多数旧知识分子对思想改造持赞同和欢迎态度。如陈垣表示："我是一个旧知识分子，又是一个老知识分子，受旧社会的薰陶很久。这二年多，虽然不断的学习，总是进步很慢。究竟岁数大了，接受新鲜事物，比青年人差得多，耳目精神，更不用说。可是，我相信了马克思、列宁主义的普遍真理，面对着祖国的史无前例的辉煌成就，我欢欣鼓舞地下决心要加强学习。"② 黎锦熙表示："现在惟有从头学习，彻底检讨，认清昔日之'我'就是今日之'敌'！"③ 冯友兰说："在思想改造的过程中，我们更觉到共产党的伟大。"④ 翼高之指出："知识分子既然在革命事业的建设中占有那样重要的地位，那么知识分子的改造，在目前应该是最迫切需要的工作了。""我们必须要有极大的耐性来下决心改造自己。"⑤ 此外，为了推动知识分子的思想改造，当时还编辑出版了不少介绍思想改造情况的书籍，如丁玲等的《论思想改造》。经过思想改造，大多数旧知识分子以饱满的热情投身到新中国社会改革和民主改革中来。

抗战时期，知识分子的思想改造已经提出。但随着革命取得全国胜利，新中国国家建设需要大量的干部和人才，这样知识分子思想改造的任务更加艰巨和迫切。中国共产党确定的"团结、教育、改造"知识分子的方针，有利于发挥知识分子的重要作用，对新中国成立以后国家建设产生了深远影响。

---

① 郭沫若：《关于文化教育工作的报告——1950年6月17日中央人民政府政务院文化教育委员会郭沫若主任在人民政协全国委员会第二次会议上的报告》，《文教参考资料丛刊·第十辑》，中央人民政府文教委1951年编印，第2页。
② 陈垣：《祝教师学习成功》，《光明日报》1951年10月27日。
③ 黎锦熙：《读了斯大林"十月革命底国际性质"以后》，《人民日报》1952年1月7日。
④ 冯友兰：《对于三年来新社会的几点认识》，《人民日报》1952年10月8日。
⑤ 翼高之：《关于青年知识分子的改造》，《文汇报》1949年8月3日。

三 知识分子思想改造运动——以文艺界为中心

知识分子思想改造同知识分子思想改造运动是两回事。1951年秋至1952年，我国开展了一场广泛的知识分子思想改造运动。这场运动首先在高校知识分子中展开①，然后扩展到文艺界及整个知识界。

1951年6月1日，经济学家马寅初任北京大学校长。马寅初任校长以后，立即着手知识分子的政治学习，并在暑期举办了政治学习班。随后，汤用彤、张景钺等12位教授响应周恩来总理改造思想的号召，发起北大教员政治学习运动。②9月29日，周恩来应邀作《关于知识分子的改造问题》的报告。10月23日，毛泽东在一届政协三次会议上肯定了知识分子思想改造的重要意义，强调"思想改造，首先是各种知识分子的思想改造，是我国在各方面彻底实现民主改革和逐步实行工业化的重要条件之一"③，并预祝这场思想改造运动取得更大成就。10月25日，郭沫若提出，要在整个文化教育战线上，包括教育、科学、艺术、出版各个部门，积极地、大胆地开展这样的思想讨论，以便改造旧思想，确立马克思列宁主义在文化教育工作中的领导地位。④这样，知识分子思想改造运动从高等学校就扩展到整个文化教育战线以及广大知识分子中去。

知识分子思想改造运动虽然从高校开始，但随着其逐步深入，则从教育领域逐步扩大到文艺、科技、民主党派、政府机关等领域的广大知识分子中。知识分子思想改造运动在文艺界的表现就是开展有目的、有准备的整风学习运动。自1951年9月24日至11月23日，鉴于电影《武训传》的错误倾向，中央宣传部召开文艺干部工作会议，检查文艺工作、批评和自我批评，同时讨论加强电影、整顿戏剧工作

---

① 关于高校知识分子思想改造运动，研究成果相对较多。专著如崔晓麟：《重塑与思考：1951年前后高校知识分子思想改造运动研究》（中共党史出版社2005年版），论文如朱薇《中国共产党在新中国成立初期对知识分子的思想改造——对历史文献的解读与思考》（《当代中国史研究》2011年第4期）、马大成《马寅初对建国初期高校知识分子思想改造运动的理解与把握》（《浙江工商大学学报》2012年第2期）等。
② 《周恩来年谱1949—1976》（上卷），中央文献出版社1997年版，第175页。
③ 《人民日报》1951年10月24日。
④ 郭沫若：《关于文化教育工作的报告》，《人民日报》1951年11月5日。

及调整和加强文艺刊物的具体方案。① 针对文艺界出现的这些问题，中宣部决定进行一次整风学习，并提出整顿文艺队伍（文联系统、文化部系统、各艺术学校和党内）的具体办法。② 与此同时，全国文联召开了两次常委扩大会议，决定首先在北京文艺界组织整风学习，号召北京市的文学艺术工作者进行学习，以期达到改造思想和改进工作的目的。③

为加强对文艺界学习运动的领导，全国文联决定组织北京文艺界学习委员会，由丁玲任主任委员，沈雁冰、周扬等20人为委员。各文学艺术机关、学校、团体成立学委小组，分别领导各单位的文艺工作者进行学习。1951年11月20日，文联通过《全国文联关于调整北京文艺刊物的决定》。《决定》认为，文艺刊物必须要有明确的战斗目标，强烈的思想内容、生活内容和群众化的风格，才能成为文艺事业不断的革新者。为此，文联决定按照"少而精"的原则，将北京出版的文艺刊物加以调整：（1）加强《文艺报》；（2）加强《人民文学》；（3）加强《说说唱唱》；（4）《人民戏剧》《新戏曲》《人民音乐》《民间文艺集刊》停止出版，另出一专刊剧本的定名为《剧本》的小型刊物；（5）《新电影》停刊，加强《大众电影》。④

1951年11月24日，北京文艺界召开整风学习运动动员大会。中宣部副部长胡乔木和全国文联副主席周扬分别作《文艺工作者为什么要改造思想？》和《整顿文艺思想，改进领导工作》的报告。胡乔木和周扬在各自的报告中指出了这次整风学习的重要意义，并就开展思想整风学习提出了具体的意见。这次会议上，丁玲作《为提高我们刊物的战斗性、思想性而斗争》的发言。⑤ 此外，欧阳予倩、老舍、李伯钊、黄钢、瞿希贤、华君武、李广田7人也在会上作了发言。文艺

---

① 《建国以来重要文献选编》第2册，中央文献出版社1992年版，第463页。
② 《建国以来重要文献选编》第2册，中央文献出版社1992年版，第465页。
③ 《清除文艺工作中浓厚的小资产阶级倾向北京文艺界开始整风学习》，《人民日报》1951年12月1日。
④ 《文汇报》1951年11月27日。
⑤ 《丁玲年谱长编·上》，天津人民出版社2006年版，第285页。

界人士大都表示拥护这次学习，认为必须展开批评与自我批评，老作家也应该和青年作家一样认真学习文件，联系实际，改造思想。① 会议决定，北京文艺界整风学习文件主要有：《实践论》、《在延安文艺座谈会上的讲话》、《斯大林给别德内依的信》、《反对自由主义》、联共中央关于文艺问题的四个决定和日丹诺夫《关于"星"与"列宁格勒"两杂志的报告》、人民日报社论《必须重视电影〈武训传〉的讨论》等。会后，在北京文艺界学习委员会的统一领导下，各文学艺术机关、学校、团体成立学委小组，分别领导各单位的文艺工作者进行学习。各学习单位都订出学习计划，召开动员大会开展学习运动。

中宣部和文联准备利用北京文艺界整风学习的经验，在全国文艺界普遍开展这一学习运动。1951年11月26日，中共中央批准中宣部关于文艺干部整风学习的报告。② 由此，文艺界知识分子的思想改造运动就从北京扩展到全国文艺界。12月7日，天津市举行了各文化艺术团体共产党员文艺干部整风学习动员大会。12月20日，华北局召开华北区文艺界整风学习动员大会。刘澜涛讲话指出：文艺界的整风学习运动和目前正在全国开展的增产节约，反贪污、反浪费、反官僚主义和思想改造运动，都是扫除前进障碍，肃清资产阶级思想的腐蚀作用，为国家大规模建设作准备的重大政治任务。③ 1952年5月23日，全国文联和各地文艺界召开纪念毛泽东《在延安文艺座谈会上的讲话》发表十周年座谈会。由此，全国文艺界整风学习运动达到高潮。7月，北京文艺界整风学习运动基本结束。7月14日，全国文联和北京文艺界学习委员会举行联席会议决定：由于北京大部分文艺单位已完成了文艺整风学习，北京文艺界学习委员会宣告结束，而将组织和领导文艺界经常学习的工作，交给文艺界的各个协会去做。④

文艺界整风学习运动，达到了改造思想和改进文艺工作的目的。文艺界知识分子通过整风学习，划清了工人阶级文艺思想和资产阶级、小资产阶级文艺思想的局限，认识到文艺工作者必须进行思想改

---

① 《人民日报》1951年12月1日。
② 《建国以来重要文献选编》第2册，中央文献出版社1992年版，第461页。
③ 《华北区文艺界进行整风学习》，《文汇报》1951年12月31日。
④ 《人民日报》1952年7月21日。

造，必须联系群众，深入群众，文艺要为人民服务。同时，参加文艺整风的机构得到调整和改革，不少地方简化了行政机构，使工作人员集中于研究和创作。另外，文艺刊物调整的任务基本完成。如《文艺报》和《人民文学》等的工作都有所加强。

四 思想文化领域的批判

国民经济恢复时期，思想文化界曾开展过对电影《武训传》的批判。但这次思想文化批判范围有限，尚未在思想文化领域完全展开。过渡时期总路线公布以后，我国思想文化界面临着更为复杂的形势。1954年初，中宣部提出思想文化界加强马克思列宁主义教育，加强社会主义思想教育，同党内外一切违背总路线的思想倾向作斗争，保证社会主义工作化和社会主义改造事业的顺利进行。① 在贯彻和实现社会主义总路线和总任务的要求下，1954年至1955年，我国思想文化界组织了对俞平伯、胡适、胡风的思想批判运动，其目的就是希望消除资产阶级思想在思想文化界的影响，进一步确立马克思主义思想的指导地位。

这场思想批判运动，首先是由批判著名红学家俞平伯《红楼梦研究》开始的。② 1954年3月，《新建设》发表俞平伯《红楼梦简论》一文。9月，青年学者李希凡、蓝翎在《文史哲》发表《关于〈红楼梦简论〉及其他》。③ 9月30日，《文艺报》第18期上转载了这篇文章，冯雪峰还加写了编者按。毛泽东看了《文艺报》编者按后批示："不应当承认俞平伯的观点是正确的。""不是更深刻周密的问题，而是批判错误思想的问题。"④ 10月10日，《光明日报·文学遗产》第24期又发表李、蓝的第二篇批评俞平伯的文章——《评〈红楼梦研

---

① 《中国共产党宣传工作文献选编1949—1956》，学习出版社1996年版，第728—729页。
② 关于这个问题的研究情况，请参见陈辉《建国初期〈红楼梦〉研究的批判运动》，《江苏大学学报》2006年第4期；刘仓：《〈红楼梦研究〉批判运动研究综述》，《中共党史资料》2008年第1期。
③ 作家出版社编辑部编：《红楼梦问题讨论集（一集）》，作家出版社1955年版，第66—67页。
④ 《毛泽东传1949—1976》（上卷），中央文献出版社2004年版，第290页。

究〉》，并加编者按以示重视。《红楼梦研究》是俞平伯的《红楼梦辨》在1952年修订再版时改用的书名。李、蓝在文章中引用了俞平伯《红楼梦辨》中的一段话："原来批评文学的眼光是很容易有偏好的，所以甲是乙非了无标准"，即"麻油拌韭菜，各人心里爱"。毛泽东在旁批注："这就是胡适哲学的相对主义即实用主义。"① 这就把俞平伯研究《红楼梦》的观点同胡适的哲学思想联系起来。10月16日，毛泽东给中央有关同志写《关于〈红楼梦〉研究问题的信》，信中提出要在古典文学领域开展对胡适派资产阶级唯心论的斗争。毛泽东此时已不再把对《红楼梦》的批判视为简单的学术问题，而是看成对资产阶级唯心思想尤其是胡适派哲学思想的批判和斗争。10月18日，中国作协党组开会传达毛泽东《关于〈红楼梦〉研究问题的信》的精神。10月24日，中国作家协会召开关于《红楼梦》研究问题的讨论会。这次会议认为：在古典文学研究领域中以马克思列宁主义的立场、观点、方法来批判资产阶级唯心主义的立场、观点、方法，是一场严重的斗争。② 10月27日，中宣部副部长陆定一在关于展开《红楼梦》研究问题的批判给毛泽东并中央的报告中提出对《红楼梦》研究的讨论"不应该仅停止在《红楼梦》一本书和俞平伯一个人上，也不应仅限于古典文学研究的范围内，而应该发展到其他部门去，从哲学、历史学、教育学、语言学等方面彻底地批判胡适的资产阶级唯心论的影响。"③ 毛泽东对陆定一的报告批示："刘、周、陈、朱、邓阅，退陆定一照办。"④ 实际上，这就要求在开展对俞平伯《红楼梦研究》批判的同时，还要开展对胡适唯心主义思想的批判。

从1954年10月31日至12月8日，全国文联、中国作协主席团召开八次扩大会议，讨论反对《红楼梦》研究中的胡适派资产阶级唯心论的倾向和《文艺报》的错误，并检查《文艺报》的编辑工作。最后，会议通过《关于〈文艺报〉的决议》，要求《文艺报》改组，

---

① 《毛泽东传1949—1976》（上卷），中央文献出版社2004年版，第291页。
② 《批判研究古典文学的唯心观点》，《文汇报》1954年10月28日。
③ 《建国以来毛泽东文稿》第4册，中央文献出版社1990年版，第588页。
④ 《建国以来毛泽东文稿》第4册，中央文献出版社1990年版，第587页。

重新组织编辑委员会。与此同时，全国的报纸杂志发表了许多批判俞平伯《红楼梦研究》的文章，各地文教部门、文艺团体和各民主党派举行各种座谈会、讨论会和批判会开展对俞平伯《红楼梦研究》的批判。

随着批判俞平伯《红楼梦研究》的深入，问题集中到胡适的资产阶级唯心主义思想上来。11月8日，《光明日报》发表郭沫若针对《红楼梦》研究问题展开批判胡适派资产阶级唯心论的谈话。随后，胡适思想批判运动开始。12月2日，中国科学院院务会议和中国作家协会主席团举行联席会议，决定联合召开批判胡适思想的讨论会。到1955年6月，批判胡适思想的讨论会先后开展了32次。郭沫若谈到批判效果时曾说："这一规模宏大的批判资产阶级唯心主义思想的运动，目前正继续积极开展中，已经收到了很大的效果。通过对反动思想的批判，我们具体地学习和运用了马克思列宁主义。"① 这期间，全国各地也有组织有计划地开展了对胡适思想的批判。全国的报纸杂志登载大量批判文章，后结集为《胡适思想批判（论文汇编）》（共8册）出版。

对胡适唯心主义思想批判开始以后，文艺界又开展了对胡风文艺思想的批判。20世纪三四十年代以来，胡风在文艺思想上同中国共产党内的文艺理论工作者一直存有分歧和争论。1952年文艺界思想整风，其中一项内容就是批评胡风的文艺思想。1952年9月至12月，文艺界先后召开了四次胡风文艺思想讨论会。胡风对文艺思想的个别问题作了检讨，但在根本问题上仍然坚持自己的观点。1953年1月29日，中国文联召开会议批判胡风文艺思想。《文艺报》先后发表林默涵《胡风的反马克思主义的文艺思想》和何其芳《现实主义的路，还是反现实主义的路》的尖锐批判文章。胡风对这两篇文章感到无法接受，便在1954年3月至7月间写《关于几年来文艺实践情况的报告》（即"三十万言书"）进行反驳。1954年10月至12月，全国文联、中国作协召开联席会议，对《红楼梦研究》的错误观点进行批判。其中，胡风文艺思想的问题再次被提出来。12月8日，周扬在

---

① 《建国以来重要文献选编》第6册，中央文献出版社1993年版，第271页。

发言中指出:"他的许多观点和我们的观点是有根本的分歧的,不管是在对'红楼梦'的评价上,在对马克思主义的看法上或是在对'文艺报'的批评上。"① 1955年1月,中国作协主席团决定将党中央转发的《胡风对文艺问题的意见》印成专册,随《文艺报》第1、2号附发,供读者研究,以便展开讨论。与此同时,林默涵、何其芳的两篇文章也重印刊发。② 1月20日,中宣部向中共中央报送《关于开展批判胡风思想的报告》,提出要彻底批判胡风的资产阶级唯心主义思想。③ 1月26日,中共中央批准了中宣部《关于开展批判胡风思想的报告》。2月,中国作协主席团扩大会议决定开始胡风文艺思想的批判。5月13日、5月24日、6月10日,《人民日报》公布三批《关于胡风反革命集团的材料》。从此,对胡风文艺思想的批判演变成声势猛烈的对敌斗争。

过渡时期总路线提出以后,中共中央要求对知识分子应当加强马克思列宁主义教育。④ 胡绳也指出:"现在处在社会主义建设和社会主义改造时期,正如宪法所指出的,我们能够通过和平的道路实现社会主义。可是在建设社会主义的过程中仍有极复杂极尖锐的阶级斗争,这种斗争不能不反映到思想上来。因此,工人阶级领导广大人民为建立社会主义而进行斗争的时候,必须大大加强思想战线上的斗争。"⑤ 实际上,这就是中共中央提出批判胡适、俞平伯、胡风思想的初衷。

知识分子作为思想和知识的传播者及创造者,在思想斗争中处于关键而敏感的位置。中共中央1954年至1955年间在思想文化领域领导开展对俞平伯、胡适和胡风思想的批判,应该说,这样做在当时确实具有现实的紧迫性和必要性。通过对胡适、胡风等思想的批判,人

---

① 周扬:《我们必须战斗——一九五四年十二月八日在中国文学艺术界联合会主席团、中国作家协会主席团扩大联席会议上的发言》,《人民日报》1954年12月10日。
② 《建国以来毛泽东文稿》第5册,中央文献出版社1991年版,第6页。
③ 《建国以来重要文献选编》第6册,中央文献出版社1993年版,第34页。
④ 《建国以来重要文献选编》第4册,中央文献出版社1993年版,第732页。
⑤ 胡绳:《为什么要批判胡适、俞平伯、胡风的思想》,《学习辩证唯物主义反对资产阶级唯心主义》,学习杂志社1955年版,第14页。

们开始注意世界观问题并提高了学习马克思主义的兴趣。不少旧学者也参加进来并受到马克思主义的教育。①但必须指出,这几次规模较大的思想文化批判运动,出现过把复杂的思想问题和学术问题简单化,有过上纲上线的过火现象。尤其是对胡风文艺思想的批判,更是把问题简单化为你死我活的阶级斗争,胡风因此入狱;把与胡风有关的人打为"胡风反革命集团",牵连甚广。

五 宣传唯物主义批判资产阶级唯心主义思想运动

国民经济恢复时期,党和政府号召知识分子开展思想学习和改造,并于1951年至1952年间开展了知识分子思想改造运动,初步批判了资产阶级唯心主义思想。但资产阶级唯心主义思想在各个领域的影响仍然存在。随着思想文化界批判胡适、胡风思想的深入,为保证过渡时期总路线的贯彻实施,最终完成向社会主义过渡,中共中央认为有必要在全国范围内开展一场宣传唯物主义思想批判资产阶级唯心主义思想的运动。

1955年1月26日,中共中央发出《关于组织宣传唯物主义思想批判资产阶级唯心主义思想的演讲工作的通知》。这份通知中,中央认为对俞平伯、胡适、胡风开展思想批判具有重要的意义,提出要在大约500万有阅读能力的党内干部和党外知识分子中具体地批判唯心主义思想、树立唯物主义思想来达到教育广大人民的目的。为此,中央提出要采取演讲的方式;利用业余时间向知识分子讲解开展思想批判的意义,并通俗地说明马克思主义唯物论的基本观点。②1955年3月1日,中共中央发出《关于宣传唯物主义思想批判资产阶级唯心主义思想的指示》,要求"在知识分子中和广大人民中宣传辩证唯物主义和历史唯物主义思想,批判资产阶级唯心主义思想"③,在全国范围内进行一个长期的思想运动。随之,全国在各个领域掀起了一场宣传唯物主义思想批判资产阶级唯心主义思想的运动。因此,这场思想

---

① 《建国以来毛泽东文稿》第5册,中央文献出版社1991年版,第141页。
② 《建国以来毛泽东文稿》第5册,中央文献出版社1991年版,第11—12页。
③ 《建国以来重要文献选编》第6册,中央文献出版社1993年版,第63页。

批判斗争也不再局限于对俞平伯、胡适和胡风思想的批判，而是扩展到社会生活的各个领域。如《人民日报》《哲学研究》开展对梁漱溟思想和陈独秀思想的批判。此外，还有对建筑学和建筑工作上的复古主义、形式主义、唯美主义的批判，对医学上排斥中医、轻视民族遗产的错误思想的批判等。思想学习和批判的形式主要有演讲、报告会、讲座。如3月10日，中国文联召开主席团扩大会议，在通过的1955年工作计划要点中就提出要举办辩证唯物主义与历史唯物主义讲座、中国文艺运动讲座和关于反对思想学术界资产阶级唯心论思想以及关于社会主义建设和国际问题的各种讲演会和讨论会。① 3月19日，武汉市委举办"为什么要批评资产阶级唯心主义思想？为什么要学习唯物主义世界观？"的专题讲座，到会听讲的达1800多人。② 到5月底为止，北京、天津、上海、武汉、广州、重庆、西安、沈阳八个城市有近70万名机关干部和知识分子听取了宣传唯物主义批判唯心主义思想的讲座。

为配合这次思想批判和学习运动，人民出版社、学习杂志社等出版了大量书籍。如《辩证唯物主义与历史唯物主义教学大纲》（人民出版社）、《辩证唯物主义自学提纲》（陈仲平编，北京大众出版社）、《辩证唯物主义是什么？》（乔彬，学习生活出版社）、《辩证唯物主义讲话》（何光，辽宁人民出版社）、《马克思主义唯物论和资产阶级唯心论》（沈志远，新知识出版社）、《什么是唯物主义什么是唯心主义》（林青山，通俗读物出版社）、《什么是唯物主义什么是唯心主义》（常登山，江苏人民出版社）、《什么是唯物主义什么是唯心主义》（王云，陕西人民出版社）、《什么是唯物论什么是唯心论》（刘凌波、王洪洲，辽宁人民出版社）、《什么是唯物论什么是唯心论》（车离，黑龙江人民出版社）、《什么是唯物论什么是唯心论》（赵纪彬，河南人民出版社）、《什么是唯物论什么是唯心论》（中共四川省委宣传部，四川人民出版社）、《什么是唯物论什么是唯心论》（贵州人民出版社）、《什么是辩证唯物论，什么是唯心论》（夏澍等，青海

---

① 《人民日报》1955年3月14日。
② 《人民日报》1955年3月22日。

人民出版社)、《学习辩证唯物主义反对资产阶级唯心主义》(胡绳等,学习杂志出版社)、《学习马克思唯物主义反对资产阶级唯心主义》(陈仲平等,北京大众出版社)、《学习唯物主义批判唯心主义》(陶军等,湖北人民出版社)、《为什么要学习辩证唯物主义》(李尔重,湖北人民出版社)、《为什么要学习辩证唯物主义》(沙文汉,浙江人民出版社)、《为什么要学习辩证唯物主义批判资产阶级的唯心主义》(北拓,黑龙江人民出版社)、《为什么要批判资产阶级唯心主义学习和宣传唯物主义世界观》(沈萱草,江苏人民出版社)、《为什么要批判资产阶级唯心主义为什么要学习唯物主义世界观》(嵇文甫,河南人民出版社)、《宣传唯物主义批判唯心主义(第一辑、第二辑)》(山东人民出版社)、《宣传辩证唯物主义思想批判资产阶级唯心主义思想》(贵州人民出版社)、《宣传辩证唯物主义思想批判资产阶级唯心主义思想学习参考资料》(江苏人民出版社)、《学习参考资料(宣传唯物主义思想批判资产阶级唯心主义思想)》(河北人民出版社)等。一些重要报纸杂志发表社论,如学习杂志社发表《必须宣传唯物主义思想,批判唯心主义思想》(《学习》1955年第4期)、人民教育社发表《批判唯心主义思想的重大意义》(《人民教育》1955年第5期)的社论。

  这场宣传唯物主义批判唯心主义思想的运动是由对俞平伯、胡适和胡风思想批判而起,但批判范围已波及思想文化外的各个领域,并编辑出版了大量学习材料,其影响更为深远。甚至可以说,对俞平伯、胡适、胡风、梁漱溟等思想的批判,仅是宣传唯物主义批判唯心主义思想运动的一个重要部分,由此而引发的全国性思想学习和批判运动值得深入探讨。这次思想学习和批判运动,是马克思的唯物主义教育和批判资产阶级唯心主义思想"二合一"的过程,其根本目的在于确立马克思主义在全国各个领域的指导地位。从这个意义上说,这场思想学习和批判运动是完成向社会主义过渡思想理论的准备工作,是一场全国性的马克思主义的思想理论教育运动,亦即在中国共产党领导下构建马克思主义意识形态领导地位的思想运动。1955年7月,陆定一指出,在社会主义建设和社会主义改造时期,必须注意思想工作,"必须进行比之从前更广泛更深刻的马克思主义的思想运动""必须以工人阶级的思想即马克思列宁主义的思想作为指导思想"。① 从这一点就可以看出这场学习和批判运动的目的。

但是，这次宣传唯物主义批判唯心主义思想的运动同样夸大了资产阶级唯心主义思想的作用。按照中共中央部署，开展宣传唯物主义批判唯心主义思想运动应该在八年内（即到第二个五年计划期末），做到五百万知识分子中的大部分（三百万人）要了解马列主义的基本知识，了解唯物主义与唯心主义的区别，懂得辩证唯物主义和历史唯物主义的基本内容。② 1955年10月11日，毛泽东也指出："反唯心论的斗争，从《红楼梦》那个问题上开始，还批评了《文艺报》，以后又批判胡适，批判梁漱溟，已经搞了一年。我们要把唯心论切实地反一下，准备搞三个五年计划。在反唯心论的斗争中间，要建立马克思主义的辩证唯物论的干部队伍，使我们广大干部同人民能够用马克思主义的基本理论武装起来。"③ 对于广大知识分子而言，思想改造的道路仍然很长。

六　知识分子问题的新认识

1956年以前，知识分子的思想改造一直在进行，但党在对知识分子的认识和使用上有"左"的倾向。如薄一波指出："当时……有的工农干部对知识分子保持一定距离，甚至在政治上歧视他们，看不到他们的进步和重要作用，不认真执行党的知识分子政策，不认真研究解决实际存在的对知识分子安排不妥、使用不当、待遇不公等问题，使知识分子的工作热情和积极性受到严重影响。"④ 可以这样说，随着社会主义改造和社会主义建设的展开，知识分子问题已经成为制约国家建设的关键。

首先，对俞平伯、胡适、胡风思想的批判，存在用政治批判方式

---

① 《人民日报》1955年7月27日。
② 《建国以来重要文献选编》第6册，中央文献出版社1993年版，第72页。
③ 毛泽东：《农业合作化的一场辩论和当前的阶级斗争》，《毛泽东选集》第5卷，人民出版社1977年版，第199页。
④ 薄一波：《若干重大决策与事件的回顾》（上），中共党史出版社2008年版，第353页。

代替学术自由讨论等粗暴做法,伤害了知识分子思想感情,引起知识分子的忧虑与担心。周恩来谈到这种情况说:"这是非常严重的事情,因为它危及中国的进步。"①

其次,农业合作化和资本主义工商业改造加速展开,知识分子作用更为突出,客观上要求党制定符合现实需要的知识分子政策。周恩来指出:"因为建设就需要知识",中国的知识分子不是多,而是少了,"要进一步地来使高级知识分子为社会主义建设和改造服务,这个问题提到日程上来了"。② 这说明,从历史和现实两方面因素考量,知识分子问题不仅提上日程,而且还必须尽快制定相应政策来解决。在这种情况下,中共中央提出召开一次全面解决知识分子问题的会议,以加强党对知识分子的领导。

1955年11月23日,中共中央召开会议专门商讨知识分子问题,决定在1956年召开全面解决知识分子问题的会议。③ 在充分准备和讨论之后,1956年1月14—20日,中共中央召开知识分子问题会议。会上,周恩来作《关于知识分子问题的报告》。1956年2月24日,中央政治局通过《中共中央关于知识分子问题的指示》。知识分子问题会议召开前后,中国共产党提出知识分子是"工人阶级的一部分"的思想。

知识分子究竟属于哪个阶级,这一问题自新中国成立以来就没有很好地解决。中国人民政治协商会议组织成分里,知识分子是与工人阶级、农民阶级、小资产阶级、民族资产阶级等并列在一起的。④ 知识分子的思想改造,目的是要求知识分子站到工人阶级的立场上,为工农服务,但没有明确知识分子属于哪个阶级。⑤ 1954年,我国制定宪法时强调知识分子由于不同的社会阶级出身,本身不能单独构成一个独立的社会阶级。知识分子同劳动人民结合就成为劳动人民的知识分子,同资产阶级结合就成为资产阶级的知识分子,同封建买办阶级结合就成为反动的知识分子。这就是说,知识分子的阶级属性随着服

---

① 《周恩来传·3》,中央文献出版社1998年版,第1195页。
② 《周恩来年谱1949—1976》上卷,中央文献出版社1997年版,第519页。
③ 《周恩来年谱1949—1976》上卷,中央文献出版社1997年版,第521页。
④ 《建国以来重要文献选编》第1册,中央文献出版社1992年版,第4页。
⑤ 《周恩来选集》下卷,人民出版社1984年版,第65页。

务对象的变化而改变，具有极大的变动性。从国家角度来说，对待知识分子必须注意团结一切知识分子（极少数坚持反动立场并反对中华人民共和国的知识分子除外），帮助知识分子进行思想改造，使广大知识分子为社会主义建设服务。①

新中国成立6年多时间，知识分子已成为国家各个方面生活中的重要力量。知识分子群体发生了较大变化：一方面，中国共产党对旧知识分子采取"包下来"的政策，"团结、教育、改造"知识分子，并培养大量新知识分子；另一方面，知识分子中大多数人拥护党的领导，积极参加社会主义改造和社会主义建设。中国共产党意识到要开展社会主义建设，除依靠工人阶级和农民阶级的劳动外，还必须依靠知识分子。② 从加强和改进知识分子工作的角度，中国共产党必须对知识分子的阶级属性加以明确。这样，在知识分子问题会议上，周恩来代表中央指出，知识分子中的"绝大部分已经成为国家工作人员，已经为社会主义服务，已经是工人阶级的一部分"③。1月31日，周恩来在全国政协二届二次会议上再次强调："现有知识分子的绝大多数已经成为国家工作人员，已经为社会主义服务，已经是工人阶级的一部分。"④ 这说明，从阶级属性上说，党认为知识分子具有工人阶级的属性，是人民民主力量的组成部分。随后，中共中央再次表示："知识分子基本上已经成了为社会主义服务的工作人员，虽然他们中间有很多人（包括一部分进步分子）还有资产阶级的思想和作风，但他们同体力劳动者之间的关系，已经由解放前的互相对立的关系变为互相接近和合作的关系，他们在工作中也逐步地养成了组织性和纪律性。"⑤ 1957年2月，党的最高领导人毛泽东把工人、农民和知识分子的矛盾归结为人民内部的矛盾，具有非对抗性的特点。⑥

---

① 《建国以来重要文献选编》第5册，中央文献出版社1993年版，第479页。
② 《建国以来重要文献选编》第8册，中央文献出版社1994年版，第13—14页。
③ 《建国以来重要文献选编》第8册，中央文献出版社1994年版，第16页。
④ 《人民日报》1956年1月31日。
⑤ 《中共中央关于知识分子问题的指示》，《建国以来重要文献选编》第8册，中央文献出版社1994年版，第133页。
⑥ 《关于正确处理人民内部矛盾的问题》，《毛泽东文集》第7卷，人民出版社1999年版，第205页。

中国共产党提出知识分子是"工人阶级的一部分"的思想，加强党对知识分子的领导，推动知识分子的思想改造，并纠正对待知识分子"左"的倾向和做法，是对知识分子作用的充分肯定。这种带有根本性问题的提出，有利于为知识分子自由创作和科学研究打开大门，有利于开辟科学文化事业发展的新道路。如有人就指出："为要达到这样高度的科学文化水平，我们必须大量培养新的科学家、知识分子，提高全民的文化；而首先就要充分发挥现有科学家、知识分子的作用。因为社会主义的文化，虽然是从社会主义建设实践中发展起来的，它要创造自己新的文化，远远高过于资本主义的文化；但是社会主义文化，又不是凭空生长出来的，而是从过去的文化中发展出来的。"①

必须指出的是，周恩来的报告与后来中共中央的指示之间存在不同，"绝大部分"之说，表明还有部分知识分子目前仍不是工人阶级的一部分，还需要通过思想改造才能成为社会主义的知识分子。一旦阶级斗争凸显，知识分子由于阶级属性不完全清晰，自然会成为受到影响最大的群体。

第三节　文化改造：文化建设中的旧文化事业

新中国成立以后，中国共产党采取有步骤有重点地改造旧文化的政策，重视改造与利用旧文化事业。其中，接收是重点，改造是关键，利用是落脚点。接收后的旧文化事业必须经过改造才能为新中国国家建设所用。

一　对旧文化事业的接收、改造与利用

（一）文化接管

中国共产党改造旧文化的第一步是从文化接管开始的。旧中国留下来的文教机构以及旧知识分子、旧艺人等，大多具有封建性。但如何做好旧文化的接收工作，则是革命胜利之际中国共产党面临的新考验。

---

① 舒文：《如何认识知识分子问题》，《文汇报》1956年1月21日。

首先，中共中央在接收沈阳、石家庄等城市的过程中，总结出接收旧机构和旧人员的一般性原则。中共中央规定，对城市接管要采取"各按系统，自上而下，原封不动，先接后分"①的原则，对旧人员在慎重对待的基础上采取"一般地不能用裁撤遣散的办法解决"，而是"给以工作和生活的出路"，亦即"包下来"的做法。②按照这个原则，中国共产党在被解放城市军管会下设立专门的文化接管委员会，负责接收文化方面的机构和人员。以北京市为例，1949年1月20日，北平市军管会文化接管委员会成立，钱俊瑞任主任委员，沙可夫任副主任委员，其下设教育部、文艺部、文物部、新闻出版部负责具体接管工作。③ 1949年5月4日，北平市军事管制委员会文化接管委员会发出通知："奉军管会决定，成立清华大学校务委员会，任命叶企孙等二十一人为校务委员会委员，并以叶企孙等九人为主席、常务委员。自校务委员会成立之日起，旧有行政组织即刻停止活动。"④ 随后，在清华校务委员会领导下，旧清华改造为人民的"新清华"，为新中国培养各种建设人才。再以天津市文教部文艺处为例，1949年1月初，该处接管之前制订了专门的工作计划，其内容有：1. 组织领导，由陈荒煤、周巍峙等组成领导核心；2. 接管工作，接管对象有青年馆、文化会堂、天津市立艺术馆、演剧21队、文化大楼及有关文艺报刊社共11个单位；3. 对群众的宣传工作按地区、单位进行了分工；4. 关于文艺刊物、文艺团体的登记与各种演出节目的审查办法。⑤

其次，为了保证文化接管工作顺利展开，中国共产党在战争过程中即发布具体指示予以详细指导。1947年9月，《中国土地法大纲》规定："名胜古迹，应妥为保护。被接收的有历史价值或学术价值的

---

① 《陈云文选（1926—1949）》，人民出版社1984年版，第269页。
② 《中共中央文件选集》第18册，中共中央党校出版社1992年版，第460页。
③ 北平市文化接管委员会组织系统表及接管代表与联络员名单，请参见中共北京市党史研究室、北京市档案馆编《北平的和平接管》，北京出版社1993年版，第175—178页。
④ 清华大学校史研究室：《清华大学史料选编（第五卷）》（上），清华大学出版社2005年版，第69页。
⑤ 晋察冀革命文化史料征集协作组编：《晋察冀革命文化艺术大事记》，花山文艺出版社1998年版，第257—258页。

特殊的图书、古物、美术品等，应开具清单，呈交各地高级政府管理。"① 1948年6月，中共中央批转东北局《关于保护新收复城市的指示》。指示规定，对新收复的城市实行军事管理制度。同时规定，攻城部队对包括学校、教堂、医院等文化机构只有保护之责，而没有没收处理之责。所有部队一律不准驻在学校、教堂等地方。② 1949年4月25日，人民解放军再次布告，要求保护一切公私学校、医院、文化教育机关、体育场所和其他一切公益事业。对在这些机构的人员，要求照常供职，人民解放军一律保护，不受侵犯。③ 还有一些专门性的规定，如《中共中央宣传部关于新收复城市大学办学方针的指示》(1948年7月13日)、《军委关于准备攻占北平力求避免破坏故宫等文化古迹的指示》(1949年1月16日)、《中共中央关于改革平津两市学校教育的指示》(1949年2月15日)、《中央关于北平各大学的几个方针问题的指示》(1949年3月17日) 等，对文化接管的顺利展开提供政策指导。

中国共产党顺利开展文化接管工作，意义重大。有学者指出，文化接管"有利于学校尽快复课，有利于各项文化事业的恢复，从而达到在文化上顺利接管的目的，为建立新中国的文化事业创造条件"④。随着新中国文化建设的开始，这些旧文化机构和旧人员在其中发挥了重要作用。

(二) 改造旧文化事业的方针

新中国刚刚成立，百废待兴，文化事业的发展同样面临诸多困难。首先，战争没有结束，全国统一任务尚未完成，文化建设随时可能遭到破坏。其次，新中国首要任务是恢复和发展经济，然后才能发展文化事业，毕竟没有经济基础的支持，文化就不可能发展起来。最后，旧中国进入新中国，遭受严重破坏的文化事业也要经历恢复和发展的过程。时任中宣部部长的陆定一用"残破的局面""物质条件极

---

① 《中共中央文件选集》第16册，中共中央党校出版社1992年版，第548页。
② 《中共中央文件选集》第17册，中共中央党校出版社1992年版，第214页。
③ 《毛泽东选集》第4卷，人民出版社1991年版，第1458页。
④ 李文芳：《中共接管城市的成功实践》，《北京党史》2000年第6期。

其困难"① 来形容当时文化发展面临的状况,足见情况之糟糕。对于中国共产党来说,新中国既要接收利用好旧文化,又需尽力肃清旧文化的封建性,还得考虑现实中的多重制约因素,在这种形势下对旧文化的改造就不得不采取较为灵活的方针。

新中国成立以后,中央人民政府成立文化教育委员会管理全国文教事业,并在其下设立文化部、教育部、新闻总署、出版总署、卫生部、中国科学院等机构具体负责工作。各大区、省、市、县亦分别成立了相应的文化管理机构。各级文化机构有一项职能就是负责开展对旧文化的改造工作。1950年3月17日,政务院第24次会议批准文化教育委员会1950年基本任务是:"恢复全国被匪敌所破坏的文教事业,巩固和发展已有的人民文化教育事业,根据人民政协共同纲领所规定的文教政策,把握重点,稳步前进,奠立新民主主义文化教育的各种工作基础,作为迎接不久即将到来的文化高潮的准备条件。"② 同时规定文教工作总方针之五是"有步骤有重点地改革旧的文化教育内容及制度"③。4月21日,中宣部部长陆定一将文教工作计划报给中央人民政府委员会主席毛泽东。4月22日,毛泽东批示:"定一同志:文教委员会工作已有计划,甚好。"④ 1950年6月6日,毛泽东在中共七届三中全会上强调,要真正实现财政经济状况的根本好转,对于文化教育的要求是"有步骤地谨慎地进行旧有学校教育事业和旧有社会文化事业的改革工作,争取一切爱国的知识分子为人民服务"⑤。在他看来,这项工作既不能有拖延时间不愿改革的思想,又不能有过于性急、企图用粗暴方法进行改革的思想。毛泽东提出的"有步骤地谨慎地进行旧有学校教育事业和旧有社会文化事业的改革工作"一度也成为新中国对旧文化改造的工作方针。随后的1950年

---

① 《陆定一文集》(下卷),人民出版社1992年版,第417页。
② 《中央人民政府政务院政务会议文件汇辑》第3册,中央人民政府秘书厅1954年编印,第267页。
③ 《中央人民政府政务院政务会议文件汇辑》第3册,中央人民政府秘书厅1954年编印,第267页。
④ 《毛泽东年谱1949—1976》第1卷,中央文献出版社2013年版,第123页。
⑤ 《毛泽东文集》第6卷,人民出版社1999年版,第71页。

10月，郭沫若指出文教工作的具体任务，包括"有步骤有计划地进行对旧的文化教育内容与制度的改革"①。1951年10月25日，郭沫若在一届全国政协三次会议上说："旧社会所遗留给我们的脱离实际的习气、保守性、宗派性和无政府状态，还没有完全克服。因此，改革和调整现有文化教育事业，便成为目前文教工作的一个重要的、必要的步骤。"② 1952年9月27日，文化部部长沈雁冰指出："新中国文化艺术工作的基本方针是面向工农兵，为工农兵服务；普及第一，在普及的基础上提高；批判地接受并发扬民族文化艺术传统；有步骤有重点地发展新文化艺术事业。"③ 这说明，新中国对旧文化的改造实施了有步骤有重点地改革的工作方针。

另外，各地在遵循对旧文化改造工作方针的基础上，有步骤有重点地实施了对旧文化事业的改造工作。如平原省对旧戏曲和旧艺人的改造进行审查改革和教育工作，推广了新戏曲等。④ 绥远省制定的1950年文教工作方针是"团结、教育、改造、使用旧知识分子，加强广大文教统一战线，整顿中小学校，加强学生政治思想教育，发展改进社会教育，扶持民族教育。"⑤ 西北区文教委主任杨明轩指出："过去一年中，我们曾把大部分力量放在旧有文教事业的整顿和改革方面，这在解放初期是必要的。"⑥ 华东区在团结和改造旧艺人工作方面训练的旧艺人达3000余人，在改革旧剧方面改编的戏曲仅上海就有300种以上。⑦ 如此等等。

---

① 郭沫若：《一年来的文教工作》，《文教参考资料丛刊·第十辑》，中央人民政府文教委1951年编印，第16页。

② 郭沫若：《关于文化教育工作的报告——一九五一年十月二十五日在中国人民政治协商会议第一届全国委员会第三次会议上的报告》，《人民日报》1951年11月5日。

③ 沈雁冰：《三年来的文化艺术工作》，《人民日报》1952年9月27日。

④ 《平原省建省以来教育工作总结》，《文教参考资料丛刊·第十辑》，中央人民政府文教委1951年编印，第189页。

⑤ 《绥远省一年文教工作总结》，《文教参考资料丛刊·第十辑》，中央人民政府文教委1951年编印，第204页。

⑥ 《关于西北区文化教育工作的报告》，《文教参考资料丛刊·第十辑》，中央人民政府文教委1951年编印，第220—221页。

⑦ 《关于华东区文化教育工作的报告》，《文教参考资料丛刊·第十辑》，中央人民政府文教委1951年编印，第280页。

二 改造旧文化事业的具体展开

新中国建设新文化，必须做好除旧布新的工作。随着文化建设大幕的开启，新中国展开了对旧文化事业的改造工作。

（一）改革旧戏曲

新中国成立以后，中央政府大力开展改造旧文艺的工作。这方面，最突出的是旧戏曲的改革。中共中央提出："对于一般旧戏，原则上不应采取禁的政策，而应采取与演这些戏的旧艺人共同商量修改的政策。对于演新戏，也不应用法令来强制执行，而应采取自愿和鼓励帮助的原则。只有这样做，才能既团结旧艺人，又改革了旧戏。"[①]为推动戏曲改革工作，中央人民政府文化部成立戏曲改进局，专门负责戏曲方面的各种工作，其中有改造旧戏曲和团结改造旧艺人的职能。

新中国成立初期，我国戏曲改革工作取得重要进展。1950年2月，全国文联提出，戏曲改革必须依靠广大旧艺人普遍地自觉地积极地起来共同进行才能成功。为此，全国文联要求继续推动各地成立戏曲改进的组织，以便团结广大旧艺人，自动地积极地进行戏曲改革工作。[②] 1950年春，毛泽东为中国戏曲研究院题词，提出"百花齐放，推陈出新"[③]的戏曲改革方针。3月13日，中共中央针对东北局提出要在1951年底全部肃清含有封建、迷信、淫荡等毒素的旧戏曲，发出《关于禁演旧剧问题给东北局的指示》。[④] 1950年7月11日，文化部戏曲改进委员会举行会议，讨论戏曲节目的审定标准时认为：宣扬麻醉与恐吓人民的封建奴隶道德与迷信者、宣扬淫毒奸杀者、丑化和侮辱劳动人民的语言和动作这三种剧目应予以修改或停演。会议决定，《杀子报》《九更天》《滑油山》《奇冤报》《海慧寺》《双钉记》《探阴山》《大香山》《关公显圣》《双沙河》《铁公鸡》《活捉三郎》

[①]《建国以来重要文献选编》第1册，中央文献出版社1992年版，第140页。
[②]《全国文联半年来工作概况及今年工作任务——周扬在全国文联四届扩大常委会议上的报告》，《人民日报》1950年2月13日。
[③]《建国以来毛泽东文稿》第2册，中央文献出版社1988年版，第222页。
[④]《建国以来重要文献选编》第1册，中央文献出版社1992年版，第140页。

12个剧目停演。① 1951年5月5日，政务院发出《关于戏曲改革工作的指示》（即"五五指示"），大大促进旧戏改革工作。10月，文化部举办了第一次全国戏曲观摩演出大会，集中展示了戏曲改革工作的经验和成果。此外，各地文教机构也积极响应号召，开展各自地区的戏曲改革工作。如北京作为首都，在戏曲改革方面掌握政策正确，涌现出不少积极分子，创作出《将相和》《九尾狐》等二十几部有较高水准的剧本；许多作家如老舍、赵树理等参加指导排戏和编写新词的工作。再如河北省提出"积极发展新文艺，大力改革旧文艺——为生产服务"（简称展新革旧）的文艺发展方针。② 等等。

（二）改造旧艺人

新中国成立时，旧艺人数量相当大。据不完全统计，仅当时京津两地旧艺人达6000余人。旧艺人是"一支重要的力量"③，中国共产党要求在推动旧戏曲改革工作的同时必须注重对旧艺人的改造。丁玲指出："他们缺乏的是新的观点，对新生活新人物不熟悉，他们却拥有听众、读者。时代变了，人民虽然不需要那旧内容，但他们却喜欢这种形式，习惯这种形式，所以我们要从积极方面，从思想上改造这些人，帮助他们创作，使他们能很好地为人民服务。"④ 河北省文联负责人胡苏说："旧艺人们是民族文化财富——旧艺术遗产的守护者，是旧剧革命中不可缺的干部，同样应以国家的主人、艺术遗产的主人自任，为改革旧文艺贡献其丰富知识与技能，并应正视自己一般地在革命锻炼上的不足，急起向优秀的新文艺工作者学习，提高政治觉悟与思想水平，深入人民群众新的生活与斗争，学习新的艺术表现方法；墨守成规，片面地强调旧艺术的完美性，是右的保守观点，必须加以改变。"⑤

---

① 《人民日报》1950年7月29日。
② 萧凤：《一年来的全国文艺运动》，《文汇报》1950年10月1日。
③ 郭沫若：《关于文化教育工作的报告》，《人民日报》1950年6月20日。
④ 丁玲：《从群众中来，到群众中去》，《中华全国文学艺术工作者代表大会纪念文集》，新华书店1950年版，第183页。
⑤ 胡苏：《积极发展新文艺与大力改革旧文艺应密切结合起来》，《人民日报》1950年6月11日。

改造旧艺人，主要是通过举办培训班和民主讨论等方式方法，从思想上改造他们，提高他们的政治觉悟，最终目的是更好地为人民服务。如北京先后就举办过多期学习班和培训班，政协代表周信芳还曾被邀请到学习班作报告。① 对于改造旧艺人的效果，沈雁冰总结说："各大城市的旧艺人普遍经过了初步的学习，提高了政治觉悟。许多艺人经过学习后，成为戏曲改革运动的骨干；旧戏班社中的某些不合理的制度，已经在艺人的自觉自愿下逐步加以改革。"②

（三）改造旧文化机构

这里以接收和改造旧中国的科学研究机构来说明新中国对旧文化机构的改造与利用。

新中国成立以前，中共中央考虑筹备建立科学院作为全国最高的科学机构，并决定由中宣部部长陆定一负责。一届政协会议正式召开前，在陆定一领导下，恽子强（时任华北大学工学院副院长）、丁瓒（中共南方局系统党员）、钱三强（原北平研究院原子学研究所所长）和黄宗甄（原中研院植物研究所助理研究员）参与起草《建立人民科学院草案》。这份草案明确规定，"新的科学院的建立，主要的将是就原有的国家科学研究机构加以整理和改组"③。1949 年 9 月 27 日，一届政协全体会议通过的《中华人民共和国中央人民政府组织法》中规定政务院下设立科学院，由文教委员会负责指导。同年 11 月 1 日，中国科学院正式成立。1950 年 6 月 14 日，《政务院文化教育委员会关于中国科学院基本任务的指示》中指出："暂以自然科学为重点，先就原有的基础，把过去彼此独立的性质相同的研究机构合并起来，并逐步加以充实。"④

这里仅举两例予以说明。一是对旧科学机构研究人员的争取情况良好。据统计，1948 年选出的国立中央研究院第一届院士，总计 81 人。1949 年留在大陆为新中国工作的多达 59 人。在团结和争取这批科研人员时，中国共产党通过各种途径做了大量工作。这些人在新中

---

① 《周信芳向四百艺人讲话勉作人民艺术家》，《人民日报》1949 年 10 月 13 日。
② 沈雁冰：《三年来的文化艺术工作》，《人民日报》1949 年 9 月 27 日。
③ 《建立人民科学院草案》，《中国科技史料》2000 年第 4 期。
④ 《建国以来重要文献选编》第 1 册，中央文献出版社 1992 年版，第 285 页。

国成立后都成为我国科学研究的重要力量。再以历史研究机构的接收与成立为例，1949年11月5日，中国科学院从华北人民政府高等教育委员会接收了原北平研究院的史学研究所以及中研院历史语言研究所在北京的图书史料整理处。1950年5月，由解放区迁到北平的华北大学研究部历史研究室划归科学院。科学院以这些机构和人员为基础，组建了新的历史研究机构。1950年5月19日，政务院第33次会议批准成立科学院第一批研究所，其中就包括专门的历史研究机构——近代史研究所和考古研究所。

此外还有旧教育、旧年画、旧医生等的改造，都是当时中国共产党改造旧文化事业的重要组成部分，在此不再赘述。

新中国对旧文化事业的改造，当时人们有较高评价。如政务院文教委副主任习仲勋指出："三年来，文教部门基本上完成了恢复工作，并有了一些发展。……经过这些学习运动，在多数文教工作者中，基本上肃清了封建主义、法西斯主义思想，划清了敌我界限，批判了腐朽的资产阶级思想，初步建立了工人阶级思想的领导，并对文教工作者的队伍进行了初步的整顿。""在恢复和发展的过程中，对原有的文化教事业进行了很大的改革工作。"① 马叙伦指出："三年来，我们根本改变了旧中国半殖民地、半封建的教育状况，整个国家的教育机关和教育事业，已经是完全属于人民，成为为人民服务的工具了。"② 这说明，新中国对旧文化事业的改造取得了成功，为新民主主义文化以及社会主义文化的发展准备了有利条件。为此，中国共产党第二个历史决议指出："建国后的头三年……对旧中国的教育科学文化事业，进行了很有成效的改造。"③

但从中共改造旧文化的历程来看，"批判地继承旧文化"实行起来并不容易。1952年，顾颉刚在致信朋友时道：

> 文化有三种，民族的、科学的、大众的，写入《共同纲领》。

---

① 《教育文件法令汇编·1953》，中华人民共和国教育办公厅1955年编印，第9页。
② 马叙伦：《三年来中国人民教育事业的成就》，《人民日报》1952年9月24日。
③ 《关于建国以来党的若干历史问题的决议注释本》，人民出版社1985年版，第15页。

现在的科学的、大众的文化俱已发动，而民族的文化则束之高阁，视为不急之务。上周锡兰和平代表某君莅沪，告人曰："上海偌大一个都市，而上海图书馆之藏书乃不及我家！"其实馆中有书百万册，只缘干部不重视线装书，不但不买，即没收及捐赠者皆装箱锁置仓库，陈列者皆新华、中图所出小册，故以为不及其家也。故民族文化之不整理，不但有负先民之劳动成绩，并将贻羞国际，视我为无文化之国家。……现在弟于文管会不过伴食耳，于书局不过做外行事，即专任教授，而现在大学生对于此方面毫无根柢，言者谆谆，听者藐藐，亦不过浪费时间而已。日夕望政府整理民族文化，俾有以自献其才力，为文化建设之一助，而时会未至，有如卞和抱璞而泣。窃以为兄与平心及弟等皆此类人才，而主持出版之胡愈之、圣陶两兄复为稔友，若不努力辟此道路，岂不苟生于新民主主义时代。①

顾颉刚希望整理民族文化（主要指古代文化中的优秀遗产）而不遂，反映出当时不太重视民族文化。但如果从当时实际情况来说，中国正处于国民经济恢复时期，自然对民族文化的投入"力有不逮"，因此就不难理解为什么会这样了。

总体来说，党和国家对知识分子的思想改造以及对旧文化的改造与利用，确立马克思主义思想的指导地位，扭转了思想文化领域的混乱状况，保证文化为人民服务、为工农兵服务的方向，是真正意义上的文化治理。在对知识分子的思想改造以及旧文化改造的过程中，旧知识分子和旧艺人迅速地完成了由旧社会向新社会的身份转换，不少人融入新国家、新社会，成为服务于人民的劳动者；原有的文教事业和机构得以改造和利用，大大节约了国家文化建设的投入，成为服务于新国家的文化设施和机构。可以这样说，这个时期，中国共产党的文化治理，初步肃清了封建旧文化、旧思想的影响，为新民主主义文化建设以及社会主义文化建设提供了人力和物力的准备。

---

① 《顾颉刚自述》，河南人民出版社2005年版，第207—208页。

第六章　文化范例：学习苏联先进文化及文化建设经验

新中国成立初期，苏联文化及文化建设的经验深刻地影响到我国文化建设。这个时期，我国文化领域不仅派出大量访问团前往苏联学习苏联文化以及文化建设经验，而且还邀请苏联文化工作者来中国指导与参与我国文化建设。

从当时客观条件来看，苏联作为社会主义的"老大哥"，经济建设和文化建设取得的成就有目共睹，成为包括中国在内的各社会主义国家竞相学习与仿效的榜样。同时，中国与苏联在意识形态上具有高度一致性以及外交政策上奉行"一边倒"方针①，完全倒向苏联等社会主义国家。在这样的时代条件下，学习苏联文化及文化建设经验成为新中国开展文化建设最现实的不二选择。本章着重讨论1949—1956年新中国学习苏联文化及文化建设经验的问题。

第一节　学习苏联文化及文化建设经验的提出

一　正确对待外国文化的方针与原则

近代以来，我国思想文化界相继提出"中体西用""全盘西化""中国本位文化"等思想与主张，希望寻找适合中国文化发展的路径。这些思想与主张都涉及如何对待外国文化的问题。

如何对待外国文化，中国共产党经过了一番探索。1940年1月，毛泽东、张闻天在陕甘宁边区文化协会第一次代表大会上阐述过这个

---

① 《毛泽东选集》第4卷，人民出版社1991年版，第1473页。

问题。毛泽东认为，中国"应该大量吸收外国的进步文化，作为自己文化食粮的原料"①，方法是不能生吞活剥地毫无批判地吸收，而是要"排泄其糟粕，吸收其精华"。张闻天提出，中国文化应该"充分的吸收外国文化的优良成果"，"中华民族新文化的接收外国文化，是大胆的与批判的接收"。② 1942年5月，毛泽东在延安文艺座谈会上谈到对待外国文艺的态度时说："我们必须继承一切优秀的文学艺术遗产，批判地吸收其中一切有益的东西，作为我们从此时此地的人民生活中的文学艺术原料创造作品时候的借鉴。"③ 他认为，批判地继承和借鉴外国的文学艺术遗产，根本目的和落脚点在于创造自己的文学艺术。1945年4月，毛泽东在七大上又指出："对于外国文化，排外主义的方针是错误的，应当尽量吸收进步的外国文化，以为发展中国新文化的借镜；盲目搬用的方针也是错误的，应当以中国人民的实际需要为基础，批判地吸收外国文化。"④

延安时期，中国共产党形成了对待外国文化的方针与原则。其内容包含两个层面：一是要大量吸收外国的优秀文化，不搞排外主义，坚持为我所用；二是要对外国文化持大胆批判的态度，不搞盲目搬用，取其精华，弃其糟粕。这种对外国文化的方针与原则体现出包容的文化态度。但由于当时正处于战争时期，边区和根据地以及解放区如何处理和对待外国文化并不是重点。

二 学习苏联及苏联文化建设的经验

从地域上说，"外国"不仅可以指欧美等资本主义国家，还可以指苏联等社会主义国家。但由于意识形态和社会制度的分野，中国共产党对"外国"的理解，尤其是对苏联，则更为复杂。

---

① 毛泽东：《新民主主义的政治与新民主主义的文化》，《中国文化》1940年第1卷第1期。
② 张闻天：《抗战以来中华民族的新文化运动与今后任务》，《中国文化》1940年第1卷第2期。
③ 《毛泽东选集》第3卷，人民出版社1991年版，第860页。
④ 《毛泽东选集》第3卷，人民出版社1991年版，第1083页。

（一）中国共产党提出"建设人民文化的范例"的思想

20世纪以来，苏联思想文化对中国产生过深刻影响。30年代，思想文化界掀起过一股讨论马克思主义热潮。进入40年代，苏联文化对中国的影响更大。1940年5月20日，郭沫若指出："由苏联介绍到中国来的作品可以说是洪流。由中国介绍到苏联去的作品似乎只有一条溪涧。"① 1942年5月30日，郭沫若再次指出："近代苏联的文学，无论他们的思想、作品乃至作家的历史及其生活习惯，可以说像洪水一样泛滥到了中国，中国也最关心苏联的文学。以量来讲，恐怕比来自英、美的还要多。"② 他指出，苏联文化"真是浩浩荡荡像洪水一样向我们中国奔流"③。苏联的影响不仅体现在文艺方面，也体现在文化的其他方面。

作为以马列主义为指导的中国共产党受到苏联的影响则更甚。延安时期，中国共产党编辑出版过大量从苏联翻译过来的马列主义书籍；中国共产党对革命文化的倡导以及开展新民主主义文化建设，十分注意吸收苏联的文化思想，如毛泽东在延安文艺座谈会上多次直接引用列宁《党的组织和党的出版物》的论述来说明无产阶级文艺的重要意义。④ 如此等等。但必须指出的是，中国共产党在向苏联学习的过程中却也遭受过经验主义和教条主义之苦，造成过中国革命的重大损失。1938年，中共六届六中全会提出"马克思主义中国化"以后，才逐渐摆脱了经验主义和教条主义的影响。从这个意义上说，中国共产党不可能将苏联简单地视为"外国"。

1945年4月，毛泽东在中共七大上阐述了对待外国文化的方针和原则之后，特意将苏联文化单独提出来，强调"苏联所创造的新文化，应当成为我们建设人民文化的范例"⑤。"人民文化"是新民主主义国家政权——亦即联合政府在文化建设上的目标；同时，建设"人民文化"必须以苏联文化为"范例"。这个时候，毛泽东以及中共中

---

① 《郭沫若全集·文学编·十九卷》，人民文学出版社1992年版，第26页。
② 《郭沫若全集·文学编·十九卷》，人民文学出版社1992年版，第199页。
③ 《郭沫若全集·文学编·十九卷》，人民文学出版社1992年版，第201页。
④ 《毛泽东选集》第3卷，人民出版社1991年版，第876页。
⑤ 《毛泽东选集》第3卷，人民出版社1991年版，第1083页。

央对苏联文化的样本作用给予充分肯定，并提出人民民主国家政权要学习苏联文化及其文化建设的经验。1949年8月，周恩来在共同纲领草案初稿中也强调："对于外国文化，既不笼统排斥，应尽量吸收进步的外国文化，尤其是苏联的社会主义文化，以作新民主主义文化的借镜。"① 这为后来新中国全面学习苏联文化及其文化建设经验奠定了思想基础。

（二）革命胜利之际中国共产党及民主人士强调学习苏联文化及文化建设的经验

革命即将胜利之际，中国共产党延续"建设人民文化的范例"的思想，强调新中国要学习苏联文化及文化建设的经验。

1949年1月底2月初，联共（布）中央政治局委员米高扬秘密访问西柏坡，同中国共产党领导人进行过多次会谈。这次会谈涉及中国共产党历史以及政治、经济、军事等正在或即将采取的方针政策。在会谈中，毛泽东表示中国需要联共（布）的全面帮助。② 3月，中国共产党召开七届二中全会，强调中苏关系是密切的兄弟关系，要和苏联站在一条战线上。③ 同时，中共中央决定对帝国主义国家直接经营的文化事业采取"先后缓急，给以正当的解决"的政策。④ 无论是中国与苏联之间的秘密会谈，还是中国共产党召开的具有转折意义的会议，尽管没有谈到学习苏联文化及文化建设经验的问题，但中国要求苏联对中国援助是全面援助，这其中自然包括文化援助；同时，中国对苏联的态度与政策对于后来学习苏联文化及文化建设的经验有重大影响。1949年6月30日，毛泽东在《论人民民主专政》一文中宣布向苏联及人民民主国家"一边倒"的方针，郑重表示"苏联共产党就是我们的最好的先生，我们必须向他们学习"⑤。7月1日，《人

---

① 《建国以来周恩来文稿》第1册，中央文献出版社2008年版，第300页。
② 王福曾译：《俄罗斯公布的一九四九年初毛泽东与米高扬的会谈记录》（上），《党的文献》2014年第2期。
③ 《毛泽东文集》第5卷，人民出版社1996年版，第262页。
④ 中共中央文献研究室中央档案馆编：《建党以来重要文献选编（1921—1949）》第26册，中央文献出版社2011年版，第210页。
⑤ 《毛泽东选集》第4卷，人民出版社1991年版，第1481页。

民日报》发表了《论人民民主专政》一文，迅即在国内外引起强烈反响。具体而言，国内各民主力量对于"一边倒"的方针表示支持；美国等西方媒体也对"一边倒"的方针作了歪曲报道，强调中国共产党领导的政府是"独裁政府"。这个时候，中国共产党已经在大力宣扬中苏友好以及学习苏联，希望争取苏联援助中国。

1949年6月26日至8月14日，以刘少奇为首的中国共产党代表团秘密访问苏联。6月27日，斯大林会见中国共产党代表团时表示会在国家机构、工业以及需要学习的所有方面"全面帮助"中国。① 7月4日，刘少奇向斯大林报告中国共产党拟处理帝国主义国家在华的宣传机构和文化机构政策时表示：

> 各帝国主义国家在中国有自己的宣传机关和文化机构。据以前的调查材料，除报纸、杂志和通讯社外，仅仅英、美两国在中国就有31所大学和专业学校，32个教会学校，29个图书馆，26个文化团体，324所中学，2364所小学，3729个教会，93个宗教团体，147所医院，53个慈善机构。对外国原有的报纸杂志和通讯社及新闻记者，中共中央已决定停止他们的活动和出版，各地均已执行。但在上海，因为帝国主义掌握了上海的若干经济命脉，中央批准了上海同志的提议，暂缓实行此项决定，但以后仍准备加以执行。对于帝国主义国家在中国办的学校和医院等，暂时让其在遵守我们法令的条件下继续办下去。但不许再设新的，待将来国家有力量接收这些学校和医院时，将加以接收。对宗教机关，一方面允许其在遵守我们法令的条件下继续活动，另一方面，进行一些反宗教的宣传，对教会和教堂的土地经教民同意予以没收和分配。其他外国机关团体的土地亦予以没收和分配。②

7月6日，刘少奇就访苏安排致斯大林信中提出："希望利用在

---

① 沈志华主编：《俄罗斯解密档案选编——中苏关系（第2卷）(1949.3—1950.7)》，中国出版集团东方出版中心2015年版，第74页。
② 沈志华主编：《俄罗斯解密档案选编——中苏关系（第2卷）(1949.3—1950.7)》，中国出版集团东方出版中心2015年版，第80—81页。

❖ 第六章 文化范例：学习苏联先进文化及文化建设经验

莫斯科的短暂停留来了解苏联"，想知道包括"文化和教育机构的结构"等在内的国家结构的情况，了解苏联的文化和教育包括"各级学校的组织和制度""学校和生产部门间的联系""大学生的招生和大学生的物质保证""中学的课程选题""文化和艺术领域中的其他工作""科研机构"，①并要求就这些具体问题与苏联教育部和高级文化机构的负责人座谈。同时，他还代表中共中央提出"请苏联政府建立一所专门的学校"，为新中国培养建设和管理国家与企业所需的干部。②他提出："关于中苏文化联系。中苏文化联系是我们两国人民紧密接近的重要工作。我们想和苏联的负责同志谈一谈有关通讯社、电影、中苏文化协会，有关相互派遣工农和学者参观团，有关在中国培养俄语的干部，有关翻译政治、科学和文学作品，有关在中国建立俄语图书馆，有关开办书店，有关在苏联和新民主主义国家出版报纸、杂志和发行书籍等方面的工作。"③ 7月25日，毛泽东以及中共中央同意了刘少奇的意见。在一个多月时间里，中国共产党代表团需要协商讨论的问题非常多，这个时候尚能想到苏联文化建设的问题，很显然是希望为新中国国家文化机构的设置以及开展文化建设提前做准备工作。

8月至9月，毛泽东先后发表5篇文章④驳斥美国人的错误观点，劝诫一些人要丢掉对美国的幻想，站到人民这一边来；同时又重点强调中国要学习苏联。他说："被艾奇逊们傲视为'高度文化'的那种西方资产阶级的文化，一遇见中国人民学会了的马克思列宁主义的新文化，即科学的宇宙观和社会革命论，就要打败仗。"⑤"自从中国人

---

① 沈志华主编：《俄罗斯解密档案选编——中苏关系（第2卷）(1949.3—1950.7)》，中国出版集团东方出版中心2015年版，第84—85页。
② 沈志华主编：《俄罗斯解密档案选编——中苏关系（第2卷）(1949.3—1950.7)》，中国出版集团东方出版中心2015年版，第85页。
③ 沈志华主编：《俄罗斯解密档案选编——中苏关系（第2卷）(1949.3—1950.7)》，中国出版集团东方出版中心2015年版，第86—87页。
④ 这五篇文章分别是：《丢掉幻想，准备斗争》(1949年8月14日)、《别了，司徒雷登》(1949年8月18日)、《为什么要讨论白皮书？》(1949年8月28日)、《"友谊"，还是侵略？》(1949年8月30日)、《唯心历史观的破产》(1949年9月16日)。
⑤ 《毛泽东选集》第4卷，人民出版社1991年版，第1514—1515页。

学会了马克思列宁主义以后，中国人在精神上就由被动转入主动。从这时起，近代世界历史上那种看不起中国人，看不起中国文化的时代应当完结了。伟大的胜利的中国人民解放战争和人民大革命，已经复兴了并正在复兴着伟大的中国人民的文化。这种中国人民的文化，就其精神方面来说，已经超过了整个资本主义的世界。"① 这里所强调的精神方面，实质是指中国人民以马克思列宁主义思想为指导进行革命和建设，将会彻底改变中国的文化面貌。

从思想文化界的反应来看，人们大都也主张要学习苏联文化及文化建设的经验。1949年7月16日，中苏友好协会发起人大会上，郭沫若强调"中苏两大民族的经验交流，今天也是应该全面地展开，不能仅限于文化了"②。民主人士章乃器表示："因为思想基础的一致，我们可以大胆的师法苏联；同时，因为思想基础的不一致，我们必须批判的接受资本主义的学术遗产——除了某些纯技术的部门。实际上，资本主义国家是不会把最精深的学术传授给我们的。"③ 文学翻译家金人（张君悌）提出："我们就必须好好向苏联学习，学习苏联的进步文艺理论，学习苏联的进步的文艺形式，能很好地掌握批评与自我批评的武器。"④ 作家丁玲也表示，中国的文艺创作要有计划、有组织、有领导、有批判地研究和学习西洋文学，尤其是苏联文学，要"把经验整理出来，供献给大家"。⑤ 这就说明，新中国成立之际学习苏联文化及文化建设的经验逐渐成为多数人的共识。

无论是"建设人民文化的范例"，还是"大胆的师法苏联"，体现出中国共产党及中国人民对于学习苏联及苏联文化建设经验的高度期许与强烈愿望。总体而言，革命胜利之际，中国共产党在对待以苏联为代表的社会主义国家与以美国为代表的资本主义国家的文化采取

---

① 《毛泽东选集》第4卷，人民出版社1991年版，第1516页。
② 《中苏友好协会发起人大会上 郭沫若开幕词》，《人民日报》1949年7月17日。
③ 《开国盛典——中华人民共和国诞生重要文献资料汇编》（上编），中国文史出版社2009年版，第340页。
④ 金人辑：《苏联文学与艺术的方向》，后记，东北新华书店1950年版，第429页。
⑤ 丁玲：《从群众中来，到群众中去》，《中华全国文学艺术工作者代表大会纪念文集》，新华书店1950年版，第182页。

了截然不同的文化态度。对于苏联文化，党和国家延续着"建设人民文化的范例"的思想，强调要学习苏联文化及文化建设的经验；而对于美国文化，一开始在解放过程中针对美国在华文化事业则采取"暂时维持现状"（报纸、杂志除外）的政策①，后来则强调要肃清外国文化的消极影响。新中国成立以后，苏联的思想文化对中国产生的影响呈逐渐增强的态势，我国开始全面学习苏联文化及文化建设的经验；而欧美的思想文化则呈逐渐削弱的态势，为此国家还专门开展了肃清外国在华文化势力的斗争。

第二节 学习苏联文化及文化建设经验的历程

中华人民共和国成立以后，新中国在全国范围内开展宣传苏联、学习苏联的活动，极力营造出中苏友好与合作交流的社会氛围。在中苏友好的社会氛围之下，党和国家根据不同时期文化建设的需要，开始了学习苏联文化及文化建设经验的新阶段。

一 国民经济恢复时期学习苏联文化及文化建设的经验

自新中国成立至1952年底，我国文化建设围绕着恢复国民经济的任务，开始学习苏联文化及文化建设的经验。这个阶段，新中国坚持"建设人民文化的范例"思想，强调"苏联的今天，就是我们的明天"，掀起学习苏联文化及文化建设经验的初澜。这方面表现有：

（一）新中国高度重视学习苏联文化及文化建设的经验

首先，党和国家领导人高度重视学习苏联及苏联文化建设的经验。1949年10月5日，刘少奇在中苏友好协会成立大会上强调："苏联人民建国的经验值得中国人民很好地学习。……苏联的文化完全是新的文化。吸收苏联新的文化作为我们建设新中国的指针，是中国人民目前的迫切任务。因此我们特别需要苏联人民的友谊的帮助与

---

① 参见《毛泽东选集》第4卷，人民出版社1991年版，第1434—1435页；《建国以来刘少奇文稿》第1册，中央文献出版社2005年版，第12—13页。

合作。"① 1949 年 12 月 16 日至 1950 年 2 月 17 日，毛泽东访问苏联。其间，毛泽东到苏联多个城市了解苏维埃国家经济建设与文化建设的情况。② 1950 年 2 月 14 日，中苏两国在莫斯科签订《中苏两国同盟互助条约》，其中强调要"发展和巩固中苏两国之间的经济与文化关系"。③ 这个条约签订标志着中苏两国友好关系进入一个新的时代。1950 年 2 月 17 日，毛泽东离苏时发表告别演说强调"苏联经济文化及其他各项重要的建设经验，将成为新中国建设的榜样"④。1952 年 2 月 10 日，毛泽东致电斯大林感谢苏联对中国各方面的帮助，并表示这些援助帮助了新中国经济的恢复及国家的巩固。⑤

其次，思想文化战线领导人高度重视学习苏联文化及文化建设的经验。1949 年 10 月 1 日，郭沫若在苏联文化艺术科学工作者代表团到京时表示："我们……准备接受你们的友爱的指导，准备接受苏联人民的一切宝贵经验来从事新中国的建设。"⑥ 1952 年 3 月 19 日，陆定一强调新中国的文化教育必须得到苏联和各新民主主义国家的协助。⑦ 1952 年 9 月 30 日，中苏友好协会总会总干事钱俊瑞指出："文教卫生事业的内容、制度、组织和方法，正在学习苏联先进经验并与我国实际逐步结合的基础上胜利地进行着改革。所有这些对我国经济建设和文化建设高潮的来临都是极大的推动力量。"⑧ 1952 年底，文化部和中苏友好协会总会在"中苏友好月"期间联合举办苏联影片展览。郭沫若在展览开幕式上说："苏联电影对于我国人民，已经构成了文化生活中极其重要的部分。它是我们的良师和益友；它以共产主义的伟大思想力量教育和鼓舞我们；以苏联人民的斗争经验、生产

---

① 《建国以来刘少奇文稿》第 1 卷，中央文献出版社 2005 年版，第 87 页。
② 《毛主席答塔斯社记者问》，《人民日报》1950 年 1 月 3 日。
③ 《建国以来重要文献选编》第 1 册，中央文献出版社 1992 年版，第 120 页。
④ 《毛泽东年谱 1949—1976》第 1 卷，中央文献出版社 2013 年版，第 95 页。
⑤ 《中国与苏联关系文献汇编（1952 年—1955 年）》，世界知识出版社 2015 年版，第 3 页。
⑥ 中苏友好协会总会编：《苏联文化艺术工作者代表团在中国一月》，新华书店 1950 年版，第 18 页。
⑦ 《陆定一文集》下卷，人民出版社 1992 年版，第 426 页。
⑧ 《巩固中苏友好，加紧学习苏联先进经验》，《人民日报》1952 年 9 月 30 日。

建设经验、苏联人民的光辉英雄榜样,教育我们,指导我们,使我们信心百倍地把我们的国家建设得像苏联那样富强、美丽和光明。苏联的今天,就是我们的明天。"① 周恩来为"苏联影片展览"题词:"学习苏联电影事业的经验,更好地为人民服务。"陆定一在"苏联影片展览"上题词:"苏联的今天,就是中国的将来。"②

这些材料说明新中国将苏联文化及文化建设的经验视为我国文化建设的榜样,强调要学习和吸收苏联先进的文化建设经验,其落脚点在于发展自己的文化事业。

(二)成立中苏友好协会总会及其分会,推动学习苏联文化及文化建设的经验

中华人民共和国成立之际,党和国家对苏联友好以及要向苏联学习的大政方针已经确定;但由于历史以及其他方面原因,国内民众以及部分知识分子对苏联还存在着"疑苏"与"反苏"情绪。③ 在这样的背景下,新中国决定发起成立中苏友好协会,推动中苏友好及其各种工作。

中华人民共和国成立后的第4天,即10月5日,中苏友好协会总会成立。《中苏友好协会章程》规定,协会宗旨是"发展和巩固中苏两国的友好关系,增进中苏两国文化、经济及各方面的联系和合作,介绍苏联政治、经济、文化建设的经验和科学成就,加强中苏两国在争取世界持久和平的共同斗争中的紧密团结"④。中苏友好协会总会成立以后,推动各地成立分会。中苏友好协会分支机构深入到机关、工厂、企业、学校等组织中,入会人员包括工农群众、解放军指战员、机关干部、学生、教育工作者、民主党派人士、宗教界人士等,群众性团体如工会、共青团、妇联、青联、学联、文联、科联、

---

① 《苏联影片展览在京隆重揭幕 周恩来总理及苏联电影艺术工作者代表团参加典礼》,《人民日报》1952年11月8日。
② 中国影片经理公司中南区公司辑:《向苏联电影学习》,中南人民文学艺术出版社1952年版,前言。
③ 潘鹏:《中国民众"疑苏"情绪研究(1946—1950)——兼谈中苏友好协会成立的原因》,《成都大学学报》2008年第2期。
④ 《中苏友好协会章程》,《人民日报》1949年10月6日。

科普、工商联等均为团体会员。中苏友好协会总会及其分会通过举办"中苏友好月"、纪念会、座谈会、报告会、展览会、派出代表团访苏等形式推动中苏友好。尽管中苏友好协会工作内容很多,但其中最为重要的是开展文化活动。后来,我国文化艺术科学方面的代表团访苏大都由中苏友好协会来联系和组织的。

(三)邀请苏联代表团访问中国,宣传和介绍苏联文化及文化建设的经验

1949年9月底至1952年底,中国邀请多个苏联文化艺术科学方面的代表团到中国访问,其中一项任务是向中国介绍和宣传苏联文化以及文化建设的经验。这其中规模和影响较大的有两次,现将有关情况介绍如下。

其一是1949年9月底至11月,苏联文化艺术科学工作者代表团访问中国。

1949年9月底,受苏联对外文化联络协会派遣,以著名作家法捷耶夫为团长、西蒙诺夫为副团长的苏联文化艺术科学工作者代表团一行34人来华参加中国保卫世界和平大会和中苏友好协会总会成立大会。10月1日上午11时,苏联文化艺术科学工作者代表团自天津转车至北京。宋庆龄、刘少奇、周恩来、郭沫若、李济深等以及各界代表两千余人到车站欢迎。周恩来在欢迎辞中表示:"诸位先生来到中国的时候,正当中华人民共和国成立的时候。这是一个巧妙的象征,表示伟大的苏联乃是新生的中华人民共和国的第一个友邦,表示中苏友谊将随着中华人民共和国的发展而发展。"[①] 下午3时,苏联文化艺术科学工作者代表团出席开国大典。此后一个多月时间里,苏联文化艺术科学工作者代表团不仅参加中国保卫世界和平大会以及中苏友好协会总会成立大会,还深入南京、上海、济南、沈阳、哈尔滨等地访问,与各地工人、农民、战士、青年、学生、学者、专家、教授举行座谈。11月2日,苏联文化艺术科学工作者代表团离开哈尔滨回国。

---

① 《周恩来欢迎苏联文化艺术科学工作者代表团的致辞》,中苏友好协会总会编《苏联文化艺术工作者代表团在中国一月》,新华书店1950年版,第17页。

◈ 第六章 文化范例：学习苏联先进文化及文化建设经验

苏联文化艺术科学工作者代表团来中国的目的，主要是为推动与加强中苏友好，参加中国保卫世界和平大会和中苏友好协会总会成立大会，但在开展活动过程中比较全面地介绍了苏联文化及文化建设的经验。现将代表团所做的重要演讲以及回答问题等情况，重要者列举如下：

10月8日，法捷耶夫[①]在全国文联大会上作《论社会主义的现实主义》的演讲。

10月9日，法捷耶夫在北京大学介绍苏联文化建设，强调苏联文化具有五大特点，分别是人民性、多民族性、继承和延续旧的民族文化和世界文化中一切最优良的前进的东西、富有爱国主义以及党性。[②]

10月10日，西蒙诺夫[③]在北京剧协座谈会上谈苏联戏剧并回答了有关问题。同日，德奥米多夫[④]在北京出版、图书馆、书店工作者集会上演讲苏联书籍出版发行的情况。同日，费诺格诺夫[⑤]在北京全国美协和北京艺专座谈会上介绍了苏联美术教育的概况。同日，斯托列托夫[⑥]在北京中法大学作《生物科学中的论战》的演讲。

10月17日，格拉西莫夫[⑦]在上海影剧界讲演会上作《论苏联电影》的演讲以及回答苏联电影创作中的几个问题。同日，巴利诺娃[⑧]在上海音乐界座谈会上作《关于苏联音乐》的演讲。同日，阿格拉则[⑨]在上海科学技术界演讲会上作《苏联的科学研究工作》的报告。同日，斯托列托夫在上海生物科学界演讲会上作《苏联的生物科学》的报告。

10月18日，费诺格诺夫在上海美术界座谈会上讲"苏联造型艺

---

① 法捷耶夫，代表团团长，苏联作家协会总书记，斯大林奖金委员会主席。中途归国，代表团团长由西蒙诺夫担任。
② 中苏友好协会总会编：《苏联文化艺术工作者代表团在中国一月》，新华书店1950年发行，第105—109页。
③ 西蒙诺夫，代表团副团长，苏联作家协会副总书记。
④ 德奥米多夫，国际书籍协会（即万国书店）主席。
⑤ 费诺格诺夫，画家，莫斯科美术协会副主席，斯大林奖金得奖人。
⑥ 斯托列托夫，生物科学博士，苏联契姆里也则夫农业科学院院长。
⑦ 格拉西莫夫，教授，电影导演（名片《青年近卫军》导演），苏联人民艺术家。
⑧ 巴利诺娃，提琴家，斯大林奖金得奖人，全苏音乐比赛两次优等。
⑨ 阿格拉则，技术科学博士，乔治亚科学院副院长。

术走向社会主义现实主义的斗争"。

10月19日，法捷耶夫在上海鲁迅逝世十三周年纪念日发表《论鲁迅》一文。同日，西蒙诺夫在上海鲁迅逝世十三周年纪念会上作《鲁迅是苏联伟大的永远忠实的朋友》的演讲。

10月23日，西蒙诺夫在天津文学青年大会上作《苏联作家和作家协会的任务》的演讲。

10月26日，中央人民政府政务院文化教育委员会招待苏联代表团座谈会。座谈会内容主要是谈苏联文教组织及其工作情况。有关材料如下：

(1) 关于国家组织的：

1. 国家组织（政权机构）的机构有：

高教部、科学院、人民教育部（国民教育）、艺术事业委员会、电影部、体育运动委员会、印刷出版事务处、文化教育机关事务委员会、无线电广播委员会、建筑事业委员会。

2. 国家组织中的所列各机构，依据其工作性质之不同，有为全苏性的组织，有为加盟共和国的组织，有为全苏及联邦都有的组织。全苏性的：如高教部；共和国的：如人民教育部；二者都有的：如电影部。

3. 国家组织的一切工作，与全苏部长会议及各共和国部长会议配合。

4. 设计工作，由国家计划委员会负责。国家计划委员会中，有专门设计文教工作的部门。

5. 文教机关事务委员会由部长会议领导，管理公共图书馆、博物馆等，和教育部无隶属关系，并有权监督各机关、工厂……之图书馆、文化官的工作。

6. 科学院院士，三年选举一次，有一定的名额，由科学机关、团体提出候选人，再由专门委员会对候选者之著作以公开之评定，最后由院士全体会秘密投票选举，资格是终身的，全苏科学院有一百个研究单位，特点是理论与实践的共同发展，而各共和国科学院，其研究所多为与各该国经济生活有密切关联之学术，如冶金、矿业、动力等。

7. 农业、医药、气象研究所不隶属于科学院，部长会议之下，有专门委员会掌理这项工作。

（2）关于社会组织的：

1. 社会组织（群众团体）的机构有：

作家协会、艺术家协会、作曲家协会、科学与政治知识普及协会、对外文化联络协会。

2. 作家、艺术家、作曲家协会，是为了领导不与国家机关联系的个人工作者而设，如作家、作曲家、画家在其创作活动中，多是独自从事的，而戏剧、电影工作者、演员、演奏家……由职工会组织领导他们。

3. 科学与政治知识普及协会，吸收一切赞同这项工作的团体及个人，从专家学者到乡村教师，经常举办演讲会及广播，经费靠会员会费及讲演会门票维持。

（3）关于大学及研究工作的：

1. 国家有学位及科学称号制度，前者是科学博士及候补博士，后者是教授和讲师，在研究室工作三年，可参加候补博士考试，而科学博士学位的获得，须提出博士论文。

2. 教授，常以"带徒弟"的方式，领导三个研究生，而其授课时间全年最多为四百五十小时。[①]

苏联文化艺术科学工作者代表团沿途所到之处，除了作演讲、参加座谈会之外，还进行演出，得到了广大人民群众的欢迎。据统计，代表团在一个多月时间里共出席各种群众大会（包括欢迎、欢送大会）29次，听众有52.32万人；作专题演讲并出席座谈会57次，听众有7.72万人；音乐舞蹈演出28次，观众有58.34万人。[②]

苏联文化艺术科学工作者代表团悉心地介绍与宣传苏联文化及文

---

① 中苏友好协会总会编：《苏联文化艺术工作者代表团在中国一月》，新华书店1950年版，第110—112页。

② 中苏友好协会总会编：《苏联文化艺术工作者代表团在中国一月》，新华书店1950年版，编辑例言。

化建设的经验，有利于加深中国人民对苏联社会主义建设及艺术科学成就的认识，为新中国文化建设提供先进经验的借鉴。① 代表团归国时，北京市市长聂荣臻表示："从今以后，在我们国家的经济建设高潮和文化建设高潮中，全中国人民都将会看到伟大的苏联从各方面伸出援手，热情地无条件地帮助我们，而我们也要更加决心努力向我们伟大的友邦苏联学习。"② 陪同代表团到各地访问的中苏友好协会副总干事萧三也说："他们使我们进一步认识了苏联对中国人民的深厚的友谊，认识了社会主义的优秀的文化，从而使我们更有信心地去发展我国民族的、大众的、科学的新民主主义文化"③，号召人们"向苏联文化工作者学习"。陆定一也表示："以 A. 法捷耶夫为首的苏联文化工作者代表团来到了中国，这个代表团在沈阳、天津、北京、济南、南京、上海各地到处受到千千万万群众热烈的欢迎，他们以兄弟般的友谊与热爱，给了中国文化艺术科学工作以极珍贵的帮助和启示。"④

其二是1952年11月至12月，苏联文化工作者代表团、苏联艺术工作团、苏军红旗歌舞团、苏联电影艺术工作者代表团访问中国。

1952年10月8日，为庆祝苏联十月革命胜利35周年，中苏友好协会总会发出《关于举行"中苏友好月"的通知》，决定从11月7日到12月6日在全国举行"中苏友好月"活动，并邀请苏联对外文化协会派遣代表团和文工团前来参加。⑤ 10月10日，中共中央就"中苏友好月"向各地发出指示，要求对这次活动作出细致安排。这次活动内容主要是介绍苏联社会主义建设的成就以及宣传中苏友好对

---

① 中苏友好协会总会编：《苏联文化艺术工作者代表团在中国一月》，新华书店1950年版，编辑例言。

② 中苏友好协会总会编：《苏联文化艺术工作者代表团在中国一月》，新华书店1950年版，第22页。

③ 萧三：《向苏联文化工作者学习——陪同苏联文化工作者代表团在中国五星期杂感》，中苏友好协会总会编《苏联文化艺术工作者代表团在中国一月》，新华书店1950年版，第287页。

④ 《陆定一文集》下卷，人民出版社1992年版，第424页。

⑤ 《中国与苏联关系文献汇编（1952年—1955年）》，世界知识出版社2015年版，第70页。

于中国建设的重要意义等。① 这次活动的目的是"进一步地努力学习苏联的政治、经济、科学、教育与文学艺术工作的杰出成果",迎接我国即将到来的大规模的经济文化建设。②

1952年11月2日,以吉洪诺夫为首的苏联艺术科学工作者代表团和苏军红旗歌舞团一行290人抵达北京。③ 中苏友好协会副会长宋庆龄、吴玉章、李济深、郭沫若等以及首都文化艺术科学工作者和首都各界人民共4500人前往车站欢迎。④ 郭沫若在欢迎会上说:"在中国人民恢复和改造了自己的国民经济、就要开始大规模的经济建设的今天,特别需要学习苏联,特别需要更进一步加强中苏人民的友谊。"⑤ 11月6日,苏联电影艺术工作者代表团到达北京。当天下午,毛泽东、朱德、宋庆龄、高岗、周恩来、陈云、郭沫若等会见了苏联文化工作者代表团团长吉洪诺夫以及苏联艺术工作团、苏军红旗歌舞团、苏联电影艺术工作者代表团的团长等。⑥ 随后,苏联4个文化团体深入到全国各地进行访问与交流。

在"中苏友好月"期间,以吉洪诺夫为首的苏联文化工作者代表团,先后访问北京、武汉、长沙、广州、杭州、上海、南京、兰州、西安、成都、重庆等地,向各地文化、艺术、科学工作者介绍苏联文化、艺术、科学工作的经验和成就,作有关中苏友好、戏剧艺术、音乐创作、历史科学和农业科学方面的专题报告,举办了各种座谈会解答了我国文化、艺术、科学工作者提出的许多具体问题,并表示愿意

---

① 《中央关于举行"中苏友好"的指示》,《中国共产党宣传工作文献选编1949—1956》,学习出版社1996年版,第432页。
② 《感谢苏联,学习苏联——庆祝十月革命三十五周年和"中苏友好月"》,《人民日报》1952年11月7日。
③ 媒体在开始报道时称苏联来华参加活动的代表团为"苏联艺术科学工作者代表团"和苏联红旗歌舞团。随着苏联电影艺术工作者代表团的到来,这支庞大的文化队伍由四个部分组成,分别是以吉洪诺夫为首的苏联文化工作者代表团、以楚拉基为首的苏联艺术工作者代表团、以亚历山大罗夫为首的苏军红旗歌舞团、以费道罗夫为首的苏联电影艺术工作者代表团。
④ 《苏联艺术科学工作者代表团和苏军红旗歌舞团昨日抵达北京 我国各界人民热烈地欢迎我们最亲密的朋友》,《人民日报》1952年11月3日。
⑤ 《欢迎,欢迎我们最亲爱的友人!》,《人民日报》1952年11月3日。
⑥ 《毛泽东年谱(1949—1976)》第1卷,中央文献出版社2013年版,第623页。

把所有的工作经验贡献给中国人民的文化和科学建设。① 其他3个代表团也都有各种精彩的文化活动。据统计，苏联艺术工作团和苏联红旗歌舞团在我国旅行了20个城市，大小型演出共140余次，观众达90万人；演出的广播和转播大会共22次，有组织的听众达2500万人；参加的演讲会和座谈会共158次，听众约17.7万人；此外通过联欢、游园大会、欢迎、欢送等其他方式和这4个代表团的苏联友人见面的各界人士有200万人以上。② 在"中苏友好月"期间，全国67个城市同时举办了"苏联影片展览"，观众达4000多万人。③

这次"中苏友好月"活动，党和国家领导人不仅亲自接见了4个团体的负责人及部分团员，还观看了部分演出；各地组织充分，举办了各种各样的活动，让代表团深入群众中间，让广大民众切实体会中苏友好的重要意义。更为重要的是，这次活动举办时机恰好是我国即将开始计划经济建设的关键时刻，通过宣传与介绍苏联经济建设和文化建设的成就与经验，能够动员我国各方面力量来进行大规模的经济建设和文化建设。一些知名文化界人士表示要向苏联文化艺术科学学习，如梅兰芳《向苏联伟大的艺术家学习》（《人民日报》1952年11月15日）、洪深《学习苏联优秀的艺术》（《人民日报》1952年11月15日）。当时，我国媒体对这4个代表团的活动进行了广泛的报道与宣传，同样号召要向苏联学习。如《世界知识》就发表"苏联的今天，就是我们的明天！"的社论。④

这次苏联文化代表团访问中国，同1949年年底相比，在人数和规模上都要大很多。尽管二者在时间上相差三年，但对于新中国文化建设的影响，其意义同等重要。1949年苏联文化艺术科学工作者代表团访问中国，适逢中华人民共和国开国大典，包括文化建设在内各

---

① 《苏联文化工作者代表团离京返国》，《人民日报》1952年12月5日。

② 接待苏联来华展览办公室编：《五年来中苏友好合作的巩固和发展》，1954年编印，第23页。

③ ［苏］卡皮查（М. Кашца）：《中苏两国人民的伟大友谊》，欧阳惠译，时代出版社1956年版，第39页。

④ 《苏联的今天，就是我们的明天——迎接"中苏友好月"》，《世界知识》1952年第43期。

方面的工作还刚刚开始,这个时候苏联文化艺术科学工作者带来了苏联先进的经验,与中国交流和分享了苏联文化及文化建设的经验。当时有人指出,苏联文化"代表着人类文化所已达到的最高峰,照耀着世界各民族文化发展的总方向"①。苏联文化艺术科学工作者代表团的现身说法,对于新中国文化建设的榜样作用是巨大的。到1952年年底,我国国民经济完成了恢复和发展的任务,即将进入计划经济建设时期。这个时候,中国大规模地举办"中苏友好月",一是为了纪念苏联十月革命胜利35周年;二是为了中国自身的经济建设和文化建设。通过苏联经济建设和文化建设成就的展示,让大多数人感到"苏联的今天,就是我们的明天!"苏联所取得的成就,也正是我们未来要实现的目标。尽管"苏联的今天,就是我们的明天"不完全针对文化建设,但毫无疑问适用于文化建设。在这种向苏联学习文化及文化建设的强烈认知下,新中国在文学艺术、新闻出版、音乐、教育、科技等领域掀起学习苏联文化及文化建设经验的初澜。

对于中国学习苏联文化及文化建设的经验,苏共中央以及苏联的文教机构给予了方便与配合。如1951年2月21日,联共(布)中央决议批准苏联科学院接受中国科学工作者来实习。②1951年10月2日,联共(布)中央决议同意苏联作家协会邀请中国作家代表团访苏。③如此等等。

这个时期,我国文化建设对苏联文化及文化建设的经验确实有所借鉴。如1952年2月,中宣部要求改组文艺团体时,提出全国文学工作者协会,要把文协改组成同苏联"作家协会"性质的组织。④我国在文化事业发展上也着重介绍和参考苏联文化建设的经验。如政务院文教委员会编印的《文教参考资料》丛刊,其中有大量介绍苏联文教政策和文化建设经验的材料;文化部办公厅编印的《文化资料》

---

① 《人民日报》1949年10月28日。
② 沈志华主编:《俄罗斯解密档案选编——中苏关系(第3卷)(1950.8—1951.8)》,中国出版集团东方出版中心2015年版,第239页。
③ 沈志华主编:《俄罗斯解密档案选编——中苏关系(第4卷)(1951.9—1954.1)》,中国出版集团东方出版中心2015年版,第85页。
④ 《建国以来重要文献选编》第4册,中央文献出版社1993年版,第77页。

中也有不少学习苏联文化及文化建设经验的材料。在对苏联文化及其成就的宣传上，我国媒体几乎都进行了正面报道，如《世界知识》发表王庆《突飞猛进中的苏联文化教育》（1951年第10期）、朱育莲《苏联文化教育事业的辉煌成就》（1952年第48期）等。同时，我国也派出一些文化、科学方面代表团到苏联进行文化交流和学习，如1951年11月中国作家代表团访问苏联，1951年4月中国学者代表团访问苏联等。

二 计划经济建设时期全面学习苏联文化及文化建设的经验

1953年起，我国进入计划经济建设时期。1956年初，我国宣布进入社会主义国家。这个时期，我国文化建设围绕着社会主义过渡时期总路线的目标和任务，在全国范围内掀起了全面学习苏联文化及文化建设经验的高潮。

（一）全面学习苏联掀起高潮

国民经济恢复时期，我国学习苏联文化及文化建设的经验一定程度上弥补了我国文化建设经验不足的问题，并且收到了实际效果。但是，随着国家大规模经济建设的开始，我国文化建设面临的任务更为复杂和艰巨。

1953年2月4—7日，全国政协一届四次会议在北京召开。4日，周恩来作政治报告，强调新中国三年来所取得的成就与"苏联的真诚无私的兄弟般的援助分不开"。① 7日，毛泽东在政协闭幕会上讲话中专门强调了学习苏联的问题。他说："我们要进行伟大的五年计划建设，工作很艰苦，经验又不够，因此要学习苏联的先进经验。"② 但是，国内部分人此时对学习苏联的问题还有抵触情绪。他从分析古代以及近代中国两次学习外国的经验出发，强调中华民族"从来就是接受外国先进经验和优秀文化的"，指出当前学习苏联的规模和效用已远远超过以往两次。为此，他要求学习苏联应该"采取真心真意的态

---

① 周恩来：《政治报告——一九五三年二月四日在中国人民政治协商会议第一届全国委员会第四次会议上的报告》，《人民日报》1953年2月5日。
② 《毛泽东文集》第6卷，人民出版社1999年版，第263页。

度，把他们所有的长处都学来，不但学习马克思列宁主义的理论，而且学习他们先进的科学技术，一切我们用得着的，统统应该虚心地学习。对于那些在这个问题上因不了解而产生抵触情绪的人，应该说服他们。就是说，应该在全国掀起一个学习苏联的高潮，来建设我们的国家。"① 毛泽东号召在全国掀起学习苏联的高潮，与这之前学习苏联相比，这次范围和内容要广泛得多，强调国家建设各个方面都要学习苏联先进的经验。

随后的2月10日，《人民日报》发表社论，强调要坚决贯彻毛泽东的号召，"在全国各地，在各种建设事业中，掀起一个学习苏联的高潮"，并指出"这是保证我国大规模建设工作能够顺利进行的重要条件之一"②。2月14日，为纪念《中苏友好互助同盟条约》签订三周年，《人民日报》发表社论中再次强调要响应毛泽东的号召，"在全国范围内迅速展开有系统地学习苏联的运动"，掀起学习苏联的高潮。③ 与此同时，苏联开始全面援助中国，派遣大量专家来华，帮助中国进行大规模经济建设和文化建设。④ 以毛泽东提出全面学习苏联的号召为标志，我国文化建设也掀起了全面学习苏联先进经验的高潮。

（二）派遣代表团赴苏学习苏联先进经验

与前一时期派遣代表团到苏联学习和交流相比，这个时期中国派往苏联的代表团明显增多。这些代表团几乎囊括了我国文化建设的全部，现将其中极为重要者列举如下。

（1）1953年2—5月，以钱三强为首的中国科学院访苏代表团访

---

① 《毛泽东文集》第6卷，人民出版社1999年版，第264页。
② 《贯彻毛主席的伟大号召》，《人民日报》1953年2月10日。
③ 《掀起学习苏联的高潮，建设我们的国家》，《人民日报》1953年2月14日。
④ 1952年8—9月间，以周恩来为首的中国代表团前往苏联商谈解决两国间的重要政治问题与经济问题，其中谈到了苏联援助中国"一五"计划建设的问题。斯大林在会谈中表示支持中国"一五"计划建设，并指出中国提出的要求需要双方进一步协商确定。有学者认为，中国代表团访问苏联及其所提出的要求得到了斯大林的答应，可以视为中国"一五"计划得到苏联全面援助的明确保证。（参见朱佳木：《当代中国史理论问题十二讲》，社会科学文献出版社2016年版，第88页）从这个角度来说，斯大林答应全面援助中国，对于中国的经济建设和文化建设是一次巨大的机遇。1953年以后，苏联对中国的援助以及中国对苏联先进经验的学习在范围和程度上都比之前大为扩大和增强。

问苏联。

1952年10月24日,中国科学院院长会议作出加强学习和介绍苏联先进科学的决议,其中有"组织代表团访问苏联科学院,学习苏联科学工作的先进经验,并商讨进一步加强中苏两国科学工作合作的具体办法"[①]。1952年年底,由中国科学院提出并经政务院批准成立中国科学院访苏代表团。该团由中国科学院院内外19个学科的科学家26人组成。代表团访苏的任务包括:了解和学习苏联如何组织和领导科学工作[②],特别是十月革命后,苏联科学院如何在旧有基础上壮大的经验;了解苏联科学的现状及其发展趋势,并就中苏科学合作问题交换意见。[③]

1953年2月24日,中国科学院访苏代表团离京前往苏联,3月5日到达莫斯科。在苏联期间,苏联科学院主席团为代表团组织了7个全面性的报告,内容包括苏联科学发展的各个阶段、苏联科学院的组织机构及干部培养、苏联的科学计划工作、苏联科学家如何学习和运用马列主义方法论、苏联科学院生产力研究委员会的工作任务等。代表团成员还访问参观苏联科学院在莫斯科、基辅等地研究所,访问了11所大学以及许多工厂、矿山、集体农庄、博物馆和展览会。5月24日,代表团返国,并在长春逗留3个星期对访问苏联、学习苏联先进科学工作进行了各学科分科总结和总的访苏工作总结。在总结期间,代表团首先举行了4天座谈会交流心得,由各个不同专业的代表发表对于这次访苏在本门学科内的体验和收获。会后,各门学科进行了分科总结,然后讨论总的访苏工作的总结。[④] 6月17日,代表团回

---

① 中国科学院办公厅编:《中国科学院资料汇编1949—1954》,1955年编印,第172页。

② 具体言之,这方面内容包括如何组织全国科学工作网的问题,科学院、高等学校、企业部门研究机构的分工合作的问题,各门科学如何按照其特性与作用使之与生产密切配合的问题,各门科学发展的重点以及各门科学中人数如何分布的问题,科学干部的培养与选拔的工作如何进行的问题等。参见《中国科学院访苏代表团到达莫斯科》,《科学通报》1953年第3期。

③ 樊洪业主编:《中国科学院编年史1949—1999》,上海科技教育出版社1999年版,第33页。

④ 《中国科学院访苏代表团返抵北京》,《科学通报》1953年第7期。

京。回京后，代表团先后向中国科学院、政务院文化教育委员会、政务院以及中共中央汇报了访苏情况，并以19个学科组织16个专科报告会和3个总报告会，来传达访苏收获。据统计，当时参加专科报告会的有首都科学技术工作者8000人，参加总报告会的有中央各机关干部和首都文教干部数千人。[①] 1954年，中国科学院秘书处将代表团访苏的报告以及总报告汇集成《学习苏联先进科学——中国科学院访苏代表团报告汇刊》出版。

中国科学院代表团访苏最主要的目的是在充分了解苏联科学院组织和领导科学工作经验的基础上进一步改进和提高我国的科学工作。代表团团长钱三强总结指出，苏联科学及苏联科学院发展的主要经验有：中心环节是培养干部，要有目的、有计划、有重点地发展科学研究工作，各科学机构之间的明确分工与互相配合汇总为一个有机的整体，培养健康的学术风气。他表示："苏联科学的先进经验，对于改进我国科学工作，一般地说是全部适用的。""认真学习苏联的先进经验就会使我们少走弯路，稳步前进。"[②] 中国科学院院长郭沫若表示："学习苏联——这是坦陈在我们面前的大道，而且是最平直、最捷近、最宽阔的坦坦大道。"[③] 通过对苏联科学先进经验的学习与宣传，科学家们表示"坚决走苏联科学发展的道路，来发展我国的科学事业"，但同时也强调学习苏联先进科学，要结合中国的实际和当前的工作，要创造性地学习。[④]

在这里，有一个细节值得注意。1954年1月28日，周恩来主持政务院第204次政务会议，会上郭沫若和钱三强分别作《关于中国科学院的基本情况和今后工作任务的报告》和《关于访苏代表团工作的报告》。两个报告在同一日向政务院汇报，这不是一次巧合。郭沫

---

① 《中国科学院访苏代表团返抵北京》，《科学通报》1953年第7期。
② 《中国科学院关于访苏代表团工作的报告》，中国科学院办公厅编《中国科学院资料汇编1949—1954》，1955年编印，第238—239页。
③ 中国科学院秘书处编：《学习苏联先进科学——中国科学院访苏代表团报告汇刊》，中国科学院1954年编印，序言。
④ 《中国科学院学习苏联先进科学经验交流座谈会总结》，吴艳等编译《中苏两国科学院科学合作资料选辑》，山东教育出版社2008年版，第15页。

若的报告不仅强调了学习苏联经验的重要性,还提出加强科学计划工作以及加强学术领导成立学部等改进措施。应该说,郭的改进建议和措施同中国科学院访问团到苏联访问关联密切。周恩来在听取报告后表示"两个报告都很好",并针对学习苏联的问题表示要"好好计划一下"。① 1954年3月8日,中共中央对中国科学院以及全国科学工作作出重要指示,肯定了中国科学院学习苏联经验的做法。

(2) 1954年年底到1955年3月,新华社代表团访问苏联塔斯社。

1954年8月,为了具体地学习苏联塔斯社先进工作经验,新华社社长吴冷西向塔斯社社长巴尔古诺夫提出派遣总社、分社领导干部前往塔斯社进行两至三个月的访问。② 1954年12月21日至1955年3月2日,新华社代表团对塔斯社进行了访问。归国后,代表团将收集到的材料编印成《塔斯社工作经验》(上、下册)一书。代表团对苏联塔斯社进行了全面考察与访问,包括塔斯社的任务、作用和领导,塔斯社新闻部和苏联的新闻报道,塔斯社国际新闻部和国际新闻的报道,塔斯社的对外报道工作,塔斯社新闻局的工作,塔斯社摄影部和新闻摄影报道,塔斯社干部、行政管理、电务、党组织和工会工作,以及塔斯社列宁格勒、乌克兰分社的情况。

(3) 1955年10—12月,中国中小学教师代表团访问苏联。

应俄罗斯苏维埃联邦社会主义共和国教育部邀请,1955年10月17日至12月16日,中国中小学教师代表团访问苏联。③ 代表团由教育部副部长陈曾固任团长,一行共28人。④ 代表团访苏的目的是学习苏联普通学校和中等师范学校的教育、教学过程、教学组织和学校管

---

① 《周恩来文化文选》,中央文献出版社1998年版,第527页。
② 《中国与苏联关系文献汇编(1952年—1955年)》,世界知识出版社2015年版,第266页。
③ 沈志华主编:《俄罗斯解密档案选编——中苏关系(第6卷)(1955.8—1956.9)》,中国出版集团东方出版中心2015年版,第144页。
④ 据《人民日报》报道,中国中小学教师代表团共28人。(《我国中小学教师代表团赴苏》,《人民日报》1955年10月11日)而据俄联邦教育部的报告,代表团人数为27人。(沈志华主编:《俄罗斯解密档案选编——中苏关系(第6卷)(1955.8—1956.9)》,中国出版集团东方出版中心2015年版,第144页。

◈ 第六章　文化范例：学习苏联先进文化及文化建设经验　　249

理的先进经验。代表团在苏联访问期间，对苏联中小学教育的各个方面进行了全面了解，深入实地调查研究，还到各地参观交流。

计划经济建设时期，我国派往苏联学习文化及文化建设经验的代表团非常多。除以上所列之外，还有：1954年1月至3月，中国新闻工作者访问代表团访问苏联；1954年7月至9月，中国广播工作者代表团访问苏联；1955年9月，中国高等教育考察团访问苏联；1956年7月，中国高等教育代表团访问苏联。如此等等。

（三）向苏联文化教育专家学习

新中国成立之时，来华的苏联顾问和专家已达600余人。[①] 国民经济恢复时期，应中国政府要求，苏联派遣了大量顾问和专家到中国帮助开展经济建设。1952年9月21日，周恩来致信莫洛托夫提到当时在华工作的苏联专家252人。[②] 苏联专家对我国恢复经济所起的作用，中苏友好协会总干事钱俊瑞曾指出："苏联派来我国各建设部门提供帮助的专家经常做报告，介绍苏联建设经验，这对我们帮助巨大。"[③]

计划经济建设时期，我国对苏联专家的需求规模更大，范围更广。这个时期，中国迎来了苏联专家大规模来华工作的高潮。为此，国务院提出要统一专家的管理工作，于1953年8月成立了国务院专家工作组。1953年9月9日，中共中央发出《关于加强发挥苏联专家作用的几项规定》，强调"正确地学习与运用苏联先进经验，是胜利完成我国各项建设任务的一个重要因素"[④]，并从思想、工作、组织等方面作出具体规定，从制度层面进一步保障我国向苏联全面学习的开展。

与国民经济恢复时期苏联专家主要集中在经济（尤其是重工业）领域不同的是，计划经济建设时期苏联来华的顾问和专家遍及每一个

---

① 转引自沈志华：《苏联专家在中国（1949—1960）》（第3版），社会科学文献出版社2015年版，第77页。
② 《周恩来年谱1949—1976》（上卷），中央文献出版社1997年版，第260页。
③ 《中国与苏联关系文献汇编（1952年—1955年）》，世界知识出版社2015年版，第86页。
④ 《中共中央文件选集1949年10月—1966年5月》第13册，人民出版社2013年版，第328页。

行业、每一个领域。很明显的是，文教领域的顾问和专家数量远远超过了前一个时期。1953年6月13日，周恩来提出1953年暑期后文教系统拟增聘专家147名，换聘3名，延聘113名，辞聘31名，实际增加116名的报告请中央批准。① 据《竺可桢日记》记载，1953年政务院文化教育委员会所属各部门拟聘请苏联专家人数，如表6-1所示：

表6-1 1953年政务院文化教育委员会所属各部门拟聘请苏联专家人数

（单位：人）

人数	文化部	卫生部	科学院	出版总署	广播电台	体育	教育部	总计
增聘	31	31	8	1	2	5	198	276
现有	0	5	0	5	0	0	130	140

资料来源：转引自张藜《苏联专家在中国科学院——对1950年代中苏两国科学院交流与合作的历史考察》，《科学文化评论》2012年第2期。

这个时期，担任过文教部门顾问的，如国务院文教总顾问马里采夫、高等教育部首席顾问列别捷夫、中国科学院院长顾问科达夫等人参与大量文教方面的具体工作。从表6-1可看出，苏联文教专家更多地集中在教育部门。据1954年12月底的统计，全国有35所高校聘请苏联专家183人。此外，还有7所中等专业学校聘有苏联专家15人。② 到1956年年底，我国科学和文化领域的苏联顾问和专家已达400多人。③ 这些来华的苏联顾问参与到中国的文化建设工作并提出重要的意见建议；大量苏联专家在高等学校任教，为我国培养了大量文化教育以及其他方面建设人才。

---

① 《周恩来关于苏联专家工作问题给毛泽东等的报告》，《中国与苏联关系文献汇编（1952年—1955年）》，世界知识出版社2015年版，第160页。

② 转引自何玉长：《当代中国社会制度的变迁》，河北大学出版社2004年版，第56页。

③ 转引自沈志华：《苏联专家在中国（1949—1960）》（第3版），社会科学文献出版社2015年版，第157页。

（四）举办苏联经济建设和文化建设成就展览

1954年10月2日至12月26日，苏联经济及文化建设展览会在北京苏联展览馆举办。10月25日，毛泽东、刘少奇、周恩来、朱德等党和国家领导人参观展览会后，留下题词。全文如下：

> 参观了苏联经济及文化建设成就展览会以后，我们觉得很满意，很高兴。这个展览会用真凭实据表现了苏联工农业经济的突飞猛进，苏联技术科学的高度发展，苏联教育事业和文化艺术事业的繁荣，和苏联人民生活的幸福。通过这一切，展览会也生动地说明了苏联人民在劳动中所表现的无限的积极性和创造性，说明了苏联共产党、苏联政府和苏联各族人民的团结一致，说明了苏联共产党中央委员会领导的正确。我们以有这样强大的盟邦而自豪。苏联的强大是争取和平民主阵营各国经济文化普遍高涨的重要条件，是争取世界和平和人类进步的重要条件。
>
> 苏联经济建设和文化建设的光荣成就大大地鼓舞中国人民建设社会主义的热情，并且使中国人民得到学习的最好榜样。苏联政府和苏联人民在我们的建设事业中给了我们多方面的一贯的巨大的援助，这种援助经过最近的中苏会谈是更加扩大了，而苏联经济及文化建设成就展览会的举行，也正是苏联对我国热情援助的一种表现。我们代表全中国人民对于这种情同手足的友谊表示感谢。①

黄贤俊、曾昭抡、刘开渠、彦涵、吴劳观看展览会后分别撰文《苏联展览会中的出版物和职业教育馆》《从苏联展览会看苏联的高等教育》《灿烂的画廊》《苏联版画创作的光辉成就》《谈苏联展览馆的建筑艺术》等。② 接待苏联来华展览办公室宣传处编印《苏联文化建设的成就》《苏联的文学和艺术》《苏联经济及文化建设成览

---

① 《中华人民共和国史编年1954年卷》，当代中国出版社2009年版，第739页。
② 接待苏联来华展览办公室编：《苏联经济及文化建设成就展览会纪念文集》，时代出版社1955年版。

会介绍》《五年来中苏友好合作的巩固和发展（参考材料）》等材料。后来，中苏友好协会总会还编辑出版了《苏联经济及文化建设成就展览会纪念文集》（时代出版社1955年版）。这次展览会全面地展示了苏联经济及文化建设成就，对中国进行社会主义改造和社会主义建设具有重大启示作用。为此，《人民日报》发表社论强调，中国人民从苏联经济及文化建设展览会中受到了生动的社会主义教育。[1]

　　计划经济建设时期，苏联文化方面的代表团到中国来交流和介绍苏联文化及文化建设经验比前一个时期也大为增多，几乎文教事业的各个领域都有。如1954年9月30日，应中苏友好协会邀请参加国庆观礼的苏联文化代表团来华。代表团除参加国庆观礼外，还访问了北京、沈阳、鞍山、抚顺、广州、南京、上海等地，并在这些城市作学术性报告50余次，参加各种专题座谈会40多次，参观科学研究和文化教育机关；同学术文化界人士广泛接触。通过座谈会、报告会等活动，代表团向我国文化界广泛介绍苏联文化建设方面的经验和成就。访问结束后，代表团所作的报告，汇编成《苏联文化代表团讲演集》，分11册出版。这方面例子很多，不再一一列举。

　　必须注意的是，这个时期我国在学习苏联先进经验的过程中，还强调同中国实际相结合的问题。在这方面，"技术一边倒"的口号之争较为集中地突出了这一点。1952年11月26日，毛泽东在审改中共中央对中华全国总工会党组11月7日的报告的批语稿时，将其中"我们认为对于第一个问题，即'技术一边倒'的提法，确有不当之处，但在目前尚无害处，暂时不必公开批判"一句，改写为："我们认为对于第一个问题，即'技术一边倒'的提法，虽有不恰当之处，但这是'学习苏联先进经验'这一口号的简称，因此不要当作一个问题来批评，正式的口号应是'学习苏联先进经验'。"[2] 1953年3月26日，天津市委在关于工程技术人员会议的报告中再次提到了"技术一边倒"的口号。4月14日，中共中央转发了天津市委关于工程

---

[1] 《三个月的巨大收获》，《人民日报》1954年12月26日。
[2] 《毛泽东年谱1949—1976》第1卷，中央文献出版社2013年版，第627—628页。

技术人员会议情况报告的批示。① 中共中央针对"技术一边倒"口号流行颇广的情况，认为这个提法不恰当，应该用"学习苏联先进的科学和技术"来代替，遂于4月26日发出《关于纠正"技术一边倒"口号提法错误的指示》，认为："技术问题和政治问题不同，并没有阶级和阵营的分别，技术本身是能够同样地为各个阶级和各种制度服务的。"②"学习苏联的先进科学和技术，并不排斥可以吸收资本主义国家中技术上某些好的对我们有用的东西。而'技术一边倒'的口号的片面性和它的不能服人的地方，就在于它好像表示我们完全拒绝这种必要性似的。"③

三 苏共二十大后反思学习苏联文化及文化建设的经验

随着社会主义改造和社会主义建设的开展，我国文化教育事业面临了更为艰巨的任务。1956年1月14日，周恩来在知识分子问题会议上提出要系统地利用苏联科学最新成果，并要求尽可能赶上苏联水平。④ 2月16日，毛泽东针对学习苏联问题还指出："要分两类，一类按中国的，一类规规矩矩老老实实地学。……技术问题横直一概照抄，比较好的，或者我们根本不知道的，学过来再说。"⑤ 这个时候，中国共产党以及广大人民群众对于学习苏联先进的经验依然充满了很高期待。但是，苏共二十大的召开，尤其是2月24日赫鲁晓夫作秘密报告及其后中国的应对，成为新中国学习苏联文化及文化建设经验的一大转折。

1956年3月12日，中共中央召开政治局会议讨论苏共二十大问题。毛泽东在会上指出："秘密报告表明，苏联、苏共、斯大林并不是一切都是正确的，这就破除了迷信。"⑥ 3月23日，中共中央书记处再次讨论赫鲁晓夫的秘密报告，毛泽东强调："不要再硬搬苏联的

---

① 《中共中央文件选集》第12卷，人民出版社2013年版，第68页。
② 《建国以来重要文献选编》第4册，中央文献出版社1993年版，第178页。
③ 《建国以来重要文献选编》第4册，中央文献出版社1993年版，第179页。
④ 《建国以来重要文献选编》第8册，中央文献出版社1994年版，第37页。
⑤ 《毛泽东年谱1949—1976》第2卷，中央文献出版社2013年版，第531页。
⑥ 《毛泽东年谱1949—1976》第2卷，中央文献出版社2013年版，第545页。

一切了,应该用自己的头脑思索了。应该把马列主义的基本原理同中国社会主义革命和建设的具体实际结合起来,探索在我们国家里建设社会主义的道路了。"①4月5日,《人民日报》发表《关于无产阶级专政的历史经验》一文指出,中国的哲学、经济学、历史和文艺批评的研究领域"有不少的研究工作者至今仍然带着教条主义的习气,把自己的思想束缚在一条绳子上面,缺乏独立思考的能力和创造的精神,也在某些方面接受了对于斯大林个人崇拜的影响",要解决的方法是用马克思主义的方法来对待,对斯大林著作中有益的东西要当作重要的历史遗产接受过来。②4月25日,毛泽东在中央政治局会议上作《论十大关系》的讲话。在讲话中,他以苏联设电影部、文化局(后又改为文化部)而中国设文化部、电影局为例批评有些人对任何事物都不加分析,"自己毫无主见,往往由一个极端走到另一个极端"。③他强调,对于社会科学,马克思列宁主义、斯大林思想中对的地方要继续努力学习,学习其中属于普遍真理的东西,要与中国的实际相结合,要抛弃教条主义思想;对于自然科学,也必须有批判地学,不可盲目地学;对于资产阶级的腐败制度和思想作风,要坚决地加以抵制和批判。为此,他深入总结了学习外国的方针是一切民族、一切国家的长处都要学,政治、经济、科学、技术、文学、艺术的一切真正好的东西都要学。但这种学习必须是有分析有判断地学,不盲目地学,不能一切照抄,机械搬用。对于外国的短处、缺点当然不要学。④毛泽东在十大关系的讲话中谈到了科学对待外国文化的方针,这里已经不再把苏联作为特殊国家来对待了,从某种意义上说也是对过去片面强调全面学习苏联经验的矫正。

苏共二十大以后,中国共产党不仅意识到要"以苏为鉴",强调要有分析有批判地学习苏联,而且从思想政策层面进行调整,重视探索社会主义文化建设的发展道路。

首先,中国共产党提出发展科学文化事业"百花齐放,百家争

---

① 《毛泽东年谱1949—1976》第2卷,中央文献出版社2013年版,第550页。
② 《建国以来重要文献选编》第8册,中央文献出版社1994年版,第235页。
③ 《毛泽东文集》第7卷,人民出版社1999年版,第42页。
④ 《毛泽东文集》第7卷,人民出版社1999年版,第41页。

鸣"的方针。1956年4月28日，毛泽东正式提出："艺术问题上的百花齐放，学术问题上的百家争鸣，我看应该成为我们的方针。"[1] 5月26日，陆定一系统阐释了"百花齐放，百家争鸣"方针。9月，中共八大上"双百"方针进入党的报告。

其次，中国共产党强调"向苏联学习"是正确的，但不能采取教条主义的态度。如陆定一说："向苏联学习，这是正确的口号。我们已经学了一些，今后还有许多应当学习。苏联是世界上第一个社会主义国家，世界和平民主阵营的领袖，它的工业发展速度最快，对社会主义建设有丰富的经验，在科学方面也已经有不少重要部门赶上和超过了最先进的资本主义国家。这样的国家，这样的人民，当然值得我们好好学习。不向苏联学习，是根本错误的。"[2]"但是，在学习苏联的时候，我们的学习方法必须不是教条主义的机械搬运，而是要结合我国的实际情况。这一点必须引起注意。否则，也会使我们的工作受到损失。"[3] 后来，苏方对于中国提出的"以苏为鉴"也有一定的认识。1956年8月22日，苏联驻中国临时代表B.哈利乔木向苏共中央报告中说，"在最近半年里，在中国党和政府领导人的讲话里出现一种倾向：号召以批判的态度利用苏联的成果。作为这一立场的依据，经常提出要反对机械地把苏联的经验搬到中国，反对中国工作人员忽视中国的具体条件和形势的特点。"[4]

1956年7月5日，中国与苏联在相互尊重国家主权、互不干涉内政及平等互利的原则下签订了《中华人民共和国和苏维埃社会主义共和国联盟文化合作协定》。协定指出，中苏双方同意在科学、技术、教育、文学、艺术、保健、体育、新闻、出版、广播、电视等事业方面要加强合作，并就双方合作的事项作出具体的规定。[5] 这是中华人民共和国成立后与苏联签订的第一个文化合作协定，对于促进中苏之

---

[1]《毛泽东文集》第7卷，人民出版社1999年版，第54页。
[2]《陆定一文集》下卷，人民出版社1992年版，第519—520页。
[3]《陆定一文集》下卷，人民出版社1992年版，第520页。
[4] 沈志华主编：《俄罗斯解密档案选编——中苏关系（第6卷）（1955.8—1956.9）》，中国出版集团东方出版中心2015年版，第325页。
[5]《中华人民共和国国务院公报》1956年第46期。

间进行平等的文化交流具有重要意义。

从号召学习苏联进而掀起全面学习苏联的高潮，从全面学习苏联又到"以苏为鉴"，这种变化的轨迹折射出新中国成立初期中国学习苏联文化及文化建设经验的复杂历程。

第三节 学习苏联文化及文化建设经验的表现

新中国成立初期，党和国家领导人、政府文化机构都大力倡导学习苏联文化及文化建设经验。在这种要求下，我国文化建设各个领域都掀起了学习苏联先进经验的高潮。以下简要介绍文化事业各个领域学习苏联文化及文化建设经验的具体表现。

一 关于文艺方面

新中国成立之际，大东书局组成"苏联文艺选丛"编辑委员会，汇集出版"苏联文艺选丛"，内容包括文艺理论、报告文学、少年文学、音乐等。到1950年12月，"苏联文艺选丛"出版有《苏联名作家专辑》（六辑）、《苏联名作家合集》（二辑）、《苏联名著概说》（二辑）、《苏联少年文艺选》（三辑）、《苏联报告文学选》（三辑）、《苏联诗集》（一辑）、《苏联传统文学的研究》（一辑）、《苏联作家创作经验》（一辑）、《苏联音乐》（一辑）、《苏联美术》（一辑）、《苏联戏剧》（一辑）等。按照编委会的说明，编辑"苏联文艺选丛"目的是"以期于新民主主义的旗帜之下，略尽宣扬新现实主义的苏联文艺的责任，同时期望对于中苏文化的交流上，也能增加一点热力"①。文化部艺术局计划1950年内出版七种文艺丛书，其中就"苏联文艺丛书"（由人民文学出版社出版），审定和新译书目有《毁灭》《铁流》《钢铁是怎样炼成的》《静静的顿河》《青年近卫军》《难忘的一九一九》《А.托尔斯泰短篇选》《苏联名诗选》等。② 1951年1月，《人民日报》刊载1925年6月苏俄共产党（布）中央《关于党

---

① 苏联文艺选丛编辑委员会：《苏联音乐·一辑》，大东书局1949年版，出版说明。
② 《人民日报》1950年8月8日。

第六章　文化范例：学习苏联先进文化及文化建设经验

在文艺方面的政策》，"编者按"强调："这个决议发表于苏联新经济政策时期，当时的历史条件、阶级关系与无产阶级文学的发展情况和今天中国当然有很多的差别。但这个决议中所提出的关于党领导文学活动的基本原则在今天仍有现实的教育的意义。"① 社会主义现实主义的创作原则，是苏联文学艺术创作中所提倡的原则。② 1951 年 5 月，周扬提出："我们必须向外国学习，特别是向苏联学习。社会主义现实主义的文学艺术是中国人民和广大知识青年的最有益的精神食粮，我们今后还要加强翻译介绍的工作。"③ 1952 年年底，周扬为苏联文学杂志《旗帜》（发表于 12 月号）撰写了一篇《社会主义现实主义——中国文学前进的道路》。1953 年 1 月 11 日《人民日报》全文转载了此文。在这篇文章中，周扬认为，社会主义现实主义是全世界一切进步作家的旗帜，中国人民的文学是世界社会主义现实主义文学的组成部分。中国的文艺工作者的任务要使苏联文学、艺术、电影广泛地普及到中国人民中去，要学习苏联作家的创作经验和艺术技巧，尤其是学习社会主义现实主义的创作原则。他提出："向苏联文学的社会主义现实主义学习，对于我们，今天最重要的，就是学习如何描写生活中新的和旧的力量的矛盾和斗争，学习如何创造体现了共产主义高尚道德和品质的新的人物的性格。"④ 这方面，苏联作家的优秀作品《毁灭》《铁流》《青年近卫军》等提供了学习榜样；苏联领导人斯大林关于文艺的指示、联共中央关于文艺思想问题的历史性的决议、日丹诺夫关于文艺问题的讲演，以及联共十九次党代表大会上马林科夫报告中关于文艺部分的指示为中国文艺工作者提供了正确的重要的指南。1956 年 9 月 25 日，周扬在中共八大上发言认为，社会主义现实主义是人类艺术发展的方向，中国共产党提倡社会主义现实主义的创作方法，但不能把社会主义现实主义当作教条，当作简单

---

① 《关于党在文艺方面的政策——一九二五年六月十八日俄共（布）中央的决议》，《人民日报》1951 年 1 月 28 日。
② 汪介之：《"社会主义现实主义"在中国的理论行程》，《南京师范大学文学院学报》2012 年第 1 期。
③ 周扬：《坚决贯彻毛泽东文艺路线》，《人民日报》1951 年 6 月 27 日。
④ 《人民日报》1953 年 1 月 11 日。

的创作公式,到处乱套。他认为,学习外国文学艺术中进步的有益的成分,必须要有批判的态度。① 这就从建设社会主义文学的角度,重新认识了苏联文学艺术里社会主义现实主义的学习态度。

苏联文艺对于中国的深刻影响,习近平总书记有过一段论述:"新中国成立后,我们学习借鉴苏联文艺,如普列汉诺夫的艺术理论、斯坦尼斯拉夫斯基表演体系,苏联的芭蕾舞、电影等,苏联著名舞蹈家乌兰诺娃以及一些苏联著名演员、导演当年都来过中国访问。这种学习借鉴对建国初期我国社会主义文艺发展起到了促进作用。"② 有党史学者也回忆说:"苏联的《钢铁是怎样炼成的》等小说。这些书哺育了我们那一代人。用时尚的语言说,我完全成了'钢铁'书中主人公保尔·柯察金的'粉丝',并成为我人生的标兵。保尔·柯察金的人生价值观——人最宝贵的是生命,生命属于我们每个人只有一次。一个人的一生应当怎样度过:当他回首往事的时候,不因虚度年华而悔恨,也不因碌碌无为而羞愧,他将他的一生献给了世界上最壮丽的共产主义事业——曾经激励着我们 1950 年代的年轻人,去追求革命的理想,奉献火热的青春;也鞭策着我们与时代共进,无论在任何情况下都努力干点事情,不要虚度年华,不要碌碌无为。"③

二 关于电影事业方面

新中国成立后,"向苏联电影学习"成为当时电影事业发展的重要口号,学习内容包括苏联电影理论、摄制及制作方法等。1949 年 10 月 20 日,中宣部部长陆定一在《人民日报》发表《欢迎苏联电影》的文章,希望艺术家们广泛地介绍苏联电影,生产用华语配音的苏联电影,并到工农群众中去放映苏联电影。④ 1952 年 11 月,文化部电影局举办的"苏联影片展览"中,周恩来号召要"学习苏联电影事业的经验,更好地为人民服务"。郭沫若指出:"苏联影片富有高度的教育意义,我们要学习苏联并吸收先进经验,看苏联影片是一

---

① 《中国共产党第八次全国代表大会文献》,人民出版社 1957 年版,第 498—499 页。
② 习近平:《在文艺工作座谈会上的讲话》,《人民日报》2015 年 10 月 15 日。
③ 石仲泉:《我的学术之路》,《毛泽东邓小平理论研究》2014 年第 1 期。
④ 《人民日报》1949 年 10 月 30 日。

个捷径。"① 苏联影片在中国各地放映，对广大人民群众的生产生活产生了积极影响。

1949年10月，苏联文化艺术工作者代表团来中国访问时，就赠送给中国不少获得斯大林奖金的影片和传记纪录片。如影片有《斯大林格勒保卫战》《青年近卫军》《在易北河的会晤》《康司坦丁·萨司洛诺夫》《西伯利亚交响曲》；传记纪录片有《列宁》《一九四九年五一节大检阅》《普希金》等。② 1950年3月，《人民日报》报道，中华人民共和国成立后，苏联电影受到中国观众的欢迎。据统计，1948年在中国观映苏联影片的观众有130万人，而1949年下半年，观众的人数达到700余万人（东北未计算在内）。在这些电影中，最受中国观众欢迎的是《普通一兵》《钢铁意志》《俄罗斯问题》《游击抗战》《三次攻击》《玛丽特传》《西伯利亚交响乐》等影片。其中，《青年近卫军》在北京、天津两地放映时，观众即达50万人。中国的男女教师们则把《乡村女教师》的主人公看作是自己的典范。③

社会主义过渡时期，文化部电影局每年都组织翻译苏联的影片。如1950年，文教委计划要翻译苏联影片40部。④ 1951年11月，中央人民政府文化部电影局所属中国影片经理公司为庆祝苏联十月革命胜利34周年，在全国20个大城市举行"苏联影片展览"。展览影片有《俄罗斯航空之父》《攻克柏林》《阴谋》《中国人民的胜利》《繁荣的乌克兰》《解放了的中国》《勇敢的人》《中国杂技团》《幸福的生活》和《春天的故事》。这些影片都是彩色影片，并配有华语对白或华语解说。每年的"中苏友好月"期间，全国各地或举办苏联影片展览，或举办"电影宣传周"，向广大人民群众展览或放映苏联电影，受到广大人民群众的欢迎。据不完全统计，从1949年到1952年

---

① 中国影片经理公司中南分公司编：《向苏联影片学习》，中南人民文学艺术出版社1952年版，前言。
② 中苏友好协会总会编：《苏联文化艺术工作者代表团在中国一月》，新华书店1950年版，第53页。
③ 《苏联影片在我国放映受到观众热烈欢迎 已被当作学习苏联的重要工具》，《人民日报》1950年3月9日。
④ 《政务院文教委员会一九五零年工作计划要点》，《中央人民政府政务院政务会议文件汇辑》第2册，中央人民政府秘书厅1954年编印，第268页。

6月，观众人数有一亿八千六百零二万六千多人。① 到1955年8月，看过苏联电影的中国观众已经超过十亿零三千多万人次。②

三 关于出版方面

1949年，苏联文化代表团来中国时，苏联专家德奥米多夫就详细介绍了苏联的出版发行工作。随后，我国学习苏联出版工作的经验，把出版和印刷分立，按专业性质建立中央和地方的出版社；同时建立许多大规模的专门的印刷厂，以及建立遍布全国的新华书店分支机构。最为重要的是，出版工作学习苏联经验搞计划，把出版事业纳入国家计划的轨道。由于苏联出版模式对中国出版业的发展影响之深，以致有人强调："在出版方面要不要学习苏联——这是一个大是大非问题。"③

这个时期，我国翻译出版了大量的苏联书籍。1951年11月，沈志远在第一届全国翻译工作会议上指出，从数量上说，1919—1949年30年间中国翻译出版的外国书籍约有6680种，1950年一年就有2147种，其中新译的有1100多种，为过去30年的1/7；从性质上来说，30年间译自欧美等资本主义国家的书籍占比达67%，苏联仅占9.5%；而新中国成立后两年，欧美国家的占比为20.5%，而苏联上升到77.5%。1950年出版的近700种社会科学书籍，极大部分都是宣传和传播马列主义观点的著作。④ 他说："从这一事实，也可以看出苏联先进文化受到中国人民热烈的欢迎。这是由于革命得到了胜利，人民急迫要求向苏联学习，要求用社会主义的学术文化来帮助自己国家的建设，以巩固既得的胜利。"⑤ 1949年10月到1955年5月，中华人民共和国翻译出版了30多个国家的书籍，总计数量超过一万

---

① 《中苏两国三年来文化交流工作》，《人民日报》1952年12月9日。
② 《我国人民热爱苏联电影》，《人民日报》1955年11月7日。
③ 陈原：《出版工作难道不要学习苏联?》，《人民日报》1957年8月16日。
④ 沈志远：《为翻译工作的计划化和提高质量而奋斗》，《中华人民共和国出版史料（一九五一年）》，中国书籍出版社1996年版，第395、396页。
⑤ 《中华人民共和国出版史料（一九五一年）》，中国书籍出版社1996年版，第396页。

种。其中苏联书籍约占84%,共计8400多种。而且苏联书籍在全部翻译出版的书籍中所占的比重是逐年增长的。① 总体上说,1949—1956年间,中国共翻译出版苏联书籍1.24万多种,印行1.9亿多册。② 从翻译出版书籍的内容来说,列宁、斯大林的著作占着最重要的地位。1955年12月,《列宁全集》开始由人民出版社分卷出版。1956年4月,《斯大林全集》全部翻译出版完成。列宁、斯大林著作的翻译出版,为我国学习列宁、斯大林社会主义革命和建设的思想提供了重要的原始文献,具有极其重要的现实意义。据初步统计,1949年10月到1953年底,列宁、斯大林著作共出版108种,印行1200万多册。自然科学和生产技术方面书籍也有出版。1949年10月至1954年6月,翻译苏联自然科学和生产技术方面的书籍有1681种。③ 这对我国人民学习苏联先进的科学技术知识有很好的促进作用。另外,翻译出版的书籍还有不少社会科学方面的著作。据统计,1949年10月至1955年5月,出版社会科学方面的著作有2000多种,其中苏联书籍约有1900种。④ 这些书籍介绍了苏联建成社会主义的理论和经验,对我国开始社会主义建设具有重要的指导作用。

四 关于教育方面

无论是高等教育,抑或中小学教育都受到了苏联教育模式的影响。仅以高等教育为例,我国运用苏联教育的先进经验,于1950年创办中国人民大学。中国人民大学加强马克思主义政治课的学习,注重理论与实际相结合,培养新型的工农知识分子,办学形式灵活多样,成为"新中国的完全新式的高等教育的起点"。⑤ 北京大学聘请苏联专家来传授苏联先进的科学并指导教学工作。到北大工作的苏联专家共有三类:一类是马克思列宁主义理论方面的专家,一类是自然

---

① 怀梓:《翻译出版更多的外国优秀著作》,《人民日报》1955年8月30日。
② 钱俊瑞:《伟大的智慧和经验之交流》,《人民日报》1957年4月18日。
③ 《五年来中苏友好合作的巩固和发展》,接待苏联来华展览办公室1954年编印,第24页。
④ 怀梓:《翻译出版更多的外国优秀著作》,《人民日报》1955年8月30日。
⑤ 《建国以来重要文献选编》第1册,中央文献出版社1992年版,第87—88页。

科学方面的专家,一类是人文科学类的专家。这些苏联专家从教学计划、科学研究、毕业论文、研究生工作、考试等方面进行了悉心的指导并提出了很多意见。① 这种重视马克思主义理论教育的高等教育发展模式影响了新中国的课程改革和院系调整工作。与此同时,俄文的教育和学习在全国推行开来。如清华大学表示:"全世界的进步人士要学习苏联的可贵的经验,俄文是一种需要学习的语言。"② 当时清华大学教习俄文的年轻老师吉利乐夫曾指出:"俄文是在已经实行社会主义而正在向共产主义迈进中的国家之中的一种领导语言。俄文是社会主义和共产主义的世界语言。打算研究科学的社会革命理论的人必须学习俄文,在全世界上所有进步人士,他们都要有读列宁和斯大林作品的能力。所以他们努力学习俄文。"③ 1954年,中苏友好协会总结道:"学习苏联,这已成为我国人民的共同要求。但是要能更好地学习苏联,必须通晓俄文。现在学习俄文的热潮已在全国各地蓬勃地开展起来。根据北京、天津、上海等十六个城市的统计,目前随着广播电台的'俄语广播讲座'进行学习的有组织的听讲人,就有十九万。"④

新中国成立初期,我国翻译出版了大量学习苏联教育的书籍,以便从中吸收先进经验。如教育资料丛刊社编《怎样学习苏联的教育工作》(新华书店,1949)、察哈尔文教社《学习苏联的教育工作》(新华书店,1950)、天津教育社编《学习苏联改造我们的教育》(大众书店,1951)、《学习苏联先进经验改进教学工作》("教育工作"编辑部编,江西人民出版社1956年版)等。通过这一点也可以窥见苏联的深刻影响。

五 关于科学方面

1949年10月,中国科学院的学术建制在诸多方面都参考了苏联

---

① 参见《北京大学苏联专家谈话报告集》,未刊,1955年编印。
② 《清华大学史料选编(第五卷·上)》,清华大学出版社2005年版,第285页。
③ 《清华大学史料选编(第五卷·上)》,清华大学出版社2005年版,第284页。
④ 《五年来中苏友好合作的巩固和发展》,接待苏联来华展览办公室1954年编印,第27页。

科学院的经验。我国在科学研究方面提出学习苏联先进科学，并派出各种代表团到苏联去参观学习。1955年中国科学院成立4个学部，其直接经验就取自于苏联。1956年，我国在制定十二年科技发展规划时，苏联专家起到了至关重要的作用。这方面例子很多，不再一一列举。

新中国成立初期，学习苏联文化及文化建设的经验是我国文化建设顺利开展的重要外源因素，其间经历了从号召学习到全面学习，以及到有分析有批判地学习的转变过程。在学习苏联文化及文化建设的过程中，我国文化事业的发展深受苏联的影响。一方面，中国文化建设得到了苏联的援助和帮助，加快了我国文化事业发展的步伐；另一方面，中国文化教育各个领域在学习苏联过程中确实有教条主义和经验主义的问题。对此，陆定一曾指出："过去我们学习苏联，学习马列主义，是吃过苦头的，这苦头就是教条主义。"[1] 1956年，中国开始纠正学习苏联经验的不足，但纠正程度有限，甚至后来文化建设某些方面还进一步放大了苏联经验的不足。1956年7月，中苏之间签订文化协定突出强调了双方之间的对等关系，但是，从新中国文化建设发展的历程来看这个时期苏联文化及文化建设的经验对中国的影响要大于中国对于苏联的影响。

---

[1] 《陆定一文集》下卷，人民出版社1992年版，第523页。

第七章 文化高潮：文化事业的发展与成效

1949年9月，毛泽东郑重宣告，随着经济建设高潮的到来，文化上不可避免地出现一个文化建设的高潮，中国人将以具有高度文化的民族出现于世界。① 1949年10月21日，政务院成立文化教育委员会的目的也是为了迎接文化建设高潮的到来。② 这清楚地表明，新中国成立以后要掀起文化建设的高潮。那么，新中国成立以后是否掀起过文化建设的高潮？是否实现了文化建设的高潮？本章通过分析国民经济恢复时期与计划经济建设时期文化事业的发展及其成就，以期对这些问题作出回答。

第一节 国民经济恢复时期文化事业的发展

中华人民共和国成立后，新中国围绕着恢复和发展国民经济，按照《共同纲领》对于文化教育所指明的方向开始了文化建设。

一 新民主主义文化事业的发展

（一）文艺事业

一届全国政协会议期间，周恩来表示："改造旧文艺，应成为今后的重要工作。"③《共同纲领》中也提出要"提倡文学艺术为人民服务，启发人民的政治觉悟，鼓励人民的劳动热情"④。人们认为，对

---

① 《毛泽东文集》第5卷，人民出版社1996年版，第345页。
② 《人民日报》1949年10月22日。
③ 《周恩来文化文选》，中央文献出版社1998年版，第51页。
④ 《建国以来重要文献选编》第1册，中央文献出版社1992年版，第11页。

于旧文艺，必须从内容和形式方面去加以改造，批判地吸收旧文艺中优良的成分，清除具有封建思想的消极部分，在此基础上才能确立新的为人民服务的文艺；而对于旧艺人，必须通过学习马列主义、毛泽东思想，进行思想改造，清除资产阶级和小资产阶级的思想意识，确立文艺为工农兵服务的观点。新中国成立以后，中央人民政府在发展新文艺同时，对旧文艺进行了改造工作。

1. 旧戏曲的改革

1948年11月13日，《人民日报》发表《有计划有步骤地进行旧剧改革工作》的社论，认为"旧剧必须改革"[1]，强调改革旧剧第一步工作是审定旧剧目，分清好坏。1949年7月，第一次全国文代会期间，文艺界针对旧剧改革的问题进行过讨论。如周扬提出要对农村原有剧团加以整顿和充实，对旧子弟班加以改造，组织和发动群众自己来创作剧本和歌词。[2] 张庚谈到改造旧剧"是要从此走向新形式，走向表现新的生活内容，或对旧时代的新的看法"[3]。他认为，接下来的工作一方面是要把旧剧改革运动广泛推广开来；另一方面是要有示范性剧团发挥示范作用，如延安平剧院演出的《逼上梁山》《三打祝家庄》等剧目都是通过演出创作出来的。中国共产党对于旧剧改革的指示以及文代会期间对于旧剧改革的讨论，为后来新中国开展戏曲改革指明了方向。

中华人民共和国成立后，为推动戏曲改革工作，中央人民政府文化部成立戏曲改进局[4]，负责戏曲工作，其职能包括了改造旧戏曲和团结改造旧艺人。田汉担任局长，杨绍萱、马彦祥任副局长。下属单位有：以延安平剧院为基础组建的京剧研究院、以广西四维儿童戏剧学校为基础筹建的戏曲实验学校、大众剧场、新戏曲书店。1950年1月，《戏曲报》创刊。[5] 1950年7月10日，文化部邀请戏曲界代表人

---

[1] 《人民日报》1948年11月13日。
[2] 《中华全国文学艺术工作者代表大会纪念文集》，新华书店1950年版，第93页。
[3] 《中华全国文学艺术工作者代表大会纪念文集》，新华书店1950年版，第195页。
[4] 1949年10月2日，中华全国戏曲改革委员会成立。10月31日，戏曲改革委员会更名为文化部戏曲改进局。
[5] 《中华人民共和国文化部组织机构沿革及领导干部名录》，文化艺术出版社2010年版，第24页。

物、戏剧专家及戏曲工作负责人组织文化部戏曲改进委员会，作为戏曲改革工作的最高顾问机构。① 1951年1月4日，文化部艺术局和戏曲改革局合并为艺术事业管理局（简称艺术局）。其下设有戏曲改进处。戏曲改进处处长由副局长马彦祥兼任。1952年2月，戏曲改进处撤销，工作并入戏剧处。②

国民经济恢复时期，戏曲改革工作在中共中央和中央人民政府文化部统一领导下取得重要进展。1950年2月，全国文联提出，戏曲改革必须依靠广大旧艺人普遍地自觉地积极地起来共同进行才能成功。为此，1950年全国文联提出要继续推动各地成立戏曲改进的组织，以便团结广大旧艺人，自动地积极地进行戏曲改革工作。③ 1950年春，毛泽东为中国戏曲研究院题词提出"百花齐放，推陈出新"④的戏曲改革方针。3月13日，中共中央针对东北局提出要在1951年底全部肃清含有封建、迷信、淫荡等毒素的旧戏曲，发出《关于禁演旧剧问题给东北局的指示》。指示认为，东北局的这种做法是一种急性病，靠行政命令的方式要求禁演旧剧，并规定禁演旧剧剧目，这种做法不妥当。中央提出，改革中应采取的正确做法是："对于一般旧戏，原则上不应采取禁的政策，而应采取与演这些戏的旧艺人共同商量修改的政策。对于演新戏，也不应用法令来强制执行，而应采取自愿和鼓励帮助的原则。"⑤ 7月11日，文化部戏曲改进委员会举行会议，讨论戏曲节目的审定标准时认为：宣扬麻醉与恐吓人民的封建奴隶道德与迷信者、宣扬淫毒奸杀者、丑化和侮辱劳动人民的语言和动

---

① 该委员会委员为周扬、田汉、欧阳予倩、洪深、杨绍萱、马彦祥、李伯钊、赵树理、阿英、翦伯赞、老舍、艾青、曹禺、马少波、阿甲、刘芝明、李纶、马健翎、张梦庚、王亚平、伊兵、郑振铎、周贻白、焦菊隐、王瑶卿、尚和玉、萧长华、王凤卿、马德成、梅兰芳、周信芳、程砚秋、尚小云、荀慧生、谭小培、金仲仁、鲍吉祥、高百岁、袁雪芬、刘南薇、龚啸岚、韩世昌、连阔如43人。其中，周扬为主任委员。（参见《人民日报》1950年7月29日）

② 《中华人民共和国文化部组织机构沿革及领导干部名录》，文化艺术出版社2010年版，第26页。

③ 《全国文联半年来工作概况及今年工作任务——周扬在全国文联四届扩大常委会议上的报告》，《人民日报》1950年2月13日。

④ 《建国以来毛泽东文稿》第2册，中央文献出版社1988年版，第222页。

⑤ 《建国以来重要文献选编》第1册，中央文献出版社1992年版，第140页。

作这三种剧目应予以修改或停演。1950年11月27日至12月10日，文化部召开全国戏曲工作会议。会上，田汉作题为《为爱国主义的人民新戏曲而奋斗》的报告，马彦祥、杨绍萱分别作了有关艺人团结学习问题和剧本创作问题的报告。这次会议主要是讨论戏曲改革的方针政策问题。① 会议根据代表讨论的意见，向文化部提出戏曲改革的建议。以此为基础，1951年5月5日，政务院发出《关于戏曲改革工作的指示》（即"五五指示"）。指示提出："戏曲应以发扬人民新的爱国主义精神，鼓舞人民在革命斗争与生产劳动中的英雄主义为首要任务。"② 这就对戏曲的性质作了集中概括。指示强调，目前戏曲改革工作应以主要力量审定流行最广的旧有剧目，对其中不良内容和不良方法进行必要修改。戏曲改革必须有步骤地进行，要防止急躁情绪和采取粗暴手段。③ 此外，指示还就戏曲种类发展和形式、戏曲艺人的学习、旧戏班社的制度等方面作出具体规定。政务院关于戏曲改革工作的指示是长期以来中国共产党和政府重视利用戏曲为革命和生产服务的系统总结，大大推进了旧戏改革工作。5月7日，《人民日报》发表《重视戏曲改革工作》的社论。10月，文化部举办了第一次全国戏曲观摩演出大会，集中展示了戏曲改革工作的经验和成果。11月14日，周恩来在全国戏曲观摩演出大会闭幕式上，指出："我们要发展自己的戏曲艺术，首先得承认'百花齐放'，也就是首先要发掘我们民间的戏曲艺术，只有在这个基础上，才能够'推陈出新'。"④ 这是对毛泽东关于"百花齐放，推陈出新"戏曲改革方针的深化认识。

在中共中央和文化部积极推动戏曲改革工作的同时，全国各地文教机构也积极响应，开展了各自地区的戏曲改革工作。如北京作为首都，在戏曲改革方面正确掌握政策，涌现出不少积极分子，创作出《将相和》《九尾狐》等二十几部有较高水准的剧本；许多作家如老舍、赵树理等参加指导排戏和编写新词的工作。河北省提出"积极发

---

① 《为建设爱国主义的人民新戏曲而奋斗　全国戏曲工作会议闭幕》，《人民日报》1950年12月17日。
② 《建国以来重要文献选编》第2册，中央文献出版社1992年版，第250页。
③ 《建国以来重要文献选编》第2册，中央文献出版社1992年版，第251—252页。
④ 《周恩来文化文选》，中央文献出版社1998年版，第115页。

展新文艺,大力改革旧文艺——为生产服务"(简称展新革旧)的文艺发展方针。① 如此等等。

2. 新文艺的发展

新中国成立以后,新文艺在毛泽东的《在延安文艺座谈会上的讲话》和文代会所确立的发展方向指引下,迎来了新的发展时期。

1950年2月,文教委拟定的文艺戏剧方面发展计划,要求:(1)编辑文艺书籍一千万字,包括创作四百万字,翻译苏联文学及其他国家进步作品四百万字,整理中国古典文学与民间文学二百万字。(2)加强戏剧工作,在首都及重要城市成立中心剧场,组织各剧团演出节目;组织流动文工队,推进农村戏剧工作;指定若干地区在农村中有系统地建立普及文化的据点,如文化站、俱乐部等;协助总政治部在部队中建立与加强文工团及宣传队;十月间在北京举行文工团、剧团合演一次。(3)加强艺术教育工作,办好中央戏剧、音乐、美术三学院。(4)通过文联及各艺术机构,组织一批文艺工作者到工厂、农村和部队中去。(5)编印连环画一百种,新年画五十种,推进改革小人书、旧年画的工作。(6)团结旧艺人,推进各地戏曲改进工作,编选新戏曲四十种,审定旧剧本一百种,编选新鼓书、评书二至三部,鼓词二百段,修改旧鼓词二百段。② 这里所说的"编辑文艺书籍",是指由文化部艺术局组织的7种文艺丛书(即人民文艺丛书、苏联文艺丛书、新文学选集、中国古典文艺丛书、中国民间文艺丛书、文艺理论丛书和戏曲丛书)。③ 1951年,文化部要求整顿全国现有文工团、剧团,发展连环图画、新年画,整顿全国文艺书籍的出版工作和调整文艺刊物等方面工作。④ 6月6日,全国文联向各协会、各大行政区、各省市文联和文学艺术工作者号召,要求各地文联继续

---

① 萧凤:《一年来的全国文艺运动》,《文汇报》1950年10月1日。
② 《中央人民政府政务院政务会议文件汇辑》第2册,中央人民政府秘书厅1954年编印,第268—269页。
③ 《文化部艺术局努力组织文艺出版工作 今年内编刊七种文艺丛书》,《人民日报》1950年8月8日。
④ 《文化工作文件资料汇编(一)(1949—1959)》,中华人民共和国文化部办公厅1982年编印,第10—11页。

第七章 文化高潮：文化事业的发展与成效

组织文艺工作者创作具有高度爱国主义和国际主义精神的作品，加强抗美援朝宣传工作，组织作家、艺术家到朝鲜前线去。

电影《武训传》批判开始后，中共中央发出《关于在文学艺术界开展整风学习运动的指示》。由此，文艺界知识分子整风学习运动推向全国。这里以吉林省文艺整风的材料为例来说明当时的情况：

> 问题是严重的（指文艺工作者具有的资产阶级、小资产阶级思想的问题——引者），但开始，普遍反映："整什么？三反我都说了"，"毛主席的方针谁能违背"。但经过首长报告，又学习了《毛主席在延安文艺座谈会上的讲话》和本省新发生的重要的资产阶级侵蚀一例的□□事件，这才有了初步启发使他们大吃一惊"这些思想发展前途这么可怕吗？以前真没想到"，有的悔恨的说："怎么不早学习呢？早学早懂了"。总结时领导上便采取了趁热打铁，组织典型思想批判，但各地才开展了沉痛的检讨、深刻的批判，省文工团并下乡结合实际一边演出一边整风，长春市举行了从成品和废品中具体的检查文艺思想，之后，又结合文件，提高认识，全面批判这样循环往复，步步深入，才最好批判了那些小资产阶级的个人主义，单纯技术观点，盲目崇拜西洋的资产阶级思想，轻视民族艺术的殖民地残余思想，并指出其对党和人民艺术事业的严重危害性，严格的划清了资产阶级、小资产阶级与工人阶级的文艺思想界限。
>
> 通过了这次整风，大大提高了文艺界的政治觉悟。这反映在工作上，便是积极性提高了，工作上出现了新的面貌。这些单位普遍加强了政治空气，展开了批评与自我批评。因此，工作和生活都显得紧张而活泼起来。①

对于文艺界的整风学习运动，文化部部长沈雁冰指出："去年年底开始的文艺整风运动揭露并批判了文艺界思想混乱的根源，指出了

---

① 《吉林省文化工作文件选编·机构沿革、干部任免、综合卷（1950年—1966年）》，吉林省文化厅1987年编印，第206页。

文艺工作者必须学习毛泽东思想，必须深入群众，投身现实的斗争，改造自己，然后才能更好地为人民服务。这是全国文艺界最大规模的一次思想改造运动，全国参加这次整风的文艺干部，共达一万五千人。这一个运动是有巨大的收获的。经过了这一个运动，文艺工作者挖掘了自己的资产阶级和小资产阶级思想意识的根源，澄清了文艺思想的混乱，端正了创作态度，大批文艺工作者到工厂、农村、部队，参加了群众的实际斗争，为今后发展和提高剧作的水平，准备了条件。也就是说，为今后全国文化、艺术工作的进一步开展，准备了条件。"① 这是对这次整风运动的系统总结，肯定了整风的成效。

1952年12月26日，文化部发出《关于整顿和加强全国剧团工作的指示》。指示要求，要加强国营剧团的工作。国营剧团应根据"百花齐放，推陈出新"的方针，在戏曲改革中起到示范作用。为此，国营剧团应从建立正常剧目上演制度、剧场公演时间及采取企业经营三个方面加强工作。同时，指示还要求加强对私营剧团的领导和管理，有步骤地开展民主改革工作。另外，文化主管部门应注意改善演员生活和保护演员健康，建立有利于演员艺术创作的正常生活学习制度，提高演员的政治修养和文艺修养及培养新演员等工作。②

总之，国民经济恢复时期新文艺主要围绕着为人民服务、为工农兵服务的方针，紧密结合当时革命和建设的需要开展文艺创作。

（二）电影事业的发展

中华人民共和国成立之前，电影事业在解放区已经有一定的发展。全国文代会期间，袁牧之和阳翰笙分别作《关于解放区电影工作》和《国统区进步的戏剧电影运动》的报告。这两份报告就新中国成立前电影事业的发展作了较为详细的分析。③ 革命胜利前夕，中国共产党及新政权接管了长春、北平、南京和上海等地电影制片厂，在此基础上成立了新的电影制片厂。与此同时，管理全国电影事业的机构逐步成立和完善起来。1949年4月，中宣部成立中央电影管理

---

① 沈雁冰：《三年来的文化艺术工作》，《文汇报》1952年9月26日。
② 《建国以来重要文献选编》第3册，中央文献出版社1992年版，第453—458页。
③ 参见《中华全国文学艺术工作者代表大会纪念文集》里所载两位的报告。

局，局长袁牧之。11月，文化部成立后，中央电影管理局划归文化部，改为电影局，主管全国电影工作。12月，政务院第11次会议任命袁牧之为电影局局长。1951年5月27日，电影局设立"影片审查委员会"。1951年1月，《新电影》创刊。1952年5月，《新电影》与《大众电影》合并，以《大众电影》出刊。①

中华人民共和国成立以后，新中国电影事业开始起步发展。1949年8月14日，亦即文代会召开一个月后，中宣部发出《关于加强电影事业的决定》。决定要求，省委一级及军一级以上的剧团、文工团必须选派思想体格健全及业务能力强的干部2—4人到中宣部，并分配到电影管理局工作；华北局调群众剧社作为北平电影制片厂摄制艺术片的骨干；华东局调较好的剧团给上海国营制片厂作为骨干。② 同年11月21日至12月14日，文化部电影局召开首次行政会议，确定电影工作方针是：提高国营片的产量和质量，协助私营电影业制作进步电影，翻译苏联影片并介绍其他国家进步影片，使进步电影在电影市场上逐渐取得优势。在国营电影业的经营上，应实行企业化，逐步做到经费自给，减少国家开支。会议拟定1950年度的制片总数共计84部。对于影片的发行工作，会议决定逐步建立全国发行网，在加强影院经营的同时，还要发展放映队。③ 1950年7月11日，政务院批准《电影业登记暂行办法》《电影新片领发上演执照暂行办法》《电影旧片清理暂行办法》《国产影片输出暂行办法》及《国外影片输入暂行办法》五种关于电影业的暂行办法。10月24日，文化部发出《关于电影业五个暂行办法》的通知，要求各地凡有关电影业方面的各项工作，遵照上面五种暂行办法处理。④ 12月15日，政务院第63次会议批准《文化部关于电影工作的报告》。报告指出今后电影

---

① 《中华人民共和国文化部组织机构沿革及领导干部名录》，文化艺术出版社2010年版，第40—41页。
② 《中共中央文件选集》第18册，中共中央党校出版社1992年版，第420—421页。
③ 《文化部电影局首届行政会议决定今年影片生产计划 坚定地继续贯彻工农兵方向》，《人民日报》1950年1月17日。
④ 《文化工作文件资料汇编（一）（1949—1959）》，中华人民共和国文化部办公厅1982年编印，第74页。

工作的方针是：(1)制片方面，在适当普及的要求下逐步走向提高，紧密配合中国人民当前斗争的总任务，扩大创作题材的范围，提高作品的思想性与艺术性，使出品能以革命精神与爱国精神教育群众，并为他们所喜好。(2)发行方面，要扩大影片在国内外的发行工作，并注意到城乡并重；除城市一般观众外，应特别注意工农兵基本群众，加强与扩大放映队的工作。在电影市场上肃清中外有害影片。(3)国营电影事业必须企业化，加强制片生产的合理化管理，并筹备自制大量应用的放映机与胶片，使人民电影事业在企业化的经济基础上更好发展。(4)提高现有电影干部，并培养新干部。特别要加强创作干部的学习，丰富创作干部的生活，借以提高他们的政策思想水平与业务能力。技术干部应不断钻研技术，在现有技术设备条件下，逐步提高出品的技术质量。(5)发展公司合营与帮助私营，改善公私关系与劳资关系，吸收私人资本，投资电影事业。① 1951年文化部要求要进一步发展电影事业，拟定国营厂计划摄制故事片14部、纪录片10部，组织与协助私营厂摄制故事片20部。②

  1951年以后，电影工作因电影《武训传》上映及其引起的争论而发生变化。对电影《武训传》的批判是一场因电影而起却波及整个思想文化领域的一场思想批判运动。1951年5月20日，由毛泽东审定修改的《应当重视电影〈武训传〉的讨论》③一文，严厉批评对武训以及电影《武训传》的赞扬。这之后，全国各地报刊纷纷转载此文，并纷纷发表批判武训及电影《武训传》的文章，形成了一场声势浩大的思想批判运动。实际上，这场思想批判运动直接加速了文艺界知识分子的思想整风运动，导致了思想文化界深刻总结反思新中国成立以来文艺工作的开展情况，并对新中国电影事业的发展产生影响。1952年7月3日，文化部发出《关于加强电影发行与放映工作的指示》。指示规定：中国影片经理公司负责电影业务方针、财经管

---

  ① 《中央人民政府政务院政务会议文件汇辑》第3册，中央人民政府政务院秘书厅1953年编印，第398页。

  ② 《文化工作文件资料汇编（一）（1949—1959）》，中华人民共和国文化部办公厅1982年编印，第9页。

  ③ 《建国以来重要文献选编》第2册，中央文献出版社1992年版，第272—273页。

理、机构编制、供片计划、宣传资料的供应及全国性统一上演的排片计划等，各大行政区、省、市文化主管部门负责各地发行机构日常的政治思想领导、干部教育、业务财经指导与监督、拟订平时排片计划、调拨当地影片及电影宣传等工作；各级人民政府及其同级的机关生产委员会统一接管各机关、团体、部队经营的公营电影院；统一接管后的公营电影院要改善经营和管理方法，发挥宣传教育作用，并对私营电影院起领导作用。[①]

（三）新闻广播事业的发展

国民经济恢复时期的新闻事业，是作为文化事业重要领域来加以发展的。在机构设置上，政务院文教委员会下设新闻总署，是与文化部平级的管理新闻事业的行政机构。1952年8月，中央人民政府委员会通过《关于调整中央人民政府机构的决议》，新闻总署予以撤销，相关业务并入出版总署和其他机构，财务、人事等行政工作并入文教委。新闻总署成立后，积极推进新中国新闻广播事业的发展。

1949年12月9日，政务院发出《关于统一发布中央人民政府及其所属各机关重要新闻的暂行办法》。办法规定：为保证中央人民政府及其所属机关的新闻的正确性和负责性，实行统一发布新闻的办法。新华通讯社作为国家通讯社负责统一发布国家机构的一切公告及公告性新闻。外国记者发布新闻由新闻总署国际新闻局统一办理，各政府机关不得自由对外国记者发布新闻。[②] 1950年3月29日至4月16日，新闻总署召开全国新闻工作会议。会议对改进报纸工作、统一新华通讯社的组织与工作及建立全国广播收音网等问题进行了集中讨论，并就这些问题讨论的结果作出决定。[③] 胡乔木在会议报告中集中阐述了改进报纸工作及新华社机构和工作统一问题。他认为，尽管报纸工作已经有很大发展和成绩，但"报纸工作和我们的要求还有相

[①] 《文化工作文件资料汇编（一）（1949—1959）》，中华人民共和国文化部办公厅1982年编印，第82—84页。

[②] 中国社科院新闻所编：《中国共产党新闻工作文件汇编》（上卷），新华出版社1980年版，第290—291页。

[③] 《中央人民政府新闻总署召集全国新闻工作会议》，《人民日报》1950年4月23日。

当距离,所以我们要改进它"①。至于如何改进报纸工作,他提出要从联系实际、联系群众和批评与自我批评三个方面来展开。新华社每天担负着浩大的供给国内外重要新闻的任务,必须在机构和工作上加以统一,以改变长期以来的分散状态。他说:"新华社需要集中全副力量当作一个统一的国家的通讯社,代表我们中国的人民,代表我们整个的国家,向全中国全世界发表消息。"② 与此同时,这次会议还讨论了在全国建立广播收音网等问题。4月19日,中共中央发出《关于在报纸刊物上展开批评和自我批评的决定》。③ 4月21日,胡乔木在政务院第29次政务会议上作《新闻总署关于新闻工作会议的报告》。报告指出,新闻工作会议集中讨论了六个问题:(1)改进报纸工作;(2)统一新华社;(3)改进广播工作;(4)调整各级新闻机构的编制;(5)调整各新闻组织间的分工,并规定各级新闻出版局的工作;(6)改进新闻总署的工作。报告就如何解决这些问题提出了具体办法。④ 同日,政务院批准胡乔木的报告并通过了《关于改进报纸工作的决定》和《关于建立广播收音网的决定》。4月25日,新闻总署第八次署务会议通过《关于统一新华通讯社组织和工作的决定》和《关于省市区新闻机关员额暂行编制的决定》。由此,新闻工作会议提出的改进报纸工作、统一新华社、加强广播事业及调整各地人员编制等问题都得到较好的解决,进一步促进了新闻事业的发展。

广播是新闻事业的重要组成部分,是中国共产党进行宣传工作的最有力的工具之一。《共同纲领》提出"发展人民广播事业"⑤。新中国成立以前,中共中央成立中央广播事业管理处领导和发展广播事业。中央人民政府成立以后,中央人民政府设立广播事业管理局,直属于新闻总署。新闻总署广播事业局的任务是统一领导全国广播事业,管理国家广播机构。截至1950年4月底,全国公营广播电台49

---

① 《中国共产党新闻工作文件汇编》(中卷),新华出版社1980年版,第42页。
② 《中国共产党新闻工作文件汇编》(中卷),新华出版社1980年版,第59页。
③ 《建国以来重要文献选编》第1册,中央文献出版社1992年版,第190—193页。
④ 《新闻总署关于新闻工作会议的报告》,《中央人民政府政务院政务会议文件汇辑》第2册,中央人民政府秘书厅1954年编印,第369—371页。
⑤ 《建国以来重要文献选编》第1册,中央文献出版社1992年版,第12页。

座和89部广播机、私营广播电台34座。广播电台中以北京中央人民广播电台输出电力最大，超过全国各台总和之半，每日播音15.5小时，除北京话外，并有厦门话、潮州话、广州话、客家话和英语、日语、越南语、印尼语、缅甸语、暹罗语的节目，并特增设蒙语、藏语和朝鲜语的节目。① 1950年召开的全国新闻工作会议，重点讨论了改进广播工作，并作出《关于建立广播收音网的决定》（以下简称《决定》）。《决定》要求：全国各县市人民政府、人民解放军部队、全国各机关、团体、学校等应设置收音员，负责收听或记录广播电台的新闻、政令和其他重要内容，向群众介绍和预告广播节目，组织听众收听，并出墙报或张贴重要新闻等。所有的收音员均要向地方或中央广播电台登记，并按月报告工作情况和收听意见。各地方和中央广播电台应负责指导收音员的工作，帮助收音员购置、使用、修理收音机和扩音器，帮助收音员订购留音机片，按照听众的需要和意见改进广播内容。② 对于全国各地建立广播收音网的决定，当时有人就认为："最近新闻总署所发布的关于建立广播收音网的决定，对我国的人民广播事业，将发生极其重大的影响。这一决定的实施，不仅对今后我国广大人民群众的政治生活与文化生活有着重大的作用，而且由于全国收音网的建立，人民广播事业已可以在确实的群众基础上发挥应有的宣传教育作用，并为它未来更大的发展，创造了非常有利的条件。可以预期，我们的广播工作，将因这一决定而进入一个过去所未有的新的局面。"③ 1951年9月12日，新闻总署、中华全国总工会发出《关于在全国工厂矿山企业中建立广播收音网的决定》（以下简称《决定》）。《决定》指出："无线电广播在工厂、矿山和其他企业中已经证明是进行思想教育、推动生产和开展文化娱乐的有力武器之一。""在许多工厂、矿山和其他企业中，每天有成千成万的职工收听广播，进行学习，并在广播的影响下组织各种政治和生产运动，达到提高生产的目的，收听广播已经逐渐成为广大职工文化生活中不可缺少的一

---

① 《中央人民政府新闻总署召集全国新闻工作会议》，《人民日报》1950年4月23日。
② 《中国共产党新闻工作文件汇编》（中卷），新华出版社1980年版，第64—65页。
③ 梅益：《我国人民广播事业概况》，《人民日报》1950年4月25日。

部分。因此，全国各工厂、矿山、企业中的各级工会应重视广播收音工作。"① 全国性广播网从中央到最基层的工厂、矿山和企业的广泛设立，一方面推动广播事业的发展；另一方面也促使党和国家的方针政策在广大人民群众中得到了广泛的宣传和传播。

（四）出版事业的发展

中央人民政府成立后，文教委下设有出版总署，负责全国的出版工作。出版总署主要业务工作有：（1）建立及经营国家出版、印刷、发行事业；（2）掌理国家出版物的编辑、翻译及审定工作；（3）联系或指导全国各方面的编译出版工作，调整公营、公私合营及私营出版事业的相互关系。② 出版总署成立后，积极推动全国出版事业的发展。

1. 统一全国新华书店的工作

1949年10月3—19日，由出版委员会（出版总署的前身）筹备召开的全国新华书店工作会议召开。10月3日，胡愈之指出，召开新华书店工作会议的目的是"有计划地、有步骤地走向统一领导，集中经营"③。胡愈之认为，新中国成立前由于处在战争环境中，出版工作者分散在各个地区，没法做到通盘筹划全国出版工作。新中国成立后，出版工作必须由分散走向集中，由面对局部趋向于面对全国。为了准备迎接文化建设高潮，出版工作者的任务是艰巨的。同时，新华书店作为国营企业，必须要领导和团结全国公营私营出版事业，起到带头作用。10月19日，陆定一在会上总结指出，新华书店要"统一起来，集中起来，才有力量"④，"大家一定要认识统一的重大意义，在于使新华书店有力量来迎接新中国的文化建设的高潮。我们要宝贵统一和团结，有如宝贵自己的眼睛。千万不可闹山头主义，不可无政府，无纪律，否则就会犯错误。我再说一句：统一是十分重大的问题，一定要做好。"⑤ 中华人民共和国成立伊始，各种出版工作任务相当繁重，出版工作本身也面临许多亟待解决的问题。新华书店作为中国共产党领导的出版机构，必然会在其中肩负起领导出版事业的

---

① 《中央人民政府法令汇编（1951）》，人民出版社1953年版，第487页。
② 《中华人民共和国出版史料（一九四九年）》，中国书籍出版社1995年版，第506页。
③ 《中华人民共和国出版史料（一九四九年）》，中国书籍出版社1995年版，第248页。
④ 《中华人民共和国出版史料（一九四九年）》，中国书籍出版社1995年版，第442页。
⑤ 《中华人民共和国出版史料（一九四九年）》，中国书籍出版社1995年版，第444页。

重任。1950年3月25日，出版总署发出《关于统一全国新华书店的决定》。①随后，北京建立新华书店总管理处，全国各大行政区设立新华书店总分店，在总分店下设分店。新华书店总管理处隶属于出版总署，受出版总署出版局直接领导，全国各地新华书店的业务均由总管理处领导。到1951年年底，全国新华书店完成了统一工作。

2. 召开全国出版会议，统筹全国出版事业的发展

《共同纲领》要求"发展人民出版事业，并注重出版有益于人民的通俗书报"②。新中国成立以后，人民群众对文化的需求不断增长，但出版业由于过去长期受到摧残，恢复起来不易，公营出版业在领导和管理方面也不完全统一，私营出版业经营上遇到困难，这样造成全国出版发行工作相当混乱。因此，出版总署成立后，决定召开全国出版会议，解决这些问题。1950年9月15—25日，全国出版会议召开。会议最后通过《关于发展人民出版事业的基本方针的决议》《关于改进和发展出版工作的决议》《关于改进和发展书刊发行工作的决议》《关于改进期刊工作的决议》《关于改进书刊印刷业的决议》。10月28日，出版总署公布第一届全国出版会议通过的关于发展和改进出版工作的五项决议。同日，政务院发布《关于改进和发展全国出版事业的指示》，要求从管理、分工、出版物种类质量、公私营出版社、期刊出版、书刊发行、书刊印刷等方面改进和加强出版工作。这是中央人民政府成立后发布的第一个关于出版事业的纲领性文件。

3. 召开全国出版行政会议，解决出版行政管理和加强出版物思想领导的问题

1951年8月27日至9月4日，出版总署召开第一届全国出版行政会议。胡愈之指出："分工专业，为广大人民服务，这是一年来出版事业改进和发展的主要方向。但由于全国人民的政治觉悟和文化要求的高涨，目前出版事业状况还不能适应我们国家进步的速度，亦不能满足广大群众的要求，由此产生了一系列的新问题。"③为此，全

---

① 《中华人民共和国出版史料（一九五零年）》，中国书籍出版社1996年版，第107页。
② 《建国以来重要文献选编》第1册，中央文献出版社1992年版，第12页。
③ 《关于第一届全国出版行政会议的报告》，《中华人民共和国出版史料（一九五一年）》，中国书籍出版社1996年版，第422页。

国出版行政会议提出要提高出版物质量、改善公私营出版事业的领导与管理及加强进口书刊的管理等方面的工作。12月21日，政务院第116次会议通过《国外印刷品进口暂行办法》《管理书刊出版业印刷业发行业暂行条例》《期刊登记暂行办法》和《关于建立全国报纸书刊发行网的决定》等文件。随后，全国出版行政管理和出版物的出版、印刷、发行等方面存在的问题得到一定程度的解决。

4. 出版事业计划化，制订出版事业五年计划

出版总署在1951年工作计划大纲中提出要"消除全国出版事业上的无组织无计划现象，加强有组织的领导，走向逐步计划化"①。1952年9月，出版总署向中宣部呈报《中央人民政府出版总署全国出版事业五年建设计划大纲（草案）》，明确指出："为加强马克思、列宁主义和毛泽东思想的宣传，对全国人民广泛地进行爱国主义、国际主义和共产主义教育，适应国家经济建设与文化教育建设的需要，以普及与提高并重，逐步推行计划化为总方针。"② 计划大纲从出版、印刷、发行等各个方面对出版事业进行了详细的规划。这是为了适应我国大规模经济建设和实现国家"一五"计划而制订的出版业发展规划。

（五）群众文化事业

新中国成立后，文化部设立了社会文化事业管理局，负责统一管理全国社会文化事业的职能机构，统一管理文化馆（站）、文物、博物、图书等诸项事业的发展、规划及文化活动。③ 而教育部也从工农

---

① 《一九五一年出版工作计划大纲》，《中华人民共和国出版史料（一九五一年）》，中国书籍出版社1996年版，第5页。
② 《中华人民共和国出版史料（一九五二年）》，中国书籍出版社1998年版，第427页。
③ 1949年11月1日，中央人民政府文化部成立时，设有科学普及局与文物局。科学普及局主要是利用全国的文化馆、电教馆、科学宣传党和国家的方针政策，进行时事教育，开展科学普及工作。文物局主管全国文物、博物馆和图书馆等。1951年9月20日，文化部根据中央人民政府勤俭节约、精简机构的原则，决定将科学普及局与文物局合并，成立社会文化事业管理局。1955年1月15日，文化部决定：鉴于群众文化工作日益发展和文物工作任务日益繁重，社会文化事业管理局的机构已不能同时适应以上两个方面的工作发展的需要。另成立文物管理局，主管文物、博物馆事业；社会文化事业管理局，仍主管文化馆、图书馆事业。同年4月2日，国务院文教办公室批准了文化部的意见。这样，社会文化事业管理局的职能就调整为统一管理全国文化馆、站、俱乐部、图书馆事业，指导和协调社会性群众文化活动。

教育、业余教育的角度要求加强和提高人民群众的文化教育工作。构建群众性文化管理机构及全国各地成立文化馆、俱乐部、图书馆等群众性文化机构为新中国群众文化事业的发展奠定了组织基础。

1. 扫除文盲，提高人民群众的文化水平

新中国成立之际，中国人口百分之八十以上是文盲或半文盲，这对新中国国家建设极为不利。为此，党和国家提出要开展扫除文盲的工作，尽快提高人民群众的文化水平。

中央人民政府成立后，政务院开展了文字改革以及推行"祁建华识字法"等工作。1949年10月10日，中国文字改革协会成立。1952年2月5日，中国文字改革研究委员会成立。文字改革主要是改变汉字中不合理的地方，改革方向明确为推行拼音化文字，为大众教育的普及与提高打下基础。1951年西南军区文化教员祁建华创造了一种新型的扫除文盲的教学方法——速成识字法。1951年年底到1952年年初，教育部、文改委、全国总工会等都发出通知，要求推广祁建华的"速成识字法"。1952年4月，人民日报社论指出："扫除文盲、普及文化是我国人民文化教育工作的迫切任务。""因汉字较难学习，扫除文盲的工作仍有不少困难。'速成识字法'的创造和实验的效果，无疑地将大大加速扫除文盲的任务的实现，将迅速促进工农兵群众文化教育的发展。"① 1952年9月13日，中共中央发出《关于推行速成识字法开展扫除文盲运动的指示》，指出："各地党委应将推行祁建华速成识字法，开展扫盲运动，作为一项迫切和重大的政治任务，并应以领导历次革命政治运动的精神，来领导这一具有伟大历史意义的运动，以期在今后五年至十年内达到扫除全国文盲之目的。"② 指示还要求，从1952年冬天到1953年春天开始，各地开始着手进行较大规模的识字运动。由此，全国掀起了新中国第一次扫除文盲运动的高潮。

为提高人民的文化水平，国家还出台了一系列扫除文盲教育及工农教育政策。1950年4月21日，政务院第29次政务会议作出《政务院关于开展职工业余教育的指示》。11月10日，政务院第58次政

---

① 《普遍推广速成识字法》，《人民日报》1952年4月26日。
② 《新中国成立初期中共中央关于扫除文盲工作文献选载》，《党的文献》2012年第5期。

务会议批准《关于举办工农速成中学和工农干部文化补习学校的指示》《教育部关于开展农民业余教育的指示》《各级职工业余教育委员会组织条例》等。这些都对工农文化教育及业余教育作出明确规定,有利于提高人民群众的文化水平及开展扫除文盲工作。

2. 开展群众性文化活动

1949年12月21日,文化部和教育部发出《关于开展年节、春节群众宣传工作和文艺工作的指示》。指示要求,各级人民政府文教部门要利用年节、春节开展各种群众文艺活动,宣传新中国成立以来各方面的成就及良好的道德风尚。群众文艺活动在宣传方式上,可采取讲演会、游艺会、联欢、慰劳等;在宣传形式上,可以采用电影、戏剧、歌咏、秧歌、大鼓、快板等。各地文艺工作者,应积极准备各种材料,如剧本、唱词、歌曲、年画、春联等,供人民群众使用,并派文艺干部到农村、工厂、部队,帮助群众进行创作和演出活动。[①] 1951年1月14日,文化部、教育部发出《关于开展春节群众宣传与文艺工作的指示》。指示要求各地人民政府结合1951年开展的各种工作着重宣传人民的爱国主义热情和经济政治文化等方面所取得的成就。各文教机关、文艺工作团体等要积极准备材料,如剧本、唱词、歌曲、年画等,供人民群众使用,并派干部到农村、工厂、部队,帮助群众进行创作和演出活动。群众文艺活动还得同工农业余教育、冬学运动等相配合,通过春节文艺宣传活动,巩固和发展工农群众的业余教育组织。[②] 除了春节期间开展群众性文艺宣传活动外,各地农村、工厂、部队还通过文化馆(宫)、俱乐部、图书馆、博物馆等多种途径开展群众性文化活动,丰富人民群众的精神文化生活。

二 文化事业发展的初步成就

1952年10月,薄一波指出:"我国人民的物质生活和文化生活及卫生条件,在这三年来都有了显著提高。""新闻出版事业、电影

[①] 《群众文化工作文件资料选编(一)1949—1983》,文化部群众文化事业管理局1984年编印,第1—3页。

[②] 《福建政报》1951年第1期。

事业、广播事业、各种群众性文化活动都有很大发展。扫除文盲运动已在全国各地区推行。"① 国家统计局在1952年国民经济和文化教育恢复与发展的情况公报中也强调："三年来全国文化教育事业在恢复、改革和发展中，有了很大的成就。"② 以下简要叙述国民经济恢复时期文化事业发展的初步成就。

这个时期，我国文学艺术涌现出一大批优秀作品。具体而言，文学方面，反映中国人民和人民军队英雄斗争历史的作品，有《火光在前》（刘白羽）、《铜墙铁壁》（柳青）、《平原烈火》（徐光耀）、《活人塘》（陈登科）等；反映志愿军抗美援朝的英勇事迹的作品，有《谁是最可爱的人》（魏巍）等；反映解放后劳动人民新生活和新思想的作品，如《登记》（赵树理）、《新事新办》（谷峪）、《结婚》（马烽）、《科尔沁草原的人们》（玛拉沁夫）等。在戏剧方面，有歌剧《王贵与李香香》，话剧《龙须沟》《战斗里成长》《在新事物的面前》等。音乐和美术方面，也产生了不少优秀的作品。歌曲如《全世界人民心一条》《歌唱祖国》《中国人民志愿军战歌》《全世界人民团结紧》等；年画如《群英会上的赵桂兰》（林岗）、《保卫和平》（邓澍）、《新娘子讲话》（彦涵）、《毛主席和农民谈话》（古元）等。这些作品共同的思想主题就是反映了中国人民争取解放的各种斗争历史，反映了中华人民共和国成立以来新中国的建设和人民的新生活、新面貌。文艺书刊出版方面，1949年年底，反映解放区文艺创作成就的《中国人民文艺丛书》（包括歌剧、话剧、小说、报告、叙事诗等，共计有170多篇，其中《白毛女》《太阳照在桑干河上》和《暴风骤雨》1951年曾获得过斯大林文学奖二等奖和三等奖），共计有53种出版。③ 1950年，全国共出版文艺书籍两千余种，文艺期刊90种以上。④

---

① 薄一波：《中华人民共和国三年来的成就——纪念中华人民共和国成立三周年》，《人民日报》1952年10月1日。

② 《中央人民政府国家统计局关于一九五二年国民经济和文化教育恢复与发展情况的公报》，《人民日报》1953年9月30日。

③ 《六十年文艺大事记（1919—1979）》，第四次文代会筹备组起草组、文化部文学艺术研究院理论政策研究室1979年编印，第125页。

④ 《六十年文艺大事记（1919—1979）》，第四次文代会筹备组起草组、文化部文学艺术研究院理论政策研究室1979年编印，第130页。

这个时期，电影及电影事业取得重要进展。电影创作上，重要作品有：《钢铁战士》《白毛女》《中华女儿》《新儿女英雄传》《人民的战士》《内蒙人民的胜利》《赵一曼》《翠岗红旗》《上饶集中营》等。纪录片制作上，重要作品有：《百万雄师下江南》《大西南凯歌》《红旗漫卷西风》《中国民族大团结》《欢乐的新疆》《解放西藏大军行》《抗美援朝》《一定要把淮河修好》《中国人民的胜利》和《解放了的中国》等。《中华女儿》《钢铁战士》《人民的战士》和纪录片《中国民族大团结》《抗美援朝》等先后在国际电影节获奖。表7–1是国民经济恢复时期我国电影事业发展情况。

表7–1　　　　　国民经济恢复时期电影事业情况

	摄制和译制艺术影片数（部）	电影放映单位数（个）	其中		
			电影院（个）	电影放映队（个）	电影俱乐部（个）
一、绝对数					
1949年	9	646	596	—	50
1952年	43	2282	746	1110	426
二、指数（％）以1949年为100					
1952年	477.8	353.3	125.2	100.0	852.0

资料来源：根据《伟大的十年——中华人民共和国经济和文化建设成就统计》（人民出版社1959年版，第182页）和《中华人民共和国社会主义建设统计资料汇编》（国家统计局1956年编印，第205页）制作而成。

从表7–1中可以看出：国民经济恢复时期电影事业无论是在影片摄制（或译制），还是在放映以及电影院、放映队等方面都呈现较快增长态势。一方面，新中国电影事业在长期战争破坏以及国民经济恢复的情况下，发展基数相对较小，因此，从增长比例来看发展速度很快；但另一方面，电影事业的发展与人民群众日益增长的精神文化需求还有一定距离。对此，文化部部长沈雁冰指出："3年来，全国共制了故事片86部（其中包括1951年前私营厂出品的51部），纪录片57部，翻译片（苏联及人民民主国家的）101部。解放前，大城市中的电影市场素来为美帝国主义所操纵，现在那些色情的、宣传'美国生活方式'的、进行文化侵略的有毒的影片已为观众所唾弃。电影观众，1950年为14638万人次，1952年上半年则已增加到21350万人次；也就是说，今年我国人民平均每人可看到电影一次。全国现有电影院757所，放映队1800队。这距离群众的需要太远了。建立全国的放映网，使电影深入工厂、农村及边远地区，是我们目前急要之务。放映队的扩充，是电影发行工作的重点。"①

这个时期，新中国出版事业发展也很快。《毛泽东选集》第一、二卷出版，共印行302万册。与此同时，毛泽东的著作还被翻译成蒙古文、维吾尔文、哈萨克文等少数民族文字出版。中央及地方国营人民出版社共出版马恩列斯经典著作48种，发行368万册。书刊发行数量大幅增长。供工农兵阅读的通俗读物大量出版，尤其是速成识字运动和扫盲运动的展开，使得这一出版任务更为艰巨。国营和私营出版、印刷、发行得到较好调整，国营出版企业成为国家出版事业的领导力量，私营出版业在公私兼顾的原则下也得到调整。与此同时，出版工作者按照《共同纲领》的要求，树立起为人民服务、为工农兵服务的思想。表7-2是国民经济恢复时期出版业情况。

表7-2　　　　　国民经济恢复时期出版业情况　　　　单位：百万册（份）

	报纸出版份数	杂志出版册数	图书出版册数
一、绝对数			
1950年	797.5	35.3	274.6
1951年	1257.7	—	—
1952年	1609.0	204.2	785.7
二、指数（%）			
以1950年为100			
1952年	201.7	578.6	286.1

资料来源：根据国家统计局编《伟大的十年——中华人民共和国经济和文化建设成就统计》（人民出版社1959年版，第183页）和《中华人民共和国社会主义建设统计资料汇编》（国家统计局1956年编印，第208页）制作而成。

---

① 沈雁冰：《三年来的文化艺术工作》，《人民日报》1952年9月27日。

从表 7-2 中可以看出，新中国成立初期，报纸、杂志、图书等出版发展较快。胡愈之总结道："所有这一切新的人民出版事业是在三年以前反动统治崩溃以后所遗留的废墟上建立起来的。书刊的出版、印刷、发行，现在已成为重要的国营企业。"①

这个时期，我国群众文化网和群众文化设施得到较快发展。这些群众文化网和群众文化设施包括文化馆（站）、图书馆、博物馆。表 7-3 是国民经济恢复时期我国文化馆、图书馆、博物馆统计情况。

表 7-3　　　国民经济恢复时期文化馆（站）、图书馆、博物馆统计情况

单位：个

年份	1936	1949	1950	1951	1952
文化馆	1509	896	1693	2226	2448
文化站	—	—	—	—	4278
公共图书馆	50	55	63	66	83
博物馆	24	21	22	31	35

资料来源：根据国家统计局编《中华人民共和国社会主义建设统计资料汇编》（第 208 页）和《伟大的十年——中华人民共和国经济和文化建设成就统计》（人民出版社 1959 年版，第 183 页）制作而成。

新中国成立以后，党和人民政府利用文化馆（站）、俱乐部、图书馆、博物馆等文化设施开展扫盲工作和各种群众性文化活动，这在一定程度上发展了群众文化事业。沈雁冰指出："文化馆、站的工作范围为宣传时事政策，普及科学、卫生知识，组织群众文娱活动，推行识字教育等等，每天联系着广大的城乡劳动人民；因此充实与扩充文化馆、站的组织，加强对于文化馆、站的领导，是建立全国文化网的重要环节。"②

国民经济恢复时期，我国文化事业取得的成就是多方面的，除文学艺术、电影、新闻出版、群众文化外，还有少数民族文化、对外文

---

① 胡愈之：《出版工作者为广大人民服务》，《人民日报》1952 年 9 月 25 日。
② 沈雁冰：《三年来的文化艺术工作》，《人民日报》1952 年 9 月 27 日。

化交流等方面。在看到新中国文化事业取得重要成就的同时，要知道当时文化事业发展的不足，如：文化工作"缺乏计划性和预见性，与国民经济的恢复和发展结合不够密切；在扫盲运动、小学教育、建立卫生院站和文化站等工作中，有盲目冒进及重量不重质的倾向；书报发行中有摊派现象；思想领导与组织领导不够健全"① 等。这些问题会在今后国家文化建设中不断加以解决，而且还会产生新的问题。

第二节　计划经济建设时期文化事业的发展

一　文化事业的进一步发展

（一）文艺事业

1953 年文化部对文艺团体进行改组，既加强了党对文艺工作的领导，又进一步促进了文艺事业的发展。文艺界通过对俞平伯、胡适、胡风等思想的批判，宣传了马克思主义的唯物主义思想，批判了资产阶级的唯心主义思想。这个时期，文艺事业发展的表现主要有：

第一，文艺事业发展方针进一步明确。国民经济恢复时期，国家发展文艺工作的方针和任务是"为工农兵服务、为人民大众服务"，"百花齐放，推陈出新"。进入大规模经济建设时期以后，国家在文化艺术事业方针和任务上经过了几次调整和发展，最后形成了"百花齐放，百家争鸣"的文艺发展方针。这在第四章有详细梳理，不再赘述。

第二，批判地吸收民族文学遗产。我国古典文学、戏曲、音乐、美术中留有大量的民族文化遗产。国民经济恢复时期，党和政府对旧文化采取批判吸收的态度，整理了一些优秀的民族文学遗产。如1952 年 10 月，人民文学出版社重新校订出版《水浒》。《人民日报》即发表《庆贺〈水浒〉重新出版》一文，认为："《水浒》的校订出版，是人民文学出版社研究和整理我国古典文学的成绩之一。……中国古典文学的研究、整理工作，是千万人所期望的工作，是具有历史意义和世界意义的事情。这一工作将使读者比较顺利地去学习我国古

---

① 《中央人民政府国家统计局关于一九五二年国民经济和文化教育恢复与发展情况的公报》，《人民日报》1953 年 9 月 30 日。

典文学，更好地继承中国民族文学艺术传统，来丰富我国新的文学创作。"① 计划经济建设时期，文化事业发展必须同经济建设和人民群众生活相适应，过快过多都会出现问题。自然在对待民族文化遗产上更是如此。1953年9月，第二次文代会期间，文艺界着重讨论了究竟怎样对待文化遗产的问题。周扬认为，新的文学艺术不能脱离民族的传统而发展，只有正确地吸收了民族遗产的精华，它才能真正成为人民的文学艺术；再者，旧的文化遗产只有在新的思想基础上加以整理，才能完全适合人民的需要。他指出："一切作家、艺术家都必须认真地学习自己民族的文学艺术遗产，把继承并发扬民族遗产的优良传统引为己任。"② 在他看来，"五四"新文化运动以后，尽管文艺界重视民族文化作品中带有人民性的部分，如《水浒》《三国演义》《红楼梦》《儒林外史》等，但缺乏正确对待民族文化遗产的科学态度。而新中国成立后，这种对民族文化遗产轻视甚至否定的态度仍然相当普遍地存在，妨碍了新文化的发展。故此，他提出："系统地整理和研究民族文学艺术遗产的工作，就成为我们文学艺术事业上的最重要的任务之一。"③ 随后，《中国作家协会章程》中，提出："用马克思列宁主义的观点，批判地接受中国的和世界的文学遗产。"④ 在《中国音乐家协会章程》中，提出："组织会员研究和整理我国各民族的古典乐曲、歌舞音乐、戏曲音乐及其他民间音乐，改进民族乐器，以发扬我国各民族音乐的优秀传统。"⑤ 在《中国美术家协会章程》中，提出："推动关于美术遗产的学习和研究，编选古典和民间的优秀美术作品，以发扬中国民族艺术的优良传统。"⑥ 这就说明，

---

① 《人民日报》1952年10月27日。
② 《中国文学艺术工作者第二次代表大会资料》，中国文学艺术界联合会1953年编印，第29页。
③ 《中国文学艺术工作者第二次代表大会资料》，中国文学艺术界联合会1953年编印，第30页。
④ 《中国文学艺术工作者第二次代表大会资料》，中国文学艺术界联合会1953年编印，第147页。
⑤ 《中国文学艺术工作者第二次代表大会资料》，中国文学艺术界联合会1953年编印，第156页。
⑥ 《中国文学艺术工作者第二次代表大会资料》，中国文学艺术界联合会1953年编印，第161页。

随着国家社会主义改造和社会主义建设的推进，文艺界对民族文化遗产的重要性认识逐步清晰，尤其是在全国最高级别的专门性文艺会议上重点提出这个问题，应该说是中华人民共和国成立以来最为集中的一次。到1954年5月，中国共产党第二次全国宣传工作会议上，周扬则从更加广义的范畴来谈民族的文化遗产，而不再局限于民族的文学艺术遗产。他说："要发展创作就要解决继承自己民族传统和建设社会主义文化的关系。……社会主义的新文化、新艺术必须建立在民族文化传统的基础上。新文化是新政治、新经济的反映，这是主要方面，但同时它也是从中国几千年旧文化发展来的，必须看重、继承自己民族文化的优良传统，决不可轻视。"① 周扬提出，对待民族文化遗产需坚持两个原则：（1）对民族文化遗产的继承必须采取科学的批判态度，把其中封建的、落后的东西坚决加以摒弃和改革。（2）不要忘记民族文化传统的目的。他认为："我们的目的是为了发展民族的新文化、社会主义文化，而不是简单的保存，如果是为了简单的保存，我们就可以把它们放到博物馆里去了。"② 他强调对民族遗产一定要批判，区别好坏，不能单纯地保存它，还要发展它。1954年12月8日，在全国文联、作协联席会议上，周扬提出，要建设新的社会主义文学艺术，必须对于文学艺术遗产给以正确的评价，接受其中一切有用的优良的传统，在新的基础上加以发展。他说："批判地接受旧的遗产，这就是我们建设新的文化的出发点。"③ 1955年1月，中宣部在《关于开展批判胡风思想的报告》中，指出胡风思想的错误有一条即："轻视民族遗产，简单地以为封建社会的文艺都是封建文艺，没有丝毫'民主主义观点的要素反映'。同时否定文艺的民族形式，认为批判地采用和发展民族固有形式，继承过去的文学传统，就是'民族复古主义'。"④ 1955年12月，文化部召开

---

① 《在中国共产党第二次全国宣传工作会议上的发言》，《周扬文集》（2），人民文学出版社1985年版，第289页。
② 《在中国共产党第二次全国宣传工作会议上的发言》，《周扬文集》（2），人民文学出版社1985年版，第290页。
③ 周扬：《我们必须战斗》，《人民日报》1954年12月10日。
④ 《建国以来重要文献选编》第6册，中央文献出版社1993年版，第33页。

全国文化局（厅）长会议对轻视民族文化遗产进行了严肃的批判。[①]

到1956年，对正确对待和处理民族文化遗产有了新认识。

首先，中共中央在重要文件中明确了对待民族文化遗产的正确态度。1956年2月，中共中央在《关于知识分子问题的指示》中，指出："有计划地整理我国科学文化的历史遗产，接受和发挥其中的精华。应该集合必要的人力，在三个五年计划期间，把我国最重要的古籍选译成为白话。"[②] 1956年5月，陆定一《百花齐放，百家争鸣》的报告中又集中阐释了对待民族文化遗产的态度。他说："对我国的文化遗产……要细心地选择、保护和发展它的一切有益成分，同时要老老实实地批判它的错误和缺点。"[③] 9月，中国共产党在八大政治报告决议中，指出对于中国过去的一切有益的文化知识，必须加以继承和吸收，并且必须用现代科学文化来整理优秀的文化遗产，在此基础上创造社会主义的民族文化。[④]

其次，党和国家领导人对正确对待文化艺术作出了重要指示。如刘少奇就提出："戏改不要大改，有害则改，无害不改。有些老戏很有教育意义，不要乱去改。""自己好的要保持、发扬，外国好的也都要吸收。"[⑤] 周恩来指出："古今中外都有好东西，都要学，不要排斥。不要认为古的东西没有演头。昆曲有很多剧目，要整理改革。很多民族财富要好好发掘、继承，不能埋没。"[⑥] 毛泽东在会见中国音乐家协会负责人时说："艺术离不了人民的习惯、感情以至语言，离不了民族的历史发展。艺术的民族保守性比较强一些，甚至可以保持几千年。古代的艺术，后人还是喜欢它"，要"重视民族的东西，不要全盘西化"。[⑦] "双百"方针提出前后，党和国家领导人集中谈到对待民族文化艺术的问题，对于民族文化遗产的处理指明了方向。

---

① 《人民日报》1955年12月14日。
② 《建国以来重要文献选编》第8册，中央文献出版社1994年版，第145页。
③ 《建国以来重要文献选编》第8册，中央文献出版社1994年版，第322页。
④ 《建国以来重要文献选编》第9册，中央文献出版社1994年版，第348页。
⑤ 《建国以来重要文献选编》第8册，中央文献出版社1994年版，第177、178页。
⑥ 《周恩来选集》（下卷），人民出版社1984年版，第196—197页。
⑦ 《建国以来重要文献选编》第9册，中央文献出版社1994年版，第2、9页。

再次，在批判接受民族文化遗产思想的指导下，文学遗产整理工作取得重要进展。这主要表现在昆曲《十五贯》等的改编上演及对古书业的改造。1956年4月，浙江苏昆剧团演出改编后的《十五贯》①，获得巨大成功。按照当时说法是"驰誉全国，成为最优秀的戏曲剧目之一"。② 这一点从当时党和国家领导人的高度赞誉中得到印证。如毛泽东指出："《十五贯》是个好戏，全国各剧种有条件的都要演《十五贯》。"③ 周恩来认为《十五贯》是"一出戏救活了一个剧种"。④ 5月17日，文化部和作协专门召开《十五贯》座谈会。5月18日，《人民日报》发表《从"一出戏救活了一个剧种"谈起》的评论文章。其他戏曲剧团按照文化部的要求演出了《十五贯》的剧目。另外，古籍整理工作也有较大突破。1956年7月，文化部发出《关于加强对古书业的领导、管理和改造的通知》，以政府文件的形式明确了古书业改造的方针和具体改造的办法。⑤ 计划经济建设时期，我国古籍整理数量增长较快，分别是1953年13种；1954年39种；1955年95种；1956年81种。⑥

最后，各类文艺事业积极推进和发展。第二次文代会期间，茅盾、田汉、吕骥和江丰分别作《新的现实和新的任务》《做好戏剧工作满足人民的需要》《为发展和提高人民的音乐文化而努力》《四年来美术工作的状况和全国美协今后的任务》的报告，分别就文学、戏剧、音乐、美术的发展作出具体的说明。随后，文协、剧协、音协、美协等积极组织作家和艺术家，在党的领导下，围绕着过渡时期总路线开展文艺创作。这个时期，文化艺术事业在现实主义社会主义创作

---

① 《十五贯》的故事源于宋元话本"错斩崔宁"，清初戏剧家朱素臣把其改编为戏曲形式——《十五贯传奇》。1953年，昆苏剧团改编了《十五贯传奇》的初改本。1955年年底，昆苏剧团在浙江省文化局与文联支持下，组成"十五贯整理小组"，对《十五贯》进行了再次整理。1956年元旦，经过整理后的《十五贯》正式公开演出。

② 俞琳、沈崚整理：《昆曲"十五贯"改编的几点经验》，《文化通讯》1956年第5期。

③ 《六十年文艺大事记（1919—1979）》，第四次文代会筹备组起草组、文化部文学艺术研究院理论政策研究室1979年编印，第163页。

④ 《周恩来选集》（下卷），人民出版社1984年版，第192页。

⑤ 《文化通讯》1956年第8期。

⑥ 古籍整理出版规划小组：《古籍整理编目1949—1981》，中华书局1981年版。

原则的指引下，各个领域都取得重要进展。文学方面，1956年2月，作协召开第二次理事扩大会议，提出要建设社会主义文学的任务，并通过《中国作家协会一九五六——一九六七年工作纲要》。戏剧方面，文化部发出《关于私营剧团登记和奖励工作的指示》（1953）、《关于加强对民间职业剧团的领导和管理的指示》（1954），就私营剧团和民间剧团的领导和管理作出专门的指示；1956年，文化部举办第一届全国话剧观摩演出及召开第一次全国戏曲剧目工作会议。音乐方面，1956年8月，文化部和音协共同举办第一届全国音乐周，集中展示新中国音乐方面的成绩。如此等等。

1955年7月，文艺事业列入了国家第一个五年计划中，强调要"广泛地发展文学艺术事业，以爱国主义和社会主义的精神教育广大人民群众"。同时，"一五"计划还对文艺事业的发展做了具体部署。① 到1956年9月，周恩来在中共八大上谈到计划执行情况时，强调文学艺术事业有可能超额完成原定的计划。② 1957年，文化部指出："第一个五年计划所规定的文化事业的发展指标和工作指标，除个别项目外，都提前或者超额完成。"③

（二）群众文化事业

这个时期，我国群众文化得到较快发展，形成新中国群众文化事业发展的第一次高潮。这主要表现在群众文化管理工作得到加强、发展群众文化事业和群众文化活动丰富多彩等方面。

首先，整顿和加强文化馆、站工作。1951年9月，文化部接办文化馆、站后，提出发展文化馆、站的十六字方针，即"识字教育、时事宣传、文娱活动、科学普及"。1953年上半年，华东区召开文化馆工作会议时，有人批评说："中央文化部提出的文化馆、站的四个任务不明确，四个字一句，看起来似乎很简练，但没有规定具体的工作范围，结果不能解决问题。"④ 文化馆、站的发展速度很快，但文化

---

① 《建国以来重要文献选编》第6册，中央文献出版社1993年版，第549—551页。
② 《建国以来重要文献选编》第9册，中央文献出版社1994年版，第172页。
③ 《文化工作文件资料汇编（一）（1949—1959）》，中华人民共和国文化部办公厅1982年编印，第50页。
④ 《中央文化部检查四年来所颁发的法令、指示的报告》，《文化通讯》1954年第5期。

馆、站的性质、方针任务一直没有明确,甚至发生强迫命令、违反政策、违法乱纪的现象,有些地方文化馆质量极低和混进坏分子的事情不少,这些都急需政府文化部门加强管理。1954年2月,文化部提出要"整顿和加强文化馆、站"的工作。① 12月,文化部发出《关于整顿和加强文化馆、站工作的指示》(以下简称《指示》)。《指示》规定,文化馆、站是政府为开展群众文化工作、活跃群众文化生活而设立的事业机构,基本任务是:通过群众性的文化活动,满足当地群众——特别是工农群众的文化需要,并以爱国主义和社会主义的精神教育群众,使其成为建设祖国的自觉的积极的保卫者与建设者。工作任务有:(1)向广大群众进行时事宣传、教育群众为实现国家过渡时期的总路线、总任务而奋斗;(2)组织和辅导群众的各种文化学习,并配合扫盲工作;(3)组织和辅导群众业余艺术活动(包括各种文化娱乐活动);(4)普及与群众日常生活和工农业生产有关的科学、技术知识和卫生知识。②《指示》要求县级以上人民政府均须切实加强对文化馆、站的领导与管理,并对各级政府文化管理部门的管理工作进行了详细的规定。③ 文化部《关于整顿和加强文化馆、站工作指示》下发后,各级政府部门根据本地区的情况,制定了相应的实施方案。如1955年6月,吉林省文化局发出《关于整顿文化馆、站工作的指示》。吉林省将所属各县文化馆分为城市文化工作组、农村文化工作组和保留的文化站三种类型。城市文化工作组主要是辅导全城区群众业余文化艺术活动;农村文化工作组主要负责开展与辅导农村的业余文化艺术活动;保留的文化站主要是组织与辅导工人业余文化活动,适当开展居民的业余文化艺术互动等工作。④ 这表明,整顿和加强文化馆、站的工作是个系统工程,第一,文化主管部门要做到明确

---

① 《建国以来重要文献选编》第5册,中央文献出版社1993年版,第34页。
② 《群众文化工作文件资料选编(一)1949—1983》,文化部群众文化事业管理局1984年编印,第6页。
③ 《群众文化工作文件资料选编(一)1949—1983》,文化部群众文化事业管理局1984年编印,第8—9页。
④ 《吉林省文化工作文件选编·群众文化、图书馆(1950—1966)》,吉林省文化厅办公室1988年编印,第52页。

文化馆、站的性质和方针任务，解决长期以来存在的问题；第二，整顿好文化馆、站的工作，开展各种群众性文化活动，对提高人民群众的知识和文化及参加社会主义改造和建设具有重要作用。1955年7月，在"一五"计划中，国家提出文化馆发展数量到1957年为2600个，比1952年增长6%。①

其次，发展群众业余文化艺术。1954年2月，文化部指出："全国工、农、学生、机关干部广大群众的业余文化艺术活动，在人民文化生活中起着自我教育和自我娱乐的重大作用，并且是一切专业的文化艺术活动的不可或缺的助力，但我们迄今尚未提出比较系统的指导原则。"② 为此，文化部指出要加强对工农群众文化艺术活动的指导。③ 文化部在发展1955年群众业余文艺活动时，要求贯彻"业余、自愿、灵活多样、自我教育和自我娱乐相结合"④ 的方针。这里以厂矿企业、农村的群众业余文化活动为例来说明。

1954年6月7日，文化部、全国总工会发出《关于加强厂矿、工地、企业中文化艺术工作的指示》（简称《指示》）。《指示》要求：政府各级文化主管部门和工会各级组织，应在国家文化工作的整个部署下，分工合作，充分利用所有电影放映队、剧场、电影院、文化馆（站）、文化宫、俱乐部等机构为职工群众服务。与此同时，政府各级文化主管部门和工会要指导和帮助职工开展业余文艺活动。⑤ 10月22日，文化部、全国总工会再次发出《关于进一步开展厂矿、工地、企业中文化艺术工作的指示》（简称《指示》）。《指示》提出："工矿文化事业是国家整个文化事业的一部分。"⑥ "厂矿、工地、

---

① 《建国以来重要文献选编》第6册，中央文献出版社1993年版，第552页。
② 《中央文化部检查四年来所颁发的法令、指示的报告》，《文化通讯》1954年第5期。
③ 《建国以来重要文献选编》第5册，中央文献出版社1993年版，第33页。
④ 《文化工作文件资料汇编（一）（1949—1959）》，中华人民共和国文化部办公厅1982年编印，第33页。
⑤ 《群众文化工作文件资料选编（一）1949—1983》，文化部群众文化事业管理局1984年编印，第13、15页。
⑥ 《群众文化工作文件资料选编（一）1949—1983》，文化部群众文化事业管理局1984年编印，第28页。

企业中的职工群众业余文化艺术活动,是在日常生活中向职工群众进行时事政治宣传、培植共产主义道德品质、抵制与克服资产阶级思想侵蚀的一项重要的工作;同时也是辅助专业文化艺术团体满足职工群众日益增长的日常文化生活需要的一个有效的方法。"① 这就对工会群众文化活动的性质和任务进行了明确。指示发出后,各地积极开展职工的业余文艺活动。如西安市曾组织八个国营、公营和民间职业剧团辅导十个产业工会、四个区工会办事处的职工文艺活动,并与一些重点工厂、工地订立辅导合同,建立较长期的和固定的辅导关系。② 沈阳市为开展群众性的职工业余文艺活动,重视培养群众文化艺术活动的骨干力量。各区文化馆开办短期的业余训演班、研究会吸收积极分子参加学习;在此基础上,沈阳市开办时间较长的业余训练班,培养水平较高的骨干分子。据统计,1955年沈阳市培养训练戏剧、音乐、舞蹈、美术、曲艺等方面的骨干有370人,区文化馆训练积极分子2202人。③

随着农业合作化运动的开展,农村群众文化事业的发展提上日程。农村俱乐部作为开展农村群众业余文化的重要形式,1953年12月,文化部在《关于整顿和加强文化馆、站工作指示》中明确指出:"农村俱乐部是农民依靠自愿原则建立的业余性的群众文化组织……农村俱乐部应重点试办,以创造经验,不应盲目地大量发展。"④ 1955年8月,中央转发文化部的报告中再次提出:"农村俱乐部和农村剧团对推进农村互助合作和农业增产有重要的作用,各地应随着当地农村合作运动的发展,一般地以较大的农业生产合作社或合作运动发展的乡为单位,采取重点试办、积极和稳步发展的方针,开展农村俱乐部的工作,并应大力加强对它们的辅导。"⑤ 12月,文化部召开全国文化工作会议,讨论过黑龙江、山西、江苏等多个省市县农村俱

---

① 《群众文化工作文件资料选编(一)1949—1983》,文化部群众文化事业管理局1984年编印,第29页。
② 《1955年第二次全国文化工作会议资料选辑》,文化部办公厅1955年编印,第135页。
③ 《1955年第二次全国文化工作会议资料选辑》,文化部办公厅1955年编印,第129页。
④ 《群众文化工作文件资料选编(一)1949—1983》,文化部群众文化事业管理局1984年编印,第7—8页。
⑤ 《文化工作文件资料汇编(一)(1949—1959)》,中华人民共和国文化部办公厅1982年编印,第33页。

乐部的建设问题。1956年2月，文化部、青年团中央发出《关于配合农村合作化运动高潮开展农村文化工作的指示》（简称《指示》）。《指示》要求：为配合农业合作化运动的高潮，文化行政机关和各级青年团组织必须大力开展农村文化工作。《指示》认为："开展农村文化工作的中心关键，是建立和发展以俱乐部为中心的农村文化网。"① 农村俱乐部是党和政府对农民进行社会主义思想教育的基地，也是农民群众进行广泛的文化活动的综合性的组织形式。农村文化网主要是指每个县都有县报、文化馆、图书馆、书店、影剧院、职业剧团；平均每7个乡有一个电影放映队，每个农业生产合作社有俱乐部、图书室、业余剧团、收音机等。文化部提出，构建农村文化网要积极地发展农村俱乐部、发展和健全农村电影放映网及加强和扩大书刊发行网和流通网三项工作。

《关于配合农村合作化运动高潮开展农村文化工作的指示》还要求，各省、自治区、直辖市要积极筹办群众艺术馆，以加强对群众业余文化艺术活动的业务指导。群众艺术馆的任务是："推广适合群众业余文化活动的优良节目、宣传材料、业务学习材料；搜集、整理民间文艺作品和辅导群众创作，动员和组织文艺方面的专家和专业工作者有重点地辅导基层群众文艺活动和指导群众创作；配合或会同文化艺术干部学校等有关方面训练群众业余文艺活动骨干；交流业余文艺活动经验。"② 1956年8月，文化部发出《关于群众艺术馆的任务和工作的通知》，规定："群众艺术馆是各省、自治区、直辖市文化局所属的事业机构，专门负责从业务上研究和指导群众业余艺术活动。"③ 这就说明，群众艺术馆既不是群众业余活动的直接组织者，也不是文化行政机构，而是群众业余文艺活动的业务指导和研究机构。《通知》规定群众艺术馆的具体任务有："搜集、整理民间艺术遗产和辅导群

---

① 《群众文化工作文件资料选编（一）1949—1983》，中华人民共和国文化部办公厅1982年编印，第39页。
② 《群众文化工作文件资料选编（一）1949—1983》，文化部群众文化事业管理局1984年编印，第44页。
③ 《群众文化工作文件资料选编（一）1949—1983》，文化部群众文化事业管理局1984年编印，第47页。

众业余艺术创作""编辑并推荐适合群众业余艺术活动需要的演唱材料和业务学习材料""协助文化艺术干部学校，或采取举办讲座等方式培养和提高文化馆（站）、文化宫（俱乐部）的艺术干部""组织专业艺术工作者，有计划地对群众业余艺术组织进行业务指导"。①

有关群众业余文化活动指示发出后，各地积极成立群众性文艺机构。农村俱乐部方面，如江苏昆山县从1955年5月份开始重点试办俱乐部，6个多月时间才办了9个，而9个俱乐部中只有3个正式宣布建立，其余6个要到1955年年底才能成立。农村俱乐部发展如此慢，主要原因是"文化干部对文化工作为农业合作化服务的重要意义认识不足，在指导思想上存在着'为建部而建部'、'要办就像样'等错误思想，以致提出了许多清规戒律"②。为此，昆山县决定1955年冬、1956年春要发展农村俱乐部200个，加上原有的9个，达到209个。再如黑龙江省提出："俱乐部应该成为农村文化活动的核心，将农村各项文化活动如电影、戏剧、音乐、舞蹈、幻灯、图书、广播收音、黑板报、科学技术研究、讲座报告等统一纳入俱乐部活动计划内，并逐步开展起来。"③为此，黑龙江省要求在群众自愿举办的原则下，在农村中广泛发展俱乐部，并计划到1962年农村俱乐部最少达到15000个，平均每个乡都有规模不同的俱乐部5个，分设在乡内各农业生产合作社。群众艺术馆方面，文化部成立了中央群众艺术馆；各地结合群众业余文艺事业的需求，也成立了相应的群众艺术馆。如1956年7月，吉林省正式成立吉林省群众艺术馆。吉林省群众艺术馆为文化局所属事业机构，馆内设艺术室、教学研究室和秘书室，从业务上协助和指导文化馆、站开展群众性的业余艺术活动及培养群众艺术活动的骨干。④

---

① 《群众文化工作文件资料选编（一）1949—1983》，文化部群众文化事业管理局1984年编印，第47—48页。

② 《1955年第二次全国文化工作会议资料选辑》，文化部办公厅1955年编印，第60页。

③ 《1955年第二次全国文化工作会议资料选辑》，文化部办公厅1955年编印，第11页。

④ 《吉林省文化工作文件选编·群众文化、图书馆（1950—1966）》，吉林省文化厅办公室1988年编印，第70页。

再次，各种群众文化活动丰富多彩。1954年4月1日至14日，文化部举办了第一届全国民间音乐舞蹈会演。这是新中国成立后第一次群众文化的盛会。群众文艺创作方面，涌现出王老九、高玉宝等优秀的农民诗人和作家。群众性的扫盲工作在各地文化馆、站以及教育部门的配合下得到较快发展。1956年1月，中央政治局通过的《1956到1967年全国农业发展纲要（草案）》中提出从1956年开始，按照各地情况，分别在五年或七年内基本上扫除文盲，扫除文盲的标准是认识1500字以上。群众体育方面，推行"劳卫制"，举办各种群众性体育活动等。

（三）少数民族文化事业

计划经济建设时期，党和国家高度重视少数民族文化事业的发展。1952年12月7日，中共中央在《关于制定五年计划应重视少数民族地区建设的指示》中指出，"发展少数民族的文化应着重在：逐步建立各中心区和人口集中地区的医院、卫生院、医务所和农村草地的医疗队、防疫站、驱梅站及其他卫生医疗工作，各种学校教育，成人补习教育和扫盲工作，电影和幻灯教育，少数民族语文的出版、广播工作，文艺及体育活动。"[①] 1953年6月，中央民委强调指出："区域自治的实行，还不等于民族问题的根本解决，要根本解决民族问题，必须依据可能条件，积极帮助少数民族人民发展他们的政治、经济和文化的问题。"[②] 这是说，少数民族和民族地区要实行民族区域自治，必须重视发展少数民族的经济、政治和文化，否则很难谈到各民族平等发展的问题。1954年3月，政务院文教委副主任习仲勋在全国文教工作会议上指出要发展各少数民族的文化教育事业。他认为，少数民族文教事业除教育、卫生外，还需要发展电影放映、用民族文字出版书刊、有计划有步骤地帮助少数民族创造文字、整理各民族的音乐舞蹈和其他艺术以及倡导和组织各民族间的文化交流等。[③] 随后，文化部提出1955年要"有计划地加强出版、电影、艺术、社

---

① 《新疆工作文献选编》，中央文献出版社2010年版，第95页。
② 《民族政策文件汇编》（第1编），人民出版社1958年版，第110—111页。
③ 《1954年文化教育工作的方针和任务》，《教育文献法令汇编·1954》，中华人民共和国教育部办公厅1955年编印，第9页。

会文化、艺术教育等各方面为少数民族服务的工作""努力发扬少数民族的文化"等。① 1955年7月，新中国第一个"五年计划"提出，要积极地发展少数民族地区的文化教育事业，培养少数民族的文化建设干部。五年内，少数民族地区的普通学校教育应有较大的发展；帮助没有文字的民族创造文字；发展用各民族文字编印的报刊、图书出版事业，并改进少数民族地区报刊图书的发行工作；中央人民广播电台要增加少数民族语言广播的节目，并发展少数民族地区的收音站；要注意复制少数民族语言配音的电影片，建立和发展少数民族地区的电影放映网，注意少数民族地区发行的电影的选片工作；要发展少数民族地区的文艺活动；推动各少数民族地区的社会文化事业的发展，建立文化馆或文化工作组等。② 同年12月6日至13日，文化部召开全国各省、市文化局长会议，认为必须要全面规划少数民族地区的文化艺术工作，并且加强用少数民族语言摄制、译制影片和用少数民族语言出版书刊的工作。③

从全国文教工作会议专门讨论少数民族文教事业的发展问题，到"一五"计划国家对少数民族地区文化事业进行全面规划，这充分说明，随着社会主义改造和社会主义建设事业的推进，各级文化主管部门充分认识到少数民族人民群众对文化生活的迫切需要。在此基础上，文化部于1956年12月24日至27日召开了全国少数民族文化工作会议。会议确定，少数民族文化事业的发展方针是："密切配合各民族政治、经济的发展，根据各民族的特点和实际情况，全面规划，合理部署，加强领导，积极发展少数民族的文化工作，以促进我国社会主义的民族的新文化的建设和繁荣。"④ 为贯彻落实这一方针，发展少数民族文化事业必须扶植少数民族群众业余文艺活动，保护、发掘、整理和发扬少数民族文化遗产，鼓励新文艺创作；培养少数民族文化干部；发展各民族之间的文化交流；加强各级文化部门对少数民

---

① 《文化工作文件资料汇编（一）（1949—1959）》，中华人民共和国文化部办公厅1982年编印，第37—38页。
② 《建国以来重要文献选编》第6册，中央文献出版社1993年版，第552—553页。
③ 《人民日报》1955年12月14日。
④ 《人民日报》1956年12月28日。

族文化工作的领导等。这次会议是中华人民共和国成立以来第一次少数民族文化工作会议。会议全面总结了少数民族地区的文化工作,并提出今后发展少数民族文化事业的方针和任务。在这次会议的基础上,文化部于1957年1月向中央上报《关于少数民族文化工作问题给中央的报告》,提出要"全面规划,积极地和稳步地发展少数民族地区的各项文化事业,并积极发展反映少数民族人民生活的电影、戏剧、音乐、美术、幻灯等创作"①。

计划经济建设时期,少数民族文化事业得到较快发展。这主要表现在创制和改革少数民族语言文字及文艺、电影、戏剧、音乐等具体方面。

新中国成立之初,语言文字成为制约少数民族经济文化发展的关键问题。如何创制和改革少数民族语言文字工作,不仅事关少数民族经济、政治和文化发展,同时也是新中国文化建设的重要方面。1951年10月12日,政务院文教委员会成立民族语言文字指导委员会,帮助少数民族创制和改革文字。1954年5月,政务院文化教育委员会民族语言文字指导委员会撤销,少数民族创立文字创制和改革工作(包括语言调查、文字设计工作等)由中国科学院语言研究所负责。1955年12月,首届民族语文科学讨论会在北京举行,初步制定了少数民族语文工作的十二年远景规划和第一个五年计划。1956年后,在中国科学院和中央民委的具体负责和组织下,"加速完成创立少数民族文字的工作"。到1958年8月,帮助僮、布依、苗、彝、侗、哈尼、傈僳、佤、黎和纳西10个民族创制拼音文字,帮助傣、拉祜和景颇3个民族改革了文字。

少数民族文化事业其他方面也有发展,主要表现在:

> 少数民族的文化遗产中一些过去被埋没的诗歌、音乐、舞蹈、美术、历史文物等,逐渐地被发掘、整理出来。象民歌、音乐、舞蹈和"阿诗玛"一类的民间文学作品,受到全国人民的珍视喜爱,并且在国际文化交流中,显示了我们多民族国家的文化

---

① 《文化工作文件资料汇编(一)(1949—1959)》,中华人民共和国文化部办公厅1982年编印,第425页。

◈ 第七章 文化高潮：文化事业的发展与成效　299

艺术的丰富多采，反映各民族人民新的生活斗争、社会主义思想和感情的新文艺创作，也正在不断成长，有一些创作达到相当高的水平。有些民族地区象延边、内蒙、新疆等，群众性的文艺活动相当活跃。国家举办的各项文化事业，也有了不同程度的发展，很多都是从无到有的。现有电影放映队529队，反映少数民族生活的影片共摄制了35部，其中故事片8部，各种纪录片27部，译制了民族语言翻译片128部；建立了中央和地方民族歌舞团、队26个；设立了256个文化馆（站）和26个流动的文化服务队；成立了中央和地方的民族出版社5个，民族文字印刷厂5所，创办了包括10种少数民族文字的报纸24种，设立了近两百个书店和门市部；其他如图书馆、博物馆也建立了一些。随着工作的开展，少数民族的文化工作干部正在一批一批地成长起来。在少数民族地区，本民族干部占本地区工作干部总数比例最高的是延边朝鲜自治州，达86%；内蒙古占30%，但是有的只占8%。在工作中也培养了一批为少数民族服务的汉族文化干部，他们绝大多数是能够执行党的政策，和民族干部亲密团结，互相尊重，互相学习，艰苦努力搞好工作的。[①]

这里重点谈到文学艺术、群众文化、少数民族文化事业的发展情况。此外，国家还加强了电影、新闻出版、对外文化交流等各种文化工作。如电影事业方面，有《政务院关于加强电影制片工作的决定》《政务院关于建立电影放映网与电影工业的决定》等；新闻出版方面，有《国务院关于处理反动的、淫秽的、荒诞的书刊图画的指示》等；文物保护方面，有《国务院关于贯彻在工农业建设中保护文物指示的通知》等。

二 文化事业发展的重要成就

计划经济建设时期，我国文化事业各个方面都取得了重要成就。

[①]《文化工作文件资料汇编（一）（1949—1959）》，中华人民共和国文化部办公厅1982年编印，第421页。

文化部曾经总结说："我国文学、艺术、电影、出版和社会文化、文物等部门，在继承和发扬民族遗产，交流国内各民族的文化，学习外国优秀文化和促进国际文化交流等方面，都作出了成绩。各项文化事业都进行了一系列的调整和改造。私营文化企业的社会主义改造已经基本上完成。民间职业剧团得到了安排和提高。国家举办、艺人自力经营和群众业务这三方面的文艺事业都具备了相当的规模和基础。全国文化工作已经基本上纳入国家建设的轨道。全体文化工作者几年来在全国社会主义建设和革命风暴中，特别是经过肃反、思想批判和反右派斗争，在政治上和思想上有了很大的提高，他们比以前团结得更加广泛和巩固了。"① 下文简要分析这个时期我国文化事业取得的成就。

文学艺术创作方面，不少小说、诗歌、戏剧等作品出版。1953年9月，茅盾指出，新中国成立以来，全国出版的单行本小说共256种，诗歌共159种，剧本共265种，散文及其他共896种。此外，还有大量的作品在各类杂志刊物上出版。② 1956年3月，周扬指出，1953年9月第二次文代会到1955年底，国家文学出版机关出版的文学作品（单行本）在两千种以上。现在每本作品的印数，不是以千册甚至不是以万册计算，而是以十万百万册计算了。③ 这说明，文学艺术的创作和出版的种类和数量呈逐年增长态势。据统计，1950—1956年，全国文学、艺术书籍共出版两万三千三百七十种，初版新书一万八千三百四十种。④

这个时期，重要的文艺作品：小说有《保卫延安》（杜鹏程）、《铁道游击队》（刘知侠）、《原动力》（草明）、《风云初纪》（孙犁）、《三里湾》（赵树理）、《高玉宝》（高玉宝自传体小说）、《六十年的变迁（第一卷）》（李六如）、《小城春秋》（高云览）、《组织部

---

① 《文化工作文件资料汇编（一）（1949—1959）》，中华人民共和国文化部办公厅1982年编印，第50页。
② 茅盾：《新的现实和新的任务》，《人民日报》1953年10月10日。
③ 周扬：《建设社会主义文学的任务》，《人民日报》1956年3月25日。
④ 《六十年文艺大事记（1919—1979）》，第四次文代会筹备组起草组、文化部文学艺术研究院理论政策研究室1979年编印，第166页。

新来的年轻人》等；话剧剧本有《明朗的天》（曹禺）、《考验》（夏衍）、《万水千山》（陈其通）等；诗歌有《中国人民志愿军诗选》、《保卫和平的人们》（巴金）、《吐鲁番情歌》（闻捷）、《放声歌唱》（贺敬之）、《投入火热的斗争》等。

电影方面，党和政府十分重视电影业的发展。1954年政务院专门发出《关于加强电影制片工作的决定》和《关于建立电影放映网与电影工业的决定》两个决定，对电影制片和放映工作作出明确规定。1956年3月，作协通过《关于加强电影文学剧本创作的决议》。这个时期，剧本创作上有《宋景诗》（陈白尘）、《母亲》（海默）、《祝福》（夏衍改编）、《幸福》（艾明之）等；拍摄的重要影片有：《智取华山》（郭维等编导）、《龙须沟》（冼群导演）、《鸡毛信》（张骏祥编剧、石辉导演）、《渡江侦察记》（沈默君编、汤晓丹导演）、《董存瑞》（丁洪编剧、郭维导演）、《平原游击队》（邢野等编剧、苏里导演）、《山间响铃马帮来》（白桦编剧、王为一导演）、《祝福》（夏衍编剧、桑弧导演）、《铁道游击队》（刘知侠编剧、赵明导演）等。表7-4是这个时期电影制片、放映单位和观众人数对照情况。

表7-4　　　　　　　　计划经济建设时期电影业情况

年份	摄制影片（部）	放映单位			观众人数（万人次）
		电影放映队（队）	电影院（座）	电影俱乐部（个）	
1952	46	1110	746	426	56040.0
1953	53	2154	779	946	755545.0
1954	80	2723	815	1384	82319.2
1955	112	3698	859	1312	98800.4
1956	176	6233			13908.6

资料来源：根据国家统计局《中华人民共和国社会主义建设统计资料汇编》（国家统计局，1956）和《中华人民共和国国家统计局关于1956年度国民经济计划执行结果的公报》（《人民日报》1957年8月1日）制作而成。

电影业作为我国重要的文化事业门类，文教委及文化部每年都会作为重要文化事业单列出来。如文教委提出1954年要"逐渐增加影片的生产数量，积极地、有步骤地发展电影放映网"①。文化部要求电影创作要真实反映我国社会主义工业化和社会主义改造过程中的生活和斗争，发挥电影教育人民群众的作用，并指出1955年要"加强对工矿和农村的电影发行和放映工作，特别要加强对工矿农村的选片工作和农村电影放映队的影片宣传解释和组织观众的工作"②。为何如此重视电影制作和放映？1954年10月，陈荒煤即指出，电影艺术具有对广大人民群众进行爱国主义和社会主义教育的巨大力量，是人民文化生活不可缺少的一部分。在他看来，旧中国的电影根本不可能真正表现中国人民自觉的斗争。而新中国成立后，电影开始真实鲜明地表现人民自觉的斗争，表现觉醒了真正站起来的中国人民，表现中华民族最优秀的子孙共产党员的英雄气概和高贵品质。也就是说，新中国成立后，银幕上出现了真正的人、勇敢的人和崇高的人。这些乐观、明朗的银幕形象，成为群众生活中前进的榜样。这样，电影艺术就发挥出巨大的教育人民的作用。③由此不难理解，为何这个时期我国电影制片的数量、放映单位和观众人数呈现出较快的发展态势。

艺术事业方面，党和国家重视加强和整顿剧团的工作。文化部先后发出《关于整顿和加强全国剧团工作的指示》（1953年1月）、《关于全国剧团整编工作的几项通知》（1953年1月）、《关于私营剧团登记和奖励工作的指示》（1953年12月）、《关于加强对民间职业剧团的领导和管理的指示》（1954年5月）、《关于民间职业剧团的登记管理工作的指示》（1954年10月）、《关于加强剧场管理工作的指示》（1954年10月）、《关于民间职业剧团登记工作的补充通知》（1955年6月）等文件。表7-5是过渡时期全国剧团、剧场情况。

---

① 《教育文献法令汇编·1954》，中华人民共和国教育部办公厅1955年编印，第8页。
② 《文化工作文件资料汇编（一）（1949—1959）》，中华人民共和国文化部办公厅1982年编印，第32页。
③ 《为提高电影艺术的思想艺术水平而斗争》，《人民日报》1954年10月18日。

表7-5　　　　　社会主义过渡时期剧团、剧场情况　　　　　　单位：个

年份	1949	1952	1953	1954	1955	1956	1957
剧团合计	…	2017	2267	2424	2414	2720	2808
国营剧团	…	195	213	214	219		
民间职业剧团		1882	2054	2210	2195		
剧场合计	891	1562	1927	2120	2188		
国营	220	432	602	755	805	2358	
公私合营	62	62	66	75	85		
私营	609	1068	1259	1290	1298		

资料来源：根据《中华人民共和国社会主义建设统计资料汇编》（国家统计局，1956）和《伟大的十年——中华人民共和国经济和文化建设成就统计》（人民出版社1959年版）制作而成。

从表7-5中看出，社会主义过渡时期，我国剧团、剧场呈小幅增长态势。尤其是随着社会主义改造和社会主义建设事业的发展，国营剧团和民间职业剧团的变化不大；国营剧场、公私合营剧场及私营剧场都有一定的增长。1955年以后，国家对各类公私文化事业推行艺术事业企业化方针，要求克服供给制思想。这样，民间职业剧团、剧场都面临着社会主义改造的任务。据1956年1月《戏剧报》的报道，上海市96个民间职业剧团改为国营剧团，26个民间职业剧团改为民办公助剧团。天津市15个民间职业剧团和9个小型曲艺组织，全部改为国营剧团。[①] 社会主义改造的高潮中，几乎所有的民间职业剧团都要求改为国家剧团，个别地方甚至出现把大批民间剧团改为国营的现象。针对这种过急现象，国家从政策层面要求对民间职业剧团要在完成登记工作后，稳步地进行，不能操之过急。[②] 而且针对剧团、剧场的演出，国家在税收方面出台《关于文化娱乐税减税与免税两年的几点指示》，增加了剧团的收入。

社会文化事业，是指举办为群众业余文化活动服务的文化馆、文化

[①] 《六十年文艺大事记（1919—1979）》，第四次文代会筹备组起草组、文化部文学艺术研究院理论政策研究室1979年编印，第160页。

[②] 《文化部门怎样对民间职业剧团进行领导和管理》，《文化通讯》1956年第8期。

站、图书馆、博物馆等事业。群众业余文化活动是人民群众进行自我娱乐和自我教育的重要方式。这个时期，政府加强对文化馆、站等社会文化事业的领导，大力发展社会文化事业。表7-6是过渡时期社会文化事业情况。

表7-6　　　计划经济建设时期文化馆、站、公共图书馆及博物馆单位数

单位：个

年份	1952	1953	1954	1955	1956	1957
文化馆	2448	2441	2392	2413	2584	2748
文化站	4278	4391	3941	3925		
公共图书馆	83	93	93	96	375	400
博物馆	35	49	46	50	67	72

资料来源：根据国家统计局编：《中华人民共和国社会主义建设统计资料汇编》（国家统计局，1956）和《伟大的十年——中华人民共和国经济和文化建设成就统计》（人民出版社1959年版）制作而成。

这些文化馆、文化站、公共图书馆及博物馆等群众性文化事业，在"一五"计划中都有详细的规划。[1] 从对计划的执行情况来，文化馆等都有一定的增长，除个别边远地区、少数民族地区外，基本上达到县县有馆，省一级公共图书馆、地志性博物馆已经建立起来。[2] 在各地建立文化馆、站等基础上，国家十分重视农村俱乐部和群众艺术馆的建设。1956年6月，根据19个省市和铁路工会等3个产业工会的不完全统计，全国现有各种职工文艺组织21700多个，参加人数30万以上。农业合作化高潮到来以后，农村原有的10万个以上的业余剧团和自乐班、歌咏会等几乎全国归并到俱乐部，以致俱乐部发展迅速。以四川省为例，1955年全省有355个俱乐部，但1956年广汉县一个县就建立300个。全国现有群众艺术馆7个（筹备中的10个），

---

[1] 《建国以来重要文献选编》第6册，中央文献出版社1993年版，第552页。
[2] 《第一个五年计划文化工作各项主要指标预计执行情况表》，《文化工作文件资料汇编（一）（1949—1959）》，中华人民共和国文化部办公厅1982年编印，第59页。

群众艺术学校 16 所，各省市音乐工作组 26 个，美术工作室 24 个。[①]计划经济建设时期，全国群众性的文艺活动，主要有"第一届全国民间音乐舞蹈会演大会"（1953）、"全国群众业余音乐舞蹈观摩演出会"（1955）、"第一届工人业余美术创作展览会"（1955）、"全国职工业余曲艺观摩演出会"（1956）等。

出版事业方面，国家根据社会主义过渡时期的总路线和总任务，提出要整顿巩固并有重点地发展国营和地方国营出版社；应积极地有计划和稳步地进行对私营出版业、发行业和印刷业的社会主义改造；加强出版工作的计划性，使马克思列宁主义、社会科学、自然科学、文学艺术、学校教材、通俗读物，以及其他为当前建设所必需的书刊，都能有适当数量的出版，并提高质量；注意开展书刊的评论工作，鼓励优秀的作品和翻译出版物，克服出版工作中的粗制滥造现象等。[②] 1955 年以后，国家开始着重地进行对于私营书刊出版业、印刷业、发行业和租赁业的社会主义改造工作。1955 年 3 月 4 日，文化部向中央提出《关于加强对于私营文化事业和企业的领导、管理和改造的请示报告》，提出对私营出版业、印刷业等要实行"统筹兼顾，全面安排，加强管理"[③] 的利用和改造方针。1956 年 8 月 16 日，国务院批准文化部《关于加强对于民间和私营文化事业、企业领导管理和社会主义改造给国务院的请示报告》。报告中对出版业、新书发行业、古书收售业、图书租赁业等都提出了具体改造的意见。[④] 与此同时，国家对一些反动的淫秽的荒诞的书刊加强了取缔和管理工作。1955 年 3 月 4 日，文化部向中央提出《关于处理反动的、淫秽的、荒诞的书刊图画问题的请示报告》。5 月 20 日，中共中央批准了文化部的请示报告。在此基础上，政务院于 7 月 22 日发出《关于处理反动的、淫秽的、荒诞的书刊图画的指示》。随后，文化部多次发出通

---

① 《文学艺术工作中的关键性问题——文化部长沈雁冰的发言》，《人民日报》1956 年 6 月 20 日。
② 《1954 年文化教育工作的方针和任务》，《教育文献法令汇编·1954》，中华人民共和国教育部办公厅 1955 年编印，第 9 页。
③ 《建国以来重要文献选编》第 6 册，中央文献出版社 1993 年版，第 250 页。
④ 《文化通讯》1956 年第 9 期。

知或指示,要求各地取缔反动的、淫秽的、荒诞的书刊图画。

计划经济建设时期,我国出版事业发展较快。表7-7是出版事业发展情况。

表7-7　　　　计划经济建设时期出版业情况　　　单位:百万册(份)

	报纸出版份数	杂志出版册数	图书出版册数
一、绝对数			
1952年	1609.0	204.2	785.7
1953年	1671.6	172.1	754.5
1954年	1710.8	204.9	939.9
1955年	1953.7	288.3	1079.6
1956年	—	—	—
1957年	2442.4	35.0	1278.0
二、指数(%) 以1950年为100			
1952年	201.7	578.6	286.1
1957年	306.3	892.3	465.4

资料来源:根据国家统计局编《伟大的十年——中华人民共和国经济和文化建设成就统计》(人民出版社1959年版)和《中华人民共和国社会主义建设统计资料汇编》(国家统计局,1956)制作而成。

1956年,我国报纸、杂志、图书出版的数量,按照国家统计局发布的《关于1956年度国民经济执行结果的公报》中指出:"1956年全国性的和专区级以上地方性的报纸发行总份数比上年增加34%。杂志发行总册数比上年增加22%。图书出版总册数比上年增加65%,其中用少数民族文字刊印的图书出版总册数比上年增加一倍多。"[①] 这就说明,自1953年以来,到1957年"一五"计划结束,我国报

---

① 《人民日报》1957年8月2日。

纸、杂志、图书的出版数量呈较快的增长。这从一个侧面说明，随着社会主义改造和社会主义建设事业的推进，广大人民群众对文化书籍的需求量大幅上升。

作为统一的多民族国家，计划经济建设时期我国少数民族文化事业在党和政府的重视下得到了较快发展。如表7-8所示。

表7-8 　　　　　少数民族文化事业发展情况

	单位	1952年	1953年	1954年	1955年	1956年	1957年
民族语翻译影片	部	12	18	16	16	—	—
少数民族歌舞团	个	22	24	22	15	—	—
电影放映单位	个	155	—	—	—	—	1097
民族文报纸出版	万份	2933	2064	1854	1850	—	3980
民族文杂志出版	万册	169	193	185	241	—	244
民族文图书出版	万册	661	769	873	734	—	1462

资料来源：根据国家统计局编：《中华人民共和国社会主义建设统计资料汇编》（国家统计局，1956）和《伟大的十年——中华人民共和国经济和文化建设成就统计》（人民出版社1959年版）制作而成。1956年具体数字由于统计表中没有详细的数字，在此缺略。

从表7-8中看出，过渡时期，我国少数民族文化事业虽然有年份没有增长，但从1955年起，民族文报纸、杂志、图书出版发展都比较快。

第三节　文化建设高潮的预期与实际

1949年9月21日，毛泽东在政协会议开幕词中提出："随着经济建设的高潮的到来，不可避免地将要出现一个文化建设的高潮。"[①]这是最早提出新中国文化建设高潮的问题。随后，不仅党和国家领导人相信文化建设高潮即将到来，文化界乃至其他社会群体也相信文化

---

① 《毛泽东文集》第5卷，人民出版社1996年版，第345页。

建设高潮即将到来。1951年1月,《新建设》发表张奚若、华岗、王学文、周谷城、丁易、李达、林砺儒、华罗庚、徐悲鸿、宋云彬、周建人、施复亮、孙伏园、谢觉哉、陶孟和、冯友兰、沈体兰、汤用彤、罗常培等人"迎接新民主主义的文化建设高潮"的专题文章,深入总结了新中国成立后我国文化建设与文化事业发展的情况。1956年1月,周恩来又强调说:"随着汹涌澎湃的社会主义经济建设的高潮而来的,将要出现一个文化建设的高潮"①。那么,贯穿整个社会主义过渡时期文化建设高潮的说法,我们究竟该怎样去认识这个问题,确实需要做具体分析。

一 新民主主义文化及社会主义文化的高度自信

1949年,当毛泽东谈到文化建设高潮之时,我国文化建设正处于"一穷二白"的状态,正要进入新民主主义文化发展阶段;到1956年,当周恩来谈到文化建设高潮之时,中国文化建设已经取得了多方面成就,且将要过渡到社会主义文化发展阶段。经过七年的时间,中国文化建设实现了由新民主主义文化向社会主义文化的过渡与转变。无论是新民主主义文化建设,还是社会主义文化建设,贯穿其中的是人们对于文化建设高潮的期待,且这份期待始终未变。

对于这种文化建设高潮的说法,我们应该怎样看?实则是关乎评价这个时期文化建设成效的一大问题。可以这样说,人们之所以对新中国文化建设高潮充满信心与期待,最根本原因在于对新民主主义文化以及社会主义文化本身的自信。这种文化自信主要体现为对以马克思列宁主义为指导的新民主主义文化以及社会主义文化的坚持与发展。如毛泽东曾经说过:"伟大的胜利的中国人民解放战争和人民大革命,已经复兴了并正在复兴着伟大的中国人民的文化。这种中国人民的文化,就其精神方面来说,已经超过了整个资本主义的世界。"②这里所说的精神方面,意指中国将会在马克思列宁主义指导下开始建设人民的文化——新民主主义文化以及社会主义文化。

---

① 《周恩来选集》(下卷),人民出版社1984年版,第187页。
② 《毛泽东选集》第4卷,人民出版社1991年版,第1516页。

二 文化建设高潮实际并未到来

可以说,我国文化事业的每一步发展都离不开党和国家的正确领导以及全体文化工作者的共同努力。同时,我国文化事业的发展既要适应了当时国家建设的客观需要,又要受制于经济基础的变化;是既要发展,又不可能大发展。

这个时期,我国文化建设始终都是围绕经济建设、政治建设的需要来安排与展开。当时人们对于文化建设高潮的理解也不是直线式的、一蹴而就式的,而是强调文化建设需要以经济为基础,是在经济建设高潮的基础上来实现文化建设的高潮。如郭沫若就明确表示"文化建设跟随着经济建设,而不是跑到经济建设的前头"①。这种认识体现了马克思主义关于经济、政治与文化发展之间的辩证关系。尽管人们对文化建设高潮有着较高的预期,但是,现实条件以及国家建设的整体需要都制约着文化建设的发展,因此,我们必须认识到文化建设高潮的预期与文化建设的实际有着一定的距离。

(一) 文化建设充满着艰巨性与复杂性

陆定一明确表示,要迎接新中国文化建设的高潮必须付出巨大的努力。他说:"由于长期的封建统治,特别是国民党二十余年的法西斯统治,劳动人民得不到教育的机会,文盲占到全国人口的绝大多数,各种文化艺术活动,与广大的劳动人民无缘。自然科学的研究事业更是被摧残得奄奄一息,连原来就极少的科学设备多被国民党破坏或搬走。现在,我们必须在这个残破的局面下,在物质条件极其困难的条件下,依靠劳动人民的力量,重新奠定新民主主义文化教育的基础。"② 以文盲为例,当时中国总人口里 80%—90% 是文盲,试想在这种条件下怎么可能建设高度文化的国家。正因为如此,党和国家高度重视扫盲工作以及群众教育工作,这不是没有道理的。

(二) 国家对文化事业投入有限

从国家每年对文化事业的投入来分析,文化方面确实所占有限。

---

① 郭沫若:《四年来的文化教育工作和今后的任务》,《人民日报》1953 年 10 月 1 日。
② 《陆定一文集》下卷,人民出版社 1992 年版,第 417 页。

如表7-9所示。

表7-9　　　　　　　　国家对文教科学投资情况　　　　　　　　单位：亿元

年度	投资总额	工业	农林等	文教科学	文教科学占比%
1952	43.6	16.9	6.0	2.8	6.4
"一五"计划时期合计	550.0	250.3	41.9	38.1	6.9
1953	80.0	28.4	7.7	6.2	7.8
1954	90.7	38.3	4.2	6.8	7.5
1955	93.0	43.0	6.2	5.9	6.3
1956	148.0	68.2	11.9	10.0	6.7
1957	138.3	72.4	11.9	9.2	6.7

资料来源：《伟大的十年——中华人民共和国经济和文化建设成就的统计》，人民出版社1959年版，第48、49、51页。

而对文教事业的经费投入中，有相当大部分集中到教育领域，用到文化事业其他领域的费用相对更少。如表7-10所示：

表7-10　　　　　　　　教育事业费及其所占比重情况

年度	国家财政总支出/亿元	其中文教科学、卫生事业费支出/亿元		教育事业费支出比重/%	
		合计	其中：教育事业费支出	占国家财政总支出	占文教事业费支出
1950	68.08	5.02	3.76	5.52	74.90
1951	122.49	10.56	7.42	6.06	70.27
1952	175.99	13.47	8.95	5.09	66.44
1953	220.12	19.03	12.80	5.81	67.26
1954	246.32	19.70	13.77	5.59	69.90
1955	269.29	19.82	14.08	5.23	71.04
1956	305.74	23.90	16.47	5.39	68.91

资料来源：《中国教育年鉴（1949—1981）》，中国大百科全书出版社1984年版，第98页。

以上两组数据显示，新中国成立初期，国家对文教科学的投资比例保持在总投资额的6%—8%之间，而教育事业费占到总支出的5%—6%，可想而知对文化艺术事业的投入之少。1956年时任国家计委文教计划局局长的高云屏说："就文教事业的基本性质来说，在我国的整个社会主义建设事业中，它是一个配合的方面。它的任务由我国的政治任务和经济任务所决定的，并且服务于这些政治任务和经济任务。"① 这就不难理解，新中国成立初期国家为什么会提出既要发展文化，又要在经济发展的基础上按比例地发展文化事业了。

（三）文化事业发展过程中存在不少问题

文化艺术事业发展中急躁冒进思想一直存在。1953年9月，郭沫若指出："我们在文教工作中，犯有盲目冒进的倾向。一部分文教工作的领导机关和领导同志，常常不根据主客观条件，正确地结合需要与可能，而只顾需要，不顾可能，追求数量，忽视质量，只看到今天，不看到明天，贪多、图快、急躁地进行工作。"② 另外，思想文化运动中的政治批判、上纲上线的做法影响到后来的文化发展。新中国成立初期几次重要的思想文化批判运动，都存在用政治批判的方式来解决思想文化问题的共同取向。对电影《武训传》的批判，胡乔木后来就明确指出："当时这种批判是非常片面、极端和粗暴的。"③ 对胡风文艺思想的批判，不断上纲上线，牵连甚广。

新中国成立初期，人们对文化建设高潮的乐观预期与文化建设的实际有一定差距，文化建设始终围绕并服务于经济建设和政治建设，同时受制于经济建设和政治建设的发展。到1956年，随着农业合作化的高潮以及社会主义改造的顺利进行，国家对技术和人才的需求更加紧迫，这时新形势要求，"文化、教育、卫生工作的发展，要求在最短期间扫除全国文盲，要求科学和技术水平的大大提高，在不太长

---

① 高云屏：《第一个五年计划中的文教工作》，中华全国科学技术普及协会出版1956年版，第1页。
② 郭沫若：《关于文化教育工作的报告》，《教育文献法令汇编·1953》，中华人民共和国教育部办公厅1954年编印，第15页。
③ 《对电影〈武训传〉的批判非常片面、极端和粗暴》，《人民日报》1985年9月6日。

的期间接近和赶上世界先进水平"①。1956年4月份以后,中共中央正式提出繁荣科学文化事业的"百花齐放,百家争鸣"的方针。1957年以后,文化建设转向了"文化革命""技术革命"以及"文化大跃进"。这个时候,文化建设反而陷入了更加急躁冒进的情绪之中。这种思想和情绪上的高潮,并不是真正的文化建设高潮。从这个意义上说,新中国成立初期,我国文化建设高潮实际上并未到来。

---

① 《建国以来重要文献选编》第8册,中央文献出版社1994年版,第5页。

结语　社会主义文化建设道路的开辟

中华人民共和国成立之际，我国文化建设既面临着许多有利条件，又遇到不少现实困难。一是文化建设的国内外条件明显改变。人民民主国家政权的建立以及向以苏联为首的社会主义国家一边倒，虽然为新中国国家建设创造了有利条件，但以美国为首的西方国家孤立封锁中国，新中国国家建设又遇到了很多困难。二是文化建设经验严重不足。新中国文化建设是在"一穷二白"的基础上开始的，既面临着许多现实困难，又缺乏文化建设的经验。三是与延安时期相比，新中国文化建设是全国性范围更广的文化建设，面临的情况更加复杂。

中华人民共和国成立以后，党和政府用了七年的时间，从明确方向、构建体制、制定方针、文化治理、学习苏联以及发展各项文化事业方面展开新中国文化建设，基本上满足了人民群众文化生活的需要以及新中国国家建设的需要。具体而言，国民经济恢复时期，我国文化建设围绕着新民主主义国家建设的需要，推进《共同纲领》所确定的文化建设任务，在全国范围内大力发展新民主主义文化，为计划经济建设时期向社会主义文化过渡打下基础；计划经济建设时期，我国文化建设围绕着社会主义过渡时期的总路线和总任务的要求，提出"百花齐放，百家争鸣"文化方针，制定并实施了正确的文化政策，促进文化事业的发展，最终开辟出社会主义文化发展的道路。可以这样说，新中国成立初期文化建设，在当代中国文化建设史上起到承上启下的作用，奠定此后各个时期文化建设与文化发展的基础。那么，这个阶段中国共产党领导下的文化建设究竟有哪些特点以及该怎样评价这段历史呢？这就需要从当时的历史条件出发加以分析。

一 文化建设的发展特点

（一）坚持马克思主义的指导地位

《共同纲领》提出，要用科学的历史观点研究和解释文化。① 这里"科学的历史观点"实际上就是马克思列宁主义观点，亦即马克思主义的唯物史观。中华人民共和国成立之后，我国思想文化领域呈现出封建主义思想、资本主义思想和社会主义思想等多种思想形态并存的局面。但在中国共产党领导下通过广泛开展政治学习以及开展知识分子的思想改造运动与思想文化批判，最终是要在文化界人士、广大知识分子、文化管理干部等群体中牢固树立马克思主义思想的指导地位，树立为人民服务的态度与观点。

从新中国国家建设的角度来说，文化建设要在纷繁复杂的局面下找到前进的方向与发展的目标，统一思想、凝聚共识，团结大多数人来共同建设新中国，就必须有共同的思想基础，要坚持马克思主义思想的指导地位。正如习仲勋所指出："只有用马列主义、毛泽东思想不断去教育和鼓舞广大人民，同时用新民主主义的文化不断地从精神上武装广大人民，才能保证我们向社会主义和共产主义社会发展和前进。离开了马列主义、毛泽东思想，缺少了文化事业的推动，建设新民主主义的社会是不可能的。"②

新中国成立初期所开展的思想政治学习、知识分子的思想改造运动以及思想文化批判运动，其根本目的就是要确立马克思主义思想的指导地位。文化建设坚持以马克思主义思想为指导，一方面要求人们按照共同思想基础来开展思想文化活动；另一方面要以马克思列宁主义的思想原则作为评判文化发展成果的标准。有学者指出，新中国成立以后，"文化政策的核心和目标便是确立并巩固马克思主义的主导意识形态地位，并实现文化的'一体化'。这里的'一体化'大体上是指把丰富多彩的文化、百家争鸣的学术思想归并到一种思维模式中；由执政党指导思想或

---

① 《建国以来重要文献选编》第1册，中央文献出版社1992年版，第11页。
② 习仲勋：《文化工作要为经济建设服务》，《习仲勋文集》（上卷），中共党史出版社2013年版，第249—250页。

国家主导意识形态的一元化出发,力求整个思想文化的一元化;……这就导致了马克思主义由指导地位出发,走向占领一切思想文化阵地甚至取代文化的地步。"① 如果将这个时期文化建设放在新中国国家建设整体视阈下去考察,当时所开展的政治学习、知识分子的思想改造运动以及思想文化批判运动,不仅有必要性,而且是可以理解的。

(二) 形成高度集中统一的领导体制

党的领导,是新中国文化建设的根本所系。除了前面所说的思想领导,还有一个重要方面是组织领导。

文化建设必须组织起来,这在当时似乎是一种共识。中华人民共和国成立以前,中国共产党已经意识到"组织起来"的重要性,并提出要从政治、军事、文化等方面来加强组织建设,把全国绝大多数人纳入各种组织里来共同创建独立、民主、和平、统一、富强的新中国。中华人民共和国成立后,国家不仅建立了各种文化管理机构,也成立相应的群众文化团体,以此来推动文化建设。政府部门的文化管理机构,政务院成立了政务院文教委员会及其所属的文教机构;各省、市、县也成立了相应的文化管理机构。文化团体方面,除了中华全国文学艺术界联合会及其所属的各个协会以外,还成立自然科学、社会科学、新闻出版等方面的群众文化团体,各个地方也根据实际情况成立相应的群众文化团体。

无论是政府性质的文化管理机构,还是群众性的文化团体,都将各种文化人纳入相应的组织(包括机关、事业单位、企业和社会团体等)中来。国家通过各种文化组织团结文化力量,有利于开展文化建设工作;而各种文化人进入各种组织中来,成为其中一员,获得合法的身份和地位,成为建设新文化的重要力量。为了加强党的领导,文委以及文化行政机构、文化团体经过多次调整。可以说,经过七年的文化建设,我国实际上形成了高度集中统一的文化体制。

(三) 重视文化事业发展的计划性

国民经济恢复时期,中央人民政府已经重视文化事业发展的计划

---

① 杨凤城:《新时期中国文化发展的几个宏观问题研究》,《当代中国史研究》2005年第5期。

性问题,但由于当时我国文化事业还处于恢复和发展时期,制定全国性的文化教育计划的条件尚不具备。随着国家进入计划经济建设时期,我国在经济上开始建立起较为完善的计划经济体制,在政权建设上也突出集中统一领导,对文化事业的发展同样也提出计划性的问题。

自1953年开始,国家开始着手制定国家文化建设计划。1953年1月12日,文教委副主任习仲勋在各大区文委会议上集中阐述文教建设计划的重要性。他认为,三年来文化工作"最大的缺点是工作计划性不够,盲目性很大","三年来,甚么都恢复,能发展的都发展,但是究竟哪些应该多做,哪些应该少做,在哪些方面需要用较大的力量,在哪些方面应该少花些力量,都还缺乏很好地考虑,处处表现出平均使用力量、盲目发展的现象。如果说,过去三年我们是处在恢复阶段中,忙于各种恢复和改革,做不到按计划办事,这还是难以避免的;但是,现在既开始要做计划,各种事业都需要按比例发展,那么就决不应允许这个缺点再继续存在了"。[①] 从1953年起,国家要求进行有计划的文教建设。文教建设是服务于经济建设的,必须按照经济建设的要求来进行文教建设。制定文教计划,这就要求文化教育工作必须有一个转变。他认为:"转变的关键就在于从无计划到有计划、从盲目发展到计划建设。自发性与计划性是矛盾的,自发性是没有领导的,那就一定会是盲目的,一定要用计划性来克服自发性、盲目性,这就需要不断地进行斗争。"[②] 对于进入有计划经济建设时期的文化工作,关键就是要制定一个切合实际的计划。1月24日,习仲勋总结1953年进行文教工作时最重要的一条就是"按计划办事"。他指出:"从无计划到有计划,这是一个重大的转变。"[③] 他提出要从四个方面来抓计划工作:首先制订一个正确的、可行的、比较切合实际的计划;其次要做一系列的组织工作,保证计划的实行;再次是文化

---

① 《政务院文化教育委员会习仲勋副主任在大区文委主任会议上的报告》,《教育文献法令汇编·1953》,中央人民政府教育部办公厅1955年编印,第10页。

② 《政务院文化教育委员会习仲勋副主任在大区文委主任会议上的报告》,《教育文献法令汇编·1953》,中央人民政府教育部办公厅1955年编印,第10页。

③ 《1953年文化教育工作的方针和任务》,《教育文献法令汇编·1953》,中央人民政府教育部办公厅1955年编印,第3页。

部门深入检查，具体领导；最后要教育全体干部逐渐养成按计划办事的良好习惯。1953年9月，文化部总结自身工作的缺点时就有对文化事业缺乏计划性，存在着自发性和盲目性，并在许多问题上有贪多冒进的思想。随后，中共中央指示，文化部所属的文化事业包括的范围和联系的群众十分广泛，必须加强对文化事业发展的计划性，克服盲目性，并加强对每一项事业的管理。① 1954年3月，习仲勋说："在这一年里，我们开始有了一个年度的文化教育事业计划，并开始按计划办事，这是一个很大的转变。……经过一年来的工作，大家在思想上都逐渐地明确了：文化教育建设必须为经济建设服务；必须从实际出发，根据需要与可能，既反对盲目冒进，又反对消极保守；局部必须服从整体；今天必须照顾到明天，明天又必须从今天出发。只有如此，才能制订出比较切合实际的计划，才能逐步使文化教育事业的指标与经济建设的需要维持正确的比例。"② 从国家层面来说，文教委及文化部等为配合国家进行有计划的经济建设，都必须加强文化建设的计划性。

这个时期，我国文化建设计划具体体现在"一五"计划和各类文化事业的长远规划中。"一五"计划第九章对国家层面的普通学校教育、干部和工农群众的业余教育、出版和发行、广播、文学艺术、文化馆、图书馆、博物馆等文化事业进行了详细规划。③ 地方计划上，国家要求各省市、各县要加强对所属文化教育事业的领导，同时加强对当地国营企业举办的、公私合办的、群众集体举办的、私人经营的文化教育事业的领导，使各种文化教育都能够逐步地纳入计划的轨道，发挥应有的作用，以满足当地人民的文化生活需要和培养干部方面的需要。如1955年1月，吉林省文化局制定了全省戏曲会演要点，对参演的剧目进行规定。④ 少数民族文化方面，1952年

---

① 《建国以来重要文献选编》第5册，中央文献出版社1993年版，第19页。
② 《1954年文化教育工作的方针和任务》，《教育文献法令汇编·1954》，中央人民政府教育部办公厅1955年编印，第4页。
③ 《建国以来重要文献选编》第6册，中央文献出版社1993年版，第544—553页。
④ 《一九五五年全省戏曲会演要点》，《吉林省文化工作文件选编·艺术（1951—1959）》，吉林省文化厅1988年编印，第209页。

12月,中共中央强调制订"一五"计划要重视发展少数民族的文化。① 随后,"一五"计划里有专门针对少数民族文化的规定。1956年起,为配合国家农业发展纲要,推动农业合作化运动的发展,文化事业的各个领域都制订了相关的长远计划(十二年计划)。文化部对文化工作进行"全面规划,加强领导",拟定了全国文化事业发展的长远规划。② 自然科学、哲学社会科学等也都制订过专门的远景发展规划。

(四)重视文化发展的群众性

中华人民共和国成立以后,国家大力开展工农群众的文化教育,设立各种群众文化机构,并举办群众文化事业,构建起完整的群众文化体制机制。在这方面,工农群众文化教育比较突出。

工农教育以文化教育(首先是识字教育)为主要内容,并适当地结合政治教育、生产技术教育和卫生教育。据统计,到1956年初,在农村青壮年中约有80%的文盲,在职工群众中文盲占到50%左右,城市劳动人民中也有大量的文盲。③ 1956年3月,中共中央、国务院发出《关于扫除文盲的决定》,要求在全国范围内有计划地扫除文盲。④ 党和国家提出从1956年开始在工农群众中大力开展识字教育,各地根据情况在五年或七年内基本上扫除文盲。要求两年到三年扫除机关干部中的文盲;三年或五年扫除工厂、矿山、企业职工中文盲的95%左右;五年或七年基本上扫除农村和城市居民中的文盲;在少数民族地区根据具体情况确定扫除文盲的计划和速度。这种高度重视工农群众的文化教育,并采取强有力的措施加以推进,是新中国新政权下人民当家作主实现文化权利的重要表现。

无论是成立各种群众文化管理机构,还是举办群众性文化事业,最终目的是提高工农群众的文化水平,更好地建设新中国。这就是

---

① 《建国以来重要文献选编》第3册,中央文献出版社1992年版,第435页。
② 《文化工作文件资料汇编(一)(1949—1959)》,中华人民共和国文化部办公厅1982年编印,第51页。
③ 《在七年内基本上扫除全国青壮年文盲》,《人民日报》1956年12月6日。
④ 《中国共产党中央委员会、中华人民共和国国务院关于扫除文盲的决定》,《人民教育》1956年第4期。

说,广大人民群众既是群众文化事业参与的主体力量,又成为群众文化的受益者。1952年10月15日,《平原日报》刊载平原省中牟疃村农民文化学习运动的情况:平原省中牟疃村全村有110户,486人。解放前该村仅有2个人识字。解放后,中牟疃村在文化上翻了身。到1952年10月,全村青壮年男女128人,除个别有疾病或家中事务繁忙等原因未能上学外,其他全部入了民校,老人也自动参加学习。具体情况是:初级民校有青壮年学员70人,高级民校有55人,中学、师范生有12人(其中有女生9人)。通过民校已培养出了民校义务教员、村书记、合作社会计共14人,小学教员2人。该村文化学习运动由小到大,由低到高,由不正规到正规,由少数积极分子的学习活动变为群众性的学习热潮。其组织形式的变化是:由学习小组、识字班、冬学、夜校到民校及推广速成识字法。[①]

这个时期,王老九、高玉宝这样的农民诗人和作家涌现出来。王老九是陕西省临潼县的农民,原名王建禄,排行第九。新中国成立后,他创作了大量歌颂新社会新时代的快板诗。王老九因为创作上的成绩,还参加了西北文代会。旧社会受尽压迫剥削的农民,在新时代不仅学习了文化,而且还能够自己创作诗歌,这在旧社会是不敢想象的事情,但在新社会却真实地实现了。

新中国成立以后,各种群众性的文化事业已不再是局部地区和部分领域,而是深入到农村、工厂、矿山的每个角落,惠及劳动群众自身,并成为一场全国性的群众文化运动。

二 文化建设的历史评价

短短七年的时间,我国文化建设实现了由新民主主义文化向社会主义新文化的转变,解决了思想文化上的一些重大理论问题,取得了一系列文化建设成就。这个时期,我国文化发展所取得的成就必须得到充分肯定;同时,我国文化建设面临的一些问题也必须正视,要从中总结经验教训。以下几个方面不可忽视:

---

① 中共平原省委农村工作考察组:《平原省中牟疃村是这样开展文化学习运动的》,《人民日报》1952年12月26日。

(一) 党的思想领导与文化建设以及文化发展的关系问题

中国共产党是中国革命、建设和改革的领导核心。党对包括文化在内的各项事业必须加强思想领导。中央人民政府成立后,全国各地开展的学习运动可以说是一场马克思列宁主义的思想教育运动。1950年3月,中宣部部长陆定一强调要实现文化事业转到广大劳动人民的基础上及为恢复与发展国家生产建设服务,一个最重要条件就是工人阶级及其政党正确思想的领导。① 1951年底,针对文艺界开展整风学习运动,沈雁冰说:"经过了这一个运动,文艺工作者挖掘了自己的资产阶级和小资产阶级思想意识的根源,澄清了文艺思想的混乱,端正了创作态度,大批文艺工作者到工厂、农村、部队参加了群众的实际斗争,为今后发展和提高创作的水平,准备了条件。"② 1955年3月,全国开展了宣传唯物主义思想批判资产阶级唯心主义思想运动。这实际上是全国范围的马克思主义的思想学习。马克思列宁主义、毛泽东思想作为中国共产党的思想理论基础,在中国共产党执政以后,更是成为新中国各项建设事业共同的思想基础。但要指出,这种马克思主义思想基础的确立不可能一蹴而就,而是与各种非马克思主义的教条主义和主观主义思想的斗争中逐步实现的。沈雁冰认为新中国成立后文化建设上的一切成就都同知识分子进行思想改造、学习马克思主义分不开。他说:"试问,在新中国不提倡学习无产阶级思想体系的马克思主义,难道要提倡学习资产阶级的个人主义和唯心主义么?"③ 这就说明,坚持党的思想领导是新中国文化建设顺利开展以及取得重要成就的根本因素。但是,在文化建设实践中,如何坚持党的领导的问题却经常会遇到。当时文化行政机构有很多民主党派的领导人,但由于一些人"没有看清文教战线中党外知识分子数量大、范围广、党员少这个基本情况",而忽视了党的统一战线政策与要求,结果

---

① 陆定一:《新中国的教育和文化》,《陆定一文集》下卷,人民出版社1992年版,第418页。
② 沈雁冰:《三年来的文化艺术工作》,《人民日报》1952年9月27日。
③ 沈雁冰:《关于文化工作的几个问题》,《人民日报》1957年7月15日。

影响了党与党外知识分子的关系,给文化建设造成不必要的损失。①

(二) 党和国家领导人以及文化战线上领导人对文化建设的影响问题

延安时期,毛泽东对于构建新民主主义文化理论起到了重要作用。新中国成立以后,毛泽东仍然对文化问题保持着高度敏感并发表了不少意见。如1951年,毛泽东在《应当重视电影〈武训传〉的讨论》中认为,《武训传》所反映出思想文化领域的问题带有根本的性质。② 随即思想文化领域开展了一场声势浩大的对电影《武训传》的批判。应该说,毛泽东的意见在其中起到了扭转方向的关键作用。此外,毛泽东就戏曲改革所提出的"百花齐放,推陈出新"及文学艺术和科学问题所提出的"百花齐放,百家争鸣"的方针都用作指导新中国文化建设发展的方针。

周恩来作为政务院(后为国务院)的总理,多次提出要加强文化教育工作并就文化方面的问题发表重要意见。如1949年7月第一次文代会和1953年第二次文代会上,周恩来都作报告集中阐述文艺和文化的意见。刘少奇也十分关心和重视文化问题。如1951年5月,刘少奇认为"三年准备"中最重要的就是文化上的准备工作。在他看来,新中国建设所需的知识分子、专家和技术人员都太少了,因此要增加学校培养干部和人才。③ 1956年3月,刘少奇听取文化部工作汇报时就民间职业剧团、文艺方针、文艺批评等发表意见。④ 此外,思想文化战线的领导人如郭沫若、陆定一、沈雁冰(茅盾)、周扬等也对新中国文化建设有过不少论述,起到过重要作用。

如何看待党和国家领导人以及思想文化战线上的领导人对文化建设的影响,这不仅涉及政治与文化的关系问题,还涉及文化自身发展

---

① 习仲勋:《党在文化教育方面的任务》,《习仲勋文集》(上卷),中共党史出版社2013年版,第325页。
② 《建国以来重要文献选编》第2册,中央文献出版社1992年版,第272页。
③ 《"三年准备,十年建设"》,《刘少奇论新中国经济建设》,中央文献出版社1993年版,第180页。
④ 《对于文艺工作的几点意见》,《刘少奇选集》(下卷),人民出版社1985年版,第189页。

的规律问题。这个时期文化建设尚属开创与奠基时期，但文化建设中的一些关键性问题并未缺席，且均为刚刚涉及，中国共产党如何对待和处理这些问题很值得作深入讨论。比如说，毛泽东在关键时刻总会对思想文化问题发表意见，他的思想究竟起到什么样的作用，以及如何去看待这些作用，我们都需要通过对历史事实的分析来认识这些问题，而不能简单地作结论。

（三）文化建设的失误及其不利影响问题

这个时期，我国文化建设留下了不少值得总结的教训。

首先，文化事业发展中的急躁冒进思想和消极保守思想一直存在。1953年9月，郭沫若指出："我们在文教工作中，犯有盲目冒进的倾向。一部分文教工作的领导机关和领导同志，常常不根据主客观条件，正确地结合需要与可能，而只顾需要，不顾可能，追求数量，忽视质量，只看到今天，不看到明天，贪多、图快、急躁地进行工作。"[1] 急躁冒进思想的出现虽然有着人民希望改善文化生活的原因，但超过了现实条件则容易造成人力物力的浪费。与之相对，则是消极保守思想的存在。1954年9月，沈雁冰指出："保守思想的根源在于没有充分估计到发展的可能性，在于忽视了社会的潜在力量的深厚，也在于一般地看问题，只估计到各地文化发展的不平衡性，而没有从长久打算上有计划、有重点地对落后地区特加注意。"[2] 急躁冒进和消极保守都不利于文化建设与文化事业的发展。后来，随着农业、工业大跃进的发展，文化工作中也提出文化大跃进的任务。[3] 1958年10月，全国文化行政会议上甚至还提出"人人能读书，人人能写诗，人人看电影，人人能唱歌，人人能画画，人人能舞蹈，人人能表演，人人能创作"的目标。这种做法显然是急躁冒进情绪的延续与发展。

其次，思想文化领域存在的政治批判方式的消极作用影响深远。这个时期文化建设中党领导开展的几次重要的思想文化批判运动存在着用政治批判的方式来解决思想文化方面的问题。如对电影《武训

---

[1] 郭沫若：《关于文化教育工作的报告》，《教育文献法令汇编·1953》，中央人民政府教育部办公厅1955年编印，第15页。

[2] 《人民日报》1954年9月27日。

[3] 《人民日报》1958年5月24日。

传》的批判，1985年9月6日，胡乔木就表示："解放初期，也就是1951年，曾经发生过对电影《武训传》的批判。这个批判涉及的范围相当广泛。我们现在不对武训本人和这个电影进行全面的评价，但我可以负责任地说明，当时这种批判是非常片面、极端和粗暴的。因此，这个批判不但不能认为完全正确，甚至也不能说它基本正确。"①对胡风文艺思想的批判，更是把问题简单化为阶级斗争，不少人因此入狱，牵连甚广。1956年，"百花齐放，百家争鸣"方针的提出在一定意义上具有纠偏的作用。但1957年反右斗争扩大化后，文化艺术上的问题被简单化为社会主义和资本主义两条路线的斗争。②这些消极方面对后来的文化建设产生了极为不利的影响。

尽管如此，社会主义文化建设道路的开辟，是一次真正意义上的文化转型。这种文化转型，相较于旧中国是"破"与"立"的辩证发展过程，即完成新民主主义文化向社会主义文化的过渡，在新政权、新国家的基础上发展各种文化事业。可以说，新中国成立初期的文化建设，实现了由新民主主义文化向社会主义文化的转变，开辟出社会主义文化发展道路，奠定了此后中国文化发展的基础，是当代中国文化建设史上的开创与奠基时期。对于这一伟大的文化转型，必须充分肯定其在当代中国文化建设史上的重要意义。

1956年即将结束时，《人民日报》发表《致文化工作者》一文，表达了三层意思：（1）明确方针，提高质量。繁荣文化艺术的方向，即"努力创造社会主义的民族的新文化"。这就是说，我国社会主义改造取得完全胜利以后，文化上要求创造社会主义的民族的新文化。这里所说的新文化，具备社会主义和民族的两个特征。中国的新文化必须在为建设社会主义服务的前提下，发展民族的文化艺术。为此，文化工作者要学习和吸收外国一切好的东西，必须利用现代科学文化知识来整理和研究我国丰富优秀的文化遗产，要防止和克服教条主义的态度。另外，要改变不合理的管理制度和领导方法，如在艺术创作

---

① 《胡乔木说对电影〈武训传〉的批判非常片面、极端和粗暴》，《人民日报》1985年9月6日。
② 《全国文化厅局长会议强调坚持两条道路的斗争》，《人民日报》1958年5月8日。

上建立合理的稿酬制度、上演税制度和创作奖励制度，彻底改进电影生产中的领导方法和管理制度，提高艺术干部的政治水平和业务水平，坚决执行艺术事业企业化方针等，这样才能在充分利用现有基础上不断提高文化艺术的质量。（2）走出机关，深入群众。社会主义新文化的建设，应该充分地依靠群众的积极性和创造性，在广大群众中开展文化艺术活动，应该充分发挥广大民间艺人的力量，来丰富群众的文化生活。这就要求文化行政部门改变主观主义和官僚主义的毛病，深入到广大群众中去开展工作。（3）发扬艰苦朴素的作风。在文化艺术事业较快发展的同时，各地出现贪大、贪多、浮夸、奢侈的现象。这些不好的作风需要引起文化工作者的重视，发扬艰苦朴素的作风加以改进。[①] 全面建设社会主义时期，我国文化建设又会有一个新的发展与变化。

[①] 《致文化工作者》，《人民日报》1956年12月28日。

参考文献

（一）报纸杂志

1. 《中国文化》
2. 《新华月报》（1949—1956）
3. 《人民日报》（1948—1956）
4. 《光明日报》（1949—1956）
5. 《中华人民共和国国务院公报》（1954—1956）
6. 《文汇报》（1949—1956）
7. 《新建设》（1949—1956）
8. 《科学通讯》
9. 《文化通讯》
10. 《文化资料》
11. 《文教参考资料》
12. 《科学通报》

（二）文集、选集、文选、年谱、传记等

1. 《马克思恩格斯文集》，人民出版社2009年版。
2. 《列宁专题文集》，人民出版社2010年版。
3. 《毛泽东选集》（第1—4卷），人民出版社1991年版。
4. 《毛泽东文集》（第6、7卷），人民出版社1999年版。
5. 《周恩来选集》（上、下卷），人民出版社1980、1984年版。
6. 《刘少奇选集》，人民出版社1985年版。
7. 《建国以来毛泽东文稿》，中央文献出版社1987—1998年版。
8. 《建国以来周恩来文稿》，中央文献出版社2008年版。

9. 《建国以来刘少奇文稿》，中央文献出版社2005、2008年版。
10. 《任弼时选集》，人民出版社1987年版。
11. 《邓小平文选》（第1卷），人民出版社1994年版。
12. 《陈云文选（1926—1949）》，人民出版社1984年版。
13. 《薄一波文选》，人民出版社1992年版。
14. 《习仲勋文选》，中央文献出版社1995年版。
15. 《林伯渠文集》，华艺出版社1996年版。
16. 《董必武选集》，人民出版社1985年版。
17. 《徐特立文集》，湖南人民出版社1980年版。
18. 《胡乔木文集》（第1卷），人民出版社1992年版。
19. 《毛泽东书信选集》，人民出版社2003年版。
20. 《毛泽东文艺论集》，中央文献出版社2002年版。
21. 《周恩来书信选集》，中央文献出版社1988年版。
22. 《周恩来文化文选》，中央文献出版社1998年版。
23. 《周恩来教育文选》，教育科学出版社1984年版。
24. 《彭真文选》，中央文献出版社1991年版。
25. 《陆定一文集》，人民出版社1992年版。
26. 《周扬文集》（1—4），人民出版社1984—1991年版。
27. 《毛泽东传（1949—1976）》，中央文献出版社2003年版。
28. 《周恩来传》，中央文献出版社1998年版。
29. 《刘少奇传》，中央文献出版社1998年版。
30. 《毛泽东年谱（1949—1976）》，中央文献出版社2013年版。
31. 《周恩来年谱（1949—1976）》，中央文献出版社1997年版。
32. 《刘少奇年谱（1898—1969）》，中央文献出版社1996年版。
33. 《俞平伯年谱》，天津人民出版社2001年版。
34. 《郭沫若年谱1892—1978》，天津人民出版社1992年版。
35. 《茅盾年谱》，长江文艺出版社1985年版。
36. 《张闻天年谱》，中共党史出版社2000年版。
37. 《毛泽东著作专题摘编》，中央文献出版社2003年版。
38. 李维汉：《回忆与研究》，中共党史资料出版社1986年版。
39. 薄一波：《若干重大决策与实践的回顾》（上、下），中共党史出版社 2008 年版。
40. 《马恩列斯论文艺》，人民文学出版社 1996 年版。
41. 《马克思恩格斯列宁斯大林论社会主义文明》，中共中央党校出版社 1982 年版。
42. 《马克思恩格斯列宁论意识形态》，人民出版社 2009 年版。

（三）文献及史料汇编

1. 中共中央统一战线工作部编印：《文教政策》，1949 年 8 月。
2. 李遇寅、庞梅编：《出席世界拥护和平大会纪实》，新华书店，1949。
3. 《中华人民共和国开国文献》，新民主出版社 1949 年版。
4. 《中国共产党第八次全国代表大会文献》，人民出版社 1957 年版。
5. 政务院文教委员会编：《文教政策汇编》（1—8 辑），1950—1954。
6. 《中央人民政府法令汇编 1949—1950》，人民出版社 1952 年版。
7. 《中央人民政府法令汇编（1951）》，人民出版社 1953 年版。
8. 《中央人民政府政务院政务会议文件汇辑（第 1—4 册）》，中央人民政府秘书厅编印，1953—1954。
9. 《中华人民共和国第一届全国人民代表大会第一次会议汇刊》，大会秘书处编，1954。
10. 《教育文献法令汇编·1953/1954》，中华人民共和国教育部办公厅编印，1955。
11. 高等教育部办公厅编：《高等教育文献法令汇编 1949—1952》，1958。
12. 高等教育部办公厅编：《高等教育文献法令汇编》（第 1—5 辑），1954—1958。
13. 中国作家协会辑：《中国作家协会第二次理事会会议（扩大）报告、发言集》，人民文学出版社 1956 年版。
14. 中国科学院办公厅编：《中国科学院资料汇编（1949—1954）》，1955。
15. 中国科学院办公厅编：《中国科学院资料汇编》（第一集、第二集），1950。
16. 《新疆省第一次文化教育工作会议会刊》，新疆省文化教育委员会编印，1951。
17. 《中华人民共和国体育运动文件汇编·第一辑》，人民体育出版社

1955年版。

18. 《湖南省第一届文化行政工作会议文件汇编》，湖南省文化局编，1956。
19. 《第一届全国出版会议纪念刊》，人民出版社1951年版。
20. 中国科学院办公厅编：《中国科学院年报·1956》，1957。
21. 中央人民政府政务院秘书厅编：《中央人民政府政务院召开的第一次全国秘书长会议文件汇辑》，1951。
22. 时代书局编辑部编：《从中国人民政协到中央人民政府成立》，上海时代书局1949年版。
23. 中华全国体育总会筹备委员会编：《新民主主义的国民体育》，青年出版社1950年版。
24. 中央档案馆编：《共和国雏形——华北人民政府》，西苑出版社2000年版。
25. 《中华全国文学艺术工作者代表大会纪念文集》，新华书店1950年版。
26. 《1955年第二次全国文化工作会议资料选辑》，文化部办公厅编印，1955。
27. 《全国先进生产者代表会议主要文件》，工人出版社1956年版。
28. 《中华人民共和国第一届全国人民代表大会第三次会议文件》，人民出版社1956年版。
29. 《中国文学艺术工作者第二次代表大会资料》，中国文学艺术界联合会，1953。
30. 《全国青年文学创作者会议报告、发言集》，中国青年出版社1956年版。
31. 中国科学院编：《苏联科学院有关资料汇编》，1955。
32. 国家统计局：《中华人民共和国文化事业统计提要：1949—1954》，1956。
33. 中华人民共和国国家统计局：《中华人民共和国恢复时期统计资料：初稿》，1954。
34. 国家统计局：《伟大的十年——中华人民共和国经济和文化建设成就的统计》，人民出版社1959年版。

35. 西北行政委员会统计局：《一九四九年至一九五三年西北区各项建设成就统计资料汇编（简明本）》，西北行政委员会统计局，1954。
36. 中共中央统一战线工作部编：《统战政策文件汇编》（1—4册），1958。
37. 中央人民政府政务院文化教育委员会宗教事务处资料组：《中国基督教概况》，1952。
38. 《民族政策文件汇编》（第1编），人民出版社1958年版。
39. 《中华人民共和国三年来的伟大成就》，人民出版社1952年版。
40. 《中华人民共和国社会主义建设统计资料汇编》，国家统计局，1956。
41. 中华人民共和国国家统计局编：《我国的国民经济建设和人民生活》，中国统计出版社1958年版。
42. 中苏友好协会总会编：《苏联文化艺术工作者代表团在中国一月》，新华书店1950年版。
43. 接待苏联来华展览办公室编：《五年来中苏友好合作的巩固和发展》，1954。
44. 接待苏联来华展览办公室编：《苏联经济及文化建设成就展览会纪念文集》，时代出版社1955年版。
45. 苏联文艺选丛编辑委员会：《苏联音乐·一辑》，大东书局，1949。
46. 中国影片经理公司中南分公司编：《向苏联影片学习》，中南人民文学艺术出版社1952年版。
47. 北京大学编：《北京大学苏联专家谈话报告集》，1955。
48. 《学习苏联先进科学——中国科学院访苏代表团报告汇刊》，中国科学院，1954。
49. 中国第二历史档案馆编：《中华民国史档案资料汇编·第五辑第一编/第二编·文化》，凤凰出版社1998年版。
50. 钟离蒙、杨凤麟：《中国现代哲学史资料汇编（第二集第六册）·中国文化问题论战》，辽宁大学出版社1982年版。
51. 钟离蒙、杨凤麟：《中国现代哲学史资料汇编（第三集第一册）·抗战时期哲学思想战线上的斗争》，辽宁大学出版社1982年版。
52. 《延安民主模式研究》课题组编：《延安民主模式研究资料选编》，西北大学出版社2004年版。

53. 《中共中央文件选集》（第11—18册），中共中央党校出版社1991—1992年版。

54. 《建国以来重要文献选编》（1—9册），中央文献出版社1992—1994年版。

55. 《共和国走过的路——建国以来重要文献专题选集（1953—1956）》，中央文献出版社1991年版。

56. 《开国盛典——中华人民共和国诞生重要文献资料汇编》（上、下编），中国文史出版社2009年版。

57. 《中共中央文件选集（1949年10月—1966年5月）》（第1—24册），人民出版社2013年版。

58. 《中国共产党组织史资料》（第5卷），中共党史出版社2000年版。

59. 《中国共产党宣传工作文献选编（1949—1956）》，学习出版社1996年版。

60. 中国出版科学研究所、中央档案馆编：《中华人民共和国出版史料》（1—13），中国书籍出版社1995—2009年版。

61. 中华人民共和国文化部办公厅编：《文化工作文件资料汇编（一）(1949—1959)》，1982。

62. 新华社新闻研究所编：《新华社文件资料选编》（1—5辑）。

63. 中共中央文献研究室编：《三中全会以来重要文献选编》，人民出版社1982年版。

64. 《中国共产党第十七届中央委员会第六次全体会议文件汇编》，人民出版社2011年版。

65. 荣孟源主编：《中国国民党历次代表大会及中央全会资料》（上、下），光明日报出版社1985年版。

66. 《吉林省文化工作文件选编·艺术（1951—1959）》，吉林省文化厅办公室、吉林省文化厅文化艺术志编辑室编印，1988。

67. 《中国共产党新闻工作文件汇编》（上、中、下），新华出版社1980年版。

68. 文化部群众文化事业管理局编：《群众文化工作文件选编（一）1949—1983》，1984。

69. 中共中央宣传部编：《党的宣传工作文件选编》（1—4 册），新华出版社 1984 年版。

70. 中共中央宣传部办公厅编：《党的宣传工作会议概况和文献 1951—1992》，中共中央党校出版社 1994 年版。

71. 中共上海市委党史研究室编：《上海文化建设文献选编（1949—1966）》（上、下册），上海书店出版社 2014 年版。

72. 《中国与苏联关系文献汇编（1949 年 10 月—1951 年 12 月）》，世界知识出版社 2009 年版。

73. 《中国与苏联关系文献汇编（1952 年—1955 年）》，世界知识出版社 2015 年版。

74. 《吉林省文化工作文件选编·机构沿革、干部任免、综合卷（1950 年—1966 年）》，吉林省文化厅办公室、吉林省文化厅文化艺术志编辑室编印，1987。

75. 《吉林省文化工作文件选编·群众文化、图书馆（1950—1966）》，吉林省文化厅办公室、吉林省文化厅文化艺术志编辑室编印，1988。

76. 吴艳等编译：《中苏两国科学院科学合作资料选辑》，山东教育出版社 2008 年版。

77. 《清华大学史料选编》（第 5 卷），清华大学出版社 2005 年版。

78. 《北京档案史料——档案中的北京文化》，新华出版社 2012 年版。

（四）论著

1. 张若英主编：《中国新文学运动史资料》，光明书局 1934 年版。
2. 樊仲云编：《中国本位文化建设讨论集》，《文化建设》月刊社 1936 年版。
3. 华岗：《目前新文化运动的方向和任务》，海燕书店 1950 年版。
4. 邓初民：《中国政治问题讲话》，文化供应社 1949 年版。
5. 钟英编：《新民主主义的文化与教育》，新潮书店 1951 年版。
6. 《学习辩证唯物主义反对资产阶级唯心主义》，学习杂志社 1955 年版。
7. 金人辑：《苏联文学与艺术的方向》，东北新华书店 1950 年版。
8. 《文化·社会主义文化》（苏联大百科全书选译），人民出版社

1955 年版。

9. 人民出版社编印：《论我国科学工作》，人民出版社 1956 年版。
10. 艾思奇主编：《辩证唯物主义历史唯物主义》，人民出版社 1961 年版。
11. 丁玲：《跨到新的时代来》，人民文学出版社 1951 年版。
12. 丁玲：《到群众中去落户》，作家出版社 1954 年版。
13. 许诺：《新道德和新青年》，中国青年出版社 1956 年版。
14. 作家出版社编辑部编：《红楼梦问题讨论集（一集）》，作家出版社 1955 年版。
15. 《关于建国以来党的若干历史问题的决议注释本》，人民出版社 1983 年版。
16. 胡绳主编：《中国共产党的七十年》，中共党史出版社 2005 年版。
17. 《中国共产党历史第二卷》，中共党史出版社 2011 年版。
18. 廖盖隆、庄浦明主编：《中华人民共和国编年史 1949—2009》，人民出版社 2009 年版。
19. 中共中央党史研究室：《中华人民共和国历史大事记》，人民出版社 2009 年版。
20. 何沁编：《中华人民共和国史》，高等教育出版社 2010 年版。
21. 齐鹏飞主编：《中华人民共和国史》，中国人民大学出版社 2010 年版。
22. 郭德宏、王海光、韩钢：《中华人民共和国专题史稿（第 1 卷）》（修订本），四川人民出版社 2009 年版。
23. 新华月报社编：《新中国 60 年大事记》，人民出版社 2009 年版。
24. 中宣部、中央文献研究室选编：《论文化建设——重要论述摘编》，学习出版社 2012 年版。
25. 李勇、张仲田编：《统一战线大事记——解放战争时期卷》，群言出版社 2014 年版。
26. 当代中国研究所：《中华人民共和国史稿》，人民出版社、当代中国出版社 2012 年版。
27. 朱佳木：《中国共产党与中国当代史》，中国社会科学出版社 2009 年版。

28. 张顺清、李金山主编:《中华人民共和国文化史》,黑龙江教育出版社 1992 年版。

29. 梁景和主编:《中国社会文化史的理论与实践》,社会科学文献出版社 2010 年版。

30. 北京市委宣传部等编:《解放战争时期北平第二条战线的文化斗争》,北京出版社 1998 年版。

31. 晋察冀革命文化史料征集协作组:《晋察冀革命文化艺术大事记》,花山文艺出版社 1998 年版。

32. 杨奇:《惊天壮举——虎穴抢救文化精英与秘密护送民主名流》,广东人民出版社 2005 年版。

33. 林桶法:《1949 年大撤退》,九州出版社 2011 年版。

34. 胡海涛:《建国初期关于唯物史观的论辩》,百花洲文艺出版社 2006 年版。

35. 贺绍俊等:《共和国 60 年文化发展》,中国大百科全书出版社 2009 年版。

36. 《中华人民共和国史编年（1952 年卷）》,当代中国出版社 2009 年版。

37. 张应吾:《中华人民共和国科学技术大事记（1949—1988）》,科学技术文献出版社 1989 年版。

38. 陈序经:《文化学概观》,岳麓书社 2010 年版。

39. 艾克恩编纂:《延安文艺运动纪盛》,文化艺术出版社 1987 年版。

40. 涂文学、邓正兵主编:《抗战时期的中国文化》,人民出版社 2006 年版。

41. 《河北文化史志资料丛书·晋察冀革命文化史料》,河北文化厅文化志编办室编印,1991。

42. 《中国共产党宣传工作文献选编 1915—1937》,学习出版社 1996 年版。

43. 《抗战文艺类编·文艺卷》（第一册）,国家图书馆出版社 2010 年版。

44. 《中国人民解放军文艺史料选编·抗日战争时期（第一册）》,解放军出版社 1988 年版。

45. 《晋察冀日报社论选编 1937—1948》，河北人民出版社 1997 年版。
46. 陈崧编：《五四前后东西文化问题论战文选》，中国社会科学出版社 1985 年版。
47. 罗荣渠主编：《从"西化"到现代化——五四以来有关中国的文化趋向和发展道路论争文选》，黄山书社 2008 年版。
48. 梁漱溟：《东西文化及其哲学》，上海人民出版社 2006 年版。
49. 伍启元：《中国新文化运动概观》，黄山书社 2008 年版。
50. 刘志青：《恩怨历尽后的反思——中苏关系七十年》，上海人民出版社 2002 年版。
51. 陈扬勇：《建设新中国的蓝图——〈中国人民政治协商会议共同纲领〉研究》，社会科学文献出版社 2013 年版。
52. 李巧宁：《新中国的中苏友好话语构建（1949—1960 年）》，中国社会科学出版社 2007 年版。
53. 文记东：《1949—1966 年的中苏文化交流》，黑龙江大学出版社 2011 年版。
54. 张允熠：《中国主流文化的近现代转型》，黄山书社 2010 年版。
55. 刘辉：《中国共产党人的文化自觉——新民主主义文化思想再研究》，中共党史出版社 2008 年版。
56. 杨凤城：《中国共产党与当代中国文化的发展》，中共党史出版社 2013 年版。
57. 夏杏珍：《共和国重大文化事件纪程》，九州出版社 2013 年版。
58. 杨立青：《上下联动与制度变迁：中国文化管理体制创新研究》，广西师范大学出版社 2015 年版。
59. 王成光编著：《中国共产党文化建设思想研究》，西南交通大学出版社 2005 年版。
60. 梁启超：《中国近三百年学术史》，东方出版社 2004 年版。
61. 耿云志：《近代中国文化转型研究导论》，四川人民出版社 2008 年版。
62. 郑师渠主编：《中国文化通史·晚清卷》，北京师范大学出版社 2009 年版。
63. 郑师渠：《中国共产党文化思想史研究》，中央党校出版社 2007

年版。

64. 王奇生：《革命与反革命——社会文化视野下的民国政治》，社会科学文献出版社2010年版。
65. 《中华人民共和国文化部组织机构沿革及领导干部名录》，文化艺术出版社2010年版。
66. 苏尚尧主编：《中华人民共和国中央政府机构（1949—1990）》，经济科学出版社1993年版。
67. 北京市档案馆编：《国民经济恢复时期的北京》，北京出版社1995年版。
68. 中共北京市委党史研究室、北京市档案馆编：《北平的和平接管》，北京出版社1993年版。
69. 崔晓麟：《重塑与思考：1951年前后高校知识分子思想改造运动研究》，中共党史出版社2005年版。
70. 李向东、王增如编：《丁玲年谱长编》，天津人民出版社2006年版。
71. 王忠俊：《中国科学院史料汇编·1955年》，中国科学院院史文物资料征集委员会办公室编，1995。
72. 戴知贤：《文坛三公案》，河南人民出版社1990年版。
73. 马馨麟、马宝珠主编：《光明日报四十年（1949年—1989年）》，光明日报出版社1989年版。
74. 樊洪业主编：《中国科学院编年史（1949—1999）》，上海科技教育出版社1999年版。
75. 古籍整理出版规划小组：《古籍整理编目1949—1981》，中华书局1981年版。
76. 中共中央文献研究室编：《新疆工作文献选编》，中央文献出版社2010年版。
77. 孙健：《20世纪的中国——走向现代化的历程（经济卷，1949—2000）》，人民出版社2010年版。
78. 杨凤城：《20世纪的中国——走向现代化的历程（思想文化卷，1949—2000）》，人民出版社2010年版。
79. 《新中国对外文化交流史略》，中国友谊出版公司，1999。
80. 华东师范大学中国当代史研究中心编：《沙文汉工作笔记：

1949—1954 年》，中国出版集团东方出版中心，2015。
81. 华东师范大学中国当代史研究中心编：《沙文汉工作笔记：1956年》，中国出版集团东方出版中心，2016。
82. 《中国当代文学编年史》（第 1、2 卷），山东文艺出版社 2012 年版。
83. 王红岩：《20 世纪 50 年代中国高等学校院系调整的历史考察》，高等教育出版社 2004 年版。
84. 刘颖：《除旧布新：新中国成立初期中共对高等教育的接管与改造》，人民出版社 2010 年版。
85. 陈其泰：《范文澜学术思想评传》，北京图书馆出版社 2000 年版。
86. 梁泽楚编著：《群众文化史（当代部分）》，新华出版社 1989 年版。
87. 胡光宇：《中国共产党文化建设》，人民出版社 2011 年版。
88. 韦定广：《历史与理论：社会主义执政党文化建设问题研究》，上海人民出版社 2011 年版。
89. 王少安、周玉清：《社会主义和谐文化建设论》，人民出版社 2010 年版。
90. 邹徐文：《论中国特色社会主义文化建设》，江苏人民出版社 2010 年版。
91. 蒯大申、饶先来：《新中国文化管理体制研究》，上海人民出版社 2010 年版。
92. 夏杏珍：《六十年国事纪要·文化卷》，湖南人民出版社 2009 年版。
93. 陈晋：《文人毛泽东》，上海人民出版社 1997 年版。
94. 辛文斌：《〈新民主主义论〉与中国文化现代化》，中央编译出版社 2007 年版。
95. 张春丽：《中国共产党新民主主义文化理念形成研究》，中共中央党校出版社 2012 年版。
96. 孙建娥：《新民主主义文化革命的历史经验研究》，湖南人民出版社 2008 年版。
97. 萧贵清、赵学琳、闫晓英：《中国特色社会主义文化论》，中共党史出版社 2006 年版。

98. 于光远著述、韩钢诠注：《"新民主主义社会论"的历史命运——读史笔记》，长江文艺出版社2005年版。
99. 邵汉明主编：《中国文化研究二十年》（修订本），人民出版社2006年版。
100. 王成光编著：《中国共产党文化建设思想研究》，西安交通大学出版社2005年版。
101. 刘文江：《中国共产党文化研究》，中共党史出版社2005年版。
102. 秦文志：《中国共产党文化工作历史研究》，重庆出版社2005年版。
103. 郭建宁：《当代中国的文化选择》，北京大学出版社2004年版。
104. 朱志敏：《中国共产党与20世纪中国文化》，中国社会出版社2004年版。
105. 葛慎平等主编：《金桥新篇：新中国对外文化交流50年纪事》，文化艺术出版社2000年版。
106. 许纪霖：《二十世纪中国思想史论》（上、下册），东方出版中心，2000。
107. 张启华、张树军编：《中国共产党思想理论发展史》，人民出版社2011年版。
108. 文显堂：《国之鼎——新中国科教文纪事》，浙江人民出版社1999年版。
109. 王亚夫、章恒忠主编：《中国学术界大事记》，上海社会科学院出版社1988年版。
110. 新华月报社编：《新华月报总目录（1949—1960）》，新华日报社1963年版。
111. 杨俊：《〈武训传〉批判事件研究——从历史语境的角度》，当代中国出版社2015年版。
112. 李鹏程：《毛泽东与中国文化》，中国人民大学出版社1992年版。
113. 陈徒手：《故国人民有所思：1949年后知识分子思想改造侧影》，生活·读书·新知三联书店2013年版。
114. 陈明远：《那时的文化界》，山西人民出版社2011年版。

115. 沈志华:《处在十字路口的选择——1956—1957年的中国》,广东人民出版社2013年版。

116. 焦润明:《中国近代文化史》,中华书局2012年版。

117. 李扬:《中国当代文学思潮史》,上海社会科学院出版社2005年版。

118. 丁淦林:《中国新闻事业史》,高等教育出版社2002年版。

119. 朱寨编著:《中国当代文学思潮史》,人民文学出版社1987年版。

120. 洪子诚:《1956:百花年代》,北京大学出版社2010年版。

121. 蔡翔:《革命/叙述:中国社会主义文学—文化想象(1949—1966)》,北京大学出版社2010年版。

122. 吴景平、徐思彦主编:《1950年代的中国》,复旦大学出版社2006年版。

123. 范晓春:《中国大行政区1949—1954》,东方出版中心,2011。

124. 黎敏:《建国初十年民俗文献史》,中国文史出版社2008年版。

125. 李勇军:《新中国期刊创刊号(1949—1959)》,上海远东出版社2014年版。

126. 陈矩弘:《新中国出版史研究(1949—1965)》,上海交通大学出版社2012年版。

127. 许明等著:《当代中国的文化发展》,中国大百科全书出版社2008年版。

128. 傅崇建、乔丽荣:《中华人民共和国史述评4·文化卷》,济南出版社2010年版。

129. 夏杏珍:《五十年国事纪要——文化卷》,湖南人民出版社1999年版。

130. 欧阳雪梅主编:《中华人民共和国文化史(1949—2012)》,当代中国出版社2016年版。

131. 于化民等:《裂变与重构——人民共和国的创世纪》(上、下册),社会科学文献出版社2016年版。

132. 周杰荣、毕克伟:《胜利的困境:中华人民共和国的最初岁月》,姚昱译,香港中文大学出版社2011年版。

133. [英]雷蒙·威廉斯:《关键词:文化与社会的词汇》,生活·读书·新知三联书店 2005 年版。
134. ［英］雷蒙·威廉斯：《文化与社会 1780—1950》，吉林人民出版社 2011 年版。
135. ［美］R. 麦克法夸尔、费正清编：《剑桥中华人民共和国史》，中国社会科学出版社 1990 年版。
136. ［苏联］E. A. 瓦维林等著：《马克思主义文化范畴论》，上海人民出版社 1992 年版。
137. ［日］竹内实主编：《中国近现代论争年表》，中国文联出版社 2005 年版。
138. ［荷兰］D. W. 佛克马：《中国文学与苏联影响（1956—1960）》，北京大学出版社 2011 年版。
139. ［美］胡素珊：《中国的内战：1945—1949 年的政治斗争》，当代中国出版社 2014 年版。

（五）研究论文

1. 朱佳木：《研究中华人民共和国史经验应当注意的几个方法问题》，《中国社会科学》2011 年第 4 期。
2. 朱佳木：《如何观察当代中国》，《国史参阅》2012 年第 6 期。
3. 杨凤城：《中国共产党 90 年的文化观、文化建设方针与文化转型》，《中国人民大学学报》2011 年第 3 期。
4. 杨凤城：《新中国建立初期的文化转型研究》，《党史研究与教学》2008 年第 2 期。
5. 杨凤城：《新时期中国文化发展的几个宏观问题研究》，《当代中国史研究》2005 年第 5 期。
6. 杨凤城：《1956—1966 年党的文化政策及其演变》，《教学与研究》1999 年第 7 期。
7. 刘国新：《论新中国文化建设的历史经验》，《北京党史》2010 年第 6 期。
8. 刘国新：《论新中国的文化建设与文化发展》，《中共党史研究》2009 年第 10 期。
9. 刘国新：《新中国文化发展历程回顾》，《当代中国史研究》2009

年第 5 期。
10. 刘国新：《新中国文化发展与国家的战略转变》，《党史研究与教学》2009 年第 5 期。
11. 张星星：《胡风事件研究述评》，《中共党史资料》2008 年第 1 期。
12. 陈晋：《毛泽东与文化的社会主义转变》，《中共党史研究》2002 年第 2 期。
13. 张磊：《文化转型的评判标准探析——兼论中国文化转型的百年历程》，《西北农林科技大学学报》2003 年第 2 期。
14. 蔡武：《新中国 60 年对外文化工作发展历程》，《求是》2009 年第 15 期。
15. 谢龙：《五四新文化运动揭开中华文化现代转型之序幕》，《新视野》2010 年第 4 期。
16. 孙丹：《新中国的群众文化体制》，《中华魂》2012 年第 8 期。
17. 阎峰：《试论我国建国初期的文化过渡》，《广西社会科学》2007 年第 2 期。
18. 秦程节：《论过渡时期（1953—1956）的文化过渡》，《大庆师范学院学报》2010 年第 5 期。
19. 陈鹤：《新世纪以来国外中共党史研究述评》，《党的文献》2012 年第 2 期。
20. 叶张瑜：《建国初期教会大学的历史考察》，《当代中国史研究》2001 年第 3 期。
21. 杨奎松：《新中国成立初期清除美国文化影响的经过》，《中共党史研究》2010 年第 10 期。
22. 王英：《建国初期的"清除美帝国主义文化侵略"——以燕大校长陆志韦为个案的分析》，《21 世纪国际评论》，第 2 辑。
23. 谢涛：《1990 年代以来关于建国初知识分子思想改造运动研究综述》，《党史研究与教学》2002 年第 5 期。
24. 孙丹：《建国初期知识分子思想改造运动研究述评》，《当代中国史研究》2008 年第 3 期。
25. 刘颖：《新中国成立初期知识分子思想改造研究述评》，《长江论坛》2011 年第 5 期。

26. 朱薇：《中国共产党在新中国成立初期对知识分子的思想改造——对历史文献的解读与思考》，《当代中国史研究》2011年第4期。
27. 童庆平、洪民富：《基于政治认同的知识分子思想改造运动》，《广州社会主义学院学报》2011年第3期。
28. 马大成：《马寅初对建国初期高校知识分子思想改造运动的理解与把握》，《浙江工商大学学报》2012年第2期。
29. 刘颖：《新中国成立初期知识分子思想改造研究述评》，《广西社会科学》2011年第10期。
30. 刘建美：《新时期以来关于电影〈武训传〉批判运动研究述评》，《北京党史》2008年第1期。
31. 刘仓：《1954年对俞平伯〈红楼梦研究〉批判运动研究述评》，《中共党史资料》2008年第1期。
32. 胡晓：《胡适思想批判运动述评》，《安徽史学》2009年第6期。
33. 衣俊卿：《论文化转型的机制和途径》，《云南社会科学》2002年第5期。
34. 艾知生：《关于电影党史的一点想法》，《电影通讯》1989年第4期。
35. 孔海珠：《中国左翼文化总同盟和〈文报〉》，《中国现代文学研究丛刊》1990年第3期。
36. 刘辉、黄兴涛：《新民主主义文化纲领的再认识》，《党的文献》2002年第3期。
37. 郭建宁：《毛泽东的文化观与当代中国文化建设的几个问题》，《河北学刊》2003年第5期。
38. 《建立人民科学院草案》，《中国科技史料》2000年第4期。
39. 李文芳：《中共接管城市的成功实践》，《北京党史》2000年第6期。
40. 《新中国成立初期中共中央关于扫除文盲工作文献选载》，《党的文献》2012年第5期。
41. 陈辉：《建国初期〈红楼梦〉研究的批判运动》，《江苏大学学报》2006年第4期。
42. 刘仓：《〈红楼梦研究〉批判运动研究综述》，《中共党史资料》

2008年第1期。

43. 李方祥：《现代学术批判对马克思主义中国化的双重影响——以20世纪50年代胡适思想批判为个案》，《当代中国史研究》2007年第6期。

44. 张萍：《中苏友好协会的组织结构及其变迁》，《当代世界与社会主义》2008年第1期。

45. 汪介之：《"社会主义现实主义"在中国的理论行程》，《南京师范大学文学院学报》2012年第1期。

46. 孙其明：《评50年代全面学习苏联的运动》，《同济大学学报》1999年第1期。

47. 郝潞霞、韩建新：《新中国成立以来文化建设的基本经验》，《理论探索》2011年第5期。

48. 刘仓：《论新中国文化发展的历史分期》，《当代中国史研究》2011年第2期。

49. 刘仓：《新中国文化建设的历程、成就和经验探析》，《毛泽东邓小平理论研究》2011年第3期。

50. 李君、刘仓：《中国共产党领导社会主义文化建设的基本经验》，《理论视野》2011年第10期。

51. 王爱云：《毛泽东与中国共产党领导的文字改革》，《党的文献》2010年第3期。

52. 蒯大申：《新中国文化管理体制形成的思想理论根源》，《毛泽东邓小平理论研究》2010年第2期。

53. 刘海静：《朱德文化思想研究》，《平顶山学院学报》2010年第6期。

54. 梁怡：《国外中华人民共和国史研究的发展进程》，《当代中国史研究》2009年第3期。

55. 邱宏伟：《林枫同志对新中国文化遗产保护的卓越贡献》，《经济研究导刊》2009年第23期。

56. 王成诚：《"文革"前十年文化建设民族性追求的历史考察——以戏曲政策为例》，《传承》2009年第14期。

57. 蒯大申、饶先来：《新中国文化管理体制建设的成就与历史经验》,《毛泽东邓小平理论研究》2009 年第 12 期。

58. 樊锐:《新中国文化建设的主要成就和历史经验》,《党史研究与教学》2009 年第 6 期。

59. 卢毅然:《新中国文化：从"每星期八袋面粉"之地起航》,《中国文化报》2009 年 9 月 22 日。

60. 郭建宁:《毛泽东文化观与当代中国的文化建设》,《毛泽东研究》2009 年第 1 辑。

61. 卫建林:《新中国 60 年和文化问题》,《红旗文稿》2009 年第 16 期。

62. 赵海龙、拓宏伟:《2001 年以来新民主主义文化理论研究综述》,《党史文苑》2008 年第 2 期。

63. 李小珊:《评国内理论界关于列宁文化建设思想的研究成果》,《江汉论坛》2008 年第 6 期。

64. 赵有田、王明明:《论建国初期的文化改造及其历史启示》,《青岛大学师范学院学报》2008 年第 1 期。

65. 田克勤、刘洪森:《探析建国初期中国共产党的文化建设和改造》,《江西师范大学学报》2007 年第 4 期。

66. 魏明:《新中国文化建设的最初经验》,《中共福建省委党校学报》2005 年第 9 期。

67. 李倩:《毛泽东文化观与当代中国的文化建设》,《社会科学导报》2004 年第 2 期。

68. 寇从俊:《毛泽东文化观与当代中国的文化建设》,《内蒙古社会科学》2004 年第 5 期。

69. 陈日红:《新民主主义文化纲领与中国文化的现代转型》,《上饶师范学院学报》2005 年第 5 期。

70. 李成武:《毛泽东与建国初期的群众文化建设》,《毛泽东与中国社会主义建设规律的探索：第六届国史学术年会论文集》,2006 年。

71. 王永芬、梅佳:《1949 年北平市军管会接管北平文化机构史料选》,《北京档案史料》2004 年第 1 期。

72. 马启民:《新民主主义文化纲领的由来、发展及变化》,《武汉大学学报》2003年第3期。

73. 郭建宁：《毛泽东的文化观与当代中国文化建设的几个问题》，《河北学刊》2003年第5期。

74. 肖南龙：《西方关于新中国思想改造运动的研究述评》，《毛泽东思想研究》2003年第3期。

75. 王先俊：《建国初期的社会变迁与党对思想文化的整合》，《当代中国史研究》2003年第3期。

76. 陈晋：《毛泽东与先进文化论纲》，《党的文献》2002年第1、2、3期。

77. 胡安全：《论党在过渡时期的文化政策》，《当代中国史研究》2001年第2期。

78. 冯宪光：《郭沫若与新中国的文化建设》，《郭沫若学刊》2000年第1期。

79. 夏杏珍：《新中国文化事业50年的发展历程》，《淮阴师范学院学报》1999年第3期。

80. 樊锐：《改革开放以来七次党代会报告对文化建设的理论创新》，《中共党史研究》2013年第3期。

81. 马云：《农民的"文化宝本"：二十世纪五十年代农村扫盲教材解析》，《中共党史研究》2013年第7期。

82. 王爱云：《中共与少数民族文字的创制和改革》，《中共党史研究》2013年第7期。

83. 李振：《苏区文艺的组织化过程》，《文史哲》2014年第4期。

84. 张星星：《周恩来与新中国文化事业的初创》，《党的文献》2014年第6期。

85. 徐剑雄：《建国初的"戏改"与国家主流意识形态建设》，《安徽史学》2014年第4期。

86. 徐建飞：《新中国成立初期的大众传媒发展与马克思主义传播——以〈人民日报〉〈学习〉杂志、中央人民广播电台为中心的考察》，《编辑之友》2014年第7期。

87. 刘建平：《一九五〇年"辅仁大学事件"历史考察》，《中共党史研究》2014年第2期。

88. 肖地楚、廖义军：《试论建国初期新中国开展农村文化建设的必要性》，《湖南社会科学》2015 年第 1 期。
89. 杨丽萍：《1949—1952 年上海市的识字教育》，《当代中国史研究》2015 年第 2 期。
90. 张广鑫、黄婉珺：《中国共产党文化建设历史经验的三维解析》，《理论界》2013 年第 10 期。
91. 曹光章、林楠：《新中国成立初期的社会主义道德建设及其启示》，《当代中国史研究》2014 年第 6 期。
92. 程单剑：《新中国成立初期文化教育工作简析》，《毛泽东邓小平理论研究》2015 年第 10 期。
93. 洪认清：《20 世纪 50 年代苏联历史教学理论和方法在中国的传播》，《史学史研究》2015 年第 3 期。
94. 高斐：《新中国成立初期乡村文化重建与新农民塑造》，《毛泽东邓小平理论研究》2015 年第 11 期。

附录　新中国成立初期文化史：史料、研究及趋势

按照《共同纲领》规定，中华人民共和国成立以后，中国要走新民主主义文化发展道路。这种新文化，可概括为"一个原则、七大业态"——在新民主主义文化思想的指导下发展文学艺术、新闻出版、社会科学、体育卫生、教育、科学、思想道德等文化事业。其中，新民主主义文化是"灵魂"，七大业态围绕着"灵魂"来具体展开。当前，人们对于文化概念的泛化认识，并不利于研究具体历史时期文化的历史。新中国成立初期7年的文化，将其视为具体的历史过程，其内涵和外延相对稳定（亦即"一个原则、七大业态"），能够作相对长时段的考察，不会受文化认识"先入为主"观念的限囿。本文从史料情况、研究概况等方面对新中国成立初期文化史的研究情况作简要评述。

一　史料情况

新中国成立初期文化史料有原始史料和间接史料。原始史料主要包括文献史料、实物史料和口述史料。间接史料主要是相关研究成果等。这些材料是新中国成立初期文化史料的基本来源。

（一）原始史料

目前所能见到的原始史料，主要有重要文件文献、党和国家领导人的讲话报告、口述史料以及报纸杂志所载的资料。

1. 文献史料

（1）50年代汇编出版的文献史料

20世纪50年代，党和国家重要机构发布并汇编了不少重要文件

文献。如中央办公厅编《中国共产党第八次全国代表大会文献》；中宣部编《中央宣传工作文件汇编》（1951）；政务院编《中央人民政府法令汇编》（1949—1954）、《中华人民共和国法规汇编》（1954—1956）、《中共中央政策汇编》（1949—1953）、《中华人民共和国国务院公报》等；政务院文教委编有《文教参考资料丛刊》（1—10辑）、《文教政策汇编》（1—8辑）、《文化资料》《文化通讯》等；文化部编《文化工作法令指示汇编（一）》《我国翻译出版苏联书籍目录（1949.10—1954.6）》《1955年第二次全国文化工作会议资料选辑》《出版工作文件选编（1949—1957）》《人民民主国家文化资料》《中央人民政府文化部第一届全国戏曲观摩演出大会剧本选集》《文化工作重要文件选编》（1958）等；中国科学院编《中国科学院资料汇编（1949—1954）》；革命军事委员会总政治部文化部编的《文化工作手册》（1—17辑）；高等教育部编《高等教育文献法令汇编》；第一次全国高等教育会议秘书处编《北平军事管制委员会、文化接管委员会、华北高等教育委员会、中央人民政府教育部高等教育法令选辑》；中华全国文学艺术工作者代表大会宣传处编《中华全国文学艺术工作者代表大会纪念文集》；国家体委编《中华人民共和国体育运动文件汇编》（第一辑）；全国文字改革会议秘书处编《全国文字改革会议文件汇编》；中华全国科学技术普及协会编《中华全国科学技术普及协会访苏代表团资料汇编》（第一集、第二集）；钱俊瑞等编《知识分子的自我改造·第一集》；中苏友好协会总会编《苏联文化艺术工作者代表团在中国一月》《苏联文化艺术科学工作者代表团演讲集》；北京大学编《北京大学苏联专家谈话报告集》（未刊，1955）等。同时，各地也汇编出版不少有关文化方面的文件文献。如山东文化局编《文化工作资料》，中华全国总工会西南办事处文教部编《工会文教参考资料》，青海文化局编《文教工作资料汇编》，陕西省人民政府文物管理委员会编《文物管理文件辑要》，川南行署文教厅编《文化工作手册》等。

新中国成立初期文化成就，国家和地方统计机构汇编了一些统计资料。如国家统计局编《中华人民共和国三年来的伟大成就》（人民出版社1952年版）、《中华人民共和国社会主义建设统计资料汇编》

（国家统计局 1956 年版）、《我国的国民经济建设和人民生活》（中国统计出版社 1958 年版）、《伟大的十年：中华人民共和国经济和文化建设成就的统计》（人民出版社 1959 年版）；北京市文化局编《北京市文化事业统计资料（1949—1958）》；上海市统计局编《胜利十年：上海市经济和文化建设成就的统计资料》等。

除以上公开出版或内部汇编的文化史料外，目前尚有大量收藏于全国各级档案馆中的档案史料。这些档案材料有部分曾公开出版，如《北京档案史料》整理出版过部分北京市文化史料，但绝大多数仍没有得到利用。再如浙江省人民政府文化教育委员会，该委员会全宗档案共 117 卷，起止年代为 1952 年至 1954 年，内容丰富。《浙江档案》曾刊文介绍过这批档案史料，但后来并没有充分整理利用。① 要研究 50 年代政务院文化教育委员会以及各大区、省文化教育委员会的机构设置、政策法令、文化发展等情况，则离不开这些史料。可以说，各地档案史料汇编保存完好，何时"解冻"，则有待于新中国成立初期文化史研究的开展。

（2）改革开放以来整理出版的文献史料

改革开放以来，随着国史及当代史研究的深入，我国整理出版了不少新中国成立初期文化史料。

《建国以来重要文献选编（1949—1965）》，自 1992 年起由中央文献研究室开始编辑出版。《中共中央文件选集（1949.10—1966.05）》于 2013 年由人民出版社出版。这两部文献史料，包括新中国成立初期文化史料，是研究中华人民共和国文化史的重要史料来源。《中国共产党宣传工作文献选编（1949—1956）》（学习出版社 1996 年版）是新中国成立初期思想宣传工作的文献汇编。《文化工作文件资料汇编（一）（1949—1959）》（内部资料，1982 年）是文化部办公厅编辑的文化工作专题文献。文化机构组织史方面，主要有《中共中央组织史资料》（第五卷）（中共党史出版社 2000 年版）以及《中华人民共和国文化部组织机构沿革及领导干部名录（1949.11—2010.06）》（文化艺术出版社 2010 年版）。此外还有不少

---

① 《浙江省人民政府文化教育委员会全宗介绍》，《浙江档案》1989 年第 10 期。

专题文献汇编，如文化部编《中华人民共和国现行文化行政法规汇编（1949—1985）》（文物出版社1988年版）、《群众文化工作文件选编（一）（1949—1983）》（内部资料，1984年）；中国新文学大系编委会编《中国新文学大系（第四辑）·1949—1976》（上海文艺出版社1997年版）；中国文联出版的《中国新文艺大系（1949—1966）》系列，包括报告文学、杂文、散文、诗集、小说、电影、评论、理论史料、儿童文学、少数民族文学等集；何东昌主编《中华人民共和国重要教育文献（1949—1975）》（海南出版社1998年版）；社科院新闻所编《中国共产党新闻工作文件汇编》（新华出版社1980年版）；新华社新闻研究所编《新闻工作文献选编》（新华出版社1990年版）；中国出版科学研究所等编《中华人民共和国出版史料》（1—8册）（中国书籍出版社1995—2001年版）；宋原放编《中国出版史料》（现代部分）（山东教育出版社2001年版）；吴迪编《中国电影研究资料（1949—1979）》（上、中、下）（文化艺术出版社2006年版）；全国总工会宣教部《工会群众文化工作文件资料选编》（地震出版社1988年版）；国家教委编《扫除文盲文献汇编（1949—1996）》（西南师范大学出版社1997年版）；广电部政策研究室编《广播电影电视法规规章汇编（1949—1987）》（中国广播电视出版社1988年版）；国家语委编《国家语言文字政策法规汇编（1949—1995）》（语文出版社1996年版）；中宣部、中央文献研究室编《论文化建设——重要论述摘编》（学习出版社2012年版）；等等。

与此同时，各地也汇编出版过文化方面的文献史料。如北京市汇编出版了《北京市重要文献选编》《国民经济恢复时期的北京》（北京出版社1995年版）。吉林省文化厅编印的《吉林省文化工作文件选编》，内容包括机构沿革干部任免综合卷、艺术卷、电影发行放映卷、文物博物卷、群众文化图书馆卷等，重点反映1949年至1966年全国及吉林省文化工作方面的情况，档案价值极高。还必须注意，各地地方志也汇集了文化方面的文献史料。

2. 党和国家领导人的报告讲话

新中国成立初期党和国家领导人有关文化问题的讲话报告，是文化史料的又一重要来源。以毛泽东为例，他亲自参与解决重大文化问题,并发表意见,有些意见甚至对扭转文化论争的方向起到关键性作用。如1951年全国开展电影《武训传》的讨论,毛泽东审阅《人民日报》社论稿《应当重视电影〈武训传〉的讨论》时加写和改写的文字,这些意见后发表在《人民日报》,对这次讨论起了决定性作用。① 周恩来从政府层面推进新中国文化建设,发展新民主主义文化,做过大量具体工作。如1956年周恩来看了浙江省苏昆剧团演出的《十五贯》后,做过两次讲话。②《人民日报》还以周恩来的"一出戏救活了一个剧种"发表社论。郭沫若在全国政协所做的关于文化教育工作的报告不仅在《人民日报》发表过,而且还出版过单行本。这些讲话报告,看似个人论述,但又关系到国家文化发展的根本性问题,有些观念至今还有重大影响,如"百家争鸣,百花齐放"等。

党和国家领导人的讲话报告,后来大都收到领导人文集、文稿、选集、文选中。如《毛泽东选集》(第五卷)、《毛泽东文集》(六、七、八卷)、《建国以来毛泽东文稿》(1—6册)、《毛泽东文艺论集》《毛泽东新闻工作文选》《毛泽东书信选集》《毛主席关于文化艺术工作的言论选编》;《周恩来选集》(下卷)、《周恩来书信选集》《周恩来文化文选》《周恩来论文艺》《周恩来教育文选》;《刘少奇选集》《建国以来刘少奇文稿》;《彭真文选》《郭沫若文集》《陆定一文集》(下卷)、《周扬文集》《胡愈之文集》《胡乔木文集》(第三卷)、《胡乔木书信集》《林伯渠文集》《钱俊瑞文集》等。

3. 时人关于文化问题的记叙及口述史料

当时的文化名人、文化工作亲历者后来留下大量回忆录、口述材料等史料。这些史料有的公开出版过。如《人民日报》《新华月报》《新华半月刊》《光明日报》《新建设》《新观察》《新文学史料》《新文化史料》《党的文献》《中共党史研究资料》《中共党史研究》《当代中国史研究》《北京档案》及各地政府公报等均有刊载。文化名人的回忆录、日记,如《胡风家书》《金色记忆:新中国早期文化交流口述记录》(作家出版社2012年版)等已出版。这些材料过于零散,

---

① 《毛泽东文集》(第6卷),人民出版社1999年版,第166页。
② 《周恩来选集》(下卷),人民出版社1984年版,第192—199页。

不易收集整理；而且有些材料真实性值得考究，使用时需谨慎。但必须承认，这些材料为揭示新中国成立初期文化史多重面貌的价值不言而喻。

4. 报纸杂志所刊载的资料

新中国成立初期，不少文化资料登载在当时报纸杂志上。如《人民日报》《光明日报》《文汇报》《文艺报》《新华月报》《新华半月刊》《人民教育》《人民文学》《人民戏剧》《人民音乐》《剧本》《说说唱唱》和《大众电影》等。宣传思想文化类刊物，如中宣部编《宣教动态》《宣传通讯》《宣传工作》，新华社编的《内部参考》，文化部编《文化动态》《国外文化动态》《文化资料》《文化通讯》，政务院文化教育委员会编《文教政策汇编》《全国文教概况》《文教参考资料》丛刊，华东军区第三野战军政治部编印《文艺学习文选》等。

(二) 间接史料

除原始史料外，还有大量有关中华人民共和国史研究性著作和资料。通史类著作有《中华人民共和国史》[①]《中国共产党历史·第二卷》（中共党史出版社2011年版）、《中华人民共和国发展史》（人民出版社2010年版）、《中国共产党的七十年》（中共党史出版社2008年版）、《中华人民共和国史稿》（当代中国出版社2012年版）、《中华人民共和国专题史稿》（四川人民出版社2009年版）等；编年体著作有中国社会科学院当代所编《中华人民共和国史编年》多卷本、廖盖隆等《中华人民共和国编年史（1949—2009）》（人民出版社2010年版）、齐鹏飞等《当代中国编年史（1949—2009）》（人民出版社2007年版）、刘国新等《中华人民共和国史长编》（天津人民出版社2010年版）、王学典主编《20世纪中国史学编年（1950—2000）》（商务印书馆2014年版）等；大事记有《中华人民共和国大事记（1949—2009）》（人民出版社2010年版）、《新中国对外文化交流大事记（1949—1966）》、夏杏珍《五十年国事纪要·文化卷》（湖

---

① 齐鹏飞、张海星：《近30年中华人民共和国史教材编写若干问题的探讨》，《当代中国史研究》2008年第5期。

南人民出版社1999年版)、王亚夫、章恒忠主编《中国学术界大事记(1919—1985)》(上海社会科学院出版社1998年版)等。《当代中国》丛书,如《当代中国的广播电视》《当代中国的出版事业》《当代中国的文字改革》《当代中国教育》《当代中国美术》《当代中国音乐》《当代中国曲艺》等专门性材料。工具书有《中华人民共和国史论著目录索引》(当代中国出版社2000年版)、《人民日报索引》(1949—1956)、《新华月报总目录(1949—1960)》(新华月报社编,1963年)、《全国高等院校社会科学学报1950—1966年总目录》(吉林大学社会科学学报编辑部,1980年)等;还有文化史专题著作,如《中华人民共和国文化史》(黑龙江教育出版社1992年版)、《共和国60年文化发展》(中国大百科全书2009年版)、《20世纪的中国——走向现代化的历程(思想文化卷)》(人民出版社2010年版)等。这些成果,是新中国成立初期文化史研究的参考资料。[①]

二 研究概况

新中国成立初期文化,实现了由新民主主义文化向社会主义文化的转变,开辟了社会主义文化发展的道路,奠定了此后各个时期文化发展的基础。这个时期文化具有承上启下的特点:"承上"表现为对新民主主义文化的继承,尤其是对延安时期文化建设经验的借鉴;"启下"表现为开创社会主义文化发展的道路,当时文化成果影响了后来一代又一代的中国人。新中国成立初期文化史是当代史研究的重点、热点问题之一。

关于新中国成立初期文化史分期,大体上有以下观点。一种观点认为,新中国成立初期7年的文化,从性质上仍然是新民主主义文化的继续发展,将1949—1956年作为中国近代文化史的最后阶段,并以1956年作为社会主义文化取代新民主主义文化的界点,代表性成果是张昭军、孙燕京主编《中国近代文化史》(中华书局2012年版)。对于这种分期,有学者认为"如此处理,对于完整地理解和把

---

① 近几年国史研究整体情况可参见张星星:《新世纪以来中华人民共和国史研究的发展和成熟》,《当代中国史研究》2012年第3期。

握新民主主义文化史和近代文化史的阶段性,不无启发意义"①。另一种观点认为,从中国特色社会主义文化发展历程来说,1949—1966年为初步发展时期(或探索时期),奠定后来中国文化的基础,代表性成果有刘国新《新中国文化发展历程回顾》(《当代中国史研究》2009年第5期)、李道中、杨吉华《建国六十年来我党文化理论的演变和创新》(《科学社会主义》2009年第5期)等。再有一种观点认为,1949—1956年是社会主义文化的基本确立和初步建设时期,代表成果是刘仓《论新中国文化发展的历史分期》。他认为,这个时期主要特征是"改革旧有文化事业,建设新的文化事业;在社会性质转变过程中,新民主主义文化转变为社会主义文化"。②还有一种观点认为,1949—1956年的文化是向社会主义文化转变的时期,代表性成果是张顺清、李金山编《中华人民共和国文化史》(黑龙江人民出版社1992年版)。

1949—1956年,在中华人民共和国史上是"基本完成社会主义改造的七年",通常称为"新中国成立初期"(或"新中国成立初期")。这个时期的文化,显然与后来说的社会主义文化不完全是一回事,但又不完全是新民主主义文化,而是跟当时社会发展阶段相一致,处于过渡时期。因此,学界将其划分到近代文化史的最后阶段,或者当代文化史的初步奠基阶段,从当代文化史宏大叙事的角度来说,有一定道理。新中国成立初期文化,本身具有承上启下的特点,可以将其作为单独的历史时期来进行研究,甚至还可以进行划分,将1949—1952年划分为国民经济恢复时期、1952—1956年划分为社会主义过渡时期,然后才能说是社会主义文化时期。这种划分方法考虑了当时经济、政治与文化的辩证关系,也考虑了新中国成立后中国社会发展的实际进程。再有,由于目前新文化史、新社会史的理论和方法在当代史研究中广泛使用,不少学者频繁使用"1950年代"的概念,如孙晓忠《1950年代的上海改造与文化治理》(《中国现代文学

---

① 郑大华:《近代文化史如何展开——张昭军、孙燕京主编〈中国近代文化史〉评析》,《团结报》2014年3月14日。
② 《当代中国史研究》2011年第2期。

研究丛刊》2012年第1期)、姜进《断裂与延续：1950年代上海的文化改造》(《社会科学》2005年第6期)、张济顺《社会文化史的检视：1950年代上海研究的再思考》(《华东师范大学学报》2012年第2期)、吴景平、徐思彦主编《1950年代的中国》(复旦大学出版社2006年版)、陈园园《1950年代当选的哲学社会科学学部委员构成分析》(《历史教学问题》2010年第1期)、王德禄、刘志光《1950年代归国留美科学家的归程及命运》(《科学文化评论》2012年第1期)、张藜《苏联专家在中国科学院——对1950年代中苏两国科学院交流与合作的历史考察》(《科学文化评论》2012年第2期)、杨敏《〈文史哲〉的1950年代：在学术与政治之间》(《中国新闻周刊》2011年第44期)、王琳《从1950年代初的〈文艺报〉看"英雄人物"创作模式的建立》(《社会科学研究》2006年第2期)等。"1950年代"这种话语所暗含的理论预设，显然是认为20世纪50年代的文化本身有自己的特色，是区分其他历史时期的一个标志。对于这种认识，国史或当代史学界值得做更深入研讨。

关于新中国成立初期文化史的研究内容和对象，有学者认为，这个时期的文化包括"改革旧文化，建设新文化"，"马克思主义的教育运动"，"批判思想文化领域中的唯心主义"，"对知识分子的团结、教育和改造"，"新的社会风尚的树立"，包括文艺在内的"文化的初步发展"等①；有学者认为，新中国成立初期的文化包括"一大原则、七大事业"，即在新民主主义文化基本原则指导下发展包括文学艺术、新闻出版、哲学社会科学、体育、卫生、教育、科学技术等在内的各类文化事业。② 这实际上是根据《共同纲领》关于文化教育政策的规定，对文化进行了较为狭义的界定，不至过于泛化。

关于新中国成立初期的文化转型，有学者认为，1949年后是中国的第三次文化大转型，这次转型标志着儒家统治思想正式退出历史舞台，以马克思主义为指导的全新的文化哲学和科学意识形态得以确

---

① 张顺清、李金山：《中华人民共和国文化史》，黑龙江人民出版社1992年版。
② 储著武：《新中国成立初期文化转变研究（1949—1956）》，中国人民大学，博士学位论文，2013年。

立，是一次真正意义上影响深远的文化转型。① 有学者认为："实际上，通过对建国初期新民主主义文化向社会主义文化过渡的探讨，既阐释两种文化形态之间理论上的逻辑联系，更注重揭示它们之间的实质区别（以往谈联系的较多），这对总结有关经验和教训，将是十分有益的。"② 有学者认为，新中国成立初期文化转型是由多元向一元的转进。民族的科学的大众的文化构成了文化转型与重建的第一个层面，马克思主义作为新文化建设的指导思想则构成了第二个或更深的层面，知识分子思想改造与思想批判运动构成文化转型的重要动力机制，文化领域的组织化和知识分子的单位化构成重要制度保障，以阶级斗争和"打碎旧世界"为主要特征的革命者思维方式和行为方式平移到文化领域，形成一种特定的批判型文化形态。③ 还有学者具体探讨了毛泽东与社会主义文化的转变（或转型）问题，认为50年代的知识分子思想改造，对电影《武训传》、俞平伯《红楼梦研究》、胡适思想及胡风文艺思想的批判，体现了从新民主主义向社会主义文化转变的改造步骤，基本上实现了文化上的重新整合，确立了以马克思主义作为所有文化领域的指导思想。④

关于新中国成立初期的文化建设，学界在总结60多年来文化建设历史、特点和历史经验时，大都将新中国成立初期文化建设作为当代中国文化建设的一个重要阶段来对待。这方面成果比较多，如魏明《新中国文化建设的最初经验》（《中共福建省委党校学报》，2005年第9期）、田克勤等《探析建国初期中国共产党的文化建设和改造》（《江西师范大学学报》2007年第4期）、杨俊《论毛泽东对新中国文化队伍基本状况的分析》（《当代中国史研究》2013年第6期）、杨凤城《邓小平文化建设思想若干问题述论》（《中共党史研究》2014年第7期）、张星星《周恩来与新中国文化事业的初创》（《党的文献》2014年第6期）、储著武《新中国成立初期毛泽东文化建设

---

① 张允熠：《中国主流文化的近现代转型》（上册），序，黄山书社2010年版。
② 刘辉：《中国共产党人的文化自觉——新民主主义文化思想再研究》，中共党史出版社2008年版，第6页。
③ 杨凤城：《新中国建立初期的文化转型研究》，《党史研究与教学》2008年第2期。
④ 陈晋：《毛泽东与文化的社会主义转变》，《中共党史研究》2002年第2期。

高潮论探析》(《党的文献》2014年第1期)等。此外，尚有不少博士、硕士论文讨论过这个问题，此不一一列举。

关于新中国成立初期文化事业专题性研究，主要有以下几方面：

(1) 关于第一次全国文代会。第一次全国文代会研究的论著，有斯炎伟《全国第一次文代会与新中国文学体制的建构》(人民文学出版社2008年版)、斯炎伟《全国第一次文代会与十七年文学体制心理的生成》(《文艺理论研究》2006年第4期)、王本朝《第一次文代会与中国当代文学的发生》(《广东社会科学》2008年第4期)、胡慧翼、温儒敏《第一次"文代会"与新文学传统的规范化阐释》(《河北学刊》2008年第3期)、斯炎伟、吴秀明《全国第一次文代会与"十七年"文学体制的生成》(《世界文学评论》2008年第1期)、黄发有《文学史视野中的第一次文代会》(《扬子江评论》2010年第4期)、陈改玲《全国第一次文代会对"五四"新文学传统的打造》(《解放军艺术学院学报》2011年第1期)等。硕士论文有邬冬梅《第一次文代会考论——新中国文学体制的生成》(西南大学，2007)。

(2) 关于处理接受帝国主义文化教育机关及宗教团体。杨奎松认为新中国成立后，美国文化在中国的影响很大，主要表现在宗教、学校、广播、电影四个方面。抗美援朝战争发生后，给新政权清除美国文化的影响提供了有利的时机。通过阻断美国宗教的影响，接办美国津贴的学校，取缔收听"美国之音"，阻禁美国电影等措施，新政权清除了美国文化的影响。[①] 王英以燕京大学校长陆志韦为个案来分析新中国成立初期"清除美帝国主义文化侵略"的情况。[②] 彭学宝《建国初期中共肃清外国在华势力研究》(中共中央党校2013年博士论文)、刘建平《一九五○年"辅仁大学事件"历史考察》(《中共党史研究》2014年第2期)等对这一问题有较深入研究。

(3) 关于知识分子的思想改造运动。知识分子的思想改造运动，

---

① 杨奎松：《新中国成立初期清除美国文化影响的经过》，《中共党史研究》2010年第10期。

② 王英：《建国初期的"清除美帝国主义文化侵略"——以燕大校长陆志韦为个案的分析》，《21世纪国际评论》，第2辑。

孙丹、刘颖等曾对作过研究述评。① 近期新进展主要有：朱薇从历史文献的角度分析中国共产党在这一时期进行知识分子思想改造的主观原因、实际步骤及阶段特点②；童庆平等从政治认同的角度分析认为知识分子的思想改造运动是中国共产党培育知识分子政治认同的重要方式，尽管有一些缺点，但总的来说对知识分子的政治认同有着积极的意义；③ 马大成分析了马寅初在北京大学发动知识分子思想改造运动过程中的理解与把握，认为他既走在时代的前列，又与政府设想的有所不同，至于运动中的偏差更非其所愿；④ 此外还有吴小妮《知识分子思想改造运动与新中国的文化建设》（《文艺理论与批评》2013年第2期）、夏杏珍《建国初期对知识分子思想改造的历史必然性》（《红旗文稿》2014年第21期）等。这些研究成果从新角度丰富了对知识分子思想改造运动的研究，但有分量大部头的著作仍不多。

（4）关于新中国成立初期思想文化批判运动。21世纪以来，不少研究论文就思想文化批判的特点、原因及后果进行研究。如黎见春《试析建国初期思想文化批判的特点》（《天府新论》2004年第4期）、陈元龙《过渡时期思想文化批判运动的文化反思》（《湖北大学学报》2005年第4期）、陈元龙《过渡时期思想文化批判运动的文化透析》（《理论月刊》2005年第4期）、张书林《建国初期开展思想文化批判原因探析》（《河北青年管理干部学院学报》2009年第4期）、孙凯《关于建国初期开展思想文化批判的思考》（《河北师范大学学报》2010年第2期）等。此外，还有不少硕士、博士学位论文专门研究过这个问题。应该说，新中国成立初期思想文化批判运动的

---

① 参见谢涛《1990年代以来关于建国初知识分子思想改造运动研究综述》（《党史研究与教学》2002年第5期）、孙丹《建国初期知识分子思想改造运动研究述评》（当代中国史研究2008年第3期）、刘颖《新中国成立初期知识分子思想改造研究述评》（《长江论坛》2011年第5期）等研究成果。

② 朱薇：《中国共产党在新中国成立初期对知识分子的思想改造——对历史文献的解读与思考》，《当代中国史研究》2011年第4期。

③ 童庆平、洪民富：《基于政治认同的知识分子思想改造运动》，《广州社会主义学院学报》2011年第3期。

④ 马大成：《马寅初对建国初期高校知识分子思想改造运动的理解与把握》，《浙江工商大学学报》2012年第2期。

研究成果比较多，但也存在重复劳动、观点陈旧等问题。

（5）关于电影事业。有学者在20世纪80年代就提出电影党史的概念，认为撰写新中国电影的大事记和党的历史非常重要，并指出要用马克思的辩证唯物主义和历史唯物主义来指导，这样才能有比较明确的观点。[①] 目前，研究成果多集中在电影史和文艺批评界，专著有孟犁野《新中国电影艺术史稿（1949—1959）》（中国电影出版社2002年版）、《新中国电影艺术史（1949—1965）》（中国电影出版社2011年版），史静《主体的生成机制——"十七年电影"内外的身体话语》（北京大学出版社2014年版）等，论文有孟犁野《新中国成立初期电影理论与评论概观》（《电影创作》2001年第4期）、顾倩《建国初私营影业的终结》（《电影艺术》2003年第5期）、顾茜《建国初私营影业转轨之概观》（《电影艺术》2004年第4期）、沈芸《新中国电影事业的创建始末》（《当代电影》2005年第4期）、张硕果《上海电影制片业的"社会主义改造"（1949—1952）》（《电影艺术》2009年第1期）、李阳《〈武训传〉与新中国电影工业的重整》（《文艺理论与批评》2009年第1期）、田川流《新中国成立初期电影政策的历史启示》（《浙江师范大学学报》2009年第6期）、柳迪善《苏联电影在中国——五十年代的考察》（《电影艺术》2008年第4期）等。

（6）关于戏曲改革。文学（或文学史）及戏剧领域研究成果相对较多。如张炼红的《地方戏的移植改编：从扬剧〈百岁挂帅〉到京剧〈杨门女将〉——二十世纪五六十年代新中国戏曲改革运动个案研究》（《中国现代文学研究丛刊》2006年第1期）、《论〈秦香莲〉的改编——五六十年代戏曲改革的个案研究》（《中国现代文学研究丛刊》2002年第1期）、《从民间性到"人民性"：戏曲改编的政治意识形态化》（《当代作家评论》2002年第1期）、《新中国戏曲改革运动初期的艺人集训班——以上海、北京、安徽为例》（《中文自学指导》2004年第2期）、《再论新中国戏曲改革运动的历史坐标》（《上海戏剧》2010年第12期）、《历练与担当：新中国旧戏改造中

[①] 艾知生：《关于电影党史的一点想法》，《电影通讯》1989年第4期。

的妇女形象及其文化政治》（《上海戏剧》2011年第8期）、张莉《戏曲改革：1940年代至1960年代》（《社会科学战线》2007年第6期）及《红色神话演绎之路——17年（1949—1966）戏曲改革研究》（浙江大学，博士学位论文，2009年）、徐剑雄《建国初的"戏改"与国家主流意识形态建设》（《安徽史学》2014年第4期）等。

（7）关于群众文化。专门探讨新中国成立初期群众文化的研究成果不多，论文方面有孙丹《新中国群众文化体制的建立》（《中华魂》2012年第8期）、刘浩《建国初期的合肥群众文化》（《江淮文史》2006年第1期）、李成武《毛泽东与新中国成立初期的群众文化建设》（《毛泽东与中国社会主义建设规律的探索：第六届国史学术年会论文集》，2006年）、马尚奎《新中国成立初期我国群众体育发展的历程探究》（《兰台世界》2013年第7期）等，专著有梁泽楚编著《群众文化史：当代部分》（新华出版社1989年版）等。此外，还有不少研究工农教育、冬学、扫盲、文化馆、工农速成中学等群众文化具体方面的论文。

（8）关于新闻出版。新闻史、出版史研究领域成果相对较多，从国史或当代史角度进行探讨的研究成果相对较少。专著如《中国出版通史（中华人民共和国卷）》（中国书籍出版社2008年版）等，论文如黄品良《建国初期我国出版业调整述论》（《广西社会科学》2006年第6期）、周武《从全国性到地方化：1945年至1956年上海出版业的变迁》（《史林》2006年第6期）、方厚枢《对私营出版业的社会主义改造》（《出版史料》2006年第2期）、朱晋平《一种考察：建国初期国营、私营出版发行领袖像之比较》（《中国图书评论》2007年第7期）、朱晋平《对私营图书零售业社会主义改造的历史考察》（《中共中央党校学报》2008年第5期）、杨凤城《商务印书馆与私营出版业的社会主义改造》（《中共党史研究》2010年第10期）、王晓梅《〈人民日报〉在"批判〈武训传〉运动"中的作用》（《新闻大学》2010年第3期）、黄刚《新中国成立初期报刊与马克思主义中国化大众化》（《出版发行研究》2013年第6期）、魏立帅《毛泽东与1956年〈人民日报〉改版》（《史学月刊》2014年第12期）等。

（9）关于苏联文化及文化建设经验的影响。史学界对于苏联文化及文化建设经验的影响研究,主要有,一是中外文化交流史著中有所反映。如文化部对外文化联络局编《新中国对外文化交流大事记(1949—1966)》、文化部对外文化联络局编《中国对外文化交流概览(1949—1991)》(光明日报出版社1993年版)、李明滨《中国与俄苏文化交流志》(光明日报出版社1993年版)、《新中国对外文化交流史略》(中国友谊出版公司1999年版)、葛慎平等主编《金桥新篇:新中国对外文化交流50年纪事》(文化艺术出版社2000年版)、文记东《1949—1966年的中苏文化交流》(黑龙江大学出版社2011年版)、赵少华编《金色记忆:新中国早期文化交流口述记录》(作家出版社2012年版)等。二是中苏文化协会的论著中有所涉及。如李巧宁《新中国的中苏友好话语构建(1949—1960年)》(中国社会科学出版社2007年版)、潘鹏《中苏友好协会的缘起、历程及终结》(中央党校,博士学位论文,2005年)等。三是专题研究论文。如骆晓会《"蜜月时期"的中苏友好文化交流》(《益阳师专学报》1991年第2期)、徐长萍《中苏"蜜月期"文化关系出现的背景分析》(《黑龙江史志》2009年第11期)等。

无论是新中国成立初期文化史分期、研究内容和对象、文化转型以及文化建设,还是新中国成立初期具体文化事业专题性研究,均是新中国成立初期文化史的重要内容。总体来说,新中国成立初期文化史研究呈现出以下发展特点:

(一)注重宏观、中观和微观研究相结合

对新中国成立初期知识分子思想改造的研究,很多论著都谈到这个问题。如崔晓麟结合知识分子思想改造的时代背景来具体研究高校知识分子的思想改造,这是较为实证的研究。[①] 再如50年代的俄文学习运动,当时在高等院校几乎全部推行开来,这是新中国在文化教育领域全面学习苏联的表现。有学者利用档案资料考察中国人民大学教学及学习俄文情况后,认为在20世纪50年代中共创建国家、建立新制度的过程中,语言并不能脱离历史、民族、国家和阶级而存在,而

---

① 崔晓麟:《重塑与思考:1951年前后高校知识分子思想改造运动研究》,中共党史出版社2005年版。

是带有浓郁的政治色彩和意识形态色彩,这样的俄文学习运动是中苏关系的衍生物,被打上了深深的政治烙印,可自从对苏联经验的迷信与盲从破除后,俄文学习运动又被当成教条主义遭到猛烈的批判乃至否定。[①] 从高校知识分子的思想改造和中国人民大学俄文学习情况的个案来研究比较普遍意义的文化现象,这不是史学的"碎片化",而是史学不断深入的体现。

(二) 突出专题性研究

新中国成立初期文化史研究,由于涉及方面多,学科多,因此当前的研究成果多集中于专题性研究。如文学领域对文代会的研究,戏曲领域对戏曲改革的研究,电影领域对电影政策的研究,新闻出版领域对新闻出版的研究等。实际上,这些各自领域的探讨方法,确实有不少新颖的角度和观点,这为国史和党史研究摆脱文件和会议的单调论述提供了方法上的借鉴,同时也更加丰富人们对社会文化历史的认识。如戏曲作为重要的文化门类,在新中国成立初期参与社会风气的构建发挥了积极作用。但新的国家自然要求新的戏曲,这就涉及意识形态与文化政策的问题,因此戏曲改革在时代背景下就不单单是戏曲本身的问题,其背后的内容则更为丰富,这自然值得国史、党史研究者开展研究。

尽管新中国成立初期文化史研究已经取得了一定的成绩,但专门的新中国成立初期文化史著作并没有见到。学界的共同旨趣在于多作"长时段"的考察,将新中国成立初期仅仅作为中华人民共和国文化史的一个阶段来看待,更缺乏细致的实证研究,因而很难突出新中国成立初期文化的特点。因此,从研究的深度和广度来说,新中国成立初期文化史研究仍有较大的空间值得探索。以新中国成立初期文化体制的构建为例,当时国家层面的文化教育委员会设置相对较健全,也配合国家实现社会主义过渡的需要做了许多工作。但是,具体到各大区委员会、省、市、县来说,不仅各地在建制上差异很大,在人员配备上也不尽相同,所起的作用也不一样。这方面的研究,目前就很少

---

① 耿化敏、董航:《1950—1956 年中国人民大学俄文学习运动的历史考察》,《当代中国史研究》2012 年第 2 期。

见到。再如苏联文化及文化建设经验影响的研究,过去研究者多从双方文化交流的角度有过不少成果。一般来说,文化交流强调双方互通有无、平等互利。但在全面学习苏联的时代背景下,文化交流实际上呈现出轻重不均的特点。那么,如何准确评估苏联因素的影响,确实需要下大气力来探究。又如群众文化和扫盲工作,一方面联系着党和政府的中心工作;另一方面与广大工农群众息息相关,直接扎根到基层社会,这是最能体现新社会风貌的变化的领域,其重要性不言而喻,但目前这方面的研究确实很少。

三 加强新中国成立初期文化史研究

反思当前新中国文化史研究存在的一些不足,今后研究应从以下几方面来着力:

(一)深入探讨新中国成立初期文化史的内涵和外延

新中国成立初期文化史的书写要回到文化本身,真正做到有"史"的韵味,必须大力加强新中国成立初期的文化史研究。与中国近代文化史研究相比,中华人民共和国文化史目前在学科体系和研究水平上都有待提高,且空间极为广阔。新中国成立初期文化史是综合性很强的研究领域,要让文化史回归文化本身,让文化自身说话,而不是文化政策、文化工作和文化行为的简单罗列。要做到这一点,学界不妨以具体历史时期为切入点,进行较为细致的实证性研究,并集合党史、国史以及相关专门领域的学者对中华人民共和国文化史学科的内涵和外延展开探讨,然后再开始研究。当然,在研究新中国成立初期文化史时,必须坚持以马克思主义史学理论为指导,同时还要借鉴西方史学理论中如新社会史、新文化史和社会文化史的理论和方法,不能就文化而谈文化。

(二)重视新中国成立初期文化史料的收集整理工作

众所周知,史料是史学研究的基础,没有史料就无所谓史学。正如近人梁启超所言:"史料为史之组织细胞,史料不具或不确,则无复史之可言。"[①] 几十年来,新中国成立初期文化史史料陆续出版,

---

① 梁启超:《中国历史研究法》,上海古籍出版社1998年版,第40页。

对深入探讨这个时期文化具有重要作用。如《建国以来重要文献选编》这部文献史料集（其中，文化方面材料不少），对于党史、国史以及当代史研究者了解党和国家的重大决策，总结和探讨新中国成立以来的历史经验，是必备的参考文献。① 再如《中华人民共和国出版史料》，是新中国出版工作的专门史料汇集。该史料集按照时间顺序分年分卷出版，入选范围包括重要文件、法令法规、讲话报告、事业规划、工作规划、调查报告、党和国家领导人的讲话指示题词、出版工作的社论评论、统计资料、出版大事等。这套史料重要特色在于全面展示了新中国出版工作开始、发展及所取得的重要成绩，档案价值极高。如1949年10月24日，出版总署筹备会召开第一次全体会议，会议记录非常详细。② 随后，出版总署筹备会还召开多次会议，讨论出版总署的成立事宜。这些丰富详实的文献史料，为弄清历史细节提供了极大方便。但遗憾的是，到目前为止文化部主管意义上的文化不仅没有完整翔实的史料集，甚至连一份详细的大事记都没有。以1956年国家制定的第一份全国性的哲学社会科学规划为例，当时专门成立过国家科学规划委员会来制定自然科学和哲学社会科学的十二年远景规划。如当时陆定一强调说："哲学和社会科学是极重要的科学部门，所以一定要把工作做好。"③ 这里的一定要把工作做好是指要把哲学社会科学远景规划制定好和将哲学社会科学研究工作发展好。尽管从两份远景规划实施及产生的社会作用来说，自然科学确实贡献最大，哲学社会科学相对要逊色很多，但不能由此否认哲学社会科学的作用。实际上，哲学社会科学远景规划在学科分类和教材建设上产生过积极作用。学界一般只会提及自然科学的远景规划，很少有人提及哲学社会科学的远景规划，从史料完整性来说，不失为一大缺憾。还有前面提及的各级档案机构所藏的文化工作档案，其数量非常惊人，内容包罗甚广，可挖掘利用的空间非常大。

文化史料整理很难，究其原因，确实是涉及内容太多太广，收集

---

① 《建国以来重要文献选编》第1册，中央文献出版社1992年版，出版说明。
② 《中华人民共和国出版史料（一九四九）》，中国书籍出版社1995年版，第470—473页。
③ 《建国以来重要文献选编》第8册，中央文献出版社1994年版，第316页。

整理费时费力；加之新中国成立以来文化机构分分合合过于频繁，"文革"时期的破坏，不少珍贵史料已经散失，这都为系统完整的史料整理工作带来诸多不便。史料的收集整理工作，是深化国史和当代史研究的基础性工程。新中国成立初期文化史研究，同样要重视史料的收集整理工作，尽量避免不少直接史料因时代变迁而湮没销毁。文化部曾编印过组织机构沿革及领导干部名录，虽属于组织史资料，但进一步则必然是收集整理新中国文化事业发展的各种专门档案史料。这方面，《中华人民共和国出版史料》为这项工作提供了有益的借鉴。尽管目前完整系统地整理文化史料的时机未必成熟，但学术研究机构以及学者个人不妨先收集整理各种文化事业的专题史料，然后再推出大部头综合性文化史料。这倒是当前较为可行的方法。

（三）重视新中国成立初期文化史的专题性、实证性、综合性研究

专题研究是综合研究的基础。党史、国史对新中国成立初期文化史的研究成果，多重宏观论述，缺乏历史细节的考察，让人感受不到"史"的味道，"只得其形，未得其魂"，有一个原因是缺乏专题性、实证性、综合性研究的支撑。这就要求研究者在坚持马克思主义史学理论的基础上，充分运用一些科学研究的方法，开展这方面的研究工作。如对知识分子的思想改造运动，有学者提出要从挖掘史料、思想改造运动与传统文化、思想改造与苏联知识分子政策、思想改造与社会变迁等角度深入开展研究。[①] 此外，研究新中国成立初期文化史，研究者不单单要掌握文化史本身的理论和方法，还必须具备经济学、社会学、心理学、哲学、文化学等多学科知识，尤其是新中国成立初期经济史、政治史的知识更是必备的，只有这样才能开展更为深入的研究。

新中国成立初期文化史，是中国人民在中国共产党领导下开始建设新民主主义文化，并完成向社会主义文化转变的过程。这个时期文化建设奠定了以后各个时期文化发展的基础，在当代中国史上起着承

---

① 刘颖：《新中国成立初期知识分子思想改造研究述评》，《广西社会科学》2011年第10期。

上启下的重要作用。通过以上对新中国成立初期文化史的史料及研究情况的分析，中华人民共和国文化史确实值得深入研究。可以这样说，新中国文化史（或曰文化建设史）研究，具有广阔研究空间，未来会成为国史（或当代中国史）研究新的学术增长点。

（本文曾在《重庆社会科学》发表过，收入本书时略有修改）

后 记

当代中国文化建设史，是一个值得长期深入研究的重大课题。本书付梓之际，在此简要叙述写作的缘起与体会。

记得硕士阶段，我想过以学术为志业。但事有不顺，未能如愿，遂先工作4年。2010年9月，我考入中国人民大学马克思主义学院攻读当代中国史方向的博士学位。起初，我对论文选题也是犹疑再三。经慎重思考之后，我决定研究当代中国文化建设史。但要在短短两年时间完成这个问题的研究，的确力有不逮。后来，我选择了一个相对容易把握的时段来研究，并将论文题目定为《新中国成立初期文化转变研究》。当研究工作开始以后，我发现其内容之多，绝非原来想象的那样"容易"。论文写作充满艰辛，其中甘苦亦难尽言。2013年6月，我通过答辩。

经过3年博士阶段的学习，我逐渐找到自己的兴趣与方向。2014年初，我调入中国社会科学院当代中国研究所工作，正式成为一名科研人员。入所以后，我被分配在理论研究室。在我看来，当代史理论与方法的研究，离不开具体的历史研究，二者之间关系应该是相得益彰的，而不是相互分离的。因此，我没有放弃对当代中国文化建设史的研究，其间还发表过与当代中国文化建设史有关的论文，并陆续修改博士论文。2017年上半年，我对博士论文的结构作出大幅调整，增写部分章节，内容有所扩充。2017年8月，本书定稿。

"当代人不作当代史"，可谓一语成谶。由于当代史离我们生活的时代更近，研究者开展研究自然会遇到不少制约因素，可是这不足以成为不研究的充分理由。尽管我在研究当代史的过程中也遇到过很多困惑，但我仍然坚定地认为"当代人要作当代史"。问题的关键在于，研究者是否以一种科学的精神与态度来对待当代史研究。

　　书稿的完成，离不开导师朱佳木先生的悉心指导，离不开中国人民大学马克思主义学院老师们的指导与帮助，离不开当代中国研究所以及原单位中国民族语文翻译局的领导和同事们的支持，离不开父母亲的鼓励以及妻子文熙的默默付出。在此，我谨向他们致以诚挚的谢意。

　　这本书是我学术道路的重要见证。书稿的出版，令人高兴，但研究仍是初步的，不完善之处甚多。对我而言，唯有不忘初心，继续前行。

2018 年 1 月 16 日